conecte LIDi

> A Editora Saraiva oferece **LIDi – Livro Interativo Digital** em caráter promocional, como bônus aos adotantes do Conecte.

CARO ALUNO,

O LIDi – Livro Interativo Digital – traz todo o conteúdo deste livro impresso, acrescido de diversos recursos e ferramentas digitais interativos, como filmes, animações, simuladores e *links* interessantes para facilitar seus estudos em casa e na escola.

VEJA COMO HABILITAR SEU LIDi

Se você já tem cadastro no *site*:

1. Acesse conecte.editorasaraiva.com.br.
2. Digite seu *e-mail* e senha para ser direcionado à área restrita do *site*.
3. Clique em "Ativar o LIDi" e inclua este código de acesso no campo indicado:

> *AASPKNDU2*

Se ainda não tem cadastro no *site*:

1. Acesse conecte.editorasaraiva.com.br.
2. Clique em "Cadastre-se" e siga as instruções.
3. Após executar o procedimento acima, você receberá em seu *e-mail* as informações necessárias para validação do cadastro.
4. Digite seu *e-mail* e senha para ser direcionado à área restrita do *site*.
5. Clique em "Ativar o LIDi", inclua o código de acesso acima no campo indicado no *site* e siga os passos que serão apresentados.

O seu código de acesso será válido por 36 meses, a partir da data da liberação do seu primeiro acesso.

Lembre-se: o código de acesso e a senha são pessoais e intransferíveis, devendo ser utilizados somente pelo usuário cadastrado, que assume integral responsabilidade pela guarda e pelo uso por terceiros.

Em caso de dúvida, faça contato conosco por meio de nossos canais de atendimento.

Um bom ano de estudos para você!

REQUISITOS MÍNIMOS PARA O USO DO LIDi:

PC:
- Windows XP
- processador Intel Pentium 4 2,33 GHz ou Athlon 64 a 2900+
- 1 GB de memória RAM

- Linux
- Fedora Core 12, Ubuntu 9.10 ou OpenSUSE 11.2
- processador Intel Pentium 4 2,33 GHz ou Athlon 64 a 2900+
- 1 GB de memória RAM

Macintosh:
- MAC OS 10.4.9
- processador Intel Core Duo 1,83 GHz
- 1 GB de memória RAM

- Navegadores:
- Internet Explorer 9.0
- Safari 7.0
- Chrome 35.0
- Firefox 27.0

- *Plug-ins*:
- Adobe Air 14
- Flash Player 14
- Java 1.8
- Acrobat Reader

Kit multimídia e conexão à internet

Para mais informações dos sistemas e navegadores compatíveis, acesse: conecte.editorasaraiva.com.br

No caso de perda ou conhecimento da senha pessoal por terceiros, você deve comunicar o fato imediatamente à Editora Saraiva, para bloqueio do acesso. Para maior segurança, recomendamos não utilizar senha de fácil acerto e alterá-la periodicamente, a fim de dificultar qualquer utilização indevida do produto.

SAC | **0800-0117875**
De 2ª a 6ª, das 8h30 às 19h30
editorasaraiva.com.br/contato

CB025945

Saraiva

conecte LIDi

INTERPRETAÇÃO DE TEXTOS

VOLUME ÚNICO

William Cereja
Professor graduado em Português e Linguística e licenciado em Português pela Universidade de São Paulo
Mestre em Teoria Literária pela Universidade de São Paulo
Doutor em Linguística Aplicada e Análise do Discurso pela PUC-SP

Ciley Cleto
Professora graduada e licenciada em Português pela Universidade de São Paulo
Mestra em Linguística e Semiótica pela Universidade de São Paulo

William Cereja e Ciley Cleto também são autores de: *Interpretação de textos – Desenvolvendo a competência leitora* (6º ao 9º ano)

Editora Saraiva

Conecte: Interpretação de textos
© William R. Cereja, 2013
Ciley Cleto

Obra *Interpretação de textos*
originalmente publicada com o selo Atual Editora.
Direitos desta edição:
SARAIVA S.A. – Livreiros Editores, São Paulo, 2013
Todos os direitos reservados.

Dados Internacionais de Catalogação na Publicação (CIP)
(Câmara Brasileira do Livro, SP, Brasil)

Cereja, William Roberto
   Conecte : interpretação de textos : volume único / William Roberto Cereja, Ciley Cleto.
— 2. ed. — São Paulo : Saraiva, 2013.

   ISBN 978-85-02-21094-3 (aluno)
   ISBN 978-85-02-21095-0 (professor)

   1. Leitura (Ensino médio) 2. Português – Estudo e ensino 3. Textos – Interpretação
(Ensino médio) I. Cleto, Ciley. II. Título.

13-09299   CDD-469

Índice para catálogo sistemático:
1. Português : Interpretação de textos e habilidades em leitura : Ensino médio   469

Gerente editorial: Lauri Cericato
Editor: Noé G. Ribeiro
Editoras-assistentes: Paula Junqueira/Caroline Zanelli Martins/Fernanda Carvalho
Preparação de texto: Célia Tavares
Revisão: Pedro Cunha Jr. e Lilian Semenichin (coords.)/Felipe Toledo/Aline Araújo/Eduardo Sigrist/
      Elza Gasparotto/Gabriela Moraes/Luciana Batista/Maura Loria/Patricia Cordeiro/Rhennan Santos
Pesquisa iconográfica: Cristina Akisino (coord.)/Vanessa Volks/Danielle Alcântara (estagiária)

Gerente de arte: Nair de Medeiros Barbosa
Supervisor de arte: Antonio Roberto Bressan
Projeto gráfico e capa: Carlos Magno
Imagem de capa: Getty Images e Masterfile/Othert Images
Assessoria de arte: Maria Paula Santo Siqueira
Diagramação: Edsel Moreira Guimarães
Ilustrações: Alex Silva, Dam Ferreira, Felipe Rocha, João Sales, Luiz Fernando Rubio, Mario Yoshida, Petra Elster,
      Rafael Herrera, Ricardo Dantas, Roberto Weigand, Sandra Scaffide
Encarregada de produção e arte: Grace Alves
Coordenação de editoração eletrônica: Silvia Regina E. Almeida
Produção gráfica: Robson Cacau Alves
Impressão e acabamento: Bercrom Gráfica Editora
      CNPJ: 11.229.710/0001-04
      Rua Luiz Carlos Brunello, 165 Chac. São Bento - Valinhos - SP, Cep 13278-074

Todas as citações de textos contidas neste livro didático estão de acordo com a legislação, tendo por fim único e exclusivo o ensino. Caso exista algum texto a respeito do qual seja necessária a inclusão de informação adicional, ficamos à disposição para o contato pertinente. Do mesmo modo, fizemos todos os esforços para identificar e localizar os titulares dos direitos sobre as imagens publicadas e estamos à disposição para suprir eventual omissão de crédito em futuras edições.

O material de publicidade e propaganda reproduzido nesta obra está sendo utilizado apenas para fins didáticos, não representando qualquer tipo de recomendação de produtos ou empresas por parte dos autores e da editora.

731.715.002.003

Editora Saraiva
SAC 0800-0117875
De 2ª a 6ª, das 8h30 às 19h30
www.editorasaraiva.com.br/contato

Rua Henrique Schaumann, 270 – Cerqueira César – São Paulo/SP – 05413-909

Apresentação

Prezado estudante:

No mundo em que vivemos, o texto perpassa cada uma de nossas atividades, individuais e coletivas. Verbais, não verbais ou mistos, os textos se cruzam, se completam e se modificam incessantemente, acompanhando o movimento de transformação do ser humano e suas formas de organização social.

É por meio de textos que convivemos com outras pessoas, próximas ou distantes, informando ou informando-nos, esclarecendo ou defendendo nossos pontos de vista, alterando a opinião de nossos interlocutores ou sendo modificados pela opinião deles. Por intermédio deles inventamos histórias, relatamos nosso cotidiano, transmitimos nossos conhecimentos. É pelos textos que se expressa toda forma de opinião, de informação, de ideologia.

Mas não basta apenas produzir ou receber textos. Neste mundo de diferentes linguagens e mídias, é preciso compreendê-los, relacioná-los, interpretá-los. A interpretação desses textos torna-se essencial para nos transformarmos em leitores competentes e nos inserirmos nas inúmeras práticas sociais de linguagem, seja navegando na Internet, seja lendo um artigo científico ou uma história em quadrinhos, seja lendo gráficos e tabelas de economia.

Esta obra foi escrita com este objetivo: ajudá-lo a construir e desenvolver sua competência leitora e levá-lo a enfrentar com tranquilidade os desafios que se colocam ao final do ensino médio, tais como o novo Enem e os atuais exames vestibulares.

Por meio de questões do Enem e dos vestibulares, que são analisadas e comentadas, você aprenderá a lidar com competências e habilidades, tais como comparar dois textos, relacionar um texto verbal e outro não verbal, fazer leituras transdisciplinares, resolver situações-problema, lidar com questões de múltipla escolha, justificar sua resposta numa questão discursiva.

Enfim, este livro foi elaborado para você que se prepara para enfrentar novos desafios, que está sintonizado com a realidade do século XXI, que, dinâmico e interessado, está ávido para interpretar todos os textos do mundo. Enfim, para você que deseja trilhar o mundo da leitura para fazer a leitura do mundo!

Sumário

UNIDADE 1 — A LEITURA E A INTERPRETAÇÃO DE TEXTOS

Capítulo 1 — O que é leitura? 8
- Ler: "o ver de verdade" 9
- Leitor competente e leitor crítico 10

Capítulo 2 — Texto verbal e texto não verbal 12
- Prepare-se para o Enem e o vestibular 16
- Questões do Enem e dos vestibulares 18

Capítulo 3 — Texto e discurso – Intertexto e interdiscurso 20
- Texto e discurso 21
- Intertexto e interdiscurso 22
- A intencionalidade discursiva 26
- Prepare-se para o Enem e o vestibular 27
- Questões do Enem e dos vestibulares 30

Capítulo 4 — Gêneros do discurso 32
- Prepare-se para o Enem e o vestibular 38
- Questões do Enem e dos vestibulares 40

UNIDADE 2 — COMPETÊNCIA LEITORA E HABILIDADES DE LEITURA

Capítulo 5 — Competência leitora e habilidades de leitura 46
- O que são competências e habilidades? 47
- Prepare-se para o Enem e o vestibular 50
- Questões do Enem e dos vestibulares 52

Capítulo 6 — A observação, a análise e a identificação 56
- Prepare-se para o Enem e o vestibular 59
- Questões do Enem e dos vestibulares 61

Capítulo 7 — A comparação 66
- Prepare-se para o Enem e o vestibular 70
- Questões do Enem e dos vestibulares 72

Capítulo 8 — A memorização 76
- Prepare-se para o Enem e o vestibular 78
- Questões do Enem e dos vestibulares 79

Capítulo 9 — A relação 82
- Prepare-se para o Enem e o vestibular 86
- Questões do Enem e dos vestibulares 88

Capítulo 10 — A inferência, a dedução e a conclusão 92
- Prepare-se para o Enem e o vestibular 96
- Questões do Enem e dos vestibulares 101

Capítulo 11 — O levantamento de hipóteses 104
- Prepare-se para o Enem e o vestibular 106
- Questões do Enem e dos vestibulares 108

Capítulo 12 — A explicação e a demonstração 112
- Prepare-se para o Enem e o vestibular 116
- Questões do Enem e dos vestibulares 118

Capítulo 13 — A justificação 124
- Prepare-se para o Enem e o vestibular 127
- Questões do Enem e dos vestibulares 130

Capítulo 14 — A contextualização 134
- Prepare-se para o Enem e o vestibular 137
- Questões do Enem e dos vestibulares 140

Capítulo 15 — A interpretação 142
- Prepare-se para o Enem e o vestibular 145
- Questões do Enem e dos vestibulares 148

UNIDADE 3 **A LEITURA NAS PROVAS DO ENEM E DOS VESTIBULARES**

Capítulo 16	**O Enem e os cinco eixos cognitivos**	**154**
	O que é o Enem?	155
	A avaliação no Enem	155
	Os cinco eixos cognitivos	155
	Prepare-se para o Enem e o vestibular	162
	Questões do Enem	165
Capítulo 17	**Competências e habilidades do Enem (I)**	**170**
	O que são competências e habilidades?	171
	Competências de área 1, 2 e 3 referentes a Linguagens, códigos e suas tecnologias	172
	Prepare-se para o Enem e o vestibular	176
	Questões do Enem	179
Capítulo 18	**Competências e habilidades do Enem (II)**	**184**
	Competências de área 4, 5 e 6 referentes a Linguagens, códigos e suas tecnologias	185
	Prepare-se para o Enem e o vestibular	189
	Questões do Enem	191
Capítulo 19	**Competências e habilidades do Enem (III)**	**194**
	Competências de área 7, 8 e 9 referentes a Linguagens, códigos e suas tecnologias	195
	Prepare-se para o Enem e o vestibular	199
	Questões do Enem	201
Capítulo 20	**As situações-problema nas provas do Enem e dos vestibulares**	**206**
	O que é uma situação-problema?	207
	Analisando uma situação-problema proposta pelo Enem	208
	Prepare-se para o Enem e o vestibular	210
	Questões do Enem e dos vestibulares	213
Capítulo 21	**Interpretação de textos não verbais e mistos**	**218**
	Prepare-se para o Enem e o vestibular	222
	Questões do Enem e dos vestibulares	225
Capítulo 22	**Comparação entre textos de diferentes gêneros**	**228**
	Prepare-se para o Enem e o vestibular	231
	Questões do Enem e dos vestibulares	234
Capítulo 23	**Comparação entre textos de diferentes épocas**	**236**
	Prepare-se para o Enem e o vestibular	240
	Questões do Enem e dos vestibulares	243
Capítulo 24	**Questões interdisciplinares**	**246**
	Prepare-se para o Enem e o vestibular	250
	Questões do Enem e dos vestibulares	254
Capítulo 25	**A leitura obrigatória nas provas de literatura**	**258**
	Questões de literatura nas provas do Enem	259
	A lista de obras literárias nos exames vestibulares	261
	Questões do Enem e dos vestibulares	265
Capítulo 26	**Interpretação de textos com questões de múltipla escolha**	**268**
	Prepare-se para o Enem e o vestibular	272
	Questões do Enem e dos vestibulares	274
Capítulo 27	**Painel de textos para questões discursivas e para redação**	**276**
	Prepare-se para o Enem e o vestibular	281
	Questões do Enem e dos vestibulares	284
Capítulo 28	**Preparando-se para a interpretação de textos do Enem**	**288**
	Prepare-se para o Enem	291
	Questões do Enem e dos vestibulares	293
	Respostas das questões do Enem e dos vestibulares	**301**

UNIDADE 1

A leitura e a interpretação de textos

> Há livros para quando você está entediado. Muitos. Há livros para quando você está calmo. Na minha opinião, estes são os melhores.
>
> Roberto Bolano

> O livro é um mundo que fala, um surdo que responde, um cego que guia, um morto que vive.
>
> Pe. Antonio Vieira

Quem não lê não pensa, e quem não pensa será para sempre um servo.

Paulo Francis

O bom leitor lê sentidos. Quanto mais uma criança se apega ao sentido, melhor leitora ela será.

Marina Colasanti

É preciso ler isto, não com os olhos, mas com a memória e a imaginação.

Machado de Assis

Fonte: *Revista Língua Portuguesa.*

Fique ligado! Leia!

Para você que gosta de ler ou está descobrindo o gosto pela leitura, sugerimos alguns livros que relatam a experiência de seus autores com a leitura:

LIVROS

No mundo dos livros, de José Mindlin (Agir); *A paixão pelos livros*, organização de Julio Silveira e Martha Ribas (Casa da Palavra); *Ex-libris – Confissões de uma leitora comum*, de Anne Fadiman (Jorge Zahar); *Se uma criança, numa manhã de verão... – Carta para meu filho sobre o amor pelos livros*, de Roberto Cotroneo (Rocco); *A biblioteca à noite*, de Alberto Manguel (Companhia das Letras); *Um livro por dia – Minha temporada parisiense na Shakespeare and Company*, de Jeremy Mercer (Casa da Palavra); *Por que ler Shakespeare*, de Barbara Heliodora (Globo); *Como e por que ler o romance brasileiro*, de Marisa Lajolo (Objetiva); *Como e por que ler os clássicos universais desde cedo*, de Ana Maria Machado (Objetiva); *Como e por que ler a poesia brasileira do século XX*, de Italo Moriconi (Objetiva).

Para você que gosta de livros de ficção cujo enredo envolva a experiência da leitura ou o contato com livros, sugerimos:

O leitor, de Bernhard Schlink (Record); *A sombra do vento*, de Carlos Ruiz Zafón (Objetiva); *Cobertor de estrelas*, de Ricardo Lisias (Rocco); *A livraria*, de Penelope Fitzgerald (Bertrand do Brasil); *Jardins de Kensington*, de Rodrigo Fresán (Conrad); *Casa de papel*, de Carlos Maria Dominguez (Francis); *O último leitor*, de David Toscana (Casa da Palavra); *O Sr. Pip*, de Lloyd Jones (Rocco); *Terra sonâmbula*, de Mia Couto (Companhia das Letras); *Balzac e a costureirinha chinesa*, de Dai Sijie (Objetiva); *O segredo das coisas perdidas*, de Sheridan Hay (Nova Fronteira); *A menina que roubava livros*, de Markus Zusak (Intrínseca).

FILMES

Minhas tardes com Margueritte, de Jean Becker; *Sociedade dos poetas mortos*, de Peter Weir; *Encontrando Forrester*, de Gus van Sant; *Nunca te vi, sempre te amei*, de David Hug Jones; *Balzac e a costureirinha chinesa*, de Dai Sijie.
Assista também à série *Tudo o que é sólido pode derreter*, que relaciona o cotidiano de uma adolescente, estudante do ensino médio, com as obras clássicas da literatura de língua portuguesa.

SITES

www.bibvirt.futuro.usp.br/
www.dominiopublico.gov.br/

CAPÍTULO 1

O que é leitura?

Stock Illustration Source/Getty Images

Numa sociedade letrada como a nossa, a leitura é fundamental. Para o escritor argentino Alberto Manguel, "todos lemos a nós e ao mundo à nossa volta para vislumbrar o que somos e onde estamos. Lemos para compreender, ou para começar a compreender. Ler, quase como respirar, é nossa função essencial". E para você, que significado tem a leitura?

Ler: "o ver de verdade"

Você vai mergulhar no universo da leitura conhecendo, primeiramente, os depoimentos de alguns leitores, reproduzidos no seguinte painel de textos.

Alguns meses depois do meu ingresso na escola, aconteceu algo solene e excitante que determinou toda a minha vida futura. Meu pai me trouxe um livro. Levou-me para um quarto dos fundos, onde as crianças costumavam dormir, e o explicou para mim. Tratava-se de The Arabian Nights, As Mil e Uma Noites, numa edição para crianças. Na capa havia uma ilustração colorida, creio que de Aladim com a lâmpada maravilhosa. Falou-me, de forma animadora e séria, de como era lindo ler. Leu-me uma das histórias; tão bela como esta seriam também as outras histórias do livro. Agora eu deveria tentar lê-las, e à noite eu lhe contaria o que havia lido. Quando eu acabasse de ler este livro, ele me traria outro. Não precisou dizê-lo duas vezes, e, embora na escola começasse a aprender a ler, logo me atirei sobre o maravilhoso livro, e todas as noites tinha algo para contar. Ele cumpriu sua promessa, sempre havia um novo livro e não tive que interromper minha leitura um dia sequer.

(Elias Canett. *A língua absolvida – História de uma juventude.* São Paulo: Companhia das Letras/Schwarcz, 1989. p. 50.)

Através da leitura, é possível apurar o olhar para enxergar o que parece "invisível", mas está o tempo todo diante de nós. A literatura nos dá um outro "ver", o ver de verdade.

(Alice Ruiz. www.livrariacultura.com.br)

[...] descobri que posso fazer música com palavras. Assim, toco a minha música... Outras pessoas, ouvindo a minha música, podem sentir sua carne reverberando como um instrumento musical. Quando isso acontece, sei que não estou só. Se alguém, lendo o que escrevo, sente um movimento na alma, é porque somos iguais. A poesia revela a comunhão.

(Rubem Alves. *Na morada das palavras.* Campinas: Papirus, 2003. p. 70.)

Eu costumo falar no esplendor do livro porque ele abre para mundos novos, ideias e sentimentos novos, descobertas sobre nós mesmos, os outros e a realidade. Ler, acredito, é uma das experiências mais radiosas de nossa vida, pois, como leitores, descobrimos nossos próprios pensamentos e nossa própria fala graças ao pensamento e à fala de um outro. Ler é suspender a passagem do tempo: para o leitor, os escritores passados se tornam presentes, os escritores presentes dialogam com o passado e anunciam o futuro.

(Marilena Chaui. www.livrariacultura.com.br)

A LEITURA E A INTERPRETAÇÃO DE TEXTOS

Não devemos pensar que o passado era necessariamente melhor. Há autores que se especializaram nesse tipo de diagnóstico pessimista. Acho, ao contrário, que hoje se lê mais do que nos anos 1950. Inclusive porque o computador não é apenas um novo veículo para imagens ou jogos. Ele é responsável também pela multiplicação da presença do escritor nas sociedades contemporâneas. No computador tanto se podem ler os clássicos como publicações acadêmicas e revistas em geral. Podem não ser necessariamente leituras fundamentais, enriquecedoras, mas são leituras.

(Roger Chartier. http://pphp.uol.com.br/tropico/html/textos/2479,1.shl)

Sempre li muito. Talvez por isso eu tenha feito faculdade de Letras. E sempre me envolvi com os romances de que gosto: curto, torço, roo as unhas, leio de novo um pedaço que tenha me agradado de forma particular. Se não gosto, largo no meio ou até no começo. O autor tem umas vinte a trinta páginas para me convencer de que seu livro vai fazer diferença, pois acredito piamente que a leitura faz a diferença. Se não faz, adeus! O livro volta pra estante e vou cuidar de outra coisa.

(Marisa Lajolo. www.livrariacultura.com.br)

1. Você notou que, entre os depoimentos, não há um consenso sobre o que é leitura nem sobre qual é o papel dela. Para alguns, leitura é informação, descoberta, viagem, válvula de escape; para outros, um meio de conhecer a si mesmo, já que ela permite ver a vida por novas perspectivas; e, ainda, é linguagem, prazer, a revelação dos nossos pensamentos e desejos na fala do outro. E para você, o que é leitura? Troque ideias com os seus colegas da classe.

2. Alguns dos autores dos depoimentos entendem que a leitura amplia o olhar do ser humano, trazendo-lhe experiências reais e/ou imaginárias. Você concorda com esse ponto de vista? Por quê?

3. Para o historiador Roger Chartier, as pessoas têm lido mais com o advento da Internet. Onde você lê mais: na Internet ou em livros e revistas impressos? Os textos que você lê na Internet têm qualidade? Troque ideias com o professor e a classe.

4. Escreva um depoimento sobre o que a leitura tem representado para você. Quando terminar, dê a seu texto um título adequado, leia-o para os colegas e ouça o deles. Depois, passe-o a limpo, digitando ou caprichando na letra, e exponha-o num varal ou no mural da classe para que todos possam conhecer a sua experiência com a leitura.

Leitor competente e leitor crítico

A palavra **ler** tem muitos sentidos. O *Dicionário Houaiss da língua portuguesa* apresenta, entre outros, os seguintes:

> **1** percorrer com a vista (texto, sintagma, palavra), interpretando-o por uma relação estabelecida entre as sequências dos sinais gráficos escritos (alfabéticos, ideográficos) e os sinais linguísticos próprios de uma língua natural (fonemas, palavras, indicações gramaticais)

O QUE É LEITURA? 1

2   ter acesso a (texto, obra etc.) através de sistema de escrita, valendo-se de outro sentido que não o da visão
3   conhecer, através de exame mais ou menos extenso (o conteúdo de um texto, obra etc.)
4   dedicar-se, entregar-se à leitura como hábito ou como paixão
5   interpretar (ideia, conceito mais ou menos complexo ou pensamento de um autor, pensador etc.); compreender
6   atribuir (significado, sentido ou forma) a (algo que se vê); interpretar
7   perceber, adivinhar, interpretar (sentimentos, pensamentos não formulados ou ocultos), guiando-se por indícios mais ou menos subjetivos; decifrar o que não se revela facilmente, o que está além do literal
8   deduzir, guiando-se por indícios objetivos (alguma coisa não explícita, não declarada mas indiretamente constatável); inferir
9   prever, presumir (algo), formular (hipóteses), a partir de dados objetivos; conjecturar

(Adaptado do *Dicionário eletrônico Houaiss da língua portuguesa*.)

Como se vê, ler é uma atividade bem mais complexa do que parece. Se, por um lado, pode consistir em simplesmente decodificar sinais, por outro pode incluir também interpretar, decifrar o que está além do literal.

A linguagem é um poderoso instrumento de expressão do ser humano e, como tal, um meio de aproximação, de interação e de comunhão entre as pessoas. Assim como a linguagem pode ser oral ou escrita, a leitura vai além do universo da palavra escrita. Podemos fazer a leitura de um texto produzido em linguagem escrita, como a de um artigo de opinião; em linguagem oral, como a de um debate regrado público; em linguagem mista, como a de um filme ou uma história em quadrinhos; em linguagem pictórica, como a de uma pintura; e assim por diante.

Jurgen Ziewe/Ikon Images/Getty Images

Ler bem, ou ser um leitor competente, não é apenas compreender o que está dito, mas compreender também o não dito, as entrelinhas, o implícito do texto.

O leitor crítico é aquele que, diante de qualquer texto, verbal ou não verbal, coloca-se numa postura ativa, de análise, de resposta ao texto lido. Ele não só analisa o texto, mas também os demais elementos da situação de produção: quem fala, para quem fala, em qual contexto e momento histórico, em que meio ou suporte de divulgação, com qual intenção, etc.

Como se sabe, ninguém fala ou escreve sem ter um destinatário em mente. Quando alguém produz um texto, tem uma intenção e supõe ou tem um interlocutor real. Leva em conta, por exemplo, que seu texto pode interagir com o interlocutor, modificar seu comportamento, suas ideias ou emoções; pode, por exemplo, informar, emocionar, defender um ponto de vista, ensinar, contar o que aconteceu...

Nenhum texto é neutro, despretensioso. Todo texto está carregado de intenções, significados, explícitos e implícitos, e ideologia, que dependem impreterivelmente do contexto em que foi produzido. Um mesmo texto pode ter, em um e outro contexto, sentidos completamente diferentes, ou seja, a situação participa da construção do sentido do texto.

O leitor competente é aquele que, além do sentido das palavras, descobre também o significado das pausas, dos silêncios, da pontuação...

Todas as intenções e todos os significados, os explícitos e os implícitos, os subterfúgios, as pausas e o silêncio precisam ser lidos, interpretados de modo crítico e competente. Ler, nesse sentido, é assumir uma postura ativa diante do que lemos ou escutamos. Só assim podemos ser leitores competentes e críticos, prontos para o exercício da cidadania, prontos para a vida. Essa é a mais desafiante e a mais prazerosa tarefa de ler.

A LEITURA E A INTERPRETAÇÃO DE TEXTOS

CAPÍTULO 2

Texto verbal e texto não verbal

Se pesquisarmos a etimologia da palavra texto, *veremos que ela está relacionada com o ato de tecer, entrelaçar, construir sobrepondo. Texto, portanto, é da mesma família de palavras como* textura, tecido, tessitura. *Mas, afinal, de que é constituído um texto? Será apenas de palavras?*

Leia o painel de textos a seguir.

TEXTO I

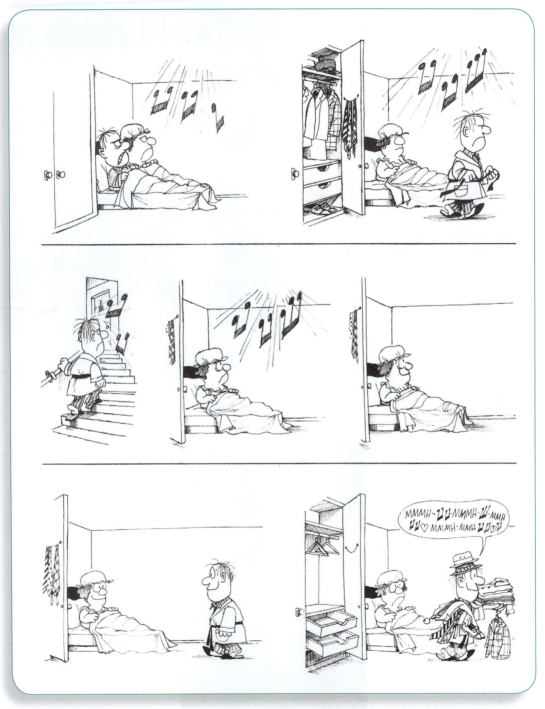

(Quino. *Esto no es todo*. Buenos Aires: Ediciones de La Flor, 2004. p. 84.)

TEXTO II

Cantiga pra não morrer

Quando você for se embora,
moça branca como a neve,
me leve.

Se acaso você não possa
me carregar pela mão,
menina branca de neve,
me leve no coração.

Se no coração não possa
por acaso me levar,
moça de sonho e de neve,
me leve no seu lembrar.

E se aí também não possa
por tanta coisa que leve
já viva em seu pensamento,
menina branca de neve,
me leve no esquecimento.

Moça de sonho e de neve,
me leve no esquecimento,
me leve.

(Ferreira Gullar. www.vagalume.com.br/
ferreira-gullar/cantiga-pra-nao-morrer.
html#ixzz1PSoAv87R)

TEXTO III

Saudade (1899), de Almeida Júnior.

TEXTO VERBAL E TEXTO NÃO VERBAL

1. O texto 1 é organizado em sete cenas.
   a) Por que, supostamente, o marido se levantou da cama, na 2ª cena?

   b) O que sugere a expressão da mulher, na 5ª cena?

   c) Compare a expressão do marido na 1ª e na 6ª cenas. Em que diferem?

   d) Levante hipóteses: Aonde o marido está indo? O que teria acontecido no apartamento de cima?

2. O texto "Cantiga pra não morrer" diz respeito a relacionamento amoroso.
   a) Que tipo de situação é imaginada pelo eu lírico do texto?

   b) Que apelo o eu lírico faz à "moça branca como a neve"?

   c) Dê ao menos duas interpretações ao título do texto.

3. O texto 3 é uma obra do pintor brasileiro Almeida Junior (1850-1899). Nela, uma mulher olha uma fotografia. Observe o título do quadro e responda:
   a) Que sentimentos a postura física da mulher e sua expressão facial expressam?

   b) Por que a mulher está vestida de negro?

   c) De quem você acha que é a foto?

4. Compare os três textos.
   a) O que eles têm em comum?

   b) Em qual(is) dos textos o fim do relacionamento provoca sentimento de tristeza, saudade ou dor?

   c) Em qual(is) deles provoca alegria?

5. Há textos que são constituídos apenas de imagem, outros apenas de palavras, outros de palavras e imagens.
   a) Quais dos textos são constituídos basicamente de imagens?

   b) Qual é constituído apenas de palavras?

   c) Qual deles sugere a presença da música, por meio de notas musicais?

No final do século XIX, era comum as fotos apresentarem uma espécie de carimbo no verso.

Como vimos, um texto pode ser constituído apenas de linguagem verbal, como ocorre com a notícia, a carta ou a anedota; nesse caso, ele é chamado de **texto verbal**. Também pode ser constituído de linguagem visual, como a fotografia e a pintura; ou de linguagem musical, como uma música; ou da linguagem da dança, como um espetáculo de balé. Nesses casos, ele é chamado de **texto não verbal**. E pode, ainda, ser constituído pelo cruzamento de mais de uma linguagem, como, por exemplo, das linguagens verbal e visual, como os gráficos, as histórias em quadrinhos, o cinema; ou das linguagens verbal e musical, como a canção. Nesses casos, temos os textos em **linguagem mista**.

O produto final de toda enunciação, feita em que linguagem for, é chamado de **texto**. Assim, são textos: um gráfico, um cartum, uma pintura, uma melodia, um poema, um filme, uma escultura, etc. Em muitos casos, dependendo da situação, até mesmo o silêncio pode ser considerado um texto.

CAPÍTULO 2

Prepare-se para o Enem e o vestibular

Leia a tira e responda às questões 1 e 2.

(Fernando Gonsales. *Folha de S. Paulo*, julho 2005.)

1. Na frase "Olha nosso almoço lá embaixo!!", dita pelo urubu no 1º quadrinho, temos um exemplo de:
a) metáfora.
b) ironia.
c) paradoxo.
d) aliteração.
e) hipérbole.

2. No 2º quadrinho, há ocorrência de:
a) hipérbole.
b) onomatopeia.
c) prosopopeia.
d) apóstrofe.
e) aliteração.

3. Leia o texto:

> Hoje, mais do que nunca, a questão autoral num mundo cada vez mais dominado pela informática (informação + automática) e pela internet ficou complexa e requer cuidados em sua análise. Como educador, sempre alerto os meus alunos e os professores cursistas sobre os cuidados ao utilizarmos uma informação obtida por meio eletrônico em uma produção ou simples reprodução.
>
> A internet tem sido o celeiro da troca de experiências e informações, proporcionando a divulgação de projetos e atividades que antes ficavam restritos a suas comunidades, ou às vezes em alguma publicação da área de atuação dos responsáveis pela informação. Hoje, não. Com as inúmeras possibilidades que alunos e professores têm de produzir conteúdo e divulgar suas produções na rede mundial de computadores, projetos de escolas ou educadores ficaram à disposição do mundo virtual.
>
> Entretanto, há que se ter certos cuidados no trato da informação, seja ela obtida por meio eletrônico, por meio impresso ou outro.
>
> (José Antônio K. Roig. http://letravivadoroig.blogspot.com/2008/03/questo-autoral-no-mundo-digital.html)

O autor do texto alerta para um problema relativamente novo, concernente ao mundo digital, que é:
a) a complexidade da Internet.
b) o não acesso de certas comunidades à Internet.
c) a ação de plagiadores.
d) a invasão de privacidade.
e) a politização da educação.

4. Leia o texto:

> **Campanha "pônei maldito" vira assunto mais comentado no Twitter**
>
> A Nissan do Brasil lançou na última sexta-feira uma campanha para a picape Frontier que entrou nos assuntos mais comentados do Twitter e cujo vídeo no YouTube está próximo de atingir a marca de 2 milhões de exibições. A propaganda mostra uma picape atolada e o motorista reclamando dos "pôneis" que estão no

TEXTO VERBAL E TEXTO NÃO VERBAL

motor, no lugar dos cavalos de potência. Fofinhos, coloridos, e nada fãs de barro e lama, eles simbolizam os componentes de motor das picapes concorrentes, segundo a assessoria da companhia.

(http://tecnologia.terra.com.br/noticias/0,,OI5273905-EI12884,00-Campanha+ponei+maldito+vira+assunto+mais+comentado+no+Twitter.html. Acesso em: 1º ago. 2011.)

Muitas empresas têm utilizado as mídias sociais, como o Twitter e o YouTube, para veicular anúncios publicitários. No caso da empresa mencionada no texto, o objetivo almejado por ela ao veicular o anúncio comentado é:

a) atingir o público infantil.
b) vender outros produtos além do automóvel.
c) aumentar o público consumidor da picape Frontier.
d) mesclar a engenharia e a arte.
e) atingir o público japonês.

5. Leia o texto e observe a imagem:

Arthur Bispo do Rosário

1909 Japaratuba, SE – 1989 Rio de Janeiro, RJ

Viveu até os quinze anos de idade em Japaratuba. Viu-se internado na colônia Juliano Moreira, de 1938 até sua morte, com o diagnóstico de esquizofrenia paranoide.

(Lélia Coelho Frota. *Pequeno dicionário da arte do povo brasileiro*. Rio de Janeiro: Aeroplano, 2005.)

Vestimenta confeccionada por Arthur Bispo do Rosário.

O texto, junto com a imagem, revela o predomínio da função:

a) referencial.   c) fática.   e) poética.
b) metalinguística.   d) conativa.

A LEITURA E A INTERPRETAÇÃO DE TEXTOS   17

CAPÍTULO 2

Questões do Enem e dos vestibulares

1. (ITA-SP) Qual o dito popular que se aplica à situação mostrada na tira abaixo?

a) Quem ao moinho vai, enfarinhado sai.
b) Não se faz omelete sem quebrar os ovos.
c) Ri-se o roto do esfarrapado e o sujo do mal-lavado.
d) Água mole em pedra dura, tanto bate até que fura.
e) Para bom mestre, não há má ferramenta.

2. (ENEM)

> Na busca constante pela sua evolução, o ser humano vem alternando a sua maneira de pensar, de sentir e de criar. Nas últimas décadas do século XVIII e no início do século XIX, os artistas criaram obras em que predominam o equilíbrio e a simetria de formas e cores, imprimindo um estilo caracterizado pela imagem da respeitabilidade, misturaram o passado ao presente, retratando os personagens da nobreza e da burguesia, além de cenas míticas e histórias cheias de vigor.
>
> RAZOUK, J. J. (Org.). *Histórias reais e belas nas telas.*

Atualmente, os artistas apropriam-se de desenhos, charges, grafismo e até de ilustrações de livros para compor obras em que se misturam personagens de diferentes épocas, como na seguinte imagem:

a)

b) Andy Warhol

c) Anônimo

d) Andy Warhol

e) Picasso

3. (UnB-DF)

Ricardo Dantas

> A fotografia não fala (forçosamente) daquilo que não é mais, mas apenas e com certeza daquilo que foi. Essa sutileza é decisiva. Diante de uma foto, a consciência não

TEXTO VERBAL E TEXTO NÃO VERBAL

toma necessariamente a via nostálgica da lembrança (quantas fotografias estão fora do tempo individual), mas a via da certeza: a essência da fotografia consiste em ratificar o que ela representa.

(Roland Barthes. *A câmara clara*. Rio de Janeiro: Nova Fronteira, 1984. p. 127 (com adaptações).)

A partir da ilustração, que representa duas fotografias, e do fragmento de texto apresentado, julgue os itens que se seguem como corretos (C) ou errados (E).

( ) Um dos significados que resultam da justaposição das duas fotografias é o da passagem do tempo.

( ) O uso de elementos semelhantes nas duas fotografias da ilustração faz que as diferenças entre elas sejam acentuadas.

( ) A "sutileza" referida pelo autor advém do fato de que o efeito produzido pela fotografia em quem a vê não é o do contato com o que foi abolido pelo tempo, mas o da certeza de que a coisa vista aconteceu.

( ) Pelos sentidos do texto, conclui-se que fotografias provocam o sentimento nostálgico das pessoas porque muitas delas estão fora do referido "tempo individual".

( ) O emprego dos advérbios "forçosamente" e "necessariamente" em frases negativas evidencia que o autor recusa generalizações a respeito da representação fotográfica.

( ) Viajante contumaz e sintonizado com os avanços científicos de seu tempo, Dom Pedro II governou o Brasil por quase meio século, tendo chegado ao poder pelo golpe da maioridade e dele apeado em decorrência do golpe republicano.

4. (UNICAMP-SP)

Anistia Internacional

Atualmente, grandes jazidas de diamantes, localizadas em diversos países africanos, abastecem o luxuoso mercado mundial de joias. O diamante é uma forma cristalina do carbono elementar constituída por uma estrutura tridimensional rígida e com ligações covalentes. É um mineral precioso devido a sua dureza, durabilidade, transparência, alto índice de refração e raridade.

Analise as afirmações abaixo:

I. O diamante e a grafite são formas alotrópicas de carbono com propriedades físicas e químicas muito similares. Apesar disso, o diamante é uma das pedras preciosas mais valiosas existentes e a grafite, não.

II. A partir do cartaz, é possível inferir a associação entre a extração de diamantes na África e o comércio internacional de armas, que abastece grupos rivais envolvidos nas guerras civis desse continente.

III. O cartaz denuncia a vinculação dos países africanos islâmicos com o terrorismo internacional e o seu financiamento por meio do lucrativo comércio mundial de diamantes e pedras preciosas.

Está correto o que se afirma apenas em:

a) I e II.   d) II e III.
b) I e III.   e) III.
c) II.

(FUVEST-SP) Observe a charge para responder às questões 5 e 6.

Glauco. *Folha de S. Paulo*. 30/5/2008.

5. A crítica contida na charge visa, principalmente, ao:

a) ato de reivindicar a posse de um bem, o qual, no entanto, já pertence ao Brasil.
b) desejo obsessivo de conservação da natureza brasileira.
c) lançamento da campanha de preservação da floresta amazônica.
d) uso de *slogan* semelhante ao da campanha "O petróleo é nosso".
e) descompasso entre a reivindicação de posse e o tratamento dado à floresta.

6. O pressuposto da frase escrita no cartaz que compõe a charge é o de que a Amazônia está ameaçada de:

a) fragmentação.   d) internacionalização.
b) estatização.   e) partidarização.
c) descentralização.

A LEITURA E A INTERPRETAÇÃO DE TEXTOS

CAPÍTULO 3

Texto e discurso
Intertexto e interdiscurso

A morte de Marat (1793), de Jacques-Louis David.

Marat (Sebastião) (2008), de Vik Muniz.

"
*Segundo o teórico russo Mikhail Bakhtin,
nenhum discurso é original.
Toda palavra é uma resposta à palavra do outro, todo discurso
reflete e refrata outros discursos. É nesse terreno que se situa
o caráter dialógico da linguagem e suas múltiplas possibilidades
de criação e recriação.*
"

Texto e discurso

Leia a charge:

(*Folha de S. Paulo*, 9/12/2009.)

1. A charge retrata uma reunião internacional sobre aquecimento global em Copenhague (leia o boxe abaixo). Analise o texto e levante hipóteses:
   a) Quem são as três personagens sentadas à mesa? O que elas estão fazendo?

   b) Quem está assistindo ao debate?

   c) Por que todos estão com fones de ouvido? Explique.

O que foi a Convenção de Copenhague?

A Convenção de Copenhague, ocorrida em dezembro de 2009, em Copenhague, Dinamarca, foi o 15º encontro dos países signatários do acordo internacional que visa combater o aquecimento global.

Desde o início das atividades do acordo, firmado no Rio de Janeiro, em 1992, o mais frutífero encontro do grupo foi o de 1997, que elaborou o Protocolo de Kyoto.

---

2. Servindo bebidas, o garçom diz: "Acabou o gelo". Considerando o contexto e os papéis sociais dos envolvidos no ato comunicativo, responda:
   a) Por que todos ficam desconcertados com a afirmação do garçom?

   b) Essa frase, dita em outro contexto comunicativo, causaria o mesmo mal-estar?

3. Segundo o teórico russo Mikhail Bakhtin, o sentido dos enunciados está diretamente vinculado à situação em que são produzidos. Jean, o autor da charge, levou em conta esse dado para criar humor? Por quê?

A LEITURA E A INTERPRETAÇÃO DE TEXTOS

A charge que você leu é um bom exemplo do uso que se pode fazer da linguagem verbal e dos efeitos de sentido criados em determinadas situações. Ela retrata uma situação comunicativa em que as personagens interagem por meio da linguagem. O garçom, que fala, é o **locutor**; as demais personagens são os **locutários**. Nessa situação comunicativa, a fala constitui o texto verbal.

> **Texto verbal** é uma unidade linguística concreta, percebida pela audição (na fala) ou pela visão (na escrita), que tem unidade de sentido e intencionalidade comunicativa.

Como você pôde notar na charge, o enunciado (a fala) não é o único elemento responsável pela produção de sentido na interação verbal. Além dos enunciados, há nas situações comunicativas outros elementos que também auxiliam na construção do sentido, tais como os papéis sociais que os interlocutores desempenham (no caso da charge, o papel de representantes dos países, o de garçom e o de repórteres), a intenção do locutor (no caso, informar a falta de gelo para as bebidas), o conhecimento de mundo dos interlocutores (no caso, a consciência do problema do aquecimento global), as circunstâncias históricas ou sociais em que se dá a comunicação (no caso, a convenção em Copenhague para propor soluções e medidas para frear o aquecimento global), etc. Por outro lado, se consideramos que Jean, o autor, é o locutor do texto e que o texto pertence ao gênero **charge**, então percebemos que a intenção do locutor e a finalidade central do texto são criar humor e divertir.

Jean Galvão

A esse conjunto de fatores que formam a situação na qual o texto é produzido chamamos **contexto discursivo**. E ao conjunto da atividade comunicativa, ou seja, à reunião de texto e contexto discursivo, chamamos **discurso**.

Assim:

> **Discurso** é a atividade comunicativa — constituída de texto e contexto discursivo (quem fala, com quem fala, com que finalidade, etc.) — capaz de gerar sentido desenvolvida entre interlocutores.

Intertexto e interdiscurso

Leia os textos a seguir. O primeiro foi escrito no século XIX por Casimiro de Abreu, poeta romântico. O segundo foi escrito por Oswald de Andrade, escritor modernista do século XX.

Meus oito anos

Oh! Que saudade que tenho
Da aurora da minha vida,
Da minha infância querida
Que os anos não trazem mais
Que amor, que sonhos, que flores
Naquelas tardes fagueiras
À sombra das bananeiras,
Debaixo dos laranjais!
[...]

(Casimiro de Abreu. In: Antonio Candido e José A. Castello. *Presença da literatura brasileira*. São Paulo: Difel, 1968. p. 86.)

Meus oito anos

Oh que saudades que eu tenho
Da aurora de minha vida
De minha infância querida
Que os anos não trazem mais
Naquele quintal de terra
Da Rua de Santo Antônio
Debaixo da bananeira
Sem nenhum laranjais.
[...]

(Oswald de Andrade. *Poesias reunidas*. 5. ed. Rio de Janeiro: Civilização Brasileira, 1978.)

Gerson Sobreira

fagueira: agradável, amena.

TEXTO E DISCURSO — INTERTEXTO E INTERDISCURSO

3

1. Ambos os poemas se intitulam "Meus oito anos". Compare-os.

a) Qual é o tema de ambos os textos?

b) Como o tema é abordado no poema de Casimiro de Abreu?

c) E como é abordado no poema de Oswald de Andrade?

2. Oswald de Andrade cita explicitamente o poema de Casimiro de Abreu, mas muda alguns de seus elementos, como o verso "debaixo dos laranjais", que troca por "sem nenhum laranjais".

a) Como você explica a concordância, ou a falta de concordância, em "sem nenhum laranjais"?

b) Que efeito de sentido essa opção provoca no texto?

c) Na opinião do poeta modernista, como seria uma infância de verdade, no Brasil?

3. Os dois poemas podem ser tomados como *discursos*, isto é, textos produzidos por um locutor numa determinada situação histórica e com a finalidade de criar certos sentidos, de atingir determinados interlocutores, etc. Levando em conta que todo discurso reflete uma ideologia, isto é, uma forma particular de ver e pensar o mundo, responda:

a) O discurso de Oswald de Andrade confirma, aplaude ou nega o discurso de Casimiro de Abreu?

b) Que efeito o discurso de Oswald provoca no leitor do texto?

Oswald de Andrade fez em seu poema uma citação do poema de Casimiro de Abreu. Quando um texto cita outro, dizemos que entre eles existe **intertextualidade**.

Dialogismo: a linguagem são no mínimo dois

Segundo o teórico russo Mikhail Bakhtin, a linguagem é, por natureza, *dialógica*, isto é, sempre estabelece o diálogo entre pelo menos dois seres, dois discursos, duas palavras. Diz Bakhtin:

> Os enunciados não são indiferentes uns aos outros, nem autossuficientes; são mutuamente conscientes e refletem um ao outro. Cada enunciado é pleno de ecos e reverberações de outros enunciados, com os quais se relaciona pela comunhão da esfera da comunicação verbal [...]. Cada enunciado refuta, confirma, complementa e depende dos outros; pressupõe que já são conhecidos, e de alguma forma os leva em conta.

(*Estética da criação verbal.* 2. ed. São Paulo: Martins Fontes, 1997. p. 316.)

Intertextualidade é a relação entre dois textos caracterizada por um citar o outro.

O texto de Oswald, entretanto, não é uma mera citação do texto de Casimiro. Com seu poema, Oswald pretendia *dialogar* com o poeta romântico, contrapor dois discursos, duas ideologias, duas formas de ver o mundo. Para Oswald, a infância é uma fase muito mais simples e concreta da vida do que para Casimiro, que a vê como sinônimo de perfeição, "amor", "sonhos", "flores".

Nesse caso, como há um diálogo entre os dois discursos, dizemos que, além de intertextualidade, existe entre eles também **interdiscursividade**.

A LEITURA E A INTERPRETAÇÃO DE TEXTOS 23

> **Interdiscursividade** é a relação entre dois discursos caracterizada por um citar o outro.

Toda relação interdiscursiva é também uma relação intertextual. Contudo, a interdiscursividade é mais ampla: é um tipo de citação entre discursos, ou seja, que faz referência não apenas a um texto ou a partes dele, mas também à sua situação de produção (quem fez, para que, em que momento histórico, com qual finalidade, em que gênero, etc.), à ideologia nele subjacente e aos significados que ele foi assumindo historicamente. O tipo de intertextualidade e de interdiscursividade que o poema de Oswald de Andrade mantém com o de Casimiro de Abreu é chamado também de **paródia**.

> **Paródia** é um tipo de relação intertextual em que um texto cita outro geralmente com o objetivo de fazer-lhe uma crítica ou inverter ou distorcer suas ideias.

Exercícios

A seguir, você vai ler dois textos não verbais: o primeiro é o quadro *Narciso*, de Caravaggio, pintor italiano que viveu entre os séculos XVI e XVII; o segundo, uma recriação da obra de Caravaggio, feita por Vik Muniz, artista plástico brasileiro do nosso tempo. Observe-os, compare-os e responda às questões propostas.

Narciso (c. 1597), de Caravaggio.

TEXTO E DISCURSO — INTERTEXTO E INTERDISCURSO 3

Narciso, a partir de Caravaggio (2005), de Vik Muniz.

Quem é Narciso?

Segundo a mitologia grega, Narciso era um rapaz muito bonito. No dia de seu nascimento, o adivinho Tirésias vaticinou que o menino teria vida longa, mas nunca deveria contemplar a própria beleza.

Certa vez, ao observar seu reflexo nas águas de um lago, apaixonou-se pela própria imagem. Embevecido, ficou a contemplá-la até morrer. No lugar onde Narciso morreu, nasceu uma flor, à qual foi dado seu nome.

---

1. Inspirada na mitologia grega, a pintura *Narciso*, de Caravaggio, é uma das mais famosas do mundo. Vik Muniz, quatro séculos depois, cita e recria a obra de Caravaggio, utilizando materiais retirados do lixo, como pneus usados, balde de plástico e até uma geladeira velha.

a) Que aspecto do mito grego foi retratado por Caravaggio em sua pintura?

b) Levante hipóteses e troque ideias com os colegas: Que sentido pode ter a recriação de Vik Muniz?

2. O quadro de Vik Muniz mantém um diálogo com o de Caravaggio. Esse diálogo constitui uma relação intertextual ou interdiscursiva? Explique.

Quem é Vik Muniz?

Vicente José de Oliveira Muniz (1961), conhecido como Vik Muniz, é um artista plástico brasileiro de reconhecimento internacional. Vive atualmente em Nova Iorque.

O ineditismo do artista consiste em utilizar em seus trabalhos novas mídias e novos materiais. Criou, por exemplo, duas réplicas da *Mona Lisa*, de Leonardo da Vinci: uma feita com geleia e outra com manteiga de amendoim.

A intencionalidade discursiva

Leia a tira:

(Quino. *Mafalda aprende a ler.* São Paulo: Martins Fontes, 1999. p. 38.)

1. A tira retrata uma situação em que pai e mãe conversam sobre a filha, Mafalda. Observe e analise o 1º e o 2º quadrinhos:

a) No 1º quadrinho, como se sente o pai ao dizer que a filha já vai para a escola? Justifique sua resposta com elementos verbais e não verbais da tira.

b) Como se sente a mãe de Mafalda no 2º quadrinho? Justifique.

2. Compare o 3º quadrinho aos dois primeiros. O que você nota de diferente?

3. No 4º quadrinho, o pai e a mãe falam simultaneamente uma frase já dita: "Temos uma filha que já vai para a escola!". Interprete, considerando toda a tira:

a) O que o uso do negrito nessa frase sugere?

b) No 4º quadrinho, essa frase tem o mesmo sentido que no 2º quadrinho? Justifique sua resposta com elementos do texto.

    A tira é um bom exemplo de como a produção do discurso e a construção do sentido não dependem apenas dos elementos verbais de um enunciado, mas também dos elementos extraverbais. Como você viu, a mesma fala, em contextos diferentes, expressa sentidos diferentes. No 2º quadrinho, a mãe de Mafalda diz a frase "Temos uma filha que já vai para a escola!" com a intenção de manifestar sua alegria e entusiasmo; no 4º quadrinho, entretanto, a mesma frase expressa um sentido diferente, pois é dita a partir de uma intencionalidade diferente. A alteração da expressão facial e corporal do casal no 5º quadrinho demonstra que o contexto agora é outro, pois o casal toma consciência de que está envelhecendo rapidamente. Logo, em vez de a fala expressar alegria, satisfação, passa a expressar, nesse novo contexto, espanto e preocupação.

    Assim, em qualquer situação de produção de discurso, devem ser considerados todos os elementos do contexto: quem fala, com quem fala, em que momento, a intencionalidade do enunciado, o veículo, o suporte, etc. Se um desses elementos não for considerado, a finalidade da interação verbal pode ficar comprometida.

TEXTO E DISCURSO – INTERTEXTO E INTERDISCURSO

Prepare-se para o Enem e o vestibular

1. Leia os textos:

TEXTO I

Nova canção do exílio

Um sabiá na
palmeira, longe.
Estas aves cantam
um outro canto.
O céu cintila
sobre flores úmidas.
Vozes na mata,
e o maior amor.
Só, na noite,
seria feliz:
um sabiá,
na palmeira, longe.
Onde tudo é belo
e fantástico,
só, na noite,
seria feliz.
(Um sabiá,
na palmeira, longe.)
Ainda um grito de vida e
voltar
para onde tudo é belo
e fantástico:
a palmeira, o sabiá,
o longe.

(Carlos Drummond de Andrade. *Nova reunião*. Rio de Janeiro: José Olympio, 1987.)

TEXTO II

Canção do exílio

Minha terra tem palmeiras,
Onde canta o Sabiá;
As aves, que aqui gorjeiam,
Não gorjeiam como lá.

Nosso céu tem mais estrelas,
Nossas várzeas têm mais flores,
Nossos bosques têm mais vida,
Nossa vida mais amores.

Em cismar, sozinho, à noite,
Mais prazer encontro eu lá;
Minha terra tem palmeiras,
Onde canta o Sabiá.

Minha terra tem primores,
Que tais não encontro eu cá;
Em cismar – sozinho, à noite –
Mais prazer encontro eu lá;
Minha terra tem palmeiras,
Onde canta o Sabiá.

Não permita Deus que eu morra,
Sem que eu volte para lá;
Sem que desfrute os primores
Que não encontro por cá;
Sem qu'inda aviste as palmeiras,
Onde canta o Sabiá.

(Gonçalves Dias. *Poesia e prosa completas*. Rio de Janeiro: Nova Aguilar, 1998.)

A LEITURA E A INTERPRETAÇÃO DE TEXTOS   27

CAPÍTULO 3

Os poemas foram produzidos em épocas diferentes: o texto I, no século XX, e o texto II, no século XIX. Qual termo, abaixo, melhor traduz a ligação entre os dois poemas?

a) desejo
b) pessimismo
c) nacionalismo
d) natureza
e) submissão

2. O conto "A cartomante", de Machado de Assis, se inicia assim:

> Hamlet observa a Horácio que há mais cousas no céu e na terra do que sonha a nossa filosofia. Era a mesma explicação que dava a bela Rita ao moço Camilo, numa sexta-feira de novembro de 1869, quando este ria dela, por ter ido na véspera consultar uma cartomante; a diferença é que o fazia por outras palavras.
> — Ria, ria. Os homens são assim; não acreditam em nada. [...]
>
> (In: *Várias histórias*. Rio de Janeiro/São Paulo/ Porto Alegre: W. M. Jackson, s.d. Col. Obras Completas de Machado de Assis.)

No trecho reproduzido acima, é feita referência a um texto de ☐. Esse procedimento é conhecido como ☐.

Assinale a alternativa que completa corretamente a afirmação.

a) Maquiavel/metalinguagem
b) Gil Vicente/intertextualidade
c) Shakespeare/plágio
d) Platão/metalinguagem
e) Shakespeare/intertextualidade

3. O texto a seguir é um poema moderno, de autoria de Reinaldo Ferreira. Leia-o.

Receita de herói

Tome-se um homem feito de nada
Como nós em tamanho natural
Embeba-se-lhe a carne
Lentamente
De uma certeza aguda, irracional
Intensa como o ódio ou como a fome.
Depois perto do fim
Agite-se um pendão
E toque-se um clarim
Serve-se morto.

(*Poemas*. Lisboa: Nova Vega Editorial, 1998.)

Filipe Rocha

O poema busca atingir o leitor trabalhando uma ideia de construção e desconstrução do homem. Pela estrutura, com qual outro tipo de texto o poema se assemelha?

a) oração religiosa
b) bula de remédio
c) receita culinária
d) receituário médico
e) editorial jornalístico

4. As duas telas a seguir foram produzidas em épocas diferentes; a primeira é de Leonardo da Vinci (século XVI), e a segunda, de Fernando Botero (século XX).

Leonardo da Vinci

Fernando Botero

TEXTO E DISCURSO – INTERTEXTO E INTERDISCURSO

Sobre as duas telas, podemos afirmar que:
a) a segunda é um plágio da primeira.
b) a primeira é uma paráfrase da segunda.
c) a segunda é uma releitura da primeira.
d) a segunda é uma caricatura da primeira.
e) ambas são representações de Maria (mãe de Cristo).

Leia com atenção o seguinte trecho de um samba-enredo composto por Paulinho da Viola. Depois responda às questões 5 e 6.

> Era o tempo do rei
> Quando aqui chegou
> Um modesto casal feliz pelo recente amor
> Leonardo, tornando-se meirinho
> Deu a Maria Hortaliça um novo lar
> Um pouco de conforto e de carinho
> Dessa união, nasceu
> Um lindo varão
> Que recebeu o mesmo nome do seu pai
> Personagem central da história que contamos
> [neste carnaval
>
> Mas um dia Maria
> Fez a Leonardo uma ingratidão
> Mostrando que não era uma boa companheira
> Provocou a separação
> Foi assim que o padrinho passou
> A ser do menino tutor
> A quem lhe deu toda dedicação
> Sofrendo uma grande desilusão
> Outra figura importante em sua vida
> Foi a comadre parteira popular
> Diziam que benzia de quebranto
> A beata mais famosa do lugar
>
> Havia nesse tempo aqui no Rio
> Tipos que devemos mencionar
> Chico Juca, era mestre em valentia
> E por todos se fazia respeitar
> O reverendo amante da cigana
> Preso pelo Vidigal
> [...]
>
> (http://letras.terra.com.br/portela-rj/480497/)

5. O recurso da intertextualidade está presente nesse samba-enredo, apresentado no carnaval carioca de 1966. Qual é a obra com que essa composição musical de Paulinho da Viola dialoga?
a) O romance *Cinco minutos*, de José de Alencar.
b) A peça *A queda que as mulheres têm pelos tolos*, de Machado de Assis.
c) A peça *Judas em Sábado de Aleluia*, de Martins Pena.
d) O folhetim *Memórias de um sargento de milícias*, de Manuel Antonio de Almeida.
e) O romance *A escrava Isaura*, de Bernardo Guimarães.

6. Que elemento mencionado na composição de Paulinho da Viola possibilita ao leitor inferir que a história original aconteceu há muito tempo?
a) A presença de beatas.
b) A presença de ciganas.
c) A presença de um "meirinho".
d) O valor dado à "parteira popular".
e) A presença de um "tutor".

7. Leia esta anedota:

> O barbeiro:
> — Como é que o senhor quer as costeletas?
> O freguês, dono de restaurante:
> — Bem passadas, com molho e pimenta.

Que elementos da situação de produção do discurso não foram levados em conta pelo cliente da barbearia?

8. Considere a seguinte situação:

> A filha adolescente chega da balada às 5 horas da madrugada. A mãe, depois de passar a noite na sala, sem dormir, pergunta à filha:
> — Trouxe o pão?

Levando em conta a situação de produção do enunciado da mãe, inclusive a intencionalidade, responda:
a) Qual o sentido da pergunta feita pela mãe na situação?
b) Imagine outra situação em que a pergunta feita pela mãe tivesse um sentido diferente.

9. Considerando que a situação participa da construção do sentido de um texto, explique o que quer dizer o enunciado "Não vai trabalhar hoje?", quando o locutor é:
a) a mulher, falando ao marido pela manhã;
b) o patrão, falando com o empregado ao telefone;
c) uma pessoa, olhando para o próprio relógio e batendo com os dedos nele.

A LEITURA E A INTERPRETAÇÃO DE TEXTOS

CAPÍTULO 3

Questões do Enem e dos vestibulares

1. (ENEM)

> O hipertexto refere-se à escritura eletrônica não sequencial e não linear, que se bifurca e permite ao leitor o acesso a um número praticamente ilimitado de outros textos a partir de escolhas locais e sucessivas, em tempo real. Assim, o leitor tem condições de definir interativamente o fluxo de sua leitura a partir de assuntos tratados no texto sem se prender a uma sequência fixa ou a tópicos estabelecidos por um autor. Trata-se de uma forma de estruturação textual que faz do leitor simultaneamente coautor do texto final. O hipertexto se caracteriza, pois, como um processo de escritura/leitura eletrônica multilinearizado, multissequencial e indeterminado, realizado em um novo espaço de escrita. Assim, ao permitir vários níveis de tratamento de um tema, o hipertexto oferece a possibilidade de múltiplos graus de profundidade simultaneamente, já que não tem sequência definida, mas liga textos não necessariamente correlacionados.
>
> MARCUSCHI, L. A. Disponível em: http://www.pucsp.br. Acesso em: 29 jun. 2011.

O computador mudou nossa maneira de ler e escrever, e o hipertexto pode ser considerado como um novo espaço de escrita e leitura. Definido como um conjunto de blocos autônomos de texto, apresentado em meio eletrônico computadorizado e no qual há remissões associando entre si diversos elementos, o hipertexto:

a) é uma estratégia que, ao possibilitar caminhos totalmente abertos, desfavorece o leitor, ao confundir os conceitos cristalizados tradicionalmente.

b) é uma forma artificial de produção da escrita, que, ao desviar o foco da leitura, pode ter como consequência o menosprezo pela escrita tradicional.

c) exige do leitor um maior grau de conhecimentos prévios; por isso deve ser evitado pelos estudantes nas suas pesquisas escolares.

d) facilita a pesquisa, pois proporciona uma informação específica, segura e verdadeira, em qualquer *site* de busca ou *blog* oferecidos na internet.

e) possibilita ao leitor escolher seu próprio percurso de leitura, sem seguir sequência predeterminada, constituindo-se em atividade mais coletiva e colaborativa.

2. (ENEM)

Exame, 28/9/2007.

Entre os seguintes ditos populares, qual deles melhor corresponde à figura acima?

a) Com perseverança, tudo se alcança.
b) Cada macaco no seu galho.
c) Nem tudo que balança cai.
d) Quem tudo quer, tudo perde.
e) Deus ajuda quem cedo madruga.

TEXTO E DISCURSO – INTERTEXTO E INTERDISCURSO

3. (UEL-PR)

Aguilar, J. R. *Futebol I*. Spray s/ tela. 114 x 146 cm. 1966.

A obra de Aguilar foi produzida no contexto da ditadura militar, que se iniciou com o golpe de 1964 e recrudesceu a partir do Ato Institucional nº 5 em 1968. A ditadura militar fez uso político da conquista do tricampeonato mundial de futebol em 1970.

Quais das ações a seguir caracterizam esse período da história brasileira?

a) O ingresso do Brasil na ONU e a participação de militares brasileiros nas forças de paz do Oriente Médio.

b) As eleições diretas e as concessões sociais para atingir a igualdade de classes.

c) A privatização das empresas estatais e a inserção do Brasil no Comitê de Segurança da ONU.

d) O milagre econômico e o fechamento político por intermédio da doutrina de segurança nacional.

e) A aquisição de equipamentos nucleares dos EUA e o distanciamento da tecnologia nuclear alemã.

CAPÍTULO **4**

Gêneros do discurso

Masterfile/Other Images

Brigette Sullivan/Outer Focus Ph/Alamy/Other

Getty Images/Hemera Thinkstock/Getty Images

> Hoje em dia, sempre que se fala em leitura e produção de texto, é comum haver referência à expressão gêneros textuais ou gêneros do discurso.
>
> Estima-se que existam mais de 5 mil gêneros em circulação na sociedade atual. Os gêneros do discurso fazem parte, portanto, do nosso dia a dia.
>
> Se queremos nos dar bem com a leitura e a produção de textos, devemos conhecer um pouco sobre eles.

Leia o painel de textos a seguir.

TEXTO I

Diálogo final

– É tudo que tem a me dizer? – perguntou ele.
– É – respondeu ela.
– Você disse tão pouco.
– Disse o que tinha pra dizer.
– Sempre se pode dizer mais alguma coisa.
– Que coisa?
– Sei lá. Alguma coisa.
– Você queria que eu repetisse?
– Não. Queria outra coisa.
– Que coisa é outra coisa?
– Não sei. Você que devia saber.
– Por que eu deveria saber o que você não sabe?
– Qualquer pessoa sabe mais alguma coisa que outro não sabe.
– Eu só sei o que eu sei.
– Então não vai mesmo me dizer mais nada?
– Mais nada.
– Se você quisesse...
– Quisesse o quê?
– Dizer o que você não tem pra me dizer. Dizer o que não sabe, o que eu queria ouvir de você. Em amor é o que há de mais importante: o que a gente não sabe.
– Mas tudo acabou entre nós.
– Pois isso é o mais importante de tudo: o que acabou. Você não me diz mais nada sobre o que acabou? Seria uma forma de continuarmos.

(Carlos Drummond de Andrade. *Contos plausíveis*. Rio de Janeiro: José Olympio, 1985. p. 70.)

Sandra Scaffide

A LEITURA E A INTERPRETAÇÃO DE TEXTOS   33

TEXTO II

Encontro

Sai de si
Vem curar teu mal
Te transbordo em som
Põe juízo em mim
Teu olhar me tirou daqui
Ampliou meu ser
Quero um pouco mais
Não tudo
Pra gente não perder a
    [graça no escuro
No fundo
Pode ser até pouquinho
Sendo só pra mim sim
Olhe só
Como a noite cresce em
    [glória
E a distância traz
Nosso amanhecer
Deixa estar que o que for
    [pra ser vigora
Eu sou tão feliz
Vamos dividir
Os sonhos
Que podem transformar o
    [rumo da história
Vem logo
Que o tempo voa como eu
Quando penso em você
Olhe só
Como a noite cresce em
    [glória
E a distância traz
Nosso amanhecer
Deixa estar que o que for
    [pra ser vigora
Eu sou tão feliz
Vamos dividir
Os sonhos
Que podem transformar o
    [rumo da história
Vem logo
Que o tempo voa como eu
Quando penso em você

(Maria Gadú. http://letras.terra.com.br/
maria-gadu/1495938/)

GÊNEROS DO DISCURSO 4

TEXTO III

TEXTO IV

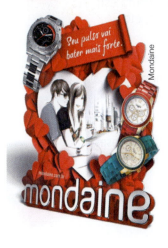

TEXTO V

a.mor: sm 1. afeição acentuada de uma pessoa por outra; 2. objeto de afeição; 3. [...] pessoa amada; 4. zelo, cuidado.

(Soares Amora. *Minidicionário*. 18. ed. São Paulo: Saraiva, 2008. p. 38.)

1. Os textos são bastante diferentes entre si, pois foram produzidos em situações diversas, com finalidades específicas. Apesar disso, todos eles têm algo em comum. Qual é a semelhança entre eles?

2. O texto "Diálogo final" apresenta frases curtas, linguagem truncada, e esse traço formal pode estar relacionado com o conteúdo do texto.

a) Que situação, vivida pelo casal, o texto aborda?

b) Que relação pode haver entre essa situação e o modo como as personagens travam o diálogo?

c) O que supostamente o homem gostaria que a mulher dissesse?

d) Qual é a verdadeira intenção do homem ao insistir nas perguntas?

3. O texto III é uma tira do quadrinista argentino Nik, criador das personagens Gaturro e Ágatha. A fim de preservar seus recursos expressivos, o texto verbal está reproduzido sem tradução.

Apesar de o texto verbal ser em espanhol, há nos quadrinhos duas palavras da língua inglesa: *off* e *on*.

A LEITURA E A INTERPRETAÇÃO DE TEXTOS

a) O que essas palavras significam?

b) O que Ágatha quer dizer com: "Gaturro, em mi vida te quiero OFF..."?

c) Como você entende a resposta de Gaturro?

d) Observe as ações de Ágatha nos dois últimos quadrinhos. Ela aceita o que Gaturro quer? Por quê?

4. Observe o texto IV, publicado por ocasião do Dia dos Namorados.

a) Qual é a finalidade principal do texto?

b) Que tipo de interlocutor o texto pretende atingir, principalmente?

c) Considerando a ocasião em que o texto foi publicado e a parte não verbal dele, explique o duplo sentido da frase "Seu pulso vai bater mais forte".

d) Dos textos do painel, qual deles faz referência a um relacionamento amoroso semelhante ao sugerido no texto IV? Justifique a sua resposta.

5. Apesar de todos os textos abordarem o tema do amor, eles constituem gêneros diferentes, pois apresentam várias características específicas, como estrutura, linguagem, finalidade, tipo de situação de produção, suporte, etc.

a) Qual(is) dos textos se refere(m) a uma situação ficcional?

b) Qual(is) relata(m) experiências vividas, fatos que aconteceram na realidade?

c) Qual(is) expõe(m) ou transmite(m) um conceito, um conhecimento formal?

d) Qual(is) pretende(m) persuadir o interlocutor por meio de argumentos?

6. Cada um dos textos lidos constitui um gênero específico. Levante hipóteses e associe cada texto ao gênero que ele constitui:

- texto I
- texto II
- texto III
- texto IV
- texto V

a) anúncio publicitário
b) conto
c) verbete de dicionário
d) história em quadrinhos
e) letra de canção

As diferenças observadas entre os textos dizem respeito à situação de produção dos gêneros, incluindo a finalidade. Se o locutor quer persuadir alguém a consumir um produto, ele argumenta, como faz o anúncio de relógio. Se quer contar uma história ficcional, ele pode produzir um texto como "Diálogo final". Se quer transmitir conhecimentos, ele deve construir um texto que exponha os saberes de forma eficiente, como se verifica em um verbete de dicionário.

Assim, quando interagimos com outras pessoas por meio da linguagem, seja a linguagem oral, seja a linguagem escrita, produzimos certos tipos de textos que, com poucas variações, se repetem no tipo de conteúdo, no tipo de linguagem e na estrutura. Esses tipos de textos constituem os chamados **gêneros do discurso** ou **gêneros textuais** e foram historicamente criados pelo ser humano a fim de atender a determinadas necessidades de interação verbal. De acordo com o momento histórico, pode nascer um gênero novo, podem desaparecer gêneros de pouco uso ou, ainda, um gênero pode sofrer mudanças até transformar-se em um novo gênero.

Numa situação de interação verbal, a escolha do gênero textual é feita de acordo com os diferentes elementos que participam do contexto, tais como: quem está produzindo o texto, para quem, com que finalidade, em que momento histórico, etc.

GÊNEROS DO DISCURSO 4

Os gêneros discursivos geralmente estão ligados a **esferas de circulação**. Assim, na *esfera jornalística*, por exemplo, são comuns gêneros como notícia, reportagem, editorial, entrevista; na *esfera de divulgação científica*, são comuns gêneros como verbete de dicionário ou de enciclopédia, artigo ou ensaio científico, seminário, conferência.

Desse modo, os gêneros textuais que circulam na sociedade podem ser organizados em cinco grupos: gêneros do narrar, do relatar, do argumentar, do expor e do instruir.

Veja no quadro a seguir os principais gêneros assim agrupados.

Situações sociais de uso **Tipos de texto** Capacidades de linguagem dominantes	Gêneros orais e escritos	
Cultura literária ficcional **Narrar** Contar uma história ficcional coerente.	conto maravilhoso fábula lenda narrativa de aventura narrativa de ficção científica narrativa de enigma narrativa mítica biografia romanceada	romance romance histórico novela fantástica conto crônica literária adivinha piada etc.
Documentação e memorização *das ações humanas* **Relatar** Contar fatos reais ou experiências vividas, situando-os no tempo e no espaço.	relato de experiência vivida relato de viagem diário íntimo testemunho caso autobiografia *curriculum vitae* notícia	reportagem crônica social crônica esportiva relato histórico ensaio ou perfil biográfico biografia etc.
Discussão de *problemas sociais* *controversos* **Argumentar** Expressar opinião, utilizando argumentos para defender um ponto de vista e convencer o interlocutor.	textos de opinião diálogo argumentativo carta de leitor carta de reclamação carta de solicitação debate deliberativo debate regrado assembleia	discurso de defesa (advocacia) discurso de acusação (advocacia) resenha crítica artigos de opinião ou assinados editorial ensaio etc.
Transmissão e *construção de saberes* **Expor** Apresentar diferentes formas do conhecimento.	texto expositivo (em livro didático) exposição oral seminário conferência comunicação oral palestra entrevista de especialista verbete	artigo enciclopédico tomada de notas resumo de textos expositivos e explicativos resenha relatório científico relatório oral de experiência etc.
Instruções e prescrições **Instruir** Orientar comportamentos.	instruções de montagem receita regulamento regras de jogo	instruções de uso comandos diversos textos prescritivos etc.

(Adaptado de: Bernard Schneuwly e Joaquim Dolz. *Gêneros orais e escritos na escola.* Campinas, SP: Mercado de Letras, 2004.)

A LEITURA E A INTERPRETAÇÃO DE TEXTOS

CAPÍTULO 4

Prepare-se para o Enem e o vestibular

1. Leia o texto a seguir, de Bernardo Soares, um dos heterônimos de Fernando Pessoa.

> Se escrevo o que sinto é porque assim diminuo a febre de sentir. O que confesso não tem importância, pois nada tem importância. Faço paisagens com o que sinto. De resto, com que posso contar comigo? Uma acuidade horrível das sensações, e a compreensão profunda de estar sentindo... Uma inteligência aguda para me destruir, e um poder de sonho sôfrego de me entreter... Uma vontade morta e uma reflexão que a embala, como a um filho vivo...
>
> (*Livro do desassossego*. Campinas, SP: Editora da Unicamp, 1994.)

Costa Pinheiro, 1978

Fernando Pessoa – O jovem poeta (1978), de Costa Pinheiro.

O texto lido é característico de um gênero que pertence à esfera:
a) literária.
b) jornalística.
c) histórica.
d) científica.
e) filosófica.

2. Leia o texto:

> **Ao lado da presidente Dilma Rousseff, as mulheres deram o tom da festa**
>
> As mulheres compareceram em massa ao primeiro Dia da Independência conduzido por uma senhora à frente da presidência da República. E deram o tom da festa na Esplanada dos Ministérios. Aplaudiram, emocionaram-se, elogiaram e vaiaram quando bem entenderam. Acompanhadas — ou não — por filhos, maridos e parentes, elas não resistiram aos rapazes da cavalaria. O desfile deles pela avenida lotada tirou suspiros e gritos histéricos da multidão, além de palavras picantes e convites de alcova. Também não passaram impunes os que marcharam no asfalto, em motos e nos tanques de guerra. As calorosas demonstrações de afeto, combinadas ao sol escaldante do cerrado, só foram amenizadas com a chegada da esquadrilha da fumaça, que tirou o fôlego do povão.
>
> (Vera Batista. *Correio Braziliense*, 8/9/2011. www.correiobraziliense.com.br/app/noticia/cidades/2011/09/08/interna_cidadesdf,268881/ao-lado-da-presidente-dilma-rousseff-as-mulheres-deram-o-tom-da-festa.shtml)

Considerando as características do texto, assinale a afirmação falsa:
a) O texto pode ter sido extraído de um *blog*.
b) O texto apresenta caráter jornalístico.
c) O texto apresenta linguagem erudita.
d) O texto apresenta a função referencial da linguagem.
e) O texto explora um aspecto pitoresco do evento que comenta.

3. Sabemos que gêneros do discurso são realizações linguísticas concretas que atendem a necessidades específicas de comunicação. Mikhail Bakhtin, criador do conceito de gênero, já afirmava, no início do século XX, que determinados gêneros podem dar origem a outros, em um processo de assimilação. Assinale a alternativa que mostra uma sequência coerente de transformação de um gênero em outro no contexto das tecnologias atuais.
a) bilhete ou carta – *e-mail*
b) conto – novela
c) ópera – tragédia
d) conversa – receita
e) aula expositiva – teatro

GÊNEROS DO DISCURSO

4. O texto a seguir é letra de uma canção, aqui reproduzida conforme a versão dada a ela pelo grupo musical O Rappa. Leia-o.

Súplica cearense

Oh! Deus,
perdoe esse pobre coitado,
que de joelhos rezou um bocado,
pedindo pra chuva cair,
cair sem parar.

Oh! Deus,
será que o senhor se zangou,
e é só por isso que o sol se arretirou,
fazendo cair toda chuva que há.

Oh! Senhor,
pedi pro sol se esconder um pouquinho,
pedi pra chover,
mas chover de mansinho,
pra ver se nascia uma planta,
uma planta no chão.

Oh! Meu Deus,
se eu não rezei direito,
a culpa é do sujeito,
desse pobre que nem sabe fazer a oração.

Meu Deus,
perdoe encher meus olhos d'água,
e ter-lhe pedido cheio de mágoa,
pro sol inclemente,
se arretirar, retirar.

Desculpe, pedir a toda hora,
pra chegar o inverno e agora,
o inferno queima o meu humilde Ceará.

Violência demais,
chuva não tem mais,
corrupto demais,
política demais,
tristeza demais.
O interesse tem demais!

[...]

Oh! Deus.
Oh! Deus.
Só se tiver Deus.
Oh! Deus.
Oh! fome.
Oh! interesse demais,
falta demais...!

(Gordurinha e Nelinho.)

Pode-se dizer que o texto "Súplica cearense" une duas modalidades de texto, que são:

a) oração e narração.
b) drama e dissertação.
c) crônica e carta comercial.
d) oração e editorial.
e) receita e narração.

A LEITURA E A INTERPRETAÇÃO DE TEXTOS

CAPÍTULO 4

Questões do Enem e dos Vestibulares

1. (ENEM)

> MOSTRE QUE SUA MEMÓRIA É MELHOR DO QUE A DE COMPUTADOR E GUARDE ESTA CONDIÇÃO: 12X SEM JUROS.
>
> Campanha publicitária de loja de eletroeletrônicos. *Revista Época*, n. 424, 3 jul. 2006.

Ao circularem socialmente, os textos realizam-se como práticas de linguagem, assumindo configurações específicas, formais e de conteúdo. Considerando o contexto em que circula o texto publicitário, seu objetivo básico é:

a) influenciar o comportamento do leitor, por meio de apelos que visam à adesão ao consumo.

b) definir regras de comportamento social pautadas no combate ao consumismo exagerado.

c) defender a importância do conhecimento de informática pela população de baixo poder aquisitivo.

d) facilitar o uso de equipamentos de informática pelas classes sociais economicamente desfavorecidas.

e) questionar o fato de o homem ser mais inteligente que a máquina, mesmo a mais moderna.

2. (ENEM)

O dia em que o peixe saiu de graça

Uma operação do Ibama para combater a pesca ilegal na divisa entre os Estados do Pará, Maranhão e Tocantins incinerou 110 quilômetros de redes usadas por pescadores durante o período em que os peixes se reproduzem. Embora tenha um impacto temporário na atividade econômica da região, a medida visa preservá-la ao longo prazo, evitando o risco de extinção dos animais. Cerca de 15 toneladas de peixes foram apreendidas e doadas para instituições de caridade.

Época, 23 mar. 2009 (adaptado).

A notícia, do ponto de vista de seus elementos constitutivos:

a) apresenta argumentos contrários à pesca ilegal.

b) tem um título que resume o conteúdo do texto.

c) informa sobre uma ação, a finalidade que a motivou e o resultado dessa ação.

d) dirige-se aos órgãos governamentais dos estados envolvidos na referida operação do Ibama.

e) introduz um fato com a finalidade de incentivar movimentos sociais em defesa do meio ambiente.

(FGV-SP) Texto para as questões de 3 a 5:

A fôrma e as ideias

Restringe-se quase apenas à classe dos linguistas a expectativa pela estreia, hoje, de mais uma reforma ortográfica no Brasil. As mudanças por ora são ignoradas pela maioria da população brasileira e terão impacto reduzido no cotidiano: a cada mil palavras utilizadas, cinco serão alteradas.

Pensado para unificar a linguagem escrita nos países lusófonos, o Acordo Ortográfico produz muito barulho por quase nada. Seu impacto estará concentrado na burocracia diplomática – não será mais necessário "traduzir" documentos para as diversas grafias nacionais do idioma – e no mercado editorial, que vai movimentar-se nos próximos anos para adaptar livros e dicionários ao novo padrão.

A ortografia que está sendo substituída não constitui barreira para a compreensão de textos escritos no padrão de outro país. Dificuldades maiores são oferecidas pela construção das frases e pelo vocabulário mobilizado nas diversas regiões em que se fala o idioma.

Somente a experiência da leitura sistemática e a exposição constante a textos e tradições nacionais, regionais e históricas diversas podem levar à superação desses obstáculos. A nova ortografia altera algumas fôrmas das ideias, jamais seu conteúdo.

Folha de S. Paulo, 1/1/2009. Adaptado.

3. Indique, no quadro, as características predominantes do texto, quanto aos aspectos relacionados:

	Conteúdo	Estilo	Gênero
a)	informativo	prolixo	reportagem
b)	científico	complexo	artigo científico
c)	expositivo	literário	crônica
d)	opinativo	conciso	editorial
e)	irreverente	coloquial	carta de leitor

GÊNEROS DO DISCURSO

4. Segundo o texto, as mudanças propiciadas pelo Acordo Ortográfico afetam, de maneira mais evidente, além do mercado editorial, a:
a) comunicação oficial entre os países de língua portuguesa.
b) sintaxe e o léxico de cada dialeto do português.
c) leitura das principais obras do mundo lusófono.
d) teoria linguística formulada pelos cientistas da língua.
e) pronúncia das pessoas que têm pouca escolaridade.

5. Leia estas duas estrofes, que compõem a "Invocação", do poema *Os Lusíadas*, de Luís Vaz de Camões, comparando-as com a última frase do texto do jornal.

> E vós, Tágides minhas, pois criado
> Tendes em mim um novo <u>engenho</u> ardente,
> Se sempre em <u>verso</u> humilde celebrado
> Foi de mim vosso rio alegremente,
> Dai-me agora um <u>som</u> alto e sublimado,
> Um <u>estilo</u> grandíloquo e corrente,
>
> ....
>
> Dai-me uma <u>fúria</u> grande e sonorosa,
> E não de agreste avena ou <u>frauta</u> ruda,
> Mas de <u>tuba</u> canora e belicosa,
> Que o peito acende e a cor ao <u>gesto</u> muda;
> Dai-me igual <u>canto</u> aos <u>feitos</u> da famosa
> Gente vossa, que a Marte tanto ajuda;
>
> ....

Dentre as palavras sublinhadas no poema, as que mais se aproximam dos termos "fôrmas" e "conteúdo", tendo em vista os elementos da linguagem a que esses termos se referem, são, respectivamente:
a) "engenho" e "canto".
b) "estilo" e "feitos".
c) "verso" e "fúria".
d) "som" e "tuba".
e) "frauta" e "gesto".

(UERJ-RJ) Com base no texto a seguir, responda às questões de 6 a 11.

Competição e individualismo excessivos ameaçam saúde dos trabalhadores

Ideologia do individualismo

O novo cenário mundial do trabalho apresenta facetas como a da competição globalizada e a da ideologia do individualismo. A

5 afirmação foi feita pelo professor da Universidade de Brasília (UnB) Mário César Ferreira, ao participar do seminário Trabalho em Debate: Crise e Oportunidades.

Segundo ele, pela primeira vez, há uma
10 ligação direta entre trabalho e índices de suicídio, sobretudo na França, em função das mudanças focadas na ideia de excelência.

Fim da especialização

15 "A configuração do mundo do trabalho é cada vez mais volátil", disse o professor. Ele destacou ainda a crescente expansão do terceiro setor, do trabalho em domicílio e do trabalho feminino, bem como a exclu-
20 são de perfis como o de trabalhadores jovens e dos fortemente especializados. "As organizações preferem perfis polivalentes e multifuncionais." Desta forma, a escolarização clássica do trabalhador amplia-se
25 para a qualificação contínua, enquanto a ultraespecialização evolui para a multiespecialização.

Metamorfoses do trabalho

Ele ressaltou que as "metamorfoses" no
30 cenário do trabalho não são "indolores" para os que trabalham e provocam erros frequentes, retrabalho, danificação de máquinas e queda de produtividade.

Outra grande consequência, de acordo com
35 o professor, diz respeito à saúde dos trabalhadores, que leva à alta rotatividade nos postos de trabalho e aos casos de suicídio. "Trata-se de um cenário em que todos perdem, a sociedade, os governantes e, em
40 particular, os trabalhadores", avaliou.

Articulação entre econômico e social

Para a coordenadora da Diretoria de Cooperação e Desenvolvimento do Instituto de Pesquisa Econômica Aplicada (Ipea),
45 Christiane Girard, a problemática das relações de trabalho envolve também uma questão: qual o tipo de desenvolvimento que nós, como cidadãos, queremos ter?

Segundo Christiane, é preciso "articular"
50 o econômico e o social, como acontece na economia solidária.

"Ela é uma das alternativas que aparecem e precisa ser discutida. A resposta do trabalhador se manifesta por meio do estres-
55 se, de doenças diversas e do suicídio. A gente não se pergunta o suficiente sobre o peso da gestão do trabalho", disse a representante do Ipea.

Adaptado de www.diariodasaude.com.br

6. No texto, as falas do professor universitário e da coordenadora do instituto de pesquisa reforçam o sentido geral antecipado pelo título da matéria jornalística.

A LEITURA E A INTERPRETAÇÃO DE TEXTOS

CAPÍTULO 4

A citação de falas como as referidas anteriormente é um recurso conhecido da argumentação. Esse recurso está corretamente descrito em:
a) exemplificação de fatos enunciados no texto.
b) registro da divergência entre diferentes autores.
c) apoio nas palavras de especialistas em uma área.
d) apresentação de dados quantificados por pesquisas.

7. Os subtítulos do texto organizam a leitura, sintetizando o que está diagnosticado ou proposto em cada parte.

Dentre os subtítulos, aquele que anuncia uma proposta é:
a) Ideologia do individualismo
b) Fim da especialização
c) Metamorfoses do trabalho
d) Articulação entre econômico e social

8. *Ele ressaltou que as "metamorfoses" no cenário do trabalho não são "indolores" para os que trabalham e provocam erros frequentes, retrabalho, danificação de máquinas e queda de produtividade.* (l. 29-33)

No fragmento acima, a exemplo de outras passagens no texto, o emprego das aspas pelo autor tem a função de:
a) dar destaque a termos pouco conhecidos.
b) assinalar distanciamento de sentido irônico.
c) retomar uma ideia enunciada anteriormente.
d) identificar citação de palavras do entrevistado.

9. Na coesão textual, os pronomes podem ser empregados para fazer a ligação entre o que está sendo dito e o que foi enunciado anteriormente.

O pronome sublinhado que estabelece ligação com uma parte anterior do texto está na seguinte passagem:
a) "A configuração do mundo do trabalho é cada vez mais volátil" (l. 15-16)
b) "Outra grande consequência, de acordo com o professor, diz respeito à saúde dos trabalhadores," (l. 34-36)
c) "Trata-se de um cenário em que todos perdem," (l. 38-39)
d) "qual o tipo de desenvolvimento que nós, como cidadãos, queremos ter?" (l. 47-48)

10. *"A resposta do trabalhador se manifesta por meio do estresse, de doenças diversas e do suicídio. A gente não se pergunta o suficiente sobre o peso da gestão do trabalho", disse a representante do Ipea.* (l. 53-58)

A negação expressa pela fala transcrita acima remete, na verdade, a uma afirmação. Essa afirmação está corretamente enunciada em:

a) A gestão do trabalho deve ser mais bem avaliada.
b) O mundo do trabalho deve secundarizar a gestão.
c) Os gestores precisam ser suficientemente saudáveis.
d) Os trabalhadores precisam atender melhor aos gestores.

11. Dentre as palavras usadas no texto para descrever o novo regime de trabalho, uma delas implica uma contradição nos próprios termos, ou seja, uma palavra cuja composição contém elementos que se opõem.

A palavra formada por elementos que sugerem sentidos opostos é:
a) terceirização.
b) escolarização.
c) ultraespecialização.
d) multiespecialização.

(UFMT-MT) **Instrução:** Leia as propagandas abaixo para responder às questões 12 e 13.

Texto I

Texto II

GÊNEROS DO DISCURSO

12. O Ministério Público do Trabalho e o Ministério Público do Estado de Mato Grosso usaram o gênero propaganda social (texto I) para:

a) oferecer apoio a empresas, objetivando o esclarecimento de práticas ligadas à vida do campo.

b) divulgar doutrina obsoleta que fere os princípios humanos de convivência.

c) prestar serviço de utilidade pública no sentido de disseminar uma ideia.

d) salvaguardar o perfil de proprietários de terra ligados ao agronegócio.

e) estabelecer política governamental que reforce a participação da população de baixa renda.

13. Sobre os textos I e II, pode-se afirmar:

a) No texto I, o implícito e a metonímia constroem ideia de que existe trabalho escravo em Mato Grosso e de que morrem trabalhadores escravizados.

b) No texto II, as aspas foram usadas com a finalidade de criar ambiguidade entre o favoritismo da Rede Globo e a novela global A Favorita.

c) As duas propagandas possuem o mesmo objetivo: levar o leitor à intenção de denunciar situações desumanas.

d) No texto I, o correto emprego da vírgula indica pausa na entonação e torna mais clara a compreensão do texto.

e) As formas verbais *ajuda* (texto I) e *troque* (texto II) trazem sujeito elíptico – você – que remete ao leitor.

14. (ENEM)

ITURRUSGARAI, A. La Vie en Rose. *Folha de S.Paulo*, 11 ago. 2007.

Os quadrinhos exemplificam que as *histórias em quadrinhos* constituem um gênero textual:

a) em que a imagem pouco contribui para facilitar a interpretação da mensagem contida no texto, como pode ser constatado no primeiro quadrinho.

b) cuja linguagem se caracteriza por ser rápida e clara, que facilita a compreensão, como se percebe na fala do segundo quadrinho "</DIV> </SPAN> <BR CLEAR = ALL>

 <SCRIPT>".

c) em que o uso de letras com espessuras diversas está ligado a sentimentos expressos pelos personagens, como pode ser percebido no último quadrinho.

d) que possui em seu texto escrito características próximas a uma conversação face a face, como pode ser percebido no segundo quadrinho.

e) em que a localização casual dos balões nos quadrinhos expressa com clareza a sucessão cronológica da história, como pode ser percebido no segundo quadrinho.

A LEITURA E A INTERPRETAÇÃO DE TEXTOS

UNIDADE 2
Competência leitora e habilidades de leitura

Deve-se ler pouco e reler muito. Há uns poucos livros totais, três ou quatro, que nos salvam ou que nos perdem. É preciso relê-los, sempre, sempre e sempre, com obtusa pertinácia.

Nelson Rodrigues, escritor e dramaturgo
(*Língua Portuguesa*, nº 41.)

Ler é ganhar a alma

Filho de ferroviário morando num subúrbio de Araraquara, o menino [Ignácio de Loyola Brandão] tímido e encabulado, que se achava magro e feio e se sentia marginalizado, encontrou na leitura um refúgio para sua solidão. "Meu pai lia e parecia feliz", lembra. "Foi ele que me presenteou com os primeiros volumes. 'O cisne e o negro' e 'O patinho feio', como me encantaram. 'Pinóquio' era deslumbrante. Não me esqueço também de 'Robinson Crusoé', de 'O Barba Azul' e tantos mais." [...]

"A leitura era um modo de me abstrair de tudo o que incomodava, de colocar minhas raivas para fora", conta Loyola. "Depois, passou a ser uma forma de resolver meus conflitos, de viver os personagens, de amar todas aquelas mulheres... [...] Ler era a maneira de entender a vida, de ir embora. Ainda é. Quando estou lendo, me concentro, levito, saio de mim. Ler é ganhar a alma. É ser sobrevivente. A leitura é uma boia salva-vidas. Um escaler."

Ignácio de Loyola Brandão, jornalista e escritor
(www.livrariacultura.com.br)

> [...] *a palavra escrita é a gaiola do som. Ler é libertar a palavra que estava enclausurada no papel. Palavras gostam de voar e ecoar o eco de seu pleno sentido sonoro.*
>
> Wado, compositor alagoano
> (*Língua Portuguesa*, nº 16.)

Fique ligado!
Leia!

Para você que gosta de literatura e deseja ler alguns clássicos da literatura, sugerimos:

LIVROS

- Da literatura brasileira: *Memórias póstumas de Brás Cubas* e *Dom Casmurro*, de Machado de Assis (Saraiva); *São Bernardo*, de Graciliano Ramos (Record); *Sagarana*, de João Guimarães Rosa (Nova Fronteira); *A rosa do povo*, de Carlos Drummond de Andrade (Record); *Estrela da manhã*, de Manuel Bandeira (Nova Fronteira); *A paixão segundo G. H.*, de Clarice Lispector (Rocco); *Macunaíma – O herói sem nenhum caráter*, de Mário de Andrade (Villa Rica); *Nova antologia poética*, de Mário Quintana (Globo); *Nova antologia poética*, de Vinícius de Morais (Companhia das Letras); *Baú de ossos*, de Pedro Nava (Ateliê); *Seminário de ratos*, de Lygia Fagundes Telles (Rocco); *Lavoura arcaica*, de Raduan Nassar (Companhia das Letras); *Dois irmãos*, de Milton Hatoum (Companhia das Letras).
- Da literatura inglesa: *Hamlet, Otelo* e *Romeu e Julieta*, de Shakespeare (Martin Claret); *Frankenstein*, de Mary Shelley (L&PM); *O médico e o monstro*, de R. L. Stevenson (Martin Claret); *O retrato de Dorian Gray*, de Oscar Wilde (Martin Claret); *David Copperfield*, de Charles Dickens.
- Da literatura norte-americana: *Ficção completa e poesia*, de Edgar Allan Poe (Nova Aguilar); *O grande Gatsby*, de Scott Fitzgerald (Record); *As vinhas da ira*, de John Steinbeck (Record); *O apanhador no campo de centeio*, de J. D. Salinger (Editora do Autor); *A marca humana*, de Philip Roth (Companhia das Letras); *Pé na estrada*, de Jack Kerouac (L&PM); *O velho e o mar*, de Ernest Hemingway (Bertrand Brasil).
- Da literatura francesa: *O vermelho e o negro*, de Stendhal (Cosac Naify); *Os miseráveis*, de Victor Hugo (FTD); *Germinal*, de Émile Zola (Companhia das Letras); *Madame Bovary*, de Gustave Flaubert (Companhia das Letras).
- Da literatura italiana: *O cavaleiro inexistente*, de Italo Calvino (Companhia das Letras).
- Da literatura russa: *Os irmãos Karamazov* e *Crime e castigo*, de Dostoiévski (Editora 34); *Guerra e paz* (Itatiaia) e *Anna Karenina* (Cosac Naify), de Tolstói.
- Da literatura alemã: *Os sofrimentos do jovem Werther*, de Goethe (Martins Fontes); *A montanha mágica*, de Thomas Mann (Nova Fronteira); *A metamorfose* e *O processo*, de Kafka (Companhia das Letras).
- Da literatura latino-americana: *Ficções* e *Poesia*, de Jorge Luis Borges (Companhia das Letras); *Antologia poética*, de Pablo Neruda (José Olympio); *O jogo da amarelinha*, de Julio Cortázar (Civilização Brasileira); *Cem anos de solidão*, de Gabriel García Márquez (Record).
- Da literatura portuguesa: *O primo Basílio* (Saraiva) e *Os Maias* (Ática), de Eça de Queirós; *Melhores poemas de Fernando Pessoa*, de Fernando Pessoa (Global); *Ensaio sobre a cegueira*, de José Saramago (Companhia das Letras).
- Das literaturas africanas: *O outro pé da sereia*, de Mia Couto (Companhia das Letras); *A gloriosa família*, de Pepetela (Nova Fronteira); *Os da minha rua*, de Ondjaki (Língua Geral).

Entre os inúmeros filmes cujos roteiros têm por base livros de literatura, sugerimos:

FILMES

- Da literatura universal: *Romeu e Julieta* e *A megera domada*, de Franco Zefirelli; *A sedutora Madame Bovary*, de Vincent Minelli; *O germinal*, de Claude Berri; *Razão e sensibilidade*, de Ang Lee; *Desejo e reparação* e *Orgulho e preconceito*, de Joe Wright; *Frankenstein*, de James Whale; *Drácula de Bram Stocker*, de Francis Ford Coppola; *Senhor dos anéis*, de Peter Jackson; *Passagem para a Índia*, de David Lean; *Moça com brinco de pérola*, de Peter Webber; *Na estrada*, de Walter Salles.
- Da literatura brasileira e portuguesa: *Vidas secas* e *Memórias do cárcere*, de Nélson Pereira dos Santos; *Macunaíma*, de Joaquim Pedro de Andrade; *Lavoura arcaica*, de Luiz Fernando Carvalho; *Triste fim de Policarpo Quaresma*, de Paulo Thiago; *Brás Cubas*, de Júlio Bressane; *Memórias póstumas*, de André Klotzel; *Desmundo*, de Alain Fresnot; *O coronel e o lobisomem*, de Maurício Farias; *O primo Basílio*, de Daniel Filho; *O crime do Padre Amaro*, de Carlos Carrera; *Os Maias*, de Luiz Fernando Carvalho.

45

CAPÍTULO 5

Competência leitora e habilidades de leitura

> *De acordo com os resultados da Prova Brasil e do Saeb, que avaliam a competência leitora dos estudantes brasileiros de 5º e 9º anos do ensino fundamental e do 3º ano do ensino médio, menos de um terço dos alunos alcança o nível adequado de leitura. Neste capítulo, você vai aprender o que é competência leitora e saber quais são as habilidades de leitura necessárias para o desenvolvimento dessa competência.*

Desde 1998, o ensino médio brasileiro vem passando por uma transformação profunda, à medida que tem procurado pôr em destaque o ensino por competências, em lugar do ensino focado apenas em conteúdos programáticos.

Nas questões de interpretação de texto dos diferentes tipos de exame – como Prova Brasil, Saeb, Enem, vestibulares e concursos públicos, entre outros –, o que se deseja avaliar é se o candidato desenvolveu a **competência leitora** necessária para ocupar a vaga ou o cargo que disputa.

> ### Ainda a competência
>
> Segundo Philippe Perrenoud, especialista em educação:
>
> > [competência é a] capacidade de agir eficazmente em um determinado tipo de situação, apoiada em conhecimentos, mas sem limitar-se a eles.
>
> *(Construir as competências desde a escola.* Porto Alegre: Artmed, 1999. p. 7.)

O que são competências e habilidades?

"Uma competência é mais do que um conhecimento", afirma Lino de Macedo, do Instituto de Psicologia da Universidade de São Paulo (USP) e um dos autores da matriz do Exame Nacional do Ensino Médio, o Enem. "Ela pode ser explicada como um saber que se traduz na tomada de decisões, na capacidade de avaliar e julgar. Ao contrário do que muita gente pode pensar, esse saber articulado ao fazer não é um modismo", garante ele. "A evolução da tecnologia é definitiva e, infelizmente, mais exclui do que inclui. Quem não sabe operar um computador, dificilmente consegue emprego", exemplifica.

(Nova Escola, nº 154.)

> ### As competências e a leitura de mundo
>
> Ler o mundo significa mais do que ser capaz de ler um texto. É necessário aprender outras linguagens além da escrita. Gráficos, estatísticas, desenhos geométricos, pinturas, desenhos e outras manifestações artísticas, as ciências, as formas de expressão formais e coloquiais – tudo deve ser lido e tem códigos e símbolos específicos de decifração. Quando um aluno está diante de um problema matemático, precisa ser capaz de interpretar a pergunta para entender que tipo de resposta é esperado. Idem para quem busca extrair conclusões de uma tabela de censo demográfico. Se o professor pede para escrever cartas a destinatários diferentes, o estudante tem de escolher o estilo e o vocabulário adequados a cada situação.
>
> *(Nova Escola*, nº 154.)

Portanto, a competência pode ser traduzida como uma espécie de "saber fazer", isto é, saber lidar com as diferentes situações e problemas que se colocam diante de nós no dia a dia.

Se a competência está relacionada com o "saber fazer", as **habilidades** estão relacionadas com o "como fazer", isto é, como o indivíduo mobiliza recursos, toma decisões, adota estratégias ou procedimentos e realiza ações concretas para resolver os problemas. Portanto, competência e habilidades são duas dimensões interdependentes do "saber", que se completam mutuamente.

No âmbito da leitura e da interpretação de textos, a *competência leitora* se expressa por meio de *habilidades de leitura*, que, por sua vez, se concretizam por meio de operações ou *esquemas de ação*.

Veja como é avaliada a competência leitora na questão a seguir, da Prova Brasil/Saeb, destinada aos alunos do 3º ano do ensino médio.

(Angeli. *Folha de S. Paulo*, 25/4/1993.)

A atitude de Romeu em relação a Dalila revela:
a) compaixão.
c) insensibilidade.
b) companheirismo.
d) revolta.

Resposta: c.

Para resolver a questão, o estudante deveria mobilizar diferentes operações mentais: *observar* e *analisar* o diálogo entre as personagens — no qual a mulher fala ao marido dos sentimentos que tem — e *relacioná-lo* com a parte visual da tira, que mostra a mulher numa postura desmotivada, que combina com os sentimentos que ela enumera.

Essa integração de imagens e palavras contribui para a *interpretação* do texto, operação que possibilita captar o sentido global do que se lê. A tira evidencia uma situação de dificuldade de relacionamento do casal, comprovada no último quadrinho, em que fica explicitada a indiferença do marido em relação ao que é dito pela mulher.

Realizada a interpretação, o estudante deveria confrontá-la com as alternativas propostas e *concluir* que a alternativa c é a que traduz melhor o sentido geral do texto.

Veja outro exemplo, uma questão extraída da prova do Enem:

Os transgênicos vêm ocupando parte da imprensa com opiniões ora favoráveis ora desfavoráveis. Um organismo ao receber material genético de outra espécie, ou modificado da mesma espécie, passa a apresentar novas características. Assim, por exemplo, já temos bactérias fabricando hormônios humanos, algodão colorido e cabras que produzem fatores de coagulação sanguínea humana.

O belga René Magritte (1896-1967), um dos pintores surrealistas mais importantes, deixou obras enigmáticas.

Caso você fosse escolher uma ilustração para um artigo sobre os transgênicos, qual das obras de Magritte, a seguir, estaria mais de acordo com esse tema tão polêmico?

a)
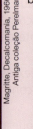
b)

COMPETÊNCIA LEITORA E HABILIDADES DE LEITURA 5

Resposta: *b*.

Trata-se de uma questão que envolve duas áreas de conhecimento: Biologia e Artes. A rigor, do ponto de vista do tema – a criação artística, ou a relação entre a realidade concreta e outra realidade (a artística) criada a partir dela –, todas as telas poderiam ilustrar um artigo sobre transgênicos. Contudo, vejamos os passos necessários para que o estudante chegasse à melhor alternativa.

Primeiramente, ele deveria ler o texto verbal e *identificar* a informação principal. Depois, *observar* as telas, *analisar* cada uma e *compará-las*. Em seguida, *relacionar* com as pinturas as pistas fornecidas pelo texto verbal, especialmente a de que "um organismo ao receber material genético de outra espécie [...] passa a apresentar novas características". Por último, deveria *concluir* que a alternativa *b* é a mais adequada, uma vez que apresenta um ser que é meio peixe e meio ser humano, ou seja, um ser com características diferentes, mistas, provenientes de duas espécies diferentes.

Esse conjunto de ações ou operações, como *observar*, *analisar*, *relacionar*, *concluir* e *comparar*, entre outras, traduz as habilidades necessárias para lidar com a leitura e a interpretação de textos. Avaliar a competência leitora de uma pessoa é verificar até que ponto essas habilidades foram desenvolvidas durante sua vida escolar e pessoal.

Nos capítulos subsequentes desta unidade, você vai poder conhecer e exercitar cada uma das principais ações ou operações que se relacionam com as habilidades de leitura.

CAPÍTULO 5

Prepare-se para o Enem e o vestibular

1. Observe este anúncio:

(http://thinkad.files.wordpress.com/2007/06/panasonic_whale_01.jpg)

A imagem de um animal em extinção, feito de metros e metros de fiação, criada pelo anunciante para transmitir a ideia de que aparelhos eletroeletrônicos podem funcionar sem fios, é uma metáfora. De que função da linguagem esse recurso é típico?
a) Metalinguística.
b) Fática.
c) Poética.
d) Referencial.
e) Emotiva.

2. Leia o anúncio abaixo e o texto que segue.

(www.limeira.sp.gov.br/secretarias/saude/media/images/projetos/tuberculose/cartaz.jpg)

Medidas de defesa

Se você esteve em contato com uma pessoa com tuberculose ativa, faça um teste na pele (PPD) ou um raio X do tórax para determinar se você entrou em contato com a tuberculose. Mesmo que seu teste (alérgico) dê positivo, não significa que você tem a doença. No Brasil, todos os bebês são vacinados contra a tuberculose ao nascer. Se você está com tosse há muito tempo e ela não melhora com nada, procure um posto de saúde: uma das causas de tosse crônica pode ser a tuberculose. Se você estiver perto de pessoas que apresentam um risco maior de serem infectadas com a tuberculose, como em um hospital ou em uma penitenciária, use uma máscara que ajudará a impedir que você inale as bactérias da tuberculose. Finalmente, faça uma dieta saudável, repouse e exercite-se; assim, seu sistema imunológico fica em perfeito estado.

(http://saude.hsw.uol.com.br/prevenir-infeccoes-respiratorias5.htm)

Sobre o texto, podemos afirmar que se trata de um gênero do discurso que pertence à mesma família de gênero:
a) da reportagem.
b) da crônica.
c) da receita.
d) do editorial.
e) da lista.

3. A imagem abaixo faz parte de uma campanha a favor da saúde, contra o cigarro.

Nela identificamos, predominantemente:
a) a função conativa.
b) a função poética.
c) a função metalinguística.
d) a função referencial.
e) a função emotiva.

COMPETÊNCIA LEITORA E HABILIDADES DE LEITURA

4. Leia os poemas:

Texto I

Soneto do amor total

Amo-te tanto meu amor... não cante
O humano coração com mais verdade...
Amo-te como amigo e como amante
Numa sempre diversa realidade.

Amo-te, enfim, de um calmo amor prestante
E te amo além, presente na saudade.
Amo-te, enfim, com grande liberdade
Dentro da eternidade e a cada instante.

Amo-te como um bicho, simplesmente
De um amor sem mistério e sem virtude
Com um desejo maciço e permanente.

E de te amar assim, muito e amiúde
É que um dia em teu corpo de repente
Hei de morrer de amar mais do que pude.

(Vinícius de Morais. *Livro de sonetos*. Sel. e org. Eucanaã Ferraz. São Paulo: Cia. das Letras, Editora Schwarcz, 2009. p. 53. Autorizado pela VM Empreendimentos Artísticos e Culturais © VM e © Cia. das Letras (Editora Schwarcz).

Texto II

O mundo que venci deu-me um amor

O mundo que venci deu-me um amor,
Um troféu perigoso, este cavalo
Carregado de infantes couraçados.
O mundo que venci deu-me um amor
Alado galoupando em céus irados,
Por cima de qualquer muro de credo,
Por cima de qualquer fosso de sexo.
O mundo que venci deu-me um amor
Amor feito de insulto e pranto e riso,
Amor que força as portas dos infernos,
Amor que galga o cume ao paraíso.
Amor que dorme e treme. Que desperta
E torna contra mim, e me devora
E me rumina em cantos de vitória.

(Mário Faustino. *Poesia completa – Poesia traduzida*. São Paulo: Max Limonad, 1985.)

Filipe Rocha

Os dois poemas expressam um ponto de vista semelhante a respeito do amor. Identifique a alternativa que melhor sintetiza esse ponto de vista.

a) O amor domina o eu lírico e o deixa consumido.
b) O amor é motivo de alegria e prazer.
c) O amor é um ritual místico e casto.
d) O amor é sinônimo de morte e desespero.
e) O amor gera atração física e guerra.

5. A chegada dos *e-books* no mercado editorial brasileiro tem gerado dúvidas e expectativas nos profissionais de várias áreas. Veja:

Nova tecnologia, mais leitores

Encontro discute impacto dos e-books no mercado editorial e importância do professor na formação dos leitores no país

O impacto dos livros em formato digital, ou e-books, gera dúvidas e também expectativas sobre novas possibilidades de negócios no mercado editorial brasileiro. Para discutir o futuro comercial desse setor e a expansão do hábito da leitura, dirigentes e profissionais da área de todo o país, além de professores e pesquisadores, encontraram-se na XXIII Reunião Anual da Abeu (Associação Brasileira de Editoras Universitárias), realizada de 7 a 10 de junho, na sede da Fundação Editora Unesp (FEU), em São Paulo. [...]

(Daniel Patire. http://tudosobreleitura.blogspot.com/2010/07/leitura-no-mundo-digital-nova.html. Acesso em: 15/7/2010.)

Segundo o texto, as dúvidas e expectativas relacionadas aos *e-books* decorrem do fato de que:

a) há risco de que a população deixe de ler livros.
b) os professores não estão capacitados para lidar com a nova tecnologia.
c) os *e-books* tendem a custar mais caro que os livros impressos.
d) o novo suporte é uma incógnita no meio comercial.
e) o mercado editorial de *e-books* depende dos professores.

CAPÍTULO 5

Questões do Enem e dos vestibulares

(FUVEST-SP) Texto para as questões de 1 a 4:

> Desde pequeno, tive tendência para personificar as coisas. Tia Tula, que achava que mormaço fazia mal, sempre gritava: "Vem pra dentro, menino, olha o mor-
> 5 maço!" Mas eu ouvia o mormaço com M maiúsculo. Mormaço, para mim, era um velho que pegava crianças! Ia pra dentro logo. E ainda hoje, quando leio que alguém se viu perseguido pelo clamor público, vejo
> 10 com estes olhos o Sr. Clamor Público, magro, arquejante, de preto, brandindo um guarda-chuva, com um gogó protuberante que se abaixa e levanta no excitamento da perseguição. E já estava devidamente gran-
> 15 dezinho, pois devia contar uns trinta anos, quando me fui, com um grupo de colegas, a ver o lançamento da pedra fundamental da ponte Uruguaiana-Libres, ocasião de grandes solenidades, com os presidentes
> 20 Justo e Getúlio, e gente muita, tanto assim que fomos alojados os do meu grupo num casarão que creio fosse a Prefeitura, com os demais jornalistas do Brasil e Argentina. Era como um alojamento de quartel,
> 25 com breve espaço entre as camas e todas as portas e janelas abertas, tudo com os alegres incômodos e duvidosos encantos de uma coletividade democrática. Pois lá pelas tantas da noite, como eu pressentis-
> 30 se, em meu entredormir, um vulto junto à minha cama, sentei-me estremunhado* e olhei atônito para um tipo de chiru*, ali parado, de bigodes caídos, pala pendente e chapéu descido sobre os olhos. Diante
> 35 da minha muda interrogação, ele resolveu explicar-se, com a devida calma:
> — Pois é! Não vê que eu sou o sereno...

Mário Quintana. In: Ítalo Moriconi. *As cem melhores crônicas brasileiras*. Rio de Janeiro: Objetiva, 2007. © by Elena Quintana.

estremunhado: mal acordado.

chiru: que ou aquele que tem pele morena, traços acaboclados (regionalismo: Sul do Brasil).

1. No início do texto, o autor declara sua "tendência para personificar as coisas". Tal tendência se manifesta na personificação dos seguintes elementos:

a) Tia Tula, Justo e Getúlio.

b) mormaço, clamor público, sereno.

c) magro, arquejante, preto.

d) colegas, jornalistas, presidentes.

e) vulto, chiru, crianças.

2. A caracterização ambivalente da "coletividade democrática" (l. 28), feita com humor pelo cronista, ocorre também na seguinte frase relativa à democracia:

a) Meu ideal político é a democracia, para que todo homem seja respeitado como indivíduo, e nenhum, venerado. (A. Einstein)

b) A democracia é a pior forma de governo, com exceção de todas as demais. (W. Churchill)

c) A democracia é apenas a substituição de alguns corruptos por muitos incompetentes. (B. Shaw)

d) É uma coisa santa a democracia praticada honestamente, regularmente, sinceramente. (Machado de Assis)

e) A democracia se estabelece quando os pobres, tendo vencido seus inimigos, massacram alguns, banem os outros e partilham igualmente com os restantes o governo e as magistraturas. (Platão)

3. Considerando que "silepse é a concordância que se faz não com a forma gramatical das palavras, mas com seu sentido, com a ideia que elas representam", indique o fragmento em que essa figura de linguagem se manifesta.

a) "olha o mormaço".

b) "pois devia contar uns trinta anos".

c) "fomos alojados os do meu grupo".

d) "com os demais jornalistas do Brasil".

e) "pala pendente e chapéu descido sobre os olhos".

4. No contexto em que ocorre, a frase "estava devidamente grandezinho, pois devia contar uns trinta anos" (l. 14 e 15) constitui:

a) recurso expressivo que produz incoerência, uma vez que não se usa o adjetivo "grande" no diminutivo.

b) exemplo de linguagem regional, que se manifesta também em outras partes do texto, como na palavra "brandindo".

c) expressão de nonsense (linguagem surreal, ilógica), que, por sinal, ocorre também quando o autor afirma ouvir o M maiúsculo de "mormaço".

d) manifestação de humor irônico, o qual, aliás, corresponde ao tom predominante no texto.

e) parte do sonho que está sendo narrado e que é revelado apenas no final do texto, principalmente no trecho "em meu entredormir".

UNIDADE 2

COMPETÊNCIA LEITORA E HABILIDADES DE LEITURA

5. (UnB-DF) Assinale C para as assertivas corretas e E para as erradas.

FIGURA I

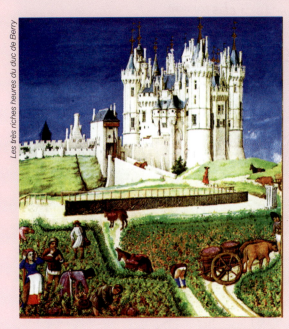

FIGURA II

FIGURA III

FIGURA IV

FIGURA V

A riqueza produzida pelas sociedades, no transcurso da história, deve ser compreendida em suas múltiplas manifestações, as quais não se restringem aos aspectos puramente econômicos. Vinculadas à denominada civilização ocidental, essas figuras refletem algumas situações em que a capacidade humana de pensar, de sentir, de agir e de se expressar, ao longo do tempo e nas mais distintas regiões do planeta, reveste-se de invulgar dimensão. Considerando os diversos contextos históricos representados nessas figuras, julgue os itens a seguir.

a) A figura I remete à Antiguidade clássica e traduz, na arquitetura, a monumentalidade da cultura helênica, na qual a racionalidade se submete à religião e o individualismo não consegue fazer sombra ao espírito coletivista dominante na sociedade.

b) Na figura II, a presença marcante do castelo, símbolo do poder de uma aristocracia fundiária e guerreira, aponta para uma das características essenciais do feudalismo europeu. Em torno dele, desenvolvia-se uma economia basicamente agrária sustentada pela mão de obra servil, com predomínio ideológico da Igreja Católica.

CAPÍTULO 5

c) Na figura III, está representada uma das marcas da riqueza artística da Renascença, amplo movimento cultural que, inspirado nos modelos de vida e na religiosidade medievais, contribuiu para o surgimento, no início dos tempos modernos, de um novo homem comedido em suas aspirações de conhecimento e de descobertas, mas convicto de sua força na construção da história.

d) A figura IV retrata a capacidade criadora e a riqueza cultural da civilização incaica. A América que os europeus encontraram, em fins do século XV, extraiu de seus conhecimentos acumulados e de sua cultura milenar a força para resistir aos invasores, razão pela qual espanhóis e portugueses levaram tempo para procederem à colonização do Novo Mundo.

e) A urbanização, como fenômeno sistemático e consistente, é fruto da Revolução Industrial. No decorrer do século XIX e, sobretudo, do século XX, ela se expandiu e, acompanhando o processo de globalização econômica, também se universalizou. A figura V evidencia que projetos urbanísticos e concepções arquitetônicas de cidades também se transformam com o passar do tempo.

6. (UFF-RJ)

(Cruz)

A charge pode dialogar com outros textos (verbais ou não verbais), criando novos significados, através da intertextualidade.

a) Identifique o texto que circula em nossa cultura e que serve de base à intertextualidade com a charge.

b) Nomeie dois elementos da linguagem não verbal que sejam exemplos dessa intertextualidade.

c) Retire dois elementos da linguagem verbal que também sejam exemplos dessa intertextualidade.

d) Identifique, pelo contexto, a referência para o pronome pessoal "ela".

COMPETÊNCIA LEITORA E HABILIDADES DE LEITURA

7. (CEFET-MG)

Heavy metal do senhor

o cara mais underground que eu conheço é o
[diabo
que no inferno toca cover das canções
[celestiais
com sua banda formada só por anjos
[decaídos

enquanto isso deus brinca de gangorra no
[playground
do céu com os santos que já foram homens de
[pecado
de repente os santos falam "toca deus um
[som maneiro"
e deus fala "aguenta vou rolar um som
[pesado"

a banda cover do diabo acho que já tá por
[fora
o mercado tá de olho é no som que deus criou
com trombetas distorcidas e harpas
[envenenadas
mundo inteiro vai pirar com o heavy metal
[do senhor.

(Zeca Baleiro. © Ponto de Bala. (Universal Publishing) — 100% In: CEREJA, William R. & MAGALHÃES, Thereza C. *Gramática reflexiva*. São Paulo: Atual, 1999. p. 13.)

Considerando-se a mescla de discursos sociais no texto, as expressões que implicam o uso moderado e socialmente elevado da linguagem são:

a) cara, cover, som pesado.
b) senhor, harpa, anjos decaídos.
c) underground, heavy metal, banda.
d) inferno, canções celestiais, gangorra.

8. (SAEB)

O melhor do namoro, claro, é o ridículo. Vocês dois no telefone:
— Desliga você.
— Não, desliga você.
— Você.
— Você.
— Então vamos desligar juntos.
— Tá. Conta até três.
— Um... Dois... Dois e meio...
Ridículo agora, porque na hora não era não. Na hora nem os apelidos secretos que vocês tinham um para o outro, lembra?, eram ridículos. Ronron. Suzuca. Alcizanzão. Surusuzuca. Gongonha. (Gongonha!) Mamosa. Purupupuca...
Não havia coisa melhor do que passar tardes inteiras no sofá, olho no olho, dizendo:
— As dondozeira ama os dondozeiro?
— Ama.
— Mas os dondozeiro ama as dondozeira mais do que as dondozeira ama os dondozeiro.
— Na-na-não. As dondozeira ama os dondozeiro mais do que etc...
E, entremeando o diálogo, longos beijos, profundos beijos, beijos mais do que de língua, beijos de amígdalas, beijos catetéticos. Tardes inteiras. Confesse: ridículo só porque nunca mais.
Depois do ridículo, o melhor do namoro são as brigas. Quem diz que nunca, como quem não quer nada, arquitetou um encontro casual com a ex ou o ex só para ver se ela ou ele está com alguém, ou para fingir que não vê, ou para ver e ignorar, ou para dar um abano amistoso querendo dizer que ela ou ele agora significa tão pouco que podem até ser amigos, está mentindo. Ah, está mentindo.
E melhor do que as brigas são as reconciliações. Beijos ainda mais profundos, apelidos ainda mais lamentáveis, vistos de longe. A gente brigava mesmo era para se reconciliar depois, lembra? Oito entre dez namorados transam pela primeira vez fazendo as pazes. Não estou inventando. O IBGE tem as estatísticas.

VERÍSSIMO, Luís Fernando. *Correio Braziliense*, 13/6/1999. © by Luis Fernando Veríssimo.

No texto, considera-se que o melhor do namoro é o ridículo associado:

a) às brigas por amor.
b) às mentiras inocentes.
c) às reconciliações felizes.
d) aos apelidos carinhosos.
e) aos telefonemas intermináveis.

CAPÍTULO 6

A observação, a análise e a identificação

> *No capítulo anterior você viu como a competência leitora e as habilidades de leitura são exploradas nas provas do Enem e do vestibular.*
> *Conheça, neste capítulo, três importantes operações, a observação, a análise e a identificação, e veja como elas são avaliadas nesses exames.*

Leia a seguinte questão, do vestibular da Universidade Estadual do Rio de Janeiro, e observe como sua resolução exige que o estudante realize operações como *observar*, *analisar* e *identificar*.

Redes sociais e redes empresariais

No mundo globalizado, a mobilidade das pessoas e das empresas tende a aumentar. Essa mobilidade depende de redes que se estabelecem entre distintas localizações. Os gráficos a seguir mostram a distribuição de empresas e de pessoas originárias do Brasil nas diversas regiões do mundo.

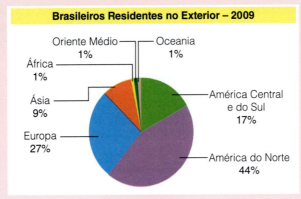

Fonte: *Valor Econômico*, 2009; MRE, 2009.

a) Explique o papel do Estado na expansão das redes empresariais brasileiras na América do Sul.
b) Relacione o papel das redes sociais com o grande percentual de brasileiros residentes nos Estados Unidos.

Para responder à questão, o estudante deveria, primeiramente, observar e identificar as informações do enunciado. **Observar** é perceber, notar, considerar, verificar algo. Depois, deveria analisar os gráficos, a fim de examinar como se dá a distribuição de empresas e de pessoas originárias do Brasil em diversas partes do mundo. Para **analisar** um texto é preciso decompô-lo, ou seja, identificar seus componentes fundamentais, examinar as relações que eles têm entre si e evidenciar de que modo essas relações constroem o sentido do texto. Feita a análise, o estudante deveria comparar os dados dos dois gráficos, a fim de extrair algumas conclusões. No primeiro gráfico, por exemplo, é possível concluir que, em 2008, o maior número de empresas encontrava-se na América Central e na América do Sul, com 42%, depois na Europa, com 20%, e na América do Norte, com 14%. Os lugares em que há menos empresas brasileiras são o Oriente Médio e a Oceania, ambos com 2%.

No segundo gráfico, o estudante identificaria a América do Norte como o destino mais procurado pelos brasileiros (44%), seguido da Europa, com 27%, e da América Central e da América do Sul, com 17%. Os lugares onde há menos brasileiros são a África, o Oriente Médio e a Oceania, cada um deles com 1%. **Identificar** é, assim, perceber, reconhecer dados ou distinguir os traços característicos de um elemento num texto.

Depois de *observar*, *analisar* e *identificar* essas informações, o estudante teria de relacioná-las com o que foi pedido pelos dois itens da questão.

O item *a* pede ao estudante que explique o papel do Estado na expansão das redes empresariais brasileiras na América do Sul. Levando em conta que 42% das empresas brasileiras estão nessa região, o estudante precisaria inferir que esse fenômeno se deve ao esforço do Estado brasileiro em ampliar as relações comerciais entre empresas brasileiras e empresas latino-americanas, já que nos últimos anos o Brasil vem emergindo como a principal potência da América do Sul. Esse esforço se traduz em acordos comerciais, uniões aduaneiras e uma política financeira que favorece a mobilidade das empresas brasileiras na América do Sul, tais como acordos preferenciais no Mercosul, financiamentos do BNDES e acordos diplomáticos.

No item *b*, o estudante deveria estabelecer relações entre o segundo gráfico e as conclusões extraídas no item *a*, ou seja, comparar os percentuais e concluir que, em grande parte, são parecidos, o que leva a concluir que a presença de empresas brasileiras no exterior facilita a inserção dos imigrantes brasileiros no mercado de trabalho local, dadas as facilidades com a língua, com informações, com sociabilidade, etc. O interesse dos brasileiros pelos Estados Unidos e a menor presença de empresas brasileiras ali podem ser explicados, por um lado, pela atração que o dólar exerce sobre os brasileiros e, por outro, pelas dificuldades legais para o estabelecimento de empresas naquele país.

A OBSERVAÇÃO, A ANÁLISE E A IDENTIFICAÇÃO

Prepare-se para o Enem e o vestibular

1. Observe atentamente o quadro *As meninas* (1656), do pintor espanhol Diego Velázquez:

(http://www.sabercultural.org/template/obrasCelebres/AsMeninas.html)

Na cena retratada na tela, é possível identificar a função metalinguística, porque:

a) as feições das pessoas expressam sentimento.
b) é abordado o tema da pintura, representada por um pintor em ação.
c) prevalece o ambiente religioso, próprio da estética barroca.
d) trata-se de uma informação histórica.
e) as meninas simbolizam a realeza, e o cão simboliza a pobreza.

2. Leia estes versos, de Mário de Andrade:

Ode ao burguês

Eu insulto o burguês! O burguês-níquel,
o burguês-burguês!
A digestão bem-feita de São Paulo!
O homem-curva! o homem-nádegas!
O homem que sendo francês, brasileiro,
                        [italiano,
é sempre um cauteloso pouco-a-pouco!

Eu insulto as aristocracias cautelosas!
Os barões lampiões! os condes Joões! os
                        [duques zurros!
que vivem dentro de muros sem pulos;

e gemem sangues de alguns mil-réis fracos
para dizerem que as filhas da senhora falam
                        [o francês
e tocam os "Printemps" com as unhas!

Eu insulto o burguês-funesto!
O indigesto feijão com toucinho, dono das
                        [tradições!
Fora os que algarismam os amanhãs!
Olha a vida dos nossos setembros!
Fará Sol? Choverá? Arlequinal!
Mas à chuva dos rosais
o êxtase fará sempre Sol!

[...]

(*Poesias completas*. São Paulo: Círculo do Livro, 1982.)

Nesse conhecido poema modernista, podemos perceber pelo menos duas funções. Assinale a alternativa correta.

a) referencial e fática
b) conativa e metalinguística
c) poética e metalinguística
d) poética e emotiva
e) emotiva e referencial

COMPETÊNCIA LEITORA E HABILIDADES DE LEITURA   59

CAPÍTULO 6

Veja a seguinte capa de revista para responder às questões 3 e 4.

3. Em "Lar com jeito de ninho", qual figura de linguagem ocorre?
a) metáfora
b) metonímia
c) personificação
d) paradoxo
e) comparação

4. Em "móveis [que] resolvem qualquer parada", que figura de linguagem ocorre?
a) personificação
b) antítese
c) metáfora
d) aliteração
e) hipérbole

5. Leia:

> **Milhares de fãs prestaram sua homenagem a Amy**
>
> Mariana Caldas
>
> Desolados, milhares de fãs foram prestar suas homenagens em frente à casa da cantora Amy Winehouse, 27, neste sábado.
>
> (http://mtv.uol.com.br/musica/milhares-de-fas-prestaram-suas-homenagens-a-amy)

O cenário do evento de que trata a notícia – a frente de uma casa – com certeza não comporta "milhares" de pessoas. A fim de chamar a atenção dos leitores, a autora do texto empregou:

a) metonímia.
b) hipérbole.
c) metáfora.
d) antítese.
e) paradoxo.

A OBSERVAÇÃO, A ANÁLISE E A IDENTIFICAÇÃO

Questões do Enem e dos vestibulares

1. (ENEM)

A Internet que você faz

Uma pequena invenção, a *Wikipédia*, mudou o jeito de lidarmos com informações na rede. Trata-se de uma enciclopédia virtual colaborativa, que é feita e atualizada por qualquer internauta que tenha algo a contribuir. Em resumo: é como se você imprimisse uma nova página para a publicação desatualizada que encontrou na biblioteca.

Antigamente, quando precisávamos de alguma informação confiável, tínhamos a enciclopédia como fonte segura de pesquisa para trabalhos, estudos e pesquisa em geral. Contudo, a novidade trazida pela *Wikipédia* nos coloca em uma nova circunstância, em que não podemos confiar integralmente no que lemos. Por ter como lema principal a escritura coletiva, seus textos trazem informações que podem ser editadas e reeditadas por pessoas do mundo inteiro. Ou seja, a relevância da informação não é determinada pela tradição cultural, como nas antigas enciclopédias, mas pela dinâmica da mídia.

Assim, questiona-se a possibilidade de serem encontradas informações corretas entre sabotagens deliberadas e contribuições erradas.

NÉO, A. et al. A Internet que você faz. In: Revista *PENSE!* Secretaria de Educação do Estado do Ceará. Ano 2, nº 3, mar.-abr. 2010 (adaptado).

As novas tecnologias de informação e comunicação, como a *Wikipédia*, têm trazido inovações que impactaram significativamente a sociedade. A respeito desse assunto, o texto apresentado mostra que a falta de confiança na veracidade dos conteúdos registrados na *Wikipédia*:

a) acontece pelo fato de sua construção coletiva possibilitar a edição e reedição das informações por qualquer pessoa no mundo inteiro.
b) limita a disseminação do saber, apesar do crescente número de acessos ao *site* que a abriga, por falta de legitimidade.
c) ocorre pela facilidade de acesso à página, o que torna a informação vulnerável, ou seja, pela dinâmica da mídia.
d) ressalta a crescente busca das enciclopédias impressas para as pesquisas escolares.
e) revela o desconhecimento do usuário, impedindo-o de formar um juízo de valor sobre as informações.

2. (ENEM)

A herança cultural da Inquisição

A Inquisição gerou uma série de comportamentos humanos defensivos na população da época, especialmente por ter perdurado na Espanha e em Portugal durante quase 300 anos, ou no mínimo quinze gerações.

Embora a Inquisição tenha terminado há mais de um século, a pergunta que fiz a vários sociólogos, historiadores e psicólogos era se alguns desses comportamentos culturais não poderiam ter-se perpetuado entre nós.

Na maioria, as respostas foram negativas, ou seja, embora alterassem sem dúvida o comportamento da época, nenhum comportamento permanece tanto tempo depois, sem reforço ou estímulo continuado.

Não sou psicólogo nem sociólogo para discordar, mas tenho a impressão de que existem alguns comportamentos estranhos na sociedade brasileira, e que fazem sentido se você os considerar resquícios da era da Inquisição. [...]

KANITZ, S. A Herança Cultural da Inquisição. In: *Veja*. Ano 38, nº 5, 2 fev. 2005 (fragmento).

Considerando-se o posicionamento do autor do fragmento a respeito de comportamentos humanos, o texto:

a) enfatiza a herança da Inquisição em comportamentos culturais observados em Portugal e na Espanha.
b) contesta sociólogos, psicólogos e historiadores sobre a manutenção de comportamentos gerados pela Inquisição.
c) contrapõe argumentos de historiadores e sociólogos a respeito de comportamentos culturais inquisidores.
d) relativiza comportamentos originados na Inquisição e observados na sociedade brasileira.
e) questiona a existência de comportamentos culturais brasileiros marcados pela herança da Inquisição.

COMPETÊNCIA LEITORA E HABILIDADES DE LEITURA

CAPÍTULO 6

3. (FUVEST-SP)

Um viajante saiu de Araripe, no Ceará, percorreu, inicialmente, 1 000 km para o sul, depois 1 000 km para o oeste e, por fim, mais 750 km para o sul. Com base nesse trajeto e no mapa acima, pode-se afirmar que, durante seu percurso, o viajante passou pelos estados do Ceará,

a) Rio Grande do Norte, Bahia, Minas Gerais, Goiás e Rio de Janeiro, tendo visitado os ecossistemas da Caatinga, Mata Atlântica e Pantanal. Encerrou sua viagem a cerca de 250 km da cidade de São Paulo.

b) Rio Grande do Norte, Bahia, Minas Gerais, Goiás e Rio de Janeiro, tendo visitado os ecossistemas da Caatinga, Mata Atlântica e Cerrado. Encerrou sua viagem a cerca de 750 km da cidade de São Paulo.

c) Pernambuco, Bahia, Minas Gerais, Goiás e São Paulo, tendo visitado os ecossistemas da Caatinga, Mata Atlântica e Pantanal. Encerrou sua viagem a cerca de 250 km da cidade de São Paulo.

d) Pernambuco, Bahia, Minas Gerais, Goiás e São Paulo, tendo visitado os ecossistemas da Caatinga, Mata Atlântica e Cerrado. Encerrou sua viagem a cerca de 750 km da cidade de São Paulo.

e) Pernambuco, Bahia, Minas Gerais, Goiás e São Paulo, tendo visitado os ecossistemas da Caatinga, Mata Atlântica e Cerrado. Encerrou sua viagem a cerca de 250 km da cidade de São Paulo.

(UFPel-RS) O texto que segue servirá de base para a resolução das questões de 4 a 7.

A liberdade das más razões

"Liberdade de expressão" não é uma expressão de liberdade, é uma fórmula cuja utilidade política está em encobrir limitações e condicionantes do direito de expressão. Umas necessárias à sociedade, outras impostas para preservação de domínio.

Magistrados e advogados abusaram do uso da expressão que sabem ser falaciosa, para chegar à extinção, pelo Supremo Tribunal Federal, da exigência de diploma específico para profissionais do jornalismo. A exigência, não nascida dos motivos repetidos no STF, foi um excesso problemático desde sua criação em 1969, mas nem por isso deixou de produzir um efeito muito saudável e nunca citado, no STF ou fora. Em lugar do diploma específico, a obrigatoriedade de algum curso universitário, não importa qual, seguida de um curso intensivo de introdução aos princípios e técnicas do jornalismo, seria a fórmula mais promissora para a melhor qualidade dos meios de comunicação.

É um argumento rústico a afirmação de que diploma obrigatório de jornalismo desrespeita a Constituição, por restringir o direito à liberdade de expressão. É falsa essa ideia de que o jornalismo profissional seja o repositório da liberdade opinativa. São inúmeros os meios de expressão de ideias e opiniões. E, não menos significativo, a muito poucos, nos milhares de jornalistas, é dada a oportunidade de expressar sua opinião, e a pouquíssimos a liberdade incondicional de escolha e tratamento dos seus temas. (A esta peculiaridade sua, a Folha deve a arrancada de jornal sobrevivente para o grande êxito).

A matéria-prima essencial do jornalismo contemporâneo não é a opinião, é a notícia. Ou seja, a informação apresentada com técnicas jornalísticas e, ainda que a objetividade absoluta seja um problema permanente, sem interferências de expressão conceitual do jornalista. A grande massa da produção dos jornalistas profissionais não se inclui, nem remotamente, no direito à liberdade de expressão. Há desvios, claro, mas a interferência de formas opinativas no noticiário serve, em geral, à opinião e a objetivos (econômicos ou políticos) da empresa. Neste caso há, sim, uma prática à liberdade de expressão, no entanto alheia ao jornalismo, aí reduzido à mera aparência de si mesmo.

Os colaboradores, não profissionais de jornalismo, são os grandes praticantes do direito de liberdade de expressão nos meios de comunicação. E nunca precisaram de diploma de jornalista. A extinção da exigência de diploma em nada altera as possibilidades, as condicionantes e as limitações da liberdade de expressão na produção do jornalismo. Altera o que chamam de mercado de trabalho

A OBSERVAÇÃO, A ANÁLISE E A IDENTIFICAÇÃO

para os níveis iniciais do profissionalismo. Para os níveis mais altos, há muito tempo as empresas adotaram artifícios para dotar suas redações de diplomados em outras carreiras que não o jornalismo. À parte a questão legal, o resultado é muito bom.

Com o diploma, extinto à maneira de um portão derrubado e dane-se o resto, o STF eliminou sem a menor consideração o efeito moralizante, não só para o jornalismo, trazido sem querer pela exigência de curso. Efeito sempre silenciado. Deu-se que os anos de faculdade e seu custo desestimularam a grande afluência dos que procuravam o jornalismo, não para exercê-lo, mas para obter vantagens financeiras, sociais e muitas outras. Tal prática sobreviveu à exigência do curso, porém não mais como componente, digamos, natural do jornalismo brasileiro. É lógico que as empresas afirmem critérios rigorosos para as futuras admissões, mas sem que isso valha como segurança de passar da intenção à certeza.

O julgamento do recurso antidiploma trouxe uma revelação interessante, no conceito que a maioria do Supremo e os advogados da causa mostraram fazer da ditadura. Segundo disseram, já a partir do relatório de Gilmar Mendes, o decreto-lei com a exigência de diploma era um resquício da ditadura criado, em 69, para afastar das redações os intelectuais e outros opositores do regime. Ah, como eram gentis os militares da ditadura. Repeliram a violência e pensaram em uma forma sutil, e legal a seu modo, de silenciar os adversários nos meios de comunicação, um casuísmo constrangido.

Nem que fosse capaz de tanto, a ditadura precisaria adotá-lo. Sua regra era mais simples: a censura e, se mais conveniente, a prisão.

O julgamento no STF dispensou a desejável associação entre direito à liberdade de expressão e, de outra parte, recusa a argumentos inverazes. A boas razões preferiu a demagogia.

(Jânio de Freitas. *Folha de S. Paulo*, 21/6/2009.)

4. Analise as seguintes afirmações sobre as ideias expostas no texto.

I) A liberdade de expressão, atualmente, é exercida pelos jornalistas profissionais, pois estes possuem diploma.

II) As redações das grandes empresas eram obrigadas e cumpriam a Constituição, exigindo de todos os seus profissionais diploma de jornalista, com resultados muito bons.

III) É necessário diploma de jornalista para todos colaboradores dos meios de comunicação, para garantir a liberdade de expressão.

IV) O STF teria sido demagogo no julgamento que extinguiu a necessidade de diploma para o exercício do jornalismo.

Está(ão) correta(s) a(s) afirmativa(s):

a) II apenas.   **d)** III e IV apenas.
b) IV apenas.   **e)** I, II, III e IV.
c) I, II e III apenas.   **f)** I.R.

5. Analisando o trecho a seguir, retirado do 7º parágrafo, mas não perdendo de vista o texto como um todo, o que o autor expressa, referindo-se aos militares quando estes instituíram a necessidade de diploma para o exercício de jornalista?

> "Repeliram a violência e pensaram em uma forma sutil, e legal a seu modo, de silenciar os adversários nos meios de comunicação [...]"

a) O autor ironiza os argumentos usados pelo STF e advogados e afirma que os militares não precisariam se utilizar de sutilezas, pois censuravam e prendiam adversários.

b) O autor afirma que os militares condenaram a violência jornalística e, sutil e legalmente, silenciaram os profissionais da imprensa, adversários do regime.

c) O autor defende a ideia de que a exigência de diploma de jornalista foi a forma não violenta encontrada pelos militares para manter fora das redações os intelectuais e outros opositores do regime.

d) O autor diz que, na ditadura, os militares não ousariam silenciar os adversários nos meios de comunicação de forma violenta, sem sutilezas nem legalidade.

e) O autor concorda que a forma sutil, não violenta e legal foi a única maneira encontrada pelos militares durante a ditadura para silenciar os jornalistas adversários do regime.

f) I.R.

6. No 8º parágrafo do texto, temos a seguinte afirmação:

> "Nem que fosse capaz de tanto, a ditadura precisaria adotá-lo."

Das alternativas de reescritura propostas abaixo, qual delas preserva o sentido original da frase?

a) Mesmo que fosse capaz de tanto, a ditadura precisaria adotá-lo.

b) Mesmo não sendo capaz de tanto, a ditadura não precisaria adotá-lo.

c) Ainda que fosse capaz de tanto, a ditadura não precisaria adotá-lo.

d) Mesmo não sendo capaz de tanto, a ditadura precisaria adotá-lo.

e) Ainda que não fosse capaz de tanto, a ditadura precisaria adotá-lo.

f) I.R.

COMPETÊNCIA LEITORA E HABILIDADES DE LEITURA

CAPÍTULO 6

7. Tomando como base o 7º parágrafo do texto, analise as afirmativas abaixo.

I) No fragmento "Ah, como eram gentis os militares da ditadura", o autor se utiliza da figura de pensamento ironia para expressar sua opinião.

II) Os vocábulos "resquício" e "casuísmo" podem ser substituídos, sem interferir no sentido do texto, por "vestígio" e "casualidade", respectivamente.

III) Em "Segundo disseram", o verbo "disseram" tem como sujeito "a maioria do Supremo e os advogados da causa".

Está(ão) correta(s) a(s) afirmativa(s):

a) II e III.
b) I apenas.
c) II apenas.
d) I e III apenas.
e) III apenas.
f) I.R.

8. (UFF-RJ)

(Cruz. *O Globo*. Info. 2007.)

Com base na análise da charge, pode-se afirmar que:

a) nos desenhos, as palavras "prostituta, pobre, paraíba", no contexto, nomeando pessoas do mundo real, classificam-se como adjetivos.

b) a expressão "Enquanto isso" estabelece uma coesão de valor temporal entre a expressão dos fatos apresentados na charge e outros que estão ocorrendo em contextos distintos.

c) a expressão grifada em "<u>Então</u> montei uma miniacademia" estabelece uma relação de concessão com a frase anterior.

d) o emprego do diminutivo "amiguinhos" ressalta a atitude crítica da mãe em relação ao comportamento das crianças.

e) as expressões do diálogo "... Do anúncio? É aqui, sim!" são exemplos de frases nominais em discurso indireto.

(FUVEST-SP) Texto para as questões 9 e 10:

> No início do século XVI, Maquiavel escreveu *O Príncipe* — uma célebre análise do poder político, apresentada sob a forma de lições, dirigidas ao príncipe Lorenzo de Médicis. Assim justificou Maquiavel o caráter professoral do texto:
>
> Não quero que se repute presunção o fato de um homem de baixo e ínfimo estado discorrer e regular sobre o governo dos príncipes; pois assim como os [cartógrafos] que desenham os contornos dos países se colocam na planície para considerar a natureza dos montes, e para considerar a das planícies ascendem aos montes, assim também, para conhecer bem a natureza dos povos, é necessário ser príncipe, e para conhecer a dos príncipes é necessário ser do povo.
>
> (Tradução de Lívio Xavier, adaptada.)

9. Ao justificar a autoridade com que pretende ensinar um príncipe a governar, Maquiavel compara sua missão à de um cartógrafo para demonstrar que:

a) o poder político deve ser analisado tanto do ponto de vista de quem o exerce quanto do de quem a ele está submetido.

b) é necessário e vantajoso que tanto o príncipe como o súdito exerçam alternadamente a autoridade do governante.

c) um pensador, ao contrário do que ocorre com um cartógrafo, não precisa mudar de perspectiva para situar posições complementares.

d) as formas do poder político variam, conforme sejam exercidas por representantes do povo ou por membros da aristocracia.

e) tanto o governante como o governado, para bem compreenderem o exercício do poder, devem restringir-se a seus respectivos papéis.

10. Está redigido com clareza, coerência e correção o seguinte comentário sobre o texto:

a) Temendo ser qualificado de presunçoso, Maquiavel achou por bem defrontar sua autoridade intelectual, tipo um cartógrafo habilitado a desenhar os contrastes de uma região.

A OBSERVAÇÃO, A ANÁLISE E A IDENTIFICAÇÃO

b) Maquiavel, embora identificando-se como um homem de baixo estado, não deixou de justificar sua autoridade diante do príncipe, em cujos ensinamentos lhe poderiam ser de grande valia.

c) Manifestando uma compreensão dialética das relações de poder, Maquiavel não hesita em ministrar ao príncipe, já ao justificar o livro, uma objetiva lição de política.

d) Maquiavel parece advertir aos poderosos de que não se menospreze as lições de quem sabe tanto analisar quanto ensinar o comportamento de quem mantenha relações de poder.

e) Maquiavel, apesar de jamais ter sido um governante em seu livro tão perspicaz, soube se investir nesta função, e assim justificar-se diante de um príncipe autêntico.

11. (UFBA-BA)

(WATTERSON. *Calvin and Hobbes*. Disponível em: <http://depositodocalvin.blogspot.com/>. Acesso em: 20 jun. 2006. Adaptado.)

Com base na leitura dos quadrinhos, que apresentam o diálogo entre as personagens Calvin, o garoto, e Haroldo, o tigre, é correto afirmar:

a) Os interlocutores estabelecem, no texto, uma interação conflituosa.

b) Haroldo demonstra predisposição para aceitar, sem discussão, as explicações de Calvin.

c) Os argumentos de Calvin expõem um ponto de vista inflexível sobre "o jogo".

d) A argumentação de Calvin é acolhida por Haroldo no decorrer do "jogo".

e) A última fala do tigre induz o leitor a uma suposição de que o seu interlocutor não age com lisura em seus negócios.

f) O humor da história é provocado pela ambiguidade das palavras na conversação.

g) A análise dos quadrinhos permite concluir que a visão de uma dada realidade pode variar, quando as pessoas, a partir de seus interesses, falam de posições distintas.

CAPÍTULO 7

A comparação

"Você já conheceu três importantes operações relacionadas à leitura: a observação, a análise e a identificação. Neste capítulo, vai conhecer a comparação e aprender como lidar com essa operação nos exames do Enem e dos vestibulares."

A **comparação** é uma das operações de leitura mais solicitadas nas provas de interpretação de textos do Enem e dos vestibulares. Lino de Macedo, professor do Instituto de Psicologia da USP e um dos responsáveis pela metodologia adotada pelo Enem, conceitua assim essa operação:

> Segundo o dicionário, comparar consiste em "examinar simultaneamente duas ou mais coisas, para lhes determinar semelhança, diferença ou relação; confrontar; cotejar; ter como igual ou como semelhante".
>
> Confrontar e relacionar são formas de comparar, sendo os três, igualmente, formas de análise.
>
> (In: *Eixos cognitivos – Versão preliminar*. Brasília: MEC, 2007. p. 71.)

Veja como essa operação foi solicitada na seguinte questão do Enem.

TEXTO I

Sob o olhar do *Twitter*

Vivemos a era da exposição e do compartilhamento. Público e privado começam a se confundir. A ideia de privacidade vai mudar ou desaparecer.

O trecho acima tem 140 caracteres exatos. É uma mensagem curta que tenta encapsular uma ideia complexa. Não é fácil esse tipo de síntese, mas dezenas de milhões de pessoas o praticam diariamente. No mundo todo, são disparados 2,4 trilhões de SMS por mês, e neles cabem 140 toques, ou pouco mais. Também é comum enviar *e-mails*, deixar recados no Orkut, falar com as pessoas pelo MSN, tagarelar no celular, receber chamados em qualquer parte, a qualquer hora. Estamos conectados. Superconectados, na verdade, de várias formas.

[...] O mais recente exemplo de demanda por total conexão e de uma nova sintaxe social é o *Twitter*, o novo serviço de troca de mensagens pela internet. O *Twitter* pode ser entendido como uma mistura de *blog* e celular. As mensagens são de 140 toques, como os torpedos dos celulares, mas circulam pela internet, como os textos de *blogs*. Em vez de seguir para apenas uma pessoa, como no celular ou no MSN, a mensagem do Twitter vai para todos os "seguidores" — gente que acompanha o emissor. Podem ser 30, 300 ou 409 mil seguidores.

MARTINS, I.; LEAL, R. *Época*. 16 mar. 2009 (fragmento adaptado).

TEXTO II

DICAS Para usar melhor o Twitter

Coloque-se no lugar de seu leitor: você gostaria de saber que alguém está comendo um lanche?

Cuidado com o que você vai publicar: você quer mesmo que todo mundo saiba detalhes de sua vida afetiva ou sexual?

Encontre uma velocidade ideal de mensagens: se forem poucas, ninguém vai segui-lo; se forem muitas, as pessoas vão deixar você de lado

Use a busca para encontrar pessoas e assuntos que lhe interessam. Se quiser seguir os resultados da busca, cadastre-a em seu leitor de RSS

Aprecie com moderação: o Twitter pode dispersá-lo. Se estiver concentrado, deixe-o fechado. Dose o tempo que você gasta com ele

Se a conversa começar a ficar longa, **ligue para a pessoa ou use o MSN**

Não tente ler tudo. É impossível! De tempos em tempos, avalie se você quer realmente seguir todas aquelas pessoas

| Recent (7) | Replies | Messages |

MARTINS, I.; LEAL, R. *Época*. 16 mar. 2009.

Da comparação entre os textos, depreende-se que o texto II constitui um passo a passo para interferir no comportamento dos usuários, dirigindo-se diretamente aos leitores, e o texto I:

a) adverte os leitores de que a internet pode transformar-se em um problema porque expõe a vida dos usuários e, por isso, precisa ser investigada.

b) ensina aos leitores os procedimentos necessários para que as pessoas conheçam, em profundidade, os principais meios de comunicação da atualidade.

c) exemplifica e explica o novo serviço global de mensagens rápidas que desafia os hábitos de comunicação e reinventa o conceito de privacidade.

d) procura esclarecer os leitores a respeito dos perigos que o uso do *Twitter* pode representar nas relações de trabalho e também no plano pessoal.

e) apresenta uma enquete sobre as redes sociais mais usadas na atualidade e mostra que o *Twitter* é preferido entre a maioria dos internautas.

Resposta: c.

A resolução da questão exigia que algumas operações fossem realizadas concomitantemente. O estudante deveria analisar cada um dos textos e identificar e comparar as principais informações de cada um. Para isso, deveria aproximar os dois textos, a fim de perceber diferenças ou semelhanças entre eles quanto a diferentes critérios: tema, forma, finalidade comunicativa, etc.

A COMPARAÇÃO 7

Em relação às semelhanças, por exemplo, o estudante deveria perceber que ambos os textos abordam um tema comum: o novo serviço de troca de mensagens, o Twitter. Em relação às diferenças, deveria observar que o próprio enunciado da questão já introduz uma diferença quanto à função ou à finalidade de cada um dos textos: "o texto II constitui um passo a passo para interferir no comportamento dos usuários". Logo, a resposta esperada é aquela que expressa melhor a diferença entre os dois textos a partir do critério da finalidade comunicativa. Por meio da análise e da comparação, o estudante concluiria que a resposta correta é a alternativa c, na qual se afirma que o texto I "exemplifica e explica o novo serviço global de mensagens rápidas que desafia os hábitos de comunicação e reinventa o conceito de privacidade".

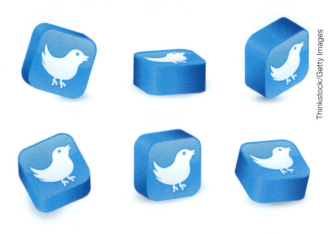

Thinkstock/Getty Images

Na questão examinada, a comparação tem como base dois critérios: tema e finalidade comunicativa. Comparar, portanto, pressupõe adotar um ou mais critérios e cotejar dois ou mais elementos segundo os critérios adotados. Assim, quando se pede ao estudante num exame que compare dois textos, é necessário que ele adote um ou mais critérios para estabelecer a comparação. Com base nesses critérios, ele poderá buscar semelhanças ou diferenças entre os textos quanto ao tema abordado ou quanto ao tratamento dado ao tema; quanto ao tipo de composição (poesia ou prosa); quanto ao gênero do discurso; quanto aos sentimentos do enunciador; quanto à linguagem; etc. Se, entretanto, ele resumir as ideias principais de cada um dos textos isoladamente, sem estabelecer um cruzamento entre eles, essa operação não consistirá propriamente numa comparação, mas, talvez, em uma paráfrase ou em um resumo.

CAPÍTULO 7

Prepare-se para o Enem e o vestibular

1. Leia e compare os textos:

Texto I

Os grandes olhos azuis, meio cerrados, às vezes se abriam languidamente como para se embeberem de luz, e abaixavam de novo as pálpebras rosadas.

Os lábios vermelhos e úmidos pareciam uma flor da gardênia dos nossos campos, orvalhada pelo sereno da noite; o hálito doce e ligeiro exalava-se formando um sorriso. Sua tez alva e pura como um floco de algodão tingia-se nas faces de uns longes cor-de-rosa, que iam, desmaiando, morrer no colo de linhas suaves e delicadas.

(José de Alencar. *O guarani*. São Paulo: Saraiva, 2009.)

Texto II

Uma noite, e após uma orgia, eu deixara dormida no leito dela a condessa Barbora. Dei um último olhar àquela forma nua e adormecida com a febre nas faces e a lascívia nos lábios úmidos, gemendo ainda nos sonhos como na agonia voluptuosa do amor. — Saí... Não sei se a noite era límpida ou negra: sei apenas que a cabeça me escaldava de embriaguez. As taças tinham ficado vazias na mesa: aos lábios daquela criatura eu bebera até a última gota o vinho do deleite...

(Álvares de Azevedo. *Macário e Noite na taverna*. São Paulo: Saraiva, 2010. p. 80. Col. Clássicos Saraiva.)

Trechos de obras do período romântico, o texto I e o texto II tratam do mesmo assunto: _____. Por outro lado, abordam o assunto de maneiras diferentes, uma vez que no segundo texto prevalece _____.

Assinale a alternativa que completa corretamente a afirmação acima, feita a respeito dos dois textos.

a) o desejo / o sensualismo
b) a noite / a visão depreciativa da mulher
c) a morbidez / o sensualismo
d) o desejo / a presença da morte
e) a noite / o amor casto

2. Leia os textos:

Texto I

Casamento

Há mulheres que dizem:
Meu marido, se quiser pescar, pesque,
mas que limpe os peixes.
Eu não. A qualquer hora da noite me levanto,
ajudo a escamar, abrir, retalhar e salgar.
É tão bom, só a gente sozinhos na cozinha,
de vez em quando os cotovelos se esbarram,
ele fala coisas como "este foi difícil"
"prateou no ar dando rabanadas"
e faz o gesto com a mão.
O silêncio de quando nos vimos a primeira vez
atravessa a cozinha como um rio profundo.
Por fim, os peixes na travessa,
vamos dormir.
Coisas prateadas espocam:
somos noivo e noiva.

(Adélia Prado. *Poesia reunida*. São Paulo: Siciliano, 1991.)

Texto II

Casal

No quarto ela arruma a mala
Na sala ele vê televisão

(Francisco Alvim. *Poesia reunida*. São Paulo: Duas Cidades, 1988.)

A COMPARAÇÃO

A relação entre homem e mulher é o tema dos dois poemas, que são contemporâneos. Contudo, a abordagem que fazem do tema é diferente. Assinale a alternativa que se refere apropriadamente a essa diferença.

a) O primeiro revela intimidade e encantamento, e o segundo, separação.
b) O primeiro é sensual, e o segundo ridiculariza a paixão entre homem e mulher.
c) O primeiro é casto, e o segundo idealiza a relação entre homem e mulher.
d) O primeiro tem caráter religioso, e o segundo expõe conflito.
e) O primeiro satiriza o desejo, e o segundo fala de tédio.

3. Leia e compare os textos:

Texto I

Se sou pobre pastor, se não governo
Reinos, nações, províncias, mundo, e gentes;
Se em frio, calma, e chuvas inclementes
Passo o verão, outono, estio, inverno;
Nem por isso trocara o abrigo terno
Desta choça, em que vivo, coas enchentes
Dessa grande fortuna: assaz presentes
Tenho as paixões desse tormento eterno.
Adorar as traições, amar o engano,
Ouvir dos lastimosos o gemido,
Passar aflito o dia, o mês, e o ano;
Seja embora prazer; que a meu ouvido
Soa melhor a voz do desengano,
Que da torpe lisonja o infame ruído.

(Cláudio Manuel da Costa. *Poemas de Cláudio Manuel da Costa*. São Paulo: Cultrix, 1976.)

Roberto Weigand

Texto II

Lira XXI

[...]

Saio da minha cabana
Sem reparar no que faço;
Busco o sítio aonde moras,
Suspendo defronte o passo.
    Fito os olhos na janela,
Aonde, Marília bela,
Tu chegas ao fim do dia;
Se alguém passa, e te saúda,
Bem que seja cortesia,
Se acende na face a cor.
Que efeitos são os que sinto?
Serão efeitos de Amor?

Se estou, Marília, contigo,
Não tenho um leve cuidado;
Nem me lembra se são horas
De levar à fonte o gado.
    Se vivo de ti distante,
Ao minuto, ao breve instante
Finge um dia o meu desgosto:
Jamais, Pastora, te vejo
Que em teu semblante composto
Não veja graça maior.
Que efeitos são os que sinto?
Serão efeitos de Amor?

[...]

(Tomás Antônio Gonzaga. *Marília de Dirceu*. Rio de Janeiro/São Paulo: Ediouro/Publifolha, 1997. p. 65-6.)

I. Os textos revelam influência clássica, na estrutura, no lirismo e no conteúdo.
II. Os poemas têm como pano de fundo a natureza idílica.
III. Os sonetos tratam do amor e também do desejo de morte.

Em relação às afirmações acima, feitas a propósito dos textos, conclui-se que:

a) apenas a I é correta.
b) apenas a II é correta.
c) a I e a III são corretas.
d) todas são corretas.
e) a I e a II são corretas.

CAPÍTULO 7

Questões do Enem e dos vestibulares

1. (SAEB)

Texto I

O chamado "fumante passivo" é aquele indivíduo que não fuma, mas acaba respirando a fumaça dos cigarros fumados ao seu redor. Até hoje, discutem-se muito os efeitos do fumo passivo, mas uma coisa é certa: quem não fuma não é obrigado a respirar a fumaça dos outros.

O fumo passivo é um problema de saúde pública em todos os países do mundo. Na Europa, estima-se que 79% das pessoas estão expostas à fumaça "de segunda mão", enquanto, nos Estados Unidos, 88% dos não fumantes acabam fumando passivamente. A Sociedade do Câncer da Nova Zelândia informa que o fumo passivo é a terceira entre as principais causas de morte no país, depois do fumo ativo e do uso de álcool.

Disponível em: www.terra.com.br. Acesso em: 27 abr. 2010 (fragmento).

Texto II

Disponível em: http://rickjaimecomics.blogspot.com. Acesso em: 27 abr. 2010.

Ao abordar a questão do tabagismo, os textos I e II procuram demonstrar que:

a) a quantidade de cigarros consumidos por pessoa, diariamente, excede o máximo de nicotina recomendado para os indivíduos, inclusive para os não fumantes.

b) para garantir o prazer que o indivíduo tem ao fumar, será necessário aumentar as estatísticas de fumo passivo.

c) a conscientização dos fumantes passivos é uma maneira de manter a privacidade de cada indivíduo e garantir a saúde de todos.

d) os não fumantes precisam ser respeitados e poupados, pois estes também estão sujeitos às doenças causadas pelo tabagismo.

e) o fumante passivo não é obrigado a inalar as mesmas toxinas que um fumante; portanto, depende dele evitar ou não a contaminação proveniente da exposição ao fumo.

2. (SAEB)

Texto I

Ainda que eu falasse a língua dos homens
E falasse a língua dos anjos, sem amor eu
  [nada seria.

É só o amor, é só o amor
Que conhece o que é verdade.
O amor é bom, não quer o mal.
Não sente inveja ou se envaidece.

Amor é fogo que arde sem se ver.
É ferida que dói e não se sente.
É um contentamento descontente.
É dor que desatina sem doer.

Ainda que eu falasse a língua dos homens
E falasse a língua dos anjos, sem amor eu
  [nada seria.

É um não querer mais que bem querer.
É solitário andar por entre a gente.
É um não contentar-se de contente.
É cuidar que se ganha em se perder.

É um estar-se preso por vontade.
É servir a quem vence o vencedor.
É um ter com quem nos mata lealdade.
Tão contrário a si é o mesmo amor.

Estou acordado e todos dormem todos
  [dormem todos dormem.
Agora vejo em parte. Mas então veremos
  [face a face.

É só o amor, é só o amor
Que conhece o que é verdade.

Ainda que eu falasse a língua dos homens
E falasse a língua dos anjos, sem amor eu
  [nada seria.

(Legião Urbana. *As quatro estações*, 1989.
© Legião Urbana Produções/Copyrights Consultoria)

A COMPARAÇÃO

Texto II

Amor é fogo que arde sem se ver;
É ferida que dói e não se sente;
É um contentamento descontente;
É dor que desatina sem doer;

É um não querer mais que bem querer;
É solitário andar por entre a gente;
É nunca contentar-se de contente;
É cuidar que se ganha em se perder;

É querer estar preso por vontade;
É servir a quem vence o vencedor;
É ter com quem nos mata lealdade.

Mas como causar pode seu favor
Nos corações humanos amizade,
Se tão contrário a si é o mesmo amor?

(Luís de Camões. *Lírica*. São Paulo: Cultrix, 1976. p. 123.)

O texto I difere do texto II:

a) na constatação de que o amor pode levar até à morte.
b) na exaltação da dor causada pelo sofrimento amoroso.
c) na expressão da beleza do sentimento dos que amam.
d) na rejeição da aceitação passiva do sofrimento amoroso.

3. (SAEB)

Texto I

Telenovelas empobrecem o país

Parece que não há vida inteligente na telenovela brasileira. O que se assiste todos os dias às 6, 7 ou 8 horas da noite é algo muito pior do que os mais baratos filmes "B" americanos. Os diálogos são péssimos. As atuações, sofríveis. Três minutos em frente a qualquer novela são capazes de me deixar absolutamente entediado – nada pode ser mais previsível.

Antunes Filho. *Veja*, 11/mar./ 96.

Texto II

Novela é cultura

Veja — Novela de televisão aliena?
Maria Aparecida — Claro que não. Considerar a telenovela um produto cultural alienante é um tremendo preconceito da universidade. Quem acha que novela aliena está na verdade chamando o povo de débil mental. Bobagem imaginar que alguém é induzido a pensar que a vida é um mar de rosas só por causa de um enredo açucarado. A telenovela brasileira é um produto cultural de alta qualidade técnica, e algumas delas são verdadeiras obras de arte.

Veja, 24/jan./96.

Com relação ao tema "telenovela":

a) nos textos I e II, encontra-se a mesma opinião sobre a telenovela.
b) no texto I, compara-se a qualidade das novelas aos melhores filmes americanos.
c) no texto II, algumas telenovelas brasileiras são consideradas obras de arte.
d) no texto II, a telenovela é considerada uma bobagem.

4. (UFG-GO) Leia os poemas de Cora Coralina e Olavo Bilac:

Rio Vermelho

IV

Água – pedra.
Eternidades irmanadas.
Tumulto – torrente.
Estática – silenciosa.
O paciente deslizar,
o chorinho a lacrimejar
sutil, dúctil
na pedra, na terra.
Duas perenidades –
sobreviventes
no tempo.
Lado a lado – conviventes,
diferentes, juntas, separadas.
Coniventes.
  Meu Rio Vermelho.

CORALINA, Cora. *Melhores poemas*. Seleção de Darcy França Denófrio. São Paulo: Global, 2004. p. 319. (Col. Melhores Poemas).

dúctil: dócil

COMPETÊNCIA LEITORA E HABILIDADES DE LEITURA 73

CAPÍTULO 7

Rio abaixo

Treme o rio, a rolar, de vaga em vaga...
Quase noite. Ao sabor do curso lento
Da água, que as margens em redor alaga,
Seguimos. Curva os bambuais o vento.

Vivo há pouco, de púrpura, sangrento,
Desmaia agora o ocaso. A noite apaga
A derradeira luz do firmamento...
Rola o rio, a tremer, de vaga em vaga.

Um silêncio tristíssimo por tudo
Se espalha. Mas a lua lentamente
Surge na fímbria do horizonte mudo:

E o seu reflexo pálido, embebido
Como um gládio de prata na corrente,
Rasga o seio do rio adormecido.

BILAC, Olavo. *Melhores poemas*. Seleção de Marisa Lajolo. São Paulo: Global, 2003. p. 71. (Col. Melhores Poemas).

ocaso: pôr do sol
fímbria: orla, borda
gládio: espada

Tanto Cora Coralina, em "Rio Vermelho", quanto Olavo Bilac, em "Rio abaixo", poetizam assuntos semelhantes. Os dois poemas, entretanto, diferenciam-se, respectivamente, por:

a) linguagem coloquial do primeiro e linguagem anacrônica do segundo.
b) caráter contido do primeiro e caráter intenso do segundo.
c) tonalidade satírica do primeiro e tonalidade avaliativa do segundo.
d) ênfase narrativista do primeiro e ênfase descritivista do segundo.
e) registro regionalista do primeiro e registro universalista do segundo.

5. (FUVEST-SP)

Figura 1 Densidade demográfica em 15 cidades – 1995

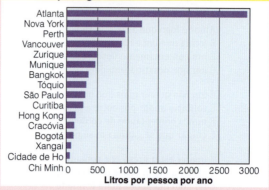

Figura 2 Consumo de gasolina em transporte particular de passageiros em 15 cidades – 1995

Fonte: *O estado do mundo em 2007. Nosso futuro urbano* (2007 State of the world. Our Urban Future). Linda Starke (ed.). Nova Iorque e Londres: W. W. Norton & Company, 2007, p. 69 e 70. Adaptado.

Com base nesses gráficos sobre 15 cidades, pode-se concluir que, no ano de 1995:

a) as três cidades com o menor número de habitantes, por hectare, são aquelas que mais consomem gasolina no transporte particular de passageiros.
b) nas três cidades da América do Sul, vale a regra: maior população, por hectare, acarreta maior consumo de gasolina no transporte particular de passageiros.
c) as cidades mais populosas, por hectare, são aquelas que mais consomem gasolina no transporte particular de passageiros.
d) nas três cidades da América do Norte, vale a regra: maior população, por hectare, acarreta maior consumo de gasolina no transporte particular de passageiros.
e) as três cidades da Ásia mais populosas, por hectare, estão entre as quatro com menor consumo de gasolina no transporte particular de passageiros.

(UFG-GO) Leia os textos a seguir para responder às questões de 6 e 7.

Quer tomar bomba?

Quer tomar bomba? Pode aplicar
Mas eu não garanto se vai inchar
Efeito estufa, ação, reação
Estria no corpo, aí, vai, vacilão
Deca, winstrol, durateston, textex
A fórmula mágica pra você ficar mais sexy
Mulher, dinheiro, oportunidade
Um ciclo de winstrol e você é celebridade
Barriga estilo tanque, pura definição
Duas horas de tensão, não vacila, vai pro chão
Três, quatro, quanto mais repetição
Vai perder muito mais rápido
Então, vem, sente a pressão

MAG. Quer tomar bomba? Disponível em: <www.vagalume.com.br>. Acesso em: 2 out. 2007. [Adaptado].

A COMPARAÇÃO

Canção

Dá-me pétalas de rosa
Dessa boca pequenina:
Vem com teu riso, formosa!
Vem com teu beijo, divina!

Transforma num paraíso
O inferno do meu desejo...
Formosa, vem com teu riso!
Divina, vem com teu beijo!

Oh! tu, que tornas radiosa
Minh'alma, que a dor domina,
Só com teu riso, formosa,
Só com teu beijo, divina!

Tenho frio, e não diviso
Luz na treva em que me vejo:
Dá-me o clarão do teu riso!
Dá-me o fogo do teu beijo!

BILAC, Olavo. *Melhores poemas*. Seleção de Marisa Lajolo. São Paulo: Global, 2003. p. 70. (Coleção Melhores Poemas).

6. No rap "Quer tomar bomba?", a associação do uso de "medicamentos" ao exercício físico sugere o seguinte dilema:
a) O culto à beleza física *versus* o cultivo da beleza interior.
b) O zelo com a saúde mental *versus* a preocupação com a saúde corporal.
c) A obtenção de resultados pela força de vontade *versus* o recurso à medicina desportiva.
d) A manutenção da juventude *versus* a aceitação do envelhecimento.
e) O cuidado consigo mesmo *versus* o desejo de ser atraente ao outro.

7. No poema "Canção", um dos recursos linguísticos utilizados para expressar a dependência do poeta em relação à mulher amada é:
a) a recuperação da voz feminina pela citação direta e explícita.
b) a oposição semântica entre termos dos universos da razão e da espiritualidade.
c) a construção da antítese mediante o encadeamento de orações coordenadas.
d) a alternância das formas verbais nos modos indicativo e imperativo.
e) a sequência sonora indicativa da melancolia causada pela distância entre eles.

COMPETÊNCIA LEITORA E HABILIDADES DE LEITURA

CAPÍTULO 8

A memorização

> Você já conheceu algumas importantes operações utilizadas no exercício da leitura, como a observação, a identificação e a comparação.
> Neste capítulo, você vai conhecer a memorização e aprender como lidar com ela em exames do Enem e dos vestibulares.

Leia a seguinte questão de História, extraída do exame vestibular da Universidade Federal de Alagoas, e observe como sua resolução exige o exercício da operação da *memorização*.

O mundo medieval europeu recebeu influência destacada do catolicismo. A religião esteve presente na sociedade, em grande parte das suas experiências culturais. O poder da Igreja Católica foi visível, e a ordem feudal predominou em várias regiões da Europa. Na ordem feudal:

a) durante toda a Idade Média, prevaleceu o poder da nobreza, sem interferência dos papas na sua política.

b) existiam latifúndios com uma produção que buscava a autossuficiência econômica.

c) havia uma hierarquia social, onde a riqueza definia a posição social, independente da origem familiar.

d) havia uma produção agrícola importante, em que o comércio entre as cidades era fundamental para a venda dos excessos.

e) eram adotadas regras definidas para todos, com usos e costumes universalizados para toda a Europa Ocidental.

Resposta: *b*.

Para resolver a questão, o estudante deveria ter conhecimento prévio sobre vários aspectos que caracterizavam o mundo medieval e acionar sua memória para examinar o teor das alternativas.

Por exemplo, para saber que a afirmação do item *a* é incorreta, teria de lembrar que no mundo medieval a nobreza tinha poderes e riquezas, mas era o papa quem controlava politicamente a maior parte das situações; para saber que a afirmação do item *c* é incorreta, teria de lembrar que a sociedade feudal era organizada por estamentos e nela a origem social do indivíduo era importante; para saber que a afirmação do item *d* é incorreta, teria de lembrar que o mundo rural era o centro da vida medieval e que as cidades perderam importância nessa época; e, para concluir que a afirmação do item *e* também é incorreta, teria de lembrar que havia na Idade Média uma política descentralizada, ou seja, cada feudo tinha autonomia e definia seus direitos e deveres. Por fim, para indicar a resposta correta, teria de lembrar que, na Idade Média, além de existirem muitos latifúndios e a terra ser muito disputada, cada feudo se empenhava em ter uma produção baseada na autossuficiência.

Além de todos esses conhecimentos, o estudante já deveria ter se apropriado de conceitos como *feudo*, *latifúndio*, *Idade Média*, *nobreza*, etc.

Em questões específicas de interpretação de textos, a memorização é exigida sempre que se solicita o domínio de conceitos, datas, fatos históricos, dados sobre pessoas, países, etc.

CAPÍTULO 8

Prepare-se para o Enem e o vestibular

1. No Brasil do século XX, mais especificamente nos anos 1950, surgiu uma tendência literária que explorava recursos visuais de letras e palavras dispostas expressivamente no papel. Que tendência era essa?
a) Concretismo
b) Tropicalismo
c) Cubismo
d) Brutalismo
e) Futurismo

2. Ao acessar uma página de um portal da internet, o usuário tem a possibilidade de escolher múltiplos caminhos de leitura, resultantes de sequências associativas, apresentadas como "janelas". O arranjo de informações que possibilita ao usuário essa liberdade de leitura é conhecido como:
a) multivisão.
b) hipertexto.
c) *browser*.
d) *on-line*.
e) *twitter*.

3. O tratamento subjetivo dado ao amor e ao cenário observado em produções literárias do século XVIII pode ser considerado uma característica de estilo que, mais tarde, teve presença marcante no:
a) Simbolismo.
b) Barroco.
c) Indianismo.
d) Byronismo.
e) Parnasianismo.

4. Muitos poemas produzidos em meados do século XX trazem como marca de modernidade uma linguagem simples, próxima da utilizada no dia a dia. Contudo, quanto à estrutura, eles revelam influência de uma escola literária anterior, que é o:
a) Romantismo.
b) Classicismo.
c) Barroco.
d) Surrealismo.
e) Impressionismo.

5. Leia os textos:

Texto I

> [...] Bertoleza então, erguendo-se com ímpeto de anta bravia, recuou de um salto e, antes que alguém conseguisse alcançá-la, já de um só golpe certeiro e fundo rasgara o ventre de lado a lado.
> E depois emborcou para a frente, rugindo e esfocinhando moribunda numa lameira de sangue.
> João Romão fugira até o canto mais escuro do armazém, tapando o rosto com as mãos.
> Nesse momento parava à porta da rua uma carruagem. [...]

(Aluísio Azevedo. *O cortiço*. São Paulo: Saraiva, 2009. p. 208.)

Texto II

O deus-verme

Fator universal do transformismo,
Filho da teleológica matéria,
Na superabundância ou na miséria,
Verme — é o seu nome obscuro de batismo.

Jamais emprega o acérrimo exorcismo
Em sua diária ocupação funérea,
E vive em contubérnio com a bactéria,
Livre das roupas do antropomorfismo.

Almoça a podridão das drupas agras,
Janta hidrópicos, rói vísceras magras
E dos defuntos novos incha a mão...

Ah! Para ele é que a carne podre fica,
E no inventário da matéria rica
Cabe aos seus filhos a maior porção!

(Augusto dos Anjos. *Obra completa*. Rio de Janeiro: Nova Aguilar.)

Características marcantes da literatura brasileira do final do século XIX até o começo do século XX são o cientificismo e a busca de uma visão mais documental do cotidiano do homem urbano. Considerando os textos lidos e essas características da produção literária do período mencionado, assinale a alternativa errada.
a) Ambos os textos revelam influência do determinismo.
b) O segundo texto explora a visão orgânica da morte.
c) O primeiro texto expõe a violência e a exploração social.
d) O Pré-Modernismo é o movimento literário ao qual estão relacionados ambos os textos.
e) O segundo texto apresenta vocabulário mais científico.

6. Pe. Antônio Vieira e Eça de Queirós são dois escritores portugueses cujas obras revelam marcas da história do país. Os gêneros de texto em que suas obras principais foram produzidas são, respectivamente:
a) sermão e romance.
b) carta e drama.
c) romance e comédia.
d) sermão e crônica.
e) catequese e romance.

A MEMORIZAÇÃO

Questões do Enem e dos vestibulares

(ENEM) Figura para as questões 1 e 2:

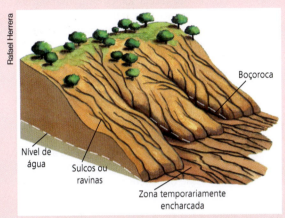

TEIXEIRA, W. et al. (Orgs.). *Decifrando a Terra*. São Paulo: Companhia Editora Nacional, 2009.

1. Muitos processos erosivos se concentram nas encostas, principalmente aqueles motivados pela água e pelo vento. No entanto, os reflexos também são sentidos nas áreas de baixada, onde geralmente há ocupação urbana. Um exemplo desses reflexos na vida cotidiana de muitas cidades brasileiras é:

a) a maior ocorrência de enchentes, já que os rios assoreados comportam menos água em seus leitos.

b) a contaminação da população pelos sedimentos trazidos pelo rio e carregados de matéria orgânica.

c) o desgaste do solo nas áreas urbanas, causado pela redução do escoamento superficial pluvial na encosta.

d) a maior facilidade de captação de água potável para o abastecimento público, já que é maior o efeito do escoamento sobre a infiltração.

e) o aumento da incidência de doenças como a amebíase na população urbana, em decorrência do escoamento de água poluída do topo das encostas.

2. O esquema representa um processo de erosão em encosta. Que prática realizada por um agricultor pode resultar em aceleração desse processo?

a) Plantio direto.

b) Associação de culturas.

c) Implantação de curvas de nível.

d) Aração do solo, do topo ao vale.

e) Terraceamento na propriedade.

3. (UFPEL-RS) No decorrer do período colonial no Brasil os interesses entre metropolitanos e colonos foram se ampliando.

> O descontentamento se agravou quando, a 1º de abril de 1680, a Coroa estabeleceu a liberdade incondicional dos indígenas, proibindo taxativamente que fossem escravizados. Além disso confiou-os aos jesuítas, que passaram a ter jurisdição espiritual e temporal das aldeias indígenas.
>
> Visando solucionar o problema da mão de obra para as atividades agrícolas do Maranhão, o governo criou a Companhia do Comércio do Estado do Maranhão (1682).
>
> Durante vinte anos, a Companhia teria o monopólio do comércio importador e exportador do Estado do Maranhão e do Grão-Pará. Cabia-lhe fornecer dez mil escravos africanos negros, à razão de quinhentos por ano, durante o período da concessão outorgada.
>
> AQUINO, Rubim Santos Leão de [et al]. *Sociedade brasileira: uma história através dos movimentos sociais*. 3. ed. Rio de Janeiro: Record, 2000.

Pelos elementos mercantilistas, geográficos e cronológicos, o conflito inferido do texto foi a Revolta:

a) dos Emboabas.

b) dos Mascates.

c) de Amador Bueno.

d) de Filipe dos Santos.

e) de Beckman.

f) I.R.

4. (ESPM-SP)

> O empresário australiano Rupert Murdoch adquiriu por 5,6 bilhões de dólares uma das maiores e mais veneradas instituições da imprensa americana. Com seus textos elegantes, visual cuidadosamente conservador e cobertura ampla e criteriosa dos grandes assuntos econômicos dos EUA e do mundo, o veículo de comunicação em questão conta com circulação diária de 2 milhões de exemplares e conquistou, em 118 anos de história, 31 prêmios Pulitzer, a coroação máxima por excelência jornalística no país. A reputação lhe rendeu o apelido de "A Bíblia do Capitalismo".

COMPETÊNCIA LEITORA E HABILIDADES DE LEITURA 79

CAPÍTULO 8

> Polêmico, chamado de tirano por seus vários inimigos, visto como exterminador do jornalismo sério, Murdoch é um empresário sagaz e também um homem de mídia, sendo o presidente da News Corp, um dos maiores conglomerados de mídia e entretenimento do planeta, com faturamento anual de quase 29 bilhões de dólares.
>
> (Revista *Exame*, 29/08/2007)

O veículo de comunicação adquirido pelo empresário Rupert Murdoch, considerado como "A Bíblia do Capitalismo", é:
a) New York Times.
b) Times.
c) USA Today.
d) The Economist.
e) Wall Street Journal.

5. (UFC-CE) No cordel *Antônio Conselheiro*, lemos:

> Este cearense nasceu / lá em Quixeramobim, / se eu sei como ele viveu, / sei como foi o seu fim. / Quando em Canudos chegou, / com amor organizou / um ambiente comum / sem enredos nem engodos, / ali era um por todos / e eram todos por um

A história de Antônio Conselheiro, líder da Revolta de Canudos, evocada por Patativa, é tema também de:
a) *O Quinze*, de Raquel de Queiroz.
b) *Os Sertões*, de Euclides da Cunha.
c) *Macunaíma*, de Mário de Andrade.
d) *Vidas Secas*, de Graciliano Ramos.
e) *Grande Sertão: Veredas*, de Guimarães Rosa.

6. (FUVEST-SP) No início do século XX, focos de varíola e febre amarela fizeram milhares de vítimas na cidade do Rio de Janeiro. Nesse mesmo período, a atuação das Brigadas Mata-Mosquitos, a obrigatoriedade da vacina contra a varíola e a remodelação da região portuária e do centro da cidade geraram insatisfações entre as camadas populares e entre alguns políticos. Rui Barbosa, escritor, jurista e político, assim opinou sobre a vacina contra a varíola: "... não tem nome, na categoria dos crimes do poder, a temeridade, a violência, a tirania a que ele se aventura (...) com a introdução, no meu sangue, de um vírus sobre cuja influência existem os mais bem fundados receios de que seja condutor da moléstia ou da morte".

Considerando esse contexto histórico e as formas de transmissão e prevenção dessas doenças, é correto afirmar que:

a) a febre amarela é transmitida pelo ar e as ruas alargadas pela remodelação da área portuária e central da cidade permitiriam a convivência mais salubre entre os pedestres.

b) o princípio de ação da vacina foi compreendido por Rui Barbosa, que alertou sobre seus efeitos e liderou a Revolta da Vacina no Congresso Nacional.

c) a imposição da vacina somou-se a insatisfações populares geradas pela remodelação das áreas portuária e central da cidade, contribuindo para a eclosão da Revolta da Vacina.

d) a varíola é transmitida por mosquitos e o alargamento das ruas, promovido pela remodelação urbana, eliminou as larvas que se acumulavam nas antigas vielas e becos.

e) a remodelação da área portuária e central da cidade, além de alargar as ruas, reformou as moradias populares e os cortiços para eliminar os focos de transmissão das doenças.

7. (U. F. Viçosa-MG) Observe a charge abaixo, do cartunista Henfil:

(Fonte: RODRIGUES, Marly. *O Brasil da Abertura. De 1974 à Constituinte*. 3. ed. São Paulo: Atual, 1990. p. 62.)

Assinale a alternativa que identifica corretamente o período da história republicana brasileira contemporânea retratada e ironizada pela charge do cartunista Henfil:
a) O *impeachment* do presidente Collor.
b) O início da redemocratização.
c) Os chamados "Anos de Chumbo".
d) O período do "milagre brasileiro".

A MEMORIZAÇÃO

8. (ITA-SP) Assinale a opção em que a frase apresenta figura de linguagem semelhante à da fala de Helga no primeiro quadrinho.

HAGAR   CHRIS BROWNE

(Dik Browne. *Hagar*. Em: *Folha de S. Paulo*, 21/3/2005.)

a) O país está coalhado de pobreza.
b) Pobre homem rico!
c) Tudo, para ele, é nada!
d) O curso destina-se a pessoas com poucos recursos financeiros.
e) Não tenho tudo que amo, mas amo tudo que tenho.

9. (U. F. Viçosa-MG) Entre 1917 e 1920, uma série de greves de grandes proporções ocorreu nas principais cidades brasileiras, sobretudo no Rio de Janeiro e em São Paulo. Na extensa pauta de reivindicações dos trabalhadores, estava a abolição do trabalho noturno de mulheres e menores de dezoito anos. Estes itens se relacionavam, entre outras coisas, com o padrão de industrialização brasileiro do período, caracterizado pelo predomínio do setor:

a) comércio e serviços.
b) químico e automobilístico.
c) têxtil e alimentício.
d) siderúrgico e metalúrgico.

10. (UFG-GO) Os contos de *O leopardo é um animal delicado*, de Marina Colasanti, permitem a reconfiguração de concepções ideológicas cristalizadas ao focalizar as relações entre homens e mulheres sob diferentes nuanças. O conto em que é apresentada uma abordagem diferenciada dessa relação é:

a) "Não há nada no bosque" – o cotidiano do lar é afetado por uma ameaça externa.
b) "Um dia, afinal" – o desgaste do relacionamento é fator de estranhamento do cônjuge.
c) "É a alma, não é?" – o casamento é entendido pela esposa como aprisionamento.
d) "As regras do jogo" – o acontecimento real é substituído pela aventura virtual.
e) "Como se pode amar" – a experiência amorosa é encaminhada para uma situação trágica.

CAPÍTULO 9

A relação

Nos capítulos anteriores, você conheceu diferentes operações, como a observação, a análise, a comparação e a memorização. Neste capítulo, vai conhecer a relação e aprender como utilizar essa operação em questões do Enem, dos vestibulares e nas provas de redação.

No documento *Eixos cognitivos,* do Enem, a operação denominada *relação* é apresentada assim:

> **Relacionar** (a mesma informação em diferentes linguagens)
> Segundo o dicionário, relacionar significa "fazer ou fornecer a relação de; arrolar, pôr em lista; narrar, expor, descrever, referir; comparar (coisas diferentes) para deduzir leis ou analogias; fazer relações, conseguir amizades, travar conhecimento".
>
> (Brasília: MEC/INEP, 2007. p. 70.)

Relacionar dois ou mais textos equivale a estabelecer conexões e analogias, aproximá-los levando em conta algum tipo de critério.

É raro uma questão do Enem ou dos vestibulares solicitar ao estudante apenas que relacione uma coisa com outra. Geralmente, essa operação é solicitada juntamente com outra, por meio de formulações como "relacione e conclua", "relacione e explique", "relacione e construa", etc.

Embora a prova do Enem anuncie a intenção de estabelecer relação entre textos de diferentes linguagens, essa não é a norma em todos os exames. A relação pode ocorrer entre dois textos de linguagem verbal, entre textos de linguagem verbal e não verbal, e até mesmo entre partes de um único texto.

Veja, como exemplo, esta questão do Enem:

Com base na leitura dos seguintes textos motivadores e nos conhecimentos construídos ao longo de sua formação, redija um texto dissertativo-argumentativo em norma culta escrita da língua portuguesa sobre o tema **O Trabalho na Construção da Dignidade Humana**, apresentando experiência ou proposta de ação social, que respeite os direitos humanos. Selecione, organize e relacione, de forma coerente e coesa, argumentos e fatos para defesa de seu ponto de vista.

O que é trabalho escravo

Escravidão contemporânea é o trabalho degradante que envolve cerceamento da liberdade

A assinatura da Lei Áurea, em 13 de maio de 1888, representou o fim do direito de propriedade de uma pessoa sobre a outra, acabando com a possibilidade de possuir legalmente um escravo no Brasil. No entanto, persistiram situações que mantêm o trabalhador sem possibilidade de se desligar de seus patrões. Há fazendeiros que, para realizar derrubadas de matas nativas para formação de pastos, produzir carvão para a indústria siderúrgica, preparar o solo para plantio de sementes, entre outras atividades agropecuárias, contratam mão de obra utilizando os contratadores de empreitada, os chamados "gatos". Eles aliciam os trabalhadores, servindo de fachada para que os fazendeiros não sejam responsabilizados pelo crime.

Trabalho escravo se configura pelo trabalho degradante aliado ao cerceamento da liberdade. Este segundo fator nem sempre é visível, uma vez que não mais se utilizam correntes para prender o homem à terra, mas sim ameaças físicas, terror psicológico ou mesmo as grandes distâncias que separam a propriedade da cidade mais próxima.

Disponível em: http://www.reporterbrasil.org.br. Acesso em: 02 set. 2010 (fragmento).

O futuro do trabalho

Esqueça os escritórios, os salários fixos e a aposentadoria. Em 2020, você trabalhará em casa, seu chefe terá menos de 30 anos e será uma mulher

Felizmente, nunca houve tantas ferramentas disponíveis para mudar o modo como trabalhamos e, consequentemente, como vivemos. E as transformações estão acontecendo. A crise despedaçou companhias gigantes tidas até então como modelos de administração. Em vez de grandes conglomerados, o futuro será povoado de empresas menores reunidas em torno de projetos em comum. Os próximos anos também vão consolidar mudanças que vêm acontecendo há algum tempo: a busca pela qualidade de vida, a preocupação com o meio ambiente, e a vontade de nos realizarmos como pessoas também em nossos trabalhos. "Falamos tanto em desperdício de recursos naturais e energia, mas e quanto ao desperdício de talentos?", diz o filósofo e ensaísta suíço Alain de Botton em seu novo livro *The Pleasures and Sorrows of Works* (Os prazeres e as dores do trabalho, ainda inédito no Brasil).

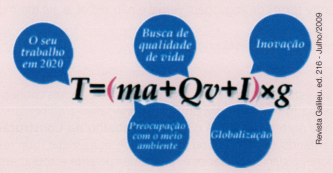

Disponível em: http://revistagalileu.globo.com. Acesso em: 02 set. 2010 (fragmento).

O tema da redação proposto pelo Enem é *O trabalho na construção da dignidade humana*. O aluno deveria desenvolvê-lo por meio de um relato de experiência ou pela elaboração de uma proposta de ação social, que levasse em conta o respeito aos direitos humanos.

Um painel de textos – dois textos verbais e uma fotografia – é oferecido como ponto de partida para a reflexão. Ao lê-los, o estudante deveria procurar *relacioná*-los, isto é, aproximá-los, contrastá-los, identificando os pontos de contato entre eles. O primeiro texto procura definir o que é trabalho escravo e de que modo ainda hoje são encontrados resquícios dessa prática no Brasil. A fotografia mostra, pelas costas, um homem de certa idade usando uma camiseta surrada, nítido sinal de pobreza. Talvez ele represente o "escravo" contemporâneo, ou seja, o trabalhador miserável, sem carteira assinada e sem nenhum direito trabalhista. O segundo texto verbal descreve como será, conforme se prevê, o trabalho daqui a alguns anos e como serão as relações entre profissionais e empresas num mundo globalizado e preocupado com o meio ambiente.

Ao relacionar os textos, fica evidente que o Brasil do século XXI apresenta um painel social e trabalhista contraditório, que vai de práticas arcaicas, como a escravidão, até o trabalho feito a distância, em casa, com o emprego das avançadas tecnologias de comunicação disponíveis em nosso tempo.

O relato de uma experiência ou a elaboração de uma proposta solicitados na questão deveriam necessariamente tocar em alguns pontos essenciais apontados pelos próprios textos: a eliminação completa em nosso país das relações de trabalho que sejam degradantes e abusivas, o respeito ao meio ambiente e a valorização do talento e da satisfação de cada trabalhador nas atividades que exerce.

Outra forma possível de relacionar os textos e discuti-los pela perspectiva do tema seria refletir sobre os direitos do trabalhador previstos na Constituição. Por esse caminho, seria possível discutir tanto práticas trabalhistas obsoletas, como a escravidão, quanto práticas recentes, ainda não consolidadas, que talvez exijam revisão e adaptação das leis trabalhistas.

A RELAÇÃO 9

Veja outra questão do Enem que, para ser resolvida, exige também o uso da *relação*.

Cândido Portinari (1903-1962), um dos mais importantes artistas brasileiros do século XX, tratou de diferentes aspectos da nossa realidade em seus quadros.

Cândido Portinari. Baile na Roça, 1923-24 (1); Retirantes, 1944 (2); Retirantes, 1959 (3); Cangaceiro, 1958 (4). Reprodução autorizada por João Candido Portinari.

1

2

3

4

Sobre a temática dos "Retirantes", Portinari também escreveu o seguinte poema:

(...)

Os retirantes vêm vindo com trouxas e embrulhos
Vêm das terras secas e escuras; pedregulhos
Doloridos como fagulhas de carvão aceso

Corpos disformes, uns panos sujos,
Rasgados e sem cor, dependurados

Homens de enorme ventre bojudo
Mulheres com trouxas caídas para o lado

Pançudas, carregando ao colo um garoto
Choramingando, remelento
(...)

(Cândido Portinari. *Poemas*. Rio de Janeiro: J. Olympio, 1964.)

Das quatro obras reproduzidas, assinale aquelas que abordam a problemática que é tema do poema.

a) 1 e 2   d) 3 e 4
b) 1 e 3   e) 2 e 4
c) 2 e 3

Resposta: c.

Para responder corretamente à questão, o estudante deveria observar os quadros, identificar o tema principal de cada um e, em seguida, ler o poema, identificar o seu tema e relacioná-lo com as pinturas. Das quatro telas, duas (as telas 2 e 3) são a representação visual do cenário descrito pelo poema: os retirantes com "trouxas e embrulhos", com "corpos disformes, uns panos sujos", "um garoto choramingando".

CAPÍTULO 9

Prepare-se para o Enem e o vestibular

1. Leia esta tira:

Bill Watterson © 1987 Watterson/Universal Uclick

(http://depositodocalvin.blogspot.com/2010/01/calvin-haroldo-tirinha-571.html)

O humor da tira se dá por meio de um jogo de palavras, no último quadrinho, configurando a função:
a) emotiva.
b) fática.
c) metalinguística.
d) conativa.
e) referencial.

2. Leia o texto:

> A literatura digital é a exploração das possibilidades formais surgidas com o desenvolvimento de tecnologias visuais e sonoras, como o vídeo, o computador e a edição eletrônica de textos. Essas tecnologias têm disponibilizado novos recursos expressivos, que reformulam não só a produção dos textos literários como sua leitura. A principal inovação que marca a literatura digital é a migração do texto da página impressa para a tela, trazendo para a literatura as possibilidades de animação comumente relacionadas com o cinema e o vídeo. Ocorre, assim, uma integração entre elementos verbais, sonoros e visuais.
>
> Com o abandono da página impressa, as palavras deixam de ser fixas e podem mover-se na superfície desse novo suporte. Além disso, podem sofrer metamorfoses, transformando-se por um determinado período de tempo, modificando-se em sua estrutura interna, virando outras palavras ou até mesmo imagens puras, sem referência verbal.
>
> (www.itaucultural.org.br/aplicexternas/enciclopedia_lit/index.cfm?fuseaction=definicoes_texto&cd_verbete=12153&cd_item=237&cd_idioma=28555&cd_produto=84)

Considere as seguintes afirmativas a respeito do texto e relacione-as com as alternativas abaixo.

I. A literatura digital se aproxima das artes plásticas e da música.

II. A literatura digital faz abandonar a leitura impressa.

III. A literatura digital mistura diferentes mídias e suportes da comunicação.

a) Apenas I é correta.
b) Nenhuma é correta.
c) Apenas II é correta.
d) Apenas II e III são corretas.
e) Apenas III é correta.

3. O texto mais antigo do país, de autoria de Pero Vaz de Caminha, foi escrito em 1500. No século XXI, a qual gênero textual Caminha provavelmente recorreria, considerando-se o objetivo que teve em vista com seu texto?

a) manual de instruções
b) *e-mail*
c) resenha
d) *twitter*
e) publicidade

A RELAÇÃO

4. Leia o texto:

Ruínas de escola de gladiadores são encontradas na Áustria

Associated Press

Arqueólogos anunciaram nesta segunda-feira a descoberta na Áustria de uma escola de treinamento de gladiadores que se encontra em bom estado de conservação.

As ruínas se encontram enterradas debaixo do local conhecido como parque arqueológico de Carnuntum, a aproximadamente 45 km a leste de Viena. Esse complexo foi uma cidade no passado, onde viveram 50 mil pessoas, cerca de 1.700 anos atrás.

(www1.folha.uol.com.br/ciencia/970536-ruinas-de-escola-de-gladiadores-sao-encontradas-na-austria.shtml)

Considere estas afirmativas:

I. O texto se aproxima do gênero *blog*, pois contém expressões informais, como *foi no passado*.
II. O texto é representativo do gênero conto, pois explora uma ação e um conflito.
III. O texto é um gênero jornalístico, pois tem principalmente caráter informativo.

Está(ão) correta(s) a(s) afirmativa(s):

a) I, apenas.
b) I e III, apenas.
c) III, apenas.
d) II, apenas.
e) II e III, apenas.

CAPÍTULO 9

Questões do Enem e dos vestibulares

1. (UFJF-MG)

Texto I

O ex-cineclubista

Aquele homem meio estrábico, ostentando um mau humor maior do que realmente poderia dedicar a quem lhe cruzasse o caminho e que agora entrava no cinema, numa segunda-feira à tarde, para assistir a um filme nem tão esperado, a não ser entre pingados amantes de cinematografias de cantões os mais exóticos, aquele homem, sim, sentou-se na sala de espera e chorou, simplesmente isso: chorou. Vieram lhe trazer um copo d'água logo afastado, alguém sentou-se ao lado e lhe perguntou se não passava bem, mas ele nada disse, rosnou, passou as narinas pela manga, levantou-se num ímpeto e assistiu ao melhor filme em muitos meses, só isso. Ao sair do cinema, chovia. Ficou sob a marquise, à espera da estiagem. Tão absorto no filme que se esqueceu de si. E não soube mais voltar.

(João Gilberto Noll)

Texto II

Cinema

De tanto frequentarem cinema, as pessoas acabam acreditando mais na tela do que na vida que levam.

(Carlos Drummond de Andrade)

Relacione o desfecho do texto I, expresso na frase "E não soube mais voltar", ao aforismo de Carlos Drummond de Andrade (texto II).

Referências bibliográficas:

Texto I – NOLL, João Gilberto. *Mínimos múltiplos comuns*. São Paulo: Francis, 2003.

Texto II – ANDRADE, Carlos Drummond de. "O avesso das coisas – Aforismos". In: *Prosa Seleta – Carlos Drummond de Andrade*. Rio de Janeiro: Nova Aguilar, 2003.

(UFSCar-SP) **Instrução:** Leia os três textos a seguir, para responder às questões de números 2 e 3.

Texto I

Navegar é preciso

Navegadores antigos tinham uma frase
       [gloriosa:
"Navegar é preciso; viver não é preciso".

Quero para mim o espírito [d]esta frase,
transformada a forma para a casar como
       [eu sou:

Viver não é necessário; o que é necessário
       [é criar.
Não conto gozar a minha vida; nem em
       [gozá-la penso.
Só quero torná-la grande,
ainda que para isso tenha de ser o meu corpo
e a (minha alma) a lenha desse fogo.
Só quero torná-la de toda a humanidade;
ainda que para isso tenha de a perder como
       [minha.
Cada vez mais assim penso.
Cada vez mais ponho da essência anímica do
       [meu sangue
o propósito impessoal de engrandecer a
       [pátria e contribuir
para a evolução da humanidade.

É a forma que em mim tomou o misticismo
       [da nossa Raça.

(Fernando Pessoa, *Navegar é preciso*. www.secrel. com.br/jpoesia/fpesso05.html)

Texto II

Eu penso por meio de metáforas. Minhas ideias nascem da poesia. Descobri que o que penso sobre a educação está resumido num verso célebre de Fernando Pessoa: "Navegar é preciso. Viver não é preciso".

Navegação é ciência, conhecimento rigoroso. Para navegar, barcos são necessários. Barcos se fazem com ciência, física, números, técnica. A navegação, ela mesma, faz-se com ciência: mapas, bússolas, coordenadas, meteorologia. Para a ciência da navegação é necessária a inteligência instrumental, que decifra o segredo dos meios. Barcos, remos, velas e bússolas são meios.

A RELAÇÃO

> Já o viver não é coisa precisa. Nunca se sabe ao certo. A vida não se faz com ciência. Faz-se com sapiência. É possível ter a ciência da construção de barcos e, ao mesmo tempo, o terror de navegar. A ciência da navegação não nos dá o fascínio dos mares e os sonhos de portos onde chegar. Conheço um erudito que tudo sabe sobre filosofia, sem que a filosofia tenha jamais tocado a sua pele. A arte de viver não se faz com a inteligência instrumental. Ela se faz com a inteligência amorosa.
>
> (Rubem Alves, *Por uma educação romântica*, p. 112-113.)

Texto III

> "Sapo não pula por boniteza, mas porém por percisão."
>
> (Guimarães Rosa, Epígrafe do conto A hora e vez de Augusto Matraga. *Sagarana*, p. 279.)

2. Relacione os dois primeiros textos entre si. Ambos utilizam a frase "Navegar é preciso, viver não é preciso", que é tradução da frase latina "Navigare necesse; vivere non est necesse".

a) Explique a diferença do uso dessa frase nesses dois textos.

b) Em que sentido Guimarães Rosa emprega o substantivo *percisão* (= precisão) no texto III? Construa uma frase com o substantivo *precisão*, dando a ele um sentido diferente do que aparece na frase de Guimarães Rosa.

3. Saint-Exupéry, um famoso escritor francês, é autor do seguinte aforismo:

> Se você quer construir um navio, não peça às pessoas que consigam madeira, não lhes dê tarefas e trabalho. Fale antes a elas, longamente, sobre a grandeza e a imensidão do mar.

a) A que frase do texto de Rubem Alves você ligaria esse aforismo? Explique por quê.

b) Diz Rubem Alves em seu texto: "A vida não se faz com ciência. Faz-se com sapiência". Explique a diferença entre *ciência* e *sapiência* nesse contexto.

4. (PUC-RJ)

A bomba atômica
(fragmento)

A bomba atômica é triste
Coisa mais triste não há
Quando cai, cai sem vontade
Vem caindo devagar
Tão devagar vem caindo
Que dá tempo a um passarinho
De pousar nela e voar...

Coitada da bomba atômica
Que não gosta de matar!
Coitada da bomba atômica
Que não gosta de matar
Mas que ao matar mata tudo
Animal e vegetal
Que mata a vida da terra
E mata a vida do ar
Mas que também mata a guerra...
Bomba atômica que aterra!
Pomba atônita da paz!

Pomba tonta, bomba atômica
Tristeza, consolação
Flor puríssima do urânio
Desabrochada no chão
Da cor pálida do hélium
E odor de rádium fatal
Loelia mineral carnívora
Radiosa rosa radical.

Nunca mais oh bomba atômica
Nunca em tempo algum, jamais
Seja preciso que mates
Onde houve morte demais:
Fique apenas tua imagem
Aterradora miragem
Sobre as grandes catedrais:
Guarda de uma nova era
Arcanjo insigne da paz!

MORAES, Vinicius de. *Antologia Poética*. Rio de Janeiro: José Olympio, 1976, p. 147-8.

Loelia: Nome que designa uma família de orquídeas

a) Na terceira estrofe do texto, o autor usa diversos termos para se referir à bomba atômica. Explique a relação de sentido existente entre essa arma e o verso "Loelia mineral carnívora".

CAPÍTULO 9

b) Percebe-se, em todo o poema, a utilização de uma figura de linguagem que consiste na atribuição de ação, movimento e voz a coisas inanimadas. Indique o recurso figurado empregado e transcreva do texto um exemplo desse recurso.

5. (UERJ-RJ)

> <u>Sem ferir a liberdade de expressão</u>, essa medida pode ser um duríssimo golpe na diversidade cultural e política da Internet.

A oração sublinhada estabelece uma dada relação de sentido com o restante do período. Reescreva essa oração de duas maneiras diferentes, substituindo *sem* por outro conectivo e mantendo a relação de sentido original. Faça apenas as alterações necessárias.

(UERJ-RJ, adaptada) Com base no texto abaixo e na imagem a seguir, responda às questões 6 e 7.

Ler e crescer

Com a inacreditável capacidade humana de ter ideias, sonhar, imaginar, observar, descobrir, constatar, enfim, refletir sobre o mundo e com isso ir crescendo,
5 a produção textual vem se ampliando ao longo da história. As conquistas tecnológicas e a democratização da educação trazem a esse acervo uma multiplicação exponencial, que começa a afligir homens
10 e mulheres de várias formas. Com a angústia do excesso. A inquietação com os limites da leitura. A sensação de hoje ser impossível abarcar a totalidade do conhecimento e da experiência (ingênuo sonho
15 de outras épocas). A preocupação com a abundância da produção e a impossibilidade de seu consumo total por meio de um indivíduo. O medo da perda. A aflição de se querer hierarquizar ou organizar
20 esse material. Enfim, constatamos que a leitura cresceu, e cresceu demais.

Ao mesmo tempo, ainda falta muito para quanto queremos e necessitamos que ela cresça. Precisa crescer muito mais.
25 Assim, multiplicamos campanhas de leitura e projetos de fomento do livro. Mas sabemos que, com todo o crescimento, jamais a leitura conseguirá acompanhar a expansão incontrolável e necessariamen-
30 te caótica da produção dos textos, que se multiplicam ainda mais, numa infinidade de meios novos. Muda-se então o foco dos

estudiosos, abandona-se o exame dos textos e da literatura, criam-se os especialis-
35 tas em leitura, multiplicam-se as reflexões sobre livros e leitura, numa tentativa de ao menos entendermos o que se passa, já que é um mecanismo que recusa qualquer forma de domínio e nos fugiu ao controle
40 completamente.

Falar em domínio e controle a propósito da inquietação que assalta quem pensa nessas questões equivale a lembrar um aspecto indissociável da cultura escrita, e
45 nem sempre trazido com clareza à consciência: o poder.

Ler e escrever é sempre deter alguma forma de poder. Mesmo que nem sempre ele se exerça sob a forma do poder de
50 mandar nos outros ou de fazer melhor e ganhar mais dinheiro (por ter mais informação e conhecer mais), ou sob a forma de guardar como um tesouro a semente do futuro ou a palavra sagrada como nos
55 mosteiros medievais ou em confrarias religiosas, seitas secretas, confrarias de todo tipo. De qualquer forma, é uma caixinha dentro da outra: o poder de compreender o texto suficientemente para perceber que
60 nele há várias outras possibilidades de compreensão sempre significou poder – o tremendo poder de crescer e expandir os limites individuais do humano.

Constatar que dominar a leitura é se
65 apropriar de alguma forma de poder está na base de duas atitudes antagônicas dos tempos modernos. Uma, autoritária, tenta impedir que a leitura se espalhe por todos, para que não se tenha de compartilhar o
70 poder. Outra, democrática, defende a expansão da leitura para que todos tenham acesso a essa parcela de poder.

Do jeito que a alfabetização está conseguindo aumentar o número de leitores,
75 paralelamente à expansão da produção editorial que está oferecendo material escrito em quantidades jamais imaginadas antes, e ainda com o advento de meios tecnológicos que eliminam as barreiras entre
80 produção e consumo do material escrito, tudo levaria a crer que essa questão está sendo resolvida. Será? Na verdade, creio que ela se abre sobre outras questões. Que tipo de alfabetização é esse, a que tipo de
85 leitura tem levado, com que tipo de utilidade social?

ANA MARIA MACHADO

www.dubitoergosum.xpg.com.br

A RELAÇÃO

PEP MONTSERRAT
www.pepmontserrat.com

6. O processo de composição da imagem de Pep Montserrat é o de "colagem", misturando e combinando signos visuais diferentes. Esse processo de mistura e combinação pode ser relacionado diretamente ao seguinte trecho do texto de Ana Maria Machado:

a) jamais a leitura conseguirá acompanhar a expansão incontrolável e necessariamente caótica da produção dos textos, que se multiplicam ainda mais, numa infinidade de meios novos. (l. 28-32)

b) abandona-se o exame dos textos e da literatura, criam-se os especialistas em leitura, multiplicam-se as reflexões sobre livros e leitura, (l. 33-36)

c) o poder de compreender o texto suficientemente para perceber que nele há várias outras possibilidades de compreensão (l. 58-61)

d) Constatar que dominar a leitura é se apropriar de alguma forma de poder está na base de duas atitudes antagônicas dos tempos modernos. (l. 64-67)

7. A imagem produzida pelo artista combina elementos de modo surpreendente, inesperado na realidade cotidiana. A figura da mão saindo do computador e oferecendo ao possível leitor um objeto característico de outro espaço de leitura sugere principalmente o sentido de:

a) coexistência entre práticas diversas de leitura.

b) centralidade da tecnologia na vida contemporânea.

c) artificialidade das leituras instantâneas na sociedade.

d) ambiguidade do leitor na relação com o aparato técnico.

CAPÍTULO 10

A inferência, a dedução e a conclusão

"Você já conheceu várias das operações que são utilizadas durante o ato de ler, como a observação, a análise, a comparação, etc. Neste capítulo, você vai conhecer a inferência, uma das operações mais solicitadas nas provas de interpretação de textos nos exames do Enem e dos vestibulares."

Você já deve ter ouvido alguém dizer que, diante de um texto, é preciso fazer *inferências*. Afinal, o que é uma inferência?

> **Inferência** é um processo pelo qual, com base em determinados dados, chega-se a uma conclusão.

Fazer inferências durante a leitura de um texto equivale a chegar a certas conclusões a partir de informações explícitas ou implícitas. Dados como características de uma personagem numa narrativa policial, por exemplo, permitem fazer inferências a respeito de quem pode ser o assassino; dados estatísticos apresentados numa reportagem sobre distribuição de renda no Brasil permitem fazer inferências sobre a desigualdade social no país; e assim por diante.

Em provas do Enem e dos vestibulares, raramente é pedido ao estudante que faça inferências, embora essa operação esteja presente em todo ato de leitura. As operações mais solicitadas explicitamente dizem respeito a dedução e conclusão.

Veja como as ações relativas a essas três operações são definidas no dicionário:

> **inferir:** fazer inferência sobre; concluir, deduzir.
> **deduzir:** concluir (algo) pelo raciocínio; inferir.
> **concluir:** chegar a um resultado, a uma decisão, a uma afirmação, a partir de um elemento ou de um conjunto de elementos concretos ou abstratos, após observação atenta ou por meio de raciocínio.
>
> (*Dicionário Houaiss da língua portuguesa.*)

Como se nota, trata-se de operações muito parecidas, a ponto de as questões de exames empregarem como sinônimas as palavras que as designam.

Veja como a questão a seguir, do Enem, solicita uma dessas operações:

TEXTO I

Época. 12 out. 2009 (adaptado).

TEXTO II

Época. 12 out. 2009.

A capa da revista *Época* de 12 de outubro de 2009 traz um anúncio sobre o lançamento do livro digital no Brasil. Já o texto II traz informações referentes à abrangência de acessibilidade das tecnologias de comunicação e informação nas diferentes regiões do país. A partir da leitura dos dois textos, infere-se que o advento do livro digital no Brasil:

COMPETÊNCIA LEITORA E HABILIDADES DE LEITURA

a) possibilitará o acesso das diferentes regiões do país às informações antes restritas, uma vez que eliminará as distâncias, por meio da distribuição virtual.

b) criará a expectativa de viabilizar a democratização da leitura, porém esbarra na insuficiência do acesso à internet por meio da telefonia celular, ainda deficiente no país.

c) fará com que os livros impressos tornem-se obsoletos, em razão da diminuição dos gastos com os produtos digitais gratuitamente distribuídos pela internet.

d) garantirá a democratização dos usos da tecnologia no país, levando em consideração as características de cada região no que se refere aos hábitos de leitura e acesso à informação.

e) impulsionará o crescimento da qualidade da leitura dos brasileiros, uma vez que as características do produto permitem que a leitura aconteça a despeito das adversidades geopolíticas.

Resposta: *b*.

Essa questão mobiliza algumas habilidades muito importantes. A habilidade principal que sua resolução demanda é explicitada no enunciado: a *inferência*. Para chegar à resposta correta, o aluno deveria *observar* e *analisar* os dois textos apresentados, produzidos em diferentes linguagens; em seguida, deveria *identificar* as informações principais do enunciado, ou seja, a de que o texto I consiste em um anúncio sobre o lançamento do livro digital no Brasil, e a de que o texto II informa sobre a abrangência da acessibilidade das tecnologias de comunicação e informação nas diferentes regiões do país.

Na sequência, era preciso confrontar as informações dos dois textos, observando afinidades e discrepâncias. O texto I aponta para as facilidades que o livro digital pode trazer para a democratização da leitura, enquanto o mapa da conexão sem fio no Brasil mostra que a cobertura de telefonia celular está quase totalmente restrita às regiões Sul e Sudeste do país e a cidades e capitais litorâneas. Logo, *infere-se* que a democratização da leitura por meio do livro digital não vai se dar de forma tão simples e rápida como sugere o texto I.

O passo seguinte consistiria em examinar cada uma das alternativas oferecidas, confrontando-as com os textos e comparando-as entre si. Assim, não seria difícil o estudante chegar à resposta correta, a alternativa *b*, que confirma justamente a contradição entre a propagandeada democratização da leitura que o livro digital proporcionaria e a limitação que essa iniciativa encontra no Brasil em virtude da insuficiente disponibilidade da conexão sem fio.

Veja outro exemplo:

(UFC-CE) Atenção: A questão baseia-se no texto apresentado abaixo.

Quando se fala em seca na Amazônia ou nos furacões no Sul dos Estados Unidos, a primeira coisa que vem à cabeça é o aquecimento global. A Terra está de fato ficando mais quente, mas, segundo os especialistas, é impossível demonstrar um vínculo causal entre esse aquecimento e fenômenos particulares, como os furacões e a seca. O que os cientistas já sabem, no entanto, é que os dois fenômenos tiveram a mesma origem: o aquecimento da água no norte do Oceano Atlântico.

Ao lado do aquecimento, o desmatamento também contribui para a seca. Onde há floresta, a maior parte da água da chuva é interceptada pela copa das árvores. A água evapora rapidamente e causa mais chuva. Em áreas desmatadas, com o solo pobre em matéria orgânica, essa água escorre para os rios, indo para longe. Assim as duas causas podem se encontrar em um ponto comum: ao "sequestrar" gás carbono, a floresta contribui para conter o efeito estufa e, com ele, o aquecimento global.

(Lourival Sant'Anna. *O Estado de S. Paulo*, A13, 16/10/2005.)

A INFERÊNCIA, A DEDUÇÃO E A CONCLUSÃO 10

Conclui-se corretamente do texto que:

a) é importante controlar o desmatamento da floresta amazônica, como prevenção para a ocorrência de certos fenômenos climáticos.

b) está havendo medição mais atenta da temperatura da água do Oceano Atlântico, para evitar ocorrência de catástrofes naturais na região amazônica.

c) parece ter-se tornado praticamente impossível conter o efeito estufa, por não se encontrarem soluções para suas consequências, em todo o planeta.

d) especialistas em alterações climáticas divergem ao estabelecer associação entre a seca no Amazonas e os furacões nos Estados Unidos.

e) desmatar nem sempre ocasiona efeitos prejudiciais à vida dos moradores, pois a água das chuvas garante o nível mais cheio dos rios.

Resposta: *a*.

A questão não oferecia maior dificuldade, pois a conclusão a que o estudante deveria chegar (item *a*) é praticamente um resumo do último parágrafo.

Às vezes, a operação esperada pelos avaliadores não é explicitada no enunciado da questão, ou aparece de forma não direta, expressa na fórmula "pode-se afirmar que". Nesses casos, quase sempre se espera que o estudante faça inferências e chegue a uma conclusão, confirmada por uma das alternativas.

CAPÍTULO 10

Prepare-se para o Enem e o vestibular

Texto para as questões 1 e 2:

VIAGEM NO TEMPO

Renata Valério de Mesquita

Eva Peron e Assis Chateaubriand, respectivamente: personalidades retratadas em romances históricos.

Ambientada na Inglaterra do século 12 (em *Os pilares da Terra*, de Ken Follett) ou no Brasil colonial (em *1808* e *1822*, de Laurentino Gomes), seja sobre Abraham Lincoln (em *Lincoln*, de Gore Vidal), seja sobre Gregório de Matos (em *Boca do inferno*, de Ana Miranda), leitores e escritores demonstram crescente interesse pelos acontecimentos e pelas figuras do passado. Mas por que, em uma época de imediatismo e constante inovação, tanto entusiasmo com os tempos de outrora?

A resposta está no próprio presente, segundo Vera Lúcia Follain de Figueiredo, professora de literatura da Pontifícia Universidade Católica (PUC-Rio) e autora de quatro livros, um deles sobre o tema: Da profecia ao labirinto. "Atualmente, as pessoas querem escapar do ritmo vertiginoso em que vivem. É como se houvesse uma sensação de cansaço pelas mudanças tecnológicas constantes e pela falta de utopias para o futuro. Isso geraria uma nostalgia de outros tempos, que ofereceram modelos de valores e heróis", comenta.

A literatura, assim, encontra na História a forma de saciar essa nostalgia. E, mais do que nunca, as duas áreas se confundem no gênero chamado "romance histórico" ou "ficção histórica". Segundo a History Novel Society, fundada em 1997 na Inglaterra, o gênero em pauta deve tratar de eventos ou personalidades da História de 50 anos antes ou mais e deve ser escrito por alguém que não tenha vivido nessa época, de forma que a reconstituição do período estaria mais baseada em pesquisas do que nas experiências pessoais. Mas essas regras não são aceitas com unanimidade pelo mercado editorial e tais aspectos não costumam ser levados ao pé da letra. [...]

(*Revista da Cultura*, julho de 2011. www.revistadacultura.com.br:8090/revista/rc48/index2.asp?page=materia3)

A INFERÊNCIA, A DEDUÇÃO E A CONCLUSÃO

1. O texto lido comenta o atual interesse de leitores e escritores por acontecimentos e figuras do passado, apesar do imediatismo que caracteriza o século XXI. Aponte a alternativa que contenha uma causa desse fenômeno, não mencionada no texto.
a) fuga do ritmo de vida atual
b) interesse em personalidades do passado
c) cansaço com as constantes mudanças tecnológicas
d) utilização do gênero "romance histórico" ou "ficção histórica" na montagem de roteiros cinematográficos
e) ausência de sonhos e projetos para tempos futuros

2. A análise feita no texto possibilita afirmar que a literatura tem o poder de desencadear utopias?
a) Não, uma vez que a busca de um ritmo de vida mais calmo não inclui a leitura.
b) Não, porque a busca de utopias se dá apenas pela leitura de obras que retratam os últimos 50 anos.
c) Sim, pois a leitura possibilita recuperar, pela memória, tempos em que sobressaíram modelos de valores e heróis.
d) Não, porque apenas a filosofia e a história podem inspirar utopias.
e) Sim, pois toda literatura valoriza o presente, o passado e o futuro.

3. Leia a notícia:

Mais distante planeta do Sistema Solar, Netuno faz 165 anos

O mais distante planeta do Sistema Solar, Netuno fez aniversário de descobrimento na terça-feira (12).

Para comemorar a data, a Nasa e ESA (as agências espaciais americana e europeia) divulgaram fotos do planeta gasoso que foram tiradas pelo telescópio espacial Hubble.

Como Netuno leva quase 165 anos para completar uma volta em torno do Sol, só agora se passou um ano netuniano desde que foi localizado, em 1846.

(Agência Efe. Disponível em: www1.folha.uol.com.br/ciencia/942958-mais-distante-planeta-do-sistema-solar-netuno-faz-165-anos.shtml. Acesso em: 25/6/2012.)

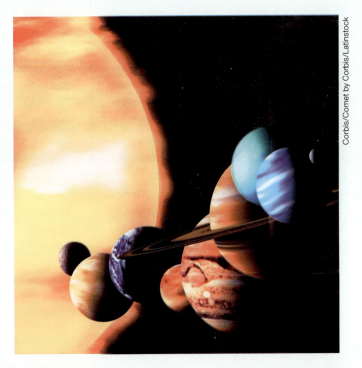

Há, entre o que é afirmado no título e no corpo da notícia lida, uma contradição. Assinale a alternativa que esclarece em que consiste essa contradição.
a) O título informa que Netuno é planeta, mas no corpo da notícia é feita a afirmação de que ele é gasoso.
b) O título dá a impressão de que o planeta tem 165 anos de idade, o que não é confirmado depois.
c) No título, 165 anos refere-se à idade de Saturno, enquanto no corpo da notícia é o tempo de órbita do planeta em volta do Sol.
d) No corpo da notícia é desmentido o título, uma vez que Netuno tem 1846 anos.
e) Netuno não é o planeta mais distante do Sistema Solar.

CAPÍTULO 10

Texto para as questões 4 e 5:

O QUE É O FUNDAMENTALISMO

Leonardo Boff

Hoje se fala muito de fundamentalismo. Fundamentalismo do mercado e do projeto neoliberal, fundamentalismo cristão, fundamentalismo islâmico, principal responsável pelos atentados de 11 de setembro, fundamentalismo das posturas políticas e bélicas do presidente Bush. Tentemos esclarecer o leitor o que seja fundamentalismo e o risco que representa para a pacífica convivência humana e para o futuro da humanidade.

O nicho do fundamentalismo se encontra no protestantismo americano, surgido nos meados do século 19 e formalizado, posteriormente, numa pequena coleção de livros que vinha sob o título *Fundamentals: a testimony of the Truth (1909-1915)*. Trata-se de uma tendência de fiéis, pregadores e teólogos que tomavam as palavras da Bíblia ao pé da letra (o fundamento de tudo para a fé protestante é a Bíblia). Se Deus consignou sua revelação no Livro Sagrado, então tudo, cada palavra e cada sentença, devem ser verdadeiras e imutáveis. [...] Supõe-se que a história e as palavras não ficaram congeladas. Precisam ser interpretadas para resgatar-lhes o sentido original. Esse procedimento para os fundamentalistas é ofensivo a Deus. Por razões semelhantes, eles se opõem aos conhecimentos contemporâneos da história, das ciências, da geografia e especialmente da biologia que possam questionar a verdade bíblica.

Para o fundamentalista, a criação se realizou mesmo em sete dias. O cristianismo detém o monopólio da verdade revelada. Jesus é o único caminho para a salvação. Fora dele há somente perdição. Daí o caráter militante e missionário de todo fundamentalista. Face aos demais caminhos espirituais ele é intolerante, pois eles significam simplesmente errância. Na moral é especialmente rigoroso, particularmente no que concerne à sexualidade e à família. É contra os homossexuais, o movimento feminista e os movimentos libertários em geral. Na economia é conservador e na política sempre exalta a ordem e a segurança a qualquer custo.

O fundamentalismo protestante ganhou relevância social a partir dos anos 50 com as Eletronic Church. Pregadores nacionalmente famosos usam o rádio e a televisão em cadeia para suas pregações e campanhas conservadoras. [...]

(www.dhnet.org.br/direitos/militantes/boff/boff_fundamen.htm)

---

4. Por que, segundo o texto, o nome *fundamentalista* não pode ser aplicado convenientemente apenas aos seguidores do islamismo?

   a) Porque o islamismo apresenta caráter missionário e o cristianismo não.

   b) Porque as economias do Ocidente e do Oriente são equivalentes.

   c) Porque existe fundamentalismo também no Ocidente cristão.

   d) Porque o fundamentalismo nasceu no Oriente e não no Ocidente.

   e) Porque existe fundamentalismo nas democracias do Ocidente também.

5. A política externa de George Bush, presidente dos Estados Unidos na época do atentado de 11 de setembro, era:

   a) liberal.

   b) conservadora.

   c) ditatorial.

   d) pacifista.

   e) teocrática.

A INFERÊNCIA, A DEDUÇÃO E A CONCLUSÃO

6. Leia:

FERRARI TRABALHA EM CARRO QUE LÊ A MENTE DO MOTORISTA

A notícia parece insólita, mas vem de uma das publicações mais respeitadas do mundo automotivo, a revista britânica Autocar. De acordo com o correspondente alemão Greg Klab, a Ferrari está desenvolvendo sistemas capazes de monitorar estados físico e mental de quem estiver atrás do volante dos próximos carros a serem lançados pela marca italiana. [...]

(www.carrosnitrados.net/blog/2011/01/12/ferrari-trabalha-em-carro-que-le-a-mente-do-motorista-diz-revista/)

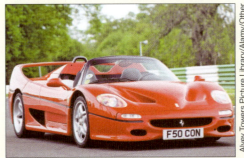

Quando lemos "Ferrari trabalha" ou "a Ferrari está desenvolvendo", inferimos que o nome *Ferrari* corresponde, na realidade, aos funcionários da empresa fabricante de automóveis. Essas construções são exemplos de:

a) metáfora.
b) hipérbole.
c) paradoxo.
d) metonímia.
e) personificação.

7. Leia o texto:

Blog do Caminha

Quando fui convidado a assumir o cargo de escrivão oficial da Armada de Cabral, fiquei deveras honrado. Pareceu-me uma tarefa gloriosa: relatar às Cortes de Lisboa o que encontraríamos no caminho para as novas índias. Não confundir com o novo caminho para as Índias. Era razoável vislumbrar que eu me candidatara, naquele momento, a ser o escritor de uma das páginas mais importantes da história da humanidade. Não achei desmedido sonhar com o Pulitzer.

Foi-me entregue a estrutura que pedi, me deram boas condições de trabalho. Não tenho do que me queixar. Mas as coisas não saíram como planejadas. Pelo menos não na cobertura da expedição. Logo depois da nau recolher a âncora, vazaram alguns tuítes que quase comprometeram a empreitada. Num deles, um tripulante perguntava se em Pindorama a voltagem era 110 ou 220. O que fez muita gente duvidar do real coeficiente de aventura que envolvia nossa expedição. [...]

Ricardo Dantas

Pulitzer: prêmio concedido a profissionais que se destacam nas categorias Jornalismo, Literatura e Música, criado em 1917, nos Estados Unidos.

(http://blogsdoalem.com.br/Caminha/. Acesso em: 22/12/2011.)

CAPÍTULO 10

Nessa pequena narrativa, um dos elementos utilizados para produzir humor é, conforme podemos inferir:

a) o fato de Pero Vaz de Caminha ser apenas um navegante na Internet.
b) o caráter informal do texto de Pero Vaz de Caminha.
c) a mistura de épocas: o Brasil do século XVII e o Brasil do século XXI.
d) o fato de a tripulação usar Internet.
e) a relação tumultuada entre Cabral e a tripulação.

8. Na novela *A hora da estrela*, de Clarice Lispector, há o seguinte diálogo entre as personagens Olímpico e Macabea:

> Ele: — Pois é.
> Ela: — Pois é o quê?
> Ele: — Eu só disse pois é!
> Ela: — Mas "pois é" o quê?
> Ele: — Melhor mudar de conversa porque você não me entende.
> Ela: — Entender o quê?
> Ele: —Santa Virgem, Macabea, vamos mudar de assunto e já!
>
> (Rio de Janeiro: Nova Fronteira, 1977.)

Conforme podemos concluir, ocorre nesse diálogo a função da linguagem denominada:

a) emotiva.
b) referencial.
c) metalinguística.
d) fática.
e) poética.

9. Leia o texto:

Museu Paulista apresenta réplica do vestido da Condessa de Pinhal

O Museu Paulista (USP) lançou esta semana uma ferramenta eletrônica inédita entre os museus do Brasil: um hotsite interativo que expõe detalhes de uma peça de seu acervo e de uma réplica feita dela. Essa, aliás, é outra experiência inédita. Pesquisadores do museu fizeram uma réplica de uma peça de roupa do final do século 19, que está tão desgastada que sequer pode ser exposta. É um vestido preto que pertenceu a Anna Carolina de Mello Oliveira Arruda Botelho, a Condessa de Pinhal.

Segundo Teresa Cristina Toledo de Paula, que é conservadora de têxteis do Museu Paulista e coordenadora do trabalho, já foram produzidas replicagens de figurinos no país, mas nenhuma parecida com a que foi feita do vestido da condessa. "Nós nos preocupamos em fazer a roupa exatamente no mesmo padrão, com a mesma modelagem", afirma.

O trabalhou começou em 2009. A ideia surgiu depois que descendentes da condessa pediram a peça original emprestada para expô-la na Casa do Pinhal, em São Carlos (SP) — fazenda onde a dona do vestido viveu.

(*Estado de S. Paulo*. Com colaboração de Karina Trevizan. Museu Paulista apresenta réplica do vestido da Condessa de Pinhal. Disponível em: http://blogs.estadao.com.br/curiocidade/museu-paulista-apresenta-replica-online-do-vestido-da-condessa-de-pinhal/. Acesso em: 25/6/2012.)

O vestido original (à direita) e sua réplica.

De acordo com o texto, podemos concluir que ferramentas digitais permitiram que o museu:

a) atingisse um público que não entende de moda.
b) atingisse o público estudioso da história da condessa.
c) atraísse o público que se interessa por réplicas.
d) atraísse um público que está fisicamente longe dele.
e) pudesse promover o acervo da condessa.

A INFERÊNCIA, A DEDUÇÃO E A CONCLUSÃO

Questões do Enem e dos vestibulares

1. (PUC-RS) Leia o texto:

> Estamos na sociedade da informação. Somos autênticos *informívoros*, necessitamos de informação para sobreviver, como necessitamos de alimento, calor ou contato social. Nas ciências da comunicação, considera-se que informação é tudo aquilo que reduz a incerteza de um sistema. Nesse sentido, todos nós nos alimentamos de informação que nos permite não apenas prever como também controlar os acontecimentos de nosso meio. Previsão e controle são duas das funções fundamentais da aprendizagem, inclusive nos organismos mais simples. Na vida social, a informação é ainda mais essencial porque os fenômenos que nos rodeiam são complexos e cambiantes e, portanto, ainda mais incertos do que os que afetam os outros seres vivos. A incerteza é ainda maior na sociedade atual, como consequência da descentração do conhecimento e dos vertiginosos ritmos de mudança em todos os setores da vida. Um traço característico de nossa cultura da aprendizagem é que, em vez de ter de buscar ativamente a informação com que alimentar nossa ânsia de previsão e controle, estamos sendo abarrotados, superalimentados de informação, na maioria das vezes em formato *fast food*. Sofremos uma certa obesidade informativa, consequência de uma dieta pouco equilibrada.
>
> Juan Ignácio Pozo. *Aprendizes e mestres.* (fragmento)

Com relação às ideias apresentadas no texto, é correto concluir que:

a) as ciências da comunicação ensinam o homem a lidar com o excesso de informação.
b) o culto à informação está sendo substituído pela cultura da aprendizagem.
c) só aprendemos para melhor prever e controlar a realidade.
d) a falta de informação sobre os fenômenos que nos cercam gera insegurança.
e) toda informação que não buscamos ativamente resulta inútil.

2. (ENEM) O gráfico abaixo mostra a área desmatada da Amazônia, em km², a cada ano, no período de 1988 a 2008.

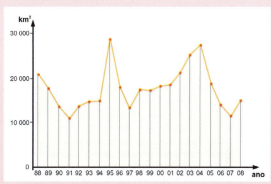

Fonte: MMA.

As informações do gráfico indicam que:

a) o maior desmatamento ocorreu em 2004.
b) a área desmatada foi menor em 1997 que em 2007.
c) a área desmatada a cada ano manteve-se constante entre 1998 e 2001.
d) a área desmatada por ano foi maior entre 1994 e 1995 que entre 1997 e 1998.
e) o total de área desmatada em 1992, 1993 e 1994 é maior que 60 000 km².

3. (ENEM) Um jornal de circulação nacional publicou a seguinte notícia:

> Choveu torrencialmente na madrugada de ontem em Roraima, horas depois de os pajés caiapós Mantii e Kucrit, levados de Mato Grosso pela Funai, terem participado do ritual da dança da chuva, em Boa Vista. A chuva durou três horas em todo o estado e as previsões indicam que continuará pelo menos até amanhã. Com isso, será possível acabar de vez com o incêndio que ontem completou 63 dias e devastou parte das florestas do estado.
>
> *Jornal do Brasil*, abr./1998 (com adaptações).

Considerando a situação descrita, avalie as afirmativas seguintes.

I. No ritual indígena, a dança da chuva, mais que constituir uma manifestação artística, tem a função de intervir no ciclo da água.

COMPETÊNCIA LEITORA E HABILIDADES DE LEITURA   101

CAPÍTULO 10

II. A existência da dança da chuva em algumas culturas está relacionada à importância do ciclo da água para a vida.

III. Uma das informações do texto pode ser expressa em linguagem científica da seguinte forma: a dança da chuva seria efetiva se provocasse a precipitação das gotículas de água das nuvens.

É correto o que se afirma em:

a) I, apenas.
b) III, apenas.
c) I e II, apenas.
d) II e III, apenas.
e) I, II e III.

4. (ENEM)

> Calcula-se que 78% do desmatamento na Amazônia tenha sido motivado pela pecuária — cerca de 35% do rebanho nacional está na região — e que pelo menos 50 milhões de hectares de pastos são pouco produtivos. Enquanto o custo médio para aumentar a produtividade de 1 hectare de pastagem é de 2 mil reais, o custo para derrubar igual área de floresta é estimado em 800 reais, o que estimula novos desmatamentos. Adicionalmente, madeireiras retiram as árvores de valor comercial que foram abatidas para a criação de pastagens. Os pecuaristas sabem que problemas ambientais como esses podem provocar restrições à pecuária nessas áreas, a exemplo do que ocorreu em 2006 com o plantio da soja, o qual, posteriormente, foi proibido em áreas de floresta.
>
> *Época*, 3/3/2008 e 9/6/2008 (com adaptações).

A partir da situação-problema descrita, conclui-se que:

a) o desmatamento na Amazônia decorre principalmente da exploração ilegal de árvores de valor comercial.
b) um dos problemas que os pecuaristas vêm enfrentando na Amazônia é a proibição do plantio de soja.
c) a mobilização de máquinas e de força humana torna o desmatamento mais caro que o aumento da produtividade de pastagens.
d) o *superavit* comercial decorrente da exportação de carne produzida na Amazônia compensa a possível degradação ambiental.
e) a recuperação de áreas desmatadas e o aumento de produtividade das pastagens podem contribuir para a redução do desmatamento na Amazônia.

5. (FUVEST-SP)

> "A Idade Média europeia é inseparável da civilização islâmica já que consiste precisamente na convivência, ao mesmo tempo positiva e negativa, do cristianismo e do islamismo, sobre uma área comum impregnada pela cultura greco-romana."
>
> José Ortega y Gasset (1883-1955)

O texto acima permite afirmar que, na Europa ocidental medieval:

a) formou-se uma civilização complementar à islâmica, pois ambas tiveram um mesmo ponto de partida.
b) originou-se uma civilização menos complexa que a islâmica devido à predominância da cultura germânica.
c) desenvolveu-se uma civilização que se beneficiou tanto da herança greco-romana quanto da islâmica.
d) cristalizou-se uma civilização marcada pela flexibilidade religiosa e tolerância cultural.
e) criou-se uma civilização sem dinamismo, em virtude de sua dependência de Bizâncio e do Islão.

(PUC-RS) Texto para as questões 6 e 7:

QUINO. *Mafalda 6*. São Paulo: Martins Fontes, 2002, p. 37.

Instrução: Responder às questões 6 e 7 com base nas afirmativas sobre o texto.

A INFERÊNCIA, A DEDUÇÃO E A CONCLUSÃO

6.
I. A tira de Quino constitui uma narrativa porque é marcada pela presença de um narrador.
II. Entre o segundo e o terceiro quadrinho há uma relação de causa-consequência.
III. A ação se desenvolve a partir do confronto entre os pontos de vista das personagens.
IV. Há uma transformação que se opera no interior da personagem principal.

Pela análise das afirmativas, conclui-se que estão corretas apenas:
a) I e II.
b) I e IV.
c) II e III.
d) I, III e IV.
e) II, III e IV.

II. No primeiro quadrinho, o verbo "chegar" está empregado no sentido de "ter início" e não exige complemento.
III. No segundo quadrinho, o verbo "chegar" significa "atingir" e exige um complemento introduzido por preposição.
IV. O processo que distingue "chegar a primavera" de "chegar à primavera" equivale ao verificado em "chegar o fim" e "chegar ao fim".

Pela análise das afirmativas, conclui-se que estão corretas:
a) I e II, apenas.
b) I e IV, apenas.
c) III e IV, apenas.
d) I, II e III, apenas.
e) I, II, III e IV.

7.
I. Não obstante a diferença na pontuação, todas as frases proferidas pelas personagens têm valor exclamativo.

8. (PUC-RJ) Em um laboratório de citogenética, o geneticista deparou-se com o idiograma obtido do cariótipo de uma criança, mostrado a seguir:

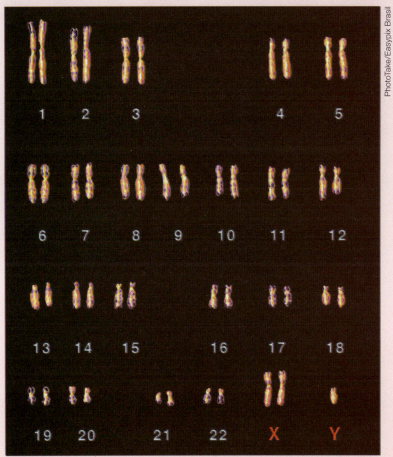

Disponível em: http://www.ghente.org/ciencia/genetica/klinefelter.htm

Observando-se esse idiograma, é **correto** afirmar que essa criança apresenta o fenótipo de

a) um menino com Síndrome de Klinefelter.
b) uma menina com Síndrome de Klinefelter.
c) um menino com Síndrome de Down.
d) um menino com Síndrome de Turner.
e) uma menina com Síndrome de Turner.

CAPÍTULO 11

O levantamento de hipóteses

Pierre Auguste Renoir. Reflection, 1877

> *Em capítulos anteriores, você conheceu e exercitou algumas ações ou operações frequentemente solicitadas nas provas do Enem e dos vestibulares, tais como comparação, identificação, observação e memorização, entre outras. Neste capítulo, você vai ficar sabendo o que é levantar hipóteses e como essa operação é explorada em exames.*

O **levantamento de hipóteses** é uma das operações mais executadas ao se trabalhar com interpretação de textos. Para realizar operações como *concluir* ou *interpretar*, é necessário que, antes, o estudante levante hipóteses, na tentativa de captar o que não está sendo explicitado no texto.

O levantamento de hipóteses é, portanto, uma tentativa de salientar os implícitos de um texto, operação necessária para a compreensão global.

Veja como essa operação aparece nesta questão do Enem:

O autor da tira utilizou os princípios de composição de um conhecido movimento artístico para representar a necessidade de um mesmo observador aprender a considerar, simultaneamente, diferentes pontos de vista.

Adaptado de WATTERSON, Bill. *Os dez anos de Calvin e Haroldo*. v. 2, São Paulo: Best News, 1996.

Das obras reproduzidas, todas de autoria do pintor espanhol Pablo Picasso, aquela em cuja composição foi adotado um procedimento semelhante é:

a) Os amantes
b) Retrato de Françoise
c) Os pobres na praia
d) Os dois saltimbancos
e) Marie-Thérèse apoiada no cotovelo

Resposta: e.

Ao ler a tira de Calvin, o estudante deveria observar que "ver os dois lados de tudo" e a "fratura" mencionados na tira equivalem, no plano visual, ao rosto fragmentado de Calvin e à posição irregular de seus olhos no último quadrinho.

Feito isso, o passo seguinte seria relacionar a tira com as pinturas de Pablo Picasso, na busca de elementos comuns. Essa operação é complexa, pois implica várias outras operações, como *observar*, *analisar* e *comparar* todas as reproduções, *levantar hipóteses* sobre o que poderia haver em comum entre elas e a tira (por exemplo, seria o número de personagens, ou o ambiente, ou os gestos?) e, finalmente, *concluir*, chegando a uma resposta.

A resposta é a alternativa e porque, nela, o rosto da mulher também apresenta "fratura", já que os olhos, a boca e o nariz aparecem posicionados, a um só tempo, de diferentes ângulos.

CAPÍTULO 11

Prepare-se para o Enem e o vestibular

1. Leia a seguinte matéria de jornal, publicada no *Correio Braziliense*, em 14/6/2011.

Internautas elegem ipê próximo à Ponte do Bragueto como o mais belo do DF

Ariadne Sakkis e
Flávia Lima

Os leitores do **Correio** decidiram: o ipê-roxo mais bonito de Brasília fica logo após a Ponte do Bragueto, no fim da Asa Norte. Dos 310 participantes, 159 elegeram por meio de uma enquete no site do jornal esse exemplar como a beldade do início do inverno. O segundo mais votado foi o ipê do Conjunto 3 da QI 2, no Lago Norte. Essa espécie de ipê encanta os moradores da capital do Brasil à medida que a temperatura começa a baixar, simbolizando a chegada da temporada mais fria do ano — o inverno tem início em 21 de junho. A *Tabebuia impetiginosa*, como a botânica a reconhece, é uma queridinha de Brasília: está presente em 20 das 39 superquadras do Plano Piloto.

(www.correiobraziliense.com.br/app/noticia/cidades/2011/06/14/interna_cidadesdf,256745/internautas-elegem-ipe-proximo-a-ponte-do-bragueto-como-o-mais-belo-do-df.shtml)

Todo jornal é dividido em seções, isto é, setores destinados a assuntos com temas específicos. A matéria lida anuncia o resultado de um concurso promovido pelo jornal, na seção "Carta do leitor". Em qual das seções a seguir não seria pertinente a inclusão da matéria lida?

a) Ciência
b) Trânsito
c) Meio Ambiente
d) Cidades
e) Turismo

2. Os seguintes versos de Vinícius de Morais fazem referência a um episódio muito conhecido da história da humanidade. Leia-os.

A Rosa de Hiroshima

Pensem nas crianças
Mudas telepáticas
Pensem nas meninas
Cegas inexatas
Pensem nas mulheres
Rotas alteradas
Pensem nas feridas
Como rosas cálidas
Mas, oh, não se esqueçam
Da rosa da rosa
Da rosa de Hiroshima
A rosa hereditária
A rosa radioativa
Estúpida e inválida
A rosa com cirrose
A antirrosa atômica
Sem cor sem perfume
Sem rosa, sem nada

(*Antologia poética*. São Paulo: Cia. das Letras, Editora Schwarcz Ltda., 1992. p. 11. Autorizado pela VM Empreendimentos Artísticos e Culturais Ltda. © VM e © Cia. das Letras (Editora Schwarcz.)

Levante hipóteses: O que representa a "rosa de Hiroshima"?

a) Primeira Guerra Mundial (1914-1918)
b) ditadura militar brasileira de 1964-1985
c) Ditadura Vargas (1930-1945)
d) a bomba atômica, que eclodiu na Segunda Guerra Mundial (1939-1945)
e) teoria da relatividade, de Einstein

3. O quadro a seguir é de autoria de Di Cavalcanti, pintor que viveu no século XX. Observe-o com atenção.

Paisagem de subúrbio (1930).

O LEVANTAMENTO DE HIPÓTESES

Que aspecto da cena retratada no quadro indica tratar-se de um cenário típico do início daquele século?

a) Nenhuma via é pavimentada.
b) As casas são todas de sapê.
c) Falta iluminação artificial nas ruas.
d) Não se veem animais nos pastos.
e) Não há quintais ou espaços livres.

4. Leia este poema:

O sertanejo falando

A fala a nível do sertanejo engana:
as palavras dele vêm, como rebuçadas
(palavras confeito, pílula), na glace
de uma entonação lisa, de adocicada.
Enquanto que sob ela, dura e endurece
o caroço de pedra, a amêndoa pétrea,
dessa árvore pedrenta (o sertanejo)
incapaz de não se expressar em pedra.

2

Daí porque o sertanejo fala pouco:
as palavras de pedra ulceram a boca
e no idioma pedra se fala doloroso;
o natural desse idioma se fala à força.
Daí também porque ele fala devagar:
tem de pegar as palavras com cuidado,
confeitá-las na língua, rebuçá-las;
pois toma tempo todo esse trabalho.

(João Cabral de Melo Neto. *A educação pela pedra*. Rio de Janeiro: Alfaguara. © by herdeiros de João Cabral de Melo Neto.)

É possível observar no poema a ocorrência de duas funções da linguagem, que são:

a) referencial e conativa.
b) fática e poética.
c) poética e metalinguística.
d) emotiva e metalinguística.
e) poética e conativa.

CAPÍTULO 11

Questões do Enem e dos vestibulares

1. (ENEM)

MONET, C. Mulher com sombrinha. 1875, 100 x 81 cm. In: BECKETT, W. *História da pintura*. São Paulo: Ática, 1997.

Em busca de maior naturalismo em suas obras e fundamentando-se em novo conceito estético, Monet, Degas, Renoir e outros artistas passaram a explorar novas formas de composição artística, que resultaram no estilo denominado Impressionismo. Observadores atentos da natureza, esses artistas passaram a:

a) retratar, em suas obras, as cores que idealizavam de acordo com o reflexo da luz solar nos objetos.

b) usar mais a cor preta, fazendo contornos nítidos, que melhor definiam as imagens e as cores do objeto representado.

c) retratar paisagens em diferentes horas do dia, recriando, em suas telas, as imagens por eles idealizadas.

d) usar pinceladas rápidas de cores puras e dissociadas diretamente na tela, sem misturá-las antes na paleta.

e) usar as sombras em tons de cinza e preto e com efeitos esfumaçados, tal como eram realizadas no Renascimento.

(UFG-GO) Leia a charge para responder às questões de 2 a 4:

ANGELI, *Folha de S. Paulo*, São Paulo, p. 2, 8 set. 2008.

2. Na charge, o termo *carnívoro* sugere uma classificação que:

a) presume uma dieta alimentar baseada tanto em proteína animal quanto em proteína vegetal.

b) compara os humanos que se alimentam de carne aos animais que são carnívoros.

c) separa os animais da ordem dos herbívoros dos da ordem dos carnívoros.

d) denuncia a fragilidade física daqueles que se alimentam de carne.

e) mostra que as diferenças alimentares não impedem a convivência social em um restaurante.

3. A charge faz uma crítica aos defensores da alimentação vegetariana, produzindo um efeito de humor e ironia por:

a) prever novas formas de restrição a práticas de consumo ainda aceitáveis.

b) sugerir hábitos sociais que estão de acordo com as previsões do Apocalipse.

c) recuperar antigos costumes alimentares abandonados pela sociedade atual.

d) propor regras como garantia de boas maneiras à mesa.

e) discriminar o indivíduo que foge dos padrões de vida saudável.

108 UNIDADE 2

O LEVANTAMENTO DE HIPÓTESES

4. É possível associar a crítica feita na charge à seguinte opinião sobre o tabagismo:

a) "Hoje, sabe-se como os receptores cerebrais funcionam. Quem não entende isso, o nervosismo, a ansiedade, não pode combater o tabagismo [...] 'Respira fundo, conta até dez que passa – a vontade vem, mas depois passa'. Depois de quanto tempo? Isso é um papo idiota". (J. I., cardiologista. *Folha de S. Paulo*, 7 set. 2008).

b) "Pelo que me falou, você fuma mais depois do almoço e depois do café. Então você precisa reduzir o café e evitar fumar após o almoço". (Atendente do 0800 do Ministério da Saúde, respondendo a indagações de um suposto fumante. Idem).

c) "Você não pode obrigar o fumante a parar de fumar. Como você não pode obrigar o prefeito a fazer o programa [de prevenção]". (L. W. L., diretora do Cratod. Idem).

d) "Considerar o fumante um sintoma de um problema social é desumanizar suas necessidades e direitos. Isso leva a uma cultura em que as pessoas implicam com as outras para obter mudanças". (T. C., prof. da Universidade de Panw (Indiana-EUA). Idem).

e) "A gente faz [campanha] educacional sempre. Eu mesmo, no Ministério da Saúde, proibi a propaganda, que era propaganda enganosa [...]. Introduzimos as fotos nos maços de cigarro como advertência. E o fumo caiu no Brasil. Agora, precisa continuar as medidas". (J. S., ex-ministro da Saúde. Idem).

5. (UFG-GO) Observe a fotografia a seguir.

Educar é amar a dobrar

CARVALHO, José Manuel.
Disponível em: <www.1000imagens.com>. Acesso em: 3 out. 2007.

Considerando-se as formas retratadas e a circunstância que elas representam, o título da foto sugere que educar é:

a) viver momentos de descontração.
b) compartilhar experiências.
c) construir um ambiente seguro.
d) alcançar a condição do outro.
e) transmitir ensinamentos adequados.

(UFI-PR) Leia o texto a seguir e responda às questões de 6 a 8.

> Seja eu, seja eu
> Deixa que eu seja eu
> E aceita o que seja seu
> Então deita e aceita eu
> Molha eu, seca eu
> Deixa que eu seja o céu
> E receba o que seja seu
> Anoiteça, amanheça eu
> Beija eu, beija eu, beija eu
> Me beija
> Deixa o que seja seu
> Então beba e receba
> Meu corpo, no seu corpo
> Eu no meu corpo
> Deixa, eu me deixo
> Anoiteça, amanheça
> Seja eu, seja eu,
> Deixa que eu seja eu
> E aceita o que seja seu
> Então deita e aceita eu
> Molha eu, seca eu
> Deixa que eu seja o céu
> E receba o que seja seu
> Anoiteça, amanheça eu

("Beija eu". Arnaldo Antunes, Marisa Monte e Arthur Morgan Lindsay Jr. © Virgin Music Publ. Ltd. © EMI Songs do Brasil Edições Musicais Ltda. © Warner Chappel Edições Musicais Ltda. © Monte Songs.)

6. Pode-se afirmar que o texto:

a) apresenta a linguagem na norma culta, usada nos variados gêneros, inclusive na poesia do sentimento amoroso.
b) descreve uma personagem feminina a partir de seus sentimentos e não pelos atributos físicos.
c) conta uma história de amor não correspondido depois de longos anos de espera.
d) traz poesia e linguagem subjetiva, sem a preocupação com a norma culta, seguindo os padrões poéticos.
e) apresenta ao leitor uma opinião sobre determinado assunto – no caso, o amor-paixão.

7. No que diz respeito à linguagem utilizada no texto, verificam-se trechos que não estão de acordo com a norma culta. Isto se dá porque:

a) a autora desconhece tal norma e, inconscientemente, adota a norma rural brasileira.

b) a norma culta é muito difícil e poucas pessoas a usam devido ao elevado índice de analfabetismo no Brasil.
c) a linguagem utilizada no texto reflete a ignorância do público leitor deste gênero em especial.
d) houve um descuido do revisor do texto e isso seria uma atribuição dos órgãos fiscalizadores.
e) a linguagem utilizada no texto reflete traços de oralidade, muitas vezes comuns ao gênero em que se insere.

8. A partir da leitura do texto, é correto afirmar que há:
a) um pedido de desculpas do possível autor do texto.
b) uma ordem do autor do texto, com alto grau de superioridade.
c) pedidos de um dos parceiros numa declaração amorosa.
d) solicitações profissionais em contexto amoroso.
e) uma história de amor contada por alguém em tempo real.

(UFMT-MT) **Instrução:** Leia atentamente as charges I e II para responder às questões 9 e 10.

Charge I

GLAUCO. *Folha de S. Paulo*, 20 set. 2004.

Charge II

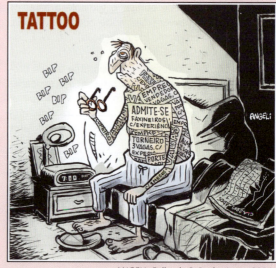

ANGELI. *Folha de S. Paulo*, 4 ago. 2004.

(SARMENTO, L. L. *Gramática em textos*. 2ª ed. São Paulo: Moderna, 2005. p. 519 e 520.)

9. Da leitura das charges, pode-se afirmar:
a) Na charge I, a personagem de terno representa um político, candidato a um cargo eletivo, que compra votos de eleitores não politizados.
b) A charge II objetiva mostrar que o povo brasileiro está descontente com a situação socioeconômica do país.
c) A sintaxe não verbal do texto I, especialmente a presença de tons claros, evidencia que a situação retratada acontece às claras, pois não há impedimento legal.
d) As charges diferenciam-se pelo tema abordado, mas são semelhantes pela intencionalidade e situacionalidade.
e) As condições de produção das duas charges são idênticas, garantindo o diálogo entre os temas abordados.

10. Sobre a concordância verbal nas frases *Vendem-se votos* e *Admite-se faxineiros com experiência*, analise as afirmativas.

I. A concordância do verbo com o sujeito na frase *Admite-se faxineiros com experiência* desobedece intencionalmente às normas da escrita padrão visando tornar a linguagem um traço característico da situação retratada.
II. A indefinição da pessoa que vende votos (charge I) é marcada pela presença do *se*, índice de indeterminação do sujeito, o que torna a concordância verbal inadequada.
III. Como a charge I insere-se num contexto sociopolítico, a concordância entre verbo e sujeito é ideológica, subentendendo a ideia de coletivo.
IV. Se uma instituição de ensino fosse exibir um cartaz com a frase da charge II, deveria reescrevê-la da seguinte forma: Admitem-se faxineiros com experiência.

Estão corretas as afirmativas:
a) II, III e IV, apenas.
b) I e IV, apenas.
c) III e IV, apenas.
d) I, II e III, apenas.
e) I, II, III e IV.

(UFMG-MG) **Instrução:** As questões de 11 a 13 devem ser respondidas com base na leitura do texto a seguir. Leia atentamente todo o texto antes de responder a elas.

O LEVANTAMENTO DE HIPÓTESES

Minas não acredita em Minas?

Sempre me intrigou o jeito *blasé*, de quem não se impressiona com nada, assumido por nós, mineiros. Acho folclórica a imagem de desconfiado, usurário e sone-
5 gador que o Brasil tem de nós. Mas sempre tive curiosidade de saber por que, diante do extraordinário, do extravagante ou do maravilhoso, há em Minas um esmerado empenho em exibir uma fria naturalidade, como
10 se isso fosse familiar e corriqueiro. Com que propósito se escamoteia que uma coisa, uma pessoa, uma obra é impressionante, inesperada, deslumbrante?

Depois de tantos anos vivendo fora
15 de Minas, se encontro um amigo mineiro e comento, por exemplo, o extraordinário romance do Saramago, a reação é uma pálida e silenciosa concordância, que não vai além de um balançar de cabeça. Tão cons-
20 trangida que parece esboçada apenas para não me desapontar, como convém à nunca assaz louvada hospitalidade mineira. Se, com outro amigo, comento o fantástico espetáculo de Aderbal Júnior sobre Vargas, a
25 resposta é, quando muito, um gélido e circunspecto "... interessante...". E vá agora você elogiar o último filme de Wim Wenders: receberá de volta um olhar superior acompanhado de um sorriso *blasé*, seguido
30 de um lacônico "... é.", pronunciado depois de amarga indecisão.

Qual seria a origem de um comportamento tão singular? A frieza e a discrição diante do inesperado talharam a conduta
35 de celebrados políticos mineiros que, sem perder as oportunidades, souberam conter paixões e entusiasmos na avaliação objetiva do quadro de forças. Há quem diga que as montanhas criam uma propensão ao en-
40 simesmamento, que é parte da psicologia mineira refrear a empolgação. Um mineiro eufórico – dizem – morreria de solidão depois de devidamente secado pelo olhar demolidor do vizinho mais próximo.

45 Consta que herdamos a tão propalada desconfiança dos nossos antepassados do ciclo do ouro. A riqueza súbita convivia com roubos e traições: o contrabando tinha que driblar a repressão implacável. Nesse
50 ambiente, quem não fosse astuto, velhaco e manhoso não rapava nada. Mais do que a ser desconfiados, ali aprendemos a ser sonsos: jurar lealdade e fé e, ao mesmo tempo, encher de ouro o oco da santinha.

ARAÚJO, Alcione. *IstoÉ Minas*, 26 fev. 1992. p. 34. (Adaptado)

11. É **incorreto** afirmar que, nesse texto, o autor:
a) aponta determinados aspectos da multifacetada personalidade dos mineiros.
b) apresenta algumas razões que justificam a maneira de ser do mineiro.
c) descreve as mudanças de comportamento dos mineiros ao longo da história.
d) destaca o que diferencia especialmente os mineiros dos demais brasileiros.

12. Com base na leitura desse texto, é **correto** afirmar que, nele, o autor:
a) considera o comportamento dos mineiros como inadequado.
b) defende o desinteresse como uma característica folclórica dos mineiros.
c) enfatiza o caráter dos mineiros cultos, que zelam por suas tradições.
d) trata de alguns estereótipos da identidade dos mineiros.

13. Assinale a alternativa em que, na passagem transcrita do texto, **não** está expressa a ideia de indiferença.
a) ... a resposta é, quando muito, um gélido e circunspecto "... interessante...". (linhas 24 a 26)
b) ... há em Minas um esmerado empenho em exibir uma fria naturalidade... (linhas 8 e 9)
c) ... herdamos a tão propalada desconfiança dos nossos antepassados... (linhas 45 e 46)
d) ... receberá de volta um olhar superior acompanhado de um sorriso *blasé*... (linhas 28 e 29)

CAPÍTULO 12

A explicação e a demonstração

Nesta unidade, você conheceu e exercitou diferentes operações ou esquemas de ação, como a observação, a análise, a comparação e o levantamento de hipóteses, entre outras. Conheça, neste capítulo, a explicação e a demonstração.

A **explicação** é uma das operações mais solicitadas em questões de interpretação de textos e em questões discursivas de qualquer disciplina. Já a **demonstração** é mais comum nas provas discursivas de ciências exatas.

Leia as questões da Unicamp-SP a seguir e veja como essas operações costumam ser solicitadas nos exames oficiais.

(UNICAMP-SP, adaptada) **INSTRUÇÃO**: As questões de números 1 e 2 tomam por base um texto que integra uma reportagem da revista *Fotografe Melhor* e fragmentos de um artigo de Elisabeth Seraphim Prosser, professora e pesquisadora de História da Arte e de Metodologia da Pesquisa Científica da Escola de Música e Belas Artes do Paraná.

Manifestação surgiu em Nova York nos anos de 1970

Muitos encaram o grafite como uma mera intervenção no visual das cidades. Outros enxergam uma manifestação social. E há quem o associe com vandalismo, pichação... Mas um crescente público prefere contemplá-lo como uma instigante, provocadora e fenomenal linguagem artística.

O grafite é uma forma de expressão social e artística que teve origem em Nova York, EUA, nos anos de 1970. O nova-iorquino Jean-Michel Basquiat foi o primeiro grafiteiro a ser reconhecido como artista plástico, tendo sido amigo e colaborador do consagrado Andy Warhol — a vida de Basquiat, aliás, mereceu até filme, lançado em 1996.

A chegada ao Brasil também foi nos anos de 1970, na bagagem do artista etíope Alex Vallauri, e se popularizou por aqui. Desde a década de 1990 é pura efervescência. Irreverente, a arte das ruas colocou à prova a criatividade juvenil e deu uma chance bastante democrática de expressão, que conquistou, além dos espaços públicos, um lugar na cultura nacional. Uma arte alternativa, que saiu dos guetos para invadir regiões centrais e privilegiadas em quase todo o Ocidente.

Hoje, à vista da sociedade e totalmente integrada ao cotidiano do cidadão brasileiro, a arte de rua provoca e, ao mesmo tempo, lembra a existência de minorias desfavorecidas e suas demandas por meio de coloridos desenhos que atraem a atenção.

Essa manifestação avançou no campo artístico e vem conquistando superfícies em ambientes até então improváveis: do interior de famosas galerias às fachadas externas de museus, como o Tate Modern, de Londres, que em 2008 (maio a setembro) teve a famosa parede de tijolinhos transformada em monumentais painéis grafitados (25 metros) pelas mãos, sprays e talento de grafiteiros de vários lugares do planeta, convidados para esse desafio, com destaque para os brasileiros *Nunca* e os artistas-irmãos *Osgêmeos*.

(*Fotografe Melhor*. Um show de cores se revela na arte dos grafites. São Paulo: Editora Europa, ano 14, n. 161, fevereiro 2010.)

(www.tate.org.uk)

Do vandalismo anárquico à arte politicamente comprometida

Quanto à manifestação da arte de rua em si, pode-se afirmar que ela abrange desde o vandalismo anárquico até a arte politicamente comprometida. Vai da pichação, cujo propósito é sujar, incomodar, agredir, chamar a atenção sobre determinado espaço urbano ou simplesmente desafiar a sociedade estabelecida e a autoridade, até o lambe-lambe e o *graffiti*, nos quais se pretende criticar e transformar o *status quo*.

(...)

O transeunte (...) geralmente ignora, rechaça ou destrói essa arte, considerando-a sujeira, usurpação do seu direito a uma *paisagem esterilizada*, uma invasão do seu espaço (às vezes privado, às vezes público), uma afronta à mente inteligente. Escolhe não olhá-la, não observá-la, não ler nas suas entrelinhas e nos espaços entre seus rabiscos ou entre seus traços elaborados. Confunde o *graffiti* com a pichação, isto é, a arte com o vandalismo (...).

No entanto, em documentários e em entrevistas com vários artistas de rua em Curitiba em 2005 e 2006, pôde-se constatar que essa concepção é, na maioria dos casos, improcedente. Grande parte dos escritores de *graffiti* e dos artistas envolvidos com o lambe-lambe não apenas estuda ou trabalha, mas tem rendimento bom ou ótimo na sua escola ou no seu emprego.

De acordo com a pesquisa ora em andamento, o artista de rua curitibano mora tanto na periferia quanto no centro, é oriundo tanto de famílias de baixa renda como de outras economicamente mais favorecidas. Seu nível de instrução varia do fundamental incompleto ao médio e ao superior, encontrando-se entre eles inclusive funcionários de órgãos culturais e educacionais da cidade, bem como profissionais liberais, arquitetos, publicitários, designers e artistas plásticos, entre outros. Pôde-se perceber, também, que suas preocupações políticas, sua consciência quanto à ecologia e ao meio ambiente natural ou urbano, seu engajamento voluntário ou profissional em organizações educacionais e assistencialistas são uma constante.

(Elisabeth Seraphim Prosser. *Compromisso e sociedade no graffiti, na pichação e no lambe-lambe em Curitiba (2004-2006)*. Anais — Fórum de Pesquisa Científica em Arte. Escola de Música e Belas Artes do Paraná. Curitiba, 2006-2007.)

1. *O transeunte (...) geralmente ignora, rechaça ou destrói essa arte, considerando-a sujeira, usurpação do seu direito a uma* **paisagem esterilizada**, *...*

Nesta passagem dos fragmentos do texto de Prosser, a expressão "paisagem esterilizada" constitui uma síntese bastante expressiva da opinião do transeunte que não aprecia a arte de rua. Explique o que quis dizer a autora com a atribuição do adjetivo *esterilizada* ao substantivo *paisagem*.

2. Demonstre, com base nos textos e na imagem, que a arte de rua pode apresentar, além de características estéticas, também características de participação política.

Para responder à questão 1, o estudante teria de *explicar* o sentido da expressão "paisagem esterilizada" no contexto. De acordo com o texto, a arte de rua não interessa ao transeunte, que a

A EXPLICAÇÃO E A DEMONSTRAÇÃO

vê como sujeira. Logo, "paisagem esterilizada" equivale a "cidade limpa" de pichações e grafites e isso, na perspectiva do texto, seria um direito do transeunte, que, diante dessa arte extraoficial, se sente usurpado em seus direitos de cidadão.

O enunciado da questão 2 pede ao estudante que, "com base nos textos e na imagem", *demonstre* o caráter político do grafite. Demonstrar com base em elementos oferecidos por um texto significa valer-se deles para mostrar o que se pede, o que pode ser feito por meio da citação direta, indicada por aspas. De acordo com o primeiro texto, o grafite é uma arte que nasceu nos guetos e invadiu o espaço público e a cultura oficial, podendo ser visto hoje tanto nas ruas quanto nos principais museus do mundo, como o Tate Modern, de Londres. Dada sua origem alternativa ou "marginal", o grafite é "pura efervescência", "irreverente", expressão direta das "minorias desfavorecidas". Assim, assume também um caráter nitidamente político, já que, como aponta o segundo texto, pode "criticar e transformar o *status quo*".

Observe que, na questão 1, era necessário esclarecer por que o autor empregou a expressão "paisagem esterilizada" a partir das nuances do contexto. Já na questão 2, era necessário descrever e explicar de maneira ordenada e pormenorizada, com exemplos extraídos do próprio texto, por que os autores dos textos reconhecem um caráter político na arte de rua.

Assim, chegamos a estes conceitos:

Explicar é elucidar a relação entre fatos e ideias ou fazer entender a veracidade (ou não) de alguma ideia, teoria ou fato por meio de elementos ou argumentos; nessa situação, a relação de causa e efeito é geralmente a mais enfatizada.

Demonstrar ou **mostrar** é descrever e explicar de maneira ordenada e pormenorizada, com auxílio de exemplos; é provar com um raciocínio convincente.

CAPÍTULO 12

Prepare-se para o Enem e o vestibular

1. Leia esta notícia:

Presidente Lula vira personagem animado em "South Park"

(http://f.i.uol.com.br/folha/ilustrada/images/09106127.jpg)

O presidente Lula virou personagem na série de animação "South Park". É possível assistir ao episódio no site *South Park Studios*.

No episódio que foi ao ar nesta quarta-feira (15), nos Estados Unidos, intitulado "Pinewood Derby", Stan mata um alienígena tido como perigoso. Em seguida, a polícia espacial aterrissa na cidade e pergunta pelo alienígena. O pai de Stan, que está conversando por telefone com diversos líderes mundiais, entre os quais Lula, questiona se alguém viu o alienígena. [...] Outros líderes mundiais também podem ser identificados, como o presidente da França, Nicolas Sarkozy, a chanceler alemã, Angela Merkel, o primeiro-ministro britânico, Gordon Brown, entre outros.

(Folha de S. Paulo, 16/4/2009. www1.folha.uol.com.br/folha/ilustrada/ult90u551549.shtml)

De acordo com a notícia, de 2009, o então presidente brasileiro aparece como um "líder mundial" em um episódio de uma série de desenho animado da TV norte-americana. Escolha a alternativa em que é apresentada a mais provável explicação para esse fato.

a) Tratava-se de uma campanha política a favor de Lula nas eleições de 2010.
b) O episódio satirizava líderes políticos internacionais representantes do grupo chamado G8.
c) O episódio demonstrava a projeção do Brasil e do ex-presidente no cenário internacional.
d) As cenas satirizavam o surgimento, na época, de um alienígena em Varginha.
e) As cenas ridicularizavam a obsessão norte-americana por alienígenas.

2. Leia atentamente esta notícia:

Usina de biodiesel de Quixadá comemora três anos de instalação

A usina de biodiesel de Quixadá, a 158 km de Fortaleza, se prepara para ser a grande produtora e abastecedora de biodiesel da região Nordeste. A estimativa foi feita nesta quinta-feira, 1º, pelo presidente da subsidiária, Miguel Rossetto, durante comemoração dos três anos de instalação da usina no município, no Ceará.

Segundo o presidente, a empresa já produziu 140 milhões de litros de biodiesel para abastecer estados do Piauí a Pernambuco e deve receber investimento de mais R$ 4 milhões na qualificação das instalações do equipamento. "A usina já foi duplicada, já dobramos a produção desde a inauguração da empresa", comemorou Rossetto.

O presidente da subsidiária destacou ainda que a unidade gera em torno de 200 empregos diretos em Quixadá e beneficia cerca de 30 mil famílias de agricultores no Ceará.

(Redação *O Povo on line*. <www.opovo.com.br/app/fortaleza/2011/09/01/noticiafortaleza,2291155/usina-de-biodiesel-de-quixada-comemora-tres-anos-de-instalacao.shtml>. Acesso em 25/7/2012.)

Parece existir no texto uma contradição, verificada no confronto da afirmação de que a usina mencionada "se prepara para ser a grande produtora e abastecedora de biodiesel da região Nordeste" com o fato de ela ser mostrada já como uma grande produtora do produto. Como, no texto, essa contradição poderia ser solucionada?

A EXPLICAÇÃO E A DEMONSTRAÇÃO

Texto para as questões 3 e 4:

Pré-história nas relações

Marido que pôs fogo na casa e PM que tentou matar 'ex' são episódios de ontem que ilustram violência diária

Não há dúvida de que o mundo evoluiu e deve continuar evoluindo tecnologicamente. Além de possibilitar a comunicação online entre pessoas de qualquer lugar do planeta, essa evolução trouxe outros benefícios, como agilidade na prestação de serviços.

Entretanto, os índices e as modalidades de crimes classificados como violência doméstica, ocorridos no ambiente familiar ou relacionados à família, apontam para uma sociedade machista que ainda pratica atos semelhantes aos da Pré-História.

Dois casos registrados ontem em Cuiabá refletem o quadro de violência. Um policial militar, desrespeitando medidas protetivas decretadas por causa de ameaças e agressões anteriores, tentou matar a mulher a pedradas. Já um catador de sucatas ateou fogo na casa e no carro da mulher porque foi "incomodado" em um bar. [...]

(Alecy Alves. *Diário de Cuiabá*. Disponível em: <http://www.diariodecuiaba.com.br/detalhe.php?cod=397023>. Acesso em: 25/7/2012.)

3. O texto relaciona "Pré-História" aos episódios de violência doméstica que comenta, ocorridos em Cuiabá. Explique em que se baseia essa relação e avalie se ela é apresentada com coesão e coerência.

4. Há, no texto, uma palavra que foge à norma-padrão do nosso idioma. Identifique-a e indique o termo que pode substituí-la convenientemente.

5. Leia esta notícia:

Inseto pode ajudar a entender como é possível viver sem sexo

Peter Macdiarmid/Latinstock

Pesquisadores da Universidade Simon Fraser, no Canadá, descobriram que o inseto Timema, que lembra o bicho-pau, se reproduz sem a necessidade de sexo e já faz isso há mais de um milhão de anos.

Em artigo publicado na revista "Current Biology", os cientistas estudaram o DNA desses animais e concluíram que eles têm uma longa história de reprodução assexuada e que as fêmeas da espécie geram suas crias sem necessidade de que seus ovos sejam fertilizados por machos. Portanto, eles criam clones genéticos deles mesmos.

A pesquisadora Tanja Schwander afirmou que o estudo indica que a assexualidade não significa sempre a extinção de uma linhagem. [...] Agora os autores esperam usar o estudo com estes insetos para compreender como é possível a vida sem sexo.

(*O Globo*, 19/7/2011. http://oglobo.globo.com/ciencia/mat/2011/07/19/inseto-pode-ajudar-entender-como-possivel-viver-sem-sexo-924938664.asp)

O título da notícia traz uma informação que parece não combinar com o que é noticiado. Explique como poderia ser resolvida essa aparente incoerência.

COMPETÊNCIA LEITORA E HABILIDADES DE LEITURA

CAPÍTULO 12
Questões do Enem e dos vestibulares

1. (UFBA-BA)

VIVO: propaganda. *Veja*, São Paulo: Abril, ed. 2000, ano 40, n. 11, 21 mar. 2007. Fragmento do encarte especial destacável.

O texto publicitário faz uso da polissemia dos signos — ou seja, da multiplicidade de significados de uma palavra — como recurso de construção de sentidos.
Identifique em que palavras se percebe o uso desse recurso na propaganda apresentada e explique como isso ocorre.

2. (UFBA-BA)

> Há mais de 120 milhões de anos, enquanto gigantescos dinossauros destroçavam as florestas em combates titânicos, um drama mais silencioso se desenrolava sob os arbustos do Cretáceo: uma linhagem de seres minúsculos e peludos parou de pôr ovos e deu à luz seres jovens. Foram os progenitores de praticamente todos os mamíferos modernos. (CASTELVECCHI, 2009, p. 68).

No contexto da história reprodutiva dos vertebrados:
a) identifique o órgão que torna possível "dar à luz seres jovens", caracterizando-o quanto à origem embriológica.
b) explique o significado evolutivo do órgão referido, destacando as vantagens que ele confere aos mamíferos em relação aos organismos que põem ovos com casca.

3. (UFRJ-RJ)

Flagra

No escurinho do cinema
Chupando drops de anis
Longe de qualquer problema
Perto de um final feliz

Se a Deborah Kerr que o Gregory Peck
Não vou bancar o santinho
Minha garota é Mae West
Eu sou o Sheik Valentino

Mas de repente o filme pifou
E a turma toda logo vaiou
Acenderam as luzes, cruzes!

Que flagra!
Que flagra!
Que flagra!

(Rita Lee & Roberto de Carvalho.
© Warner Chappel Edições Musicais.)

A EXPLICAÇÃO E A DEMONSTRAÇÃO

No texto, a pronúncia dos nomes de atores célebres do cinema americano no 5º verso leva a um criativo efeito cômico.

a) Explique esse efeito, valendo-se de elementos fônicos e morfossintáticos.

b) Identifique, no plano vocabular, a relação semântica entre o 5º e o 6º versos.

(UFOP-MG) Texto para as questões de 4 a 6:

Eleições e suas questões
Sacha Calmon*

Seja qual for o próximo governo, três questões centrais estarão à sua frente, com a inscrição da esfinge: "Decifra-me ou te devoro". São elas: a) alongamento da dívida pública e barateamento da sua rolagem; b) a questão da segurança pública; e c) a transformação da economia informal em formal. A última questão resolverá três nós górdios: aumentará a arrecadação e diminuirá a carga tributária; resolverá ainda a questão da Previdência e equalizará a concorrência (35% da economia está na informalidade ou na semi-informalidade). A informalidade é resultante de três fatores: extrema burocracia, tributação escorchante e legislação trabalhista e previdenciária retrógradas, a prejudicar a contratação e a dispensa de empregados. A informalidade é danosa porque articula o contrabando, o furto de mercadorias, encarece os seguros, dizima a concorrência leal, escraviza empregados, desprotege o trabalhador, onera a seguridade social, desmoraliza o estado e reforça a sanha fiscal sobre o setor formal.

*In: Estado de Minas, 19/03/2006, p. 19.

4. Explique o significado das expressões "Decifra-me ou te devoro" (linhas 03 e 04) e "nós górdios" (linhas 08 e 09) no texto apresentado.

5. Leia o trecho:

"A última questão resolverá três nós górdios: aumentará a arrecadação e diminuirá a carga tributária; resolverá ainda a questão da Previdência e equalizará a concorrência (35% da economia está na informalidade ou na semi-informalidade). A informalidade é resultante de três fatores: extrema burocracia, tributação escorchante e legislação trabalhista e previdenciária retrógradas, a prejudicar a contratação e a dispensa de empregados."

Explique e exemplifique as relações de causa e efeito estabelecidas no trecho destacado acima.

6. Explique a concordância no período "(35% da economia está na informalidade ou na semi-informalidade)".

7. (UNICAMP-SP) O texto abaixo é extraído de artigo jornalístico no qual se comparam duas notícias que chamaram a atenção da imprensa brasileira no mês de outubro de 2007: de um lado, o caso entre o senador Renan Calheiros e a jornalista Mônica Veloso; de outro, o artigo em que o apresentador de TV Luciano Huck expressa sua indignação contra o roubo de seu relógio Rolex.

Aparentemente, o que aproxima todos esses personagens é a disputa por um objeto de desejo. No caso dos assaltantes de Huck, por estar no pulso de um "bacana", mais que um relógio, o objeto em questão aparece como um equivalente geral que pode dar acesso a outros objetos (...). Presente de sua mulher, a igualmente famosa apresentadora global Angélica, um relógio desse calibre é sinal de prestígio, indicando um lugar social que, no Brasil, costuma "abrir portas" raras vezes franqueadas à maior parte da população. (...) Mais afinado com as tradições patriarcais de seu estado natal, Renan aparece nos noticiários, bem de acordo com a chamada "preferência nacional" dos anúncios de cerveja. Daí que não seja possível, em ambos os episódios, associar os casos em questão àquele "obscuro objeto de desejo" que dá título a um dos mais instigantes filmes de Luís Buñuel. Tratava-se, para o cineasta, de mostrar como um desejo singular, único, podia engendrar um objeto de grande opacidade. Em direção oposta, tanto na parceria Calheiros/Veloso, quanto no confronto Huck/assaltantes, há uma espécie de exibição ostensiva dos objetos em jogo, como que marcando a coincidência de desejos que perderam sua singularidade para cair na vala comum das banalidades.

(Adaptado de Eliane Robert Moraes, *Folha de S. Paulo*, 14/10/2007, grifos nossos.)

a) Um dos usos de aspas é o de destacar elementos no texto. Explique a finalidade desse destaque nas seguintes expressões presentes no texto: "bacana", "abrir portas" e "preferência nacional".

b) No caso de "obscuro objeto de desejo", as aspas marcam o título de um filme de Buñuel. Explique como a referência a esse título estabelece uma oposição fundamental para a argumentação do texto.

COMPETÊNCIA LEITORA E HABILIDADES DE LEITURA — 119

CAPÍTULO 12

8. (UFG-GO) Observe a pintura a seguir.

Pedro Américo. "Tiradentes esquartejado", 1983. Museu Mariano Procópio, Juiz de Fora, Minas Gerais, Brasil.

A tela de Pedro Américo tematiza a morte de Tiradentes. Considerando a importância dessa pintura para o imaginário republicano:

a) apresente um argumento que explique a apropriação da figura de Tiradentes pelos republicanos.

b) explique como o quadro expressa essa apropriação.

9. (UFRJ-RJ) Os coqueiros da Bahia, as amendoeiras do Rio de Janeiro, as mangueiras que se espalham por tantas partes do Brasil são originários, na realidade, de lugares bem distantes. Trazidas de outras partes do mundo, a partir do século XVI, essas plantas são, hoje, consideradas "tipicamente brasileiras". Isso também ocorreu em outros países, onde espécies exóticas acabaram por se "nacionalizar".

Explique como ocorreu essa difusão de espécies.

A EXPLICAÇÃO E A DEMONSTRAÇÃO

10. (UFJF-MG) O abuso de álcool tem um forte impacto negativo na saúde do homem, podendo causar lesões hepáticas e neurológicas, dentre outros problemas. A desnutrição é também comum entre os alcoólatras, já que a bebida produz calorias, mas não fornece nutrientes para o organismo. Sabendo-se que 7 kcal são fornecidas por grama de álcool etílico, quantas calorias equivalem a uma taça de 150 mL de vinho tinto, cujo teor de álcool seja igual a 12% m/v? Demonstre os cálculos.

(UFG-GO) Considere os textos 1, 2 e 3 para responder às questões de 11 a 15.

Texto 1

Hamlet (1948)

Direção: Laurence Olivier

Roteiro: Laurence Olivier

Produção: Laurence Olivier, Reginald Beck, Anthony Bushell

Música original: William Walton

Fotografia: Desmond Dickinson

Edição: Helga Cranston

Design de produção: Roger K. Furse

Direção de arte: Carmen Dillon

Figurino: Roger K. Furse, Elizabeth Hennings

Efeitos especiais: Henry Harris, Paul Sheriff, Jack Whitehead

País: UK

Gênero: Drama, Romance, Crime

Sinopse

O príncipe Hamlet, filho do rei da Dinamarca, sente-se deprimido quando perde o pai. Seu tio, Claudius, casa-se logo a seguir com sua mãe, a rainha Gertrude, e se torna o novo rei.

Pouco tempo depois, Hamlet se depara com o fantasma do pai, que lhe revela ter sido assassinado por Claudius e lhe pede vingança. Atormentado com tanta tristeza, é ainda alvo de membros da família que tentam convencê-lo de que está ficando louco.

Paralelamente, ele se sente apaixonado pela jovem Ophelia, filha de Polonius, conselheiro de Claudius e Gertrude, e irmã mais nova de seu grande amigo, Laertes. Ao tomar conhecimento do romance, Polonius tenta intrigá-lo com o fim de fazer com que o príncipe deixe de fazer a corte à sua filha.

Quando Hamlet procura a mãe para falar de suas suspeitas, segundo as quais Claudius teria assassinado seu pai, ele termina matando acidentalmente Polonius, que a tudo escutava às escondidas. A infeliz morte do conselheiro de Claudius dá a este o pretexto para afastá-lo do reino. Hamlet é, então, enviado para a Inglaterra. Ao mesmo tempo, Laertes regressa do exterior, onde estudava, quando toma conhecimento da morte do pai e da doença da irmã que, não suportando o fato de seu pai ter sido morto pelo seu grande amor, vive mergulhada numa profunda tristeza e sofrendo de desmaios.

Ao retornar à Dinamarca, Hamlet se depara com o funeral de Ophelia. Aproveitando-se da situação, o rei Claudius convence Laertes a convidar Hamlet para uma exibição, onde os dois lutariam com espadas. Por orientação do rei, Laertes prepara sua espada com veneno em sua extremidade.

No dia combinado, com a Corte reunida, inicia-se a luta. Após alguns passos, Laertes fere Hamlet no ombro com sua espada envenenada. Enraivecido, este consegue igualmente ferir seu oponente com a mesma espada. Nesse instante, a rainha Gertrude grita que fora envenenada. Ela tinha inadvertidamente bebido um vinho com veneno, preparado por Claudius para Hamlet, caso este saísse com vida da luta.

CAPÍTULO 12

Embora ferido, Hamlet, suspeitando de traição, ordena que todas as portas sejam fechadas. Laertes, então, diz ser ele o traidor e que Hamlet não tem mais que meia hora de vida, já que não há nenhum tipo de medicamento que possa curá-lo. Em seguida, pedindo perdão a Hamlet, morre com suas últimas palavras acusando o rei Claudius de ser o responsável por toda essa tragédia. Hamlet, então, vira-se para o tio e crava a espada envenenada no coração do rei, cumprindo, assim, a promessa de vingança feita ao pai. A seguir, chama seu amigo Horatio, que assistira a tudo, e lhe pede que conte sua história para todo o mundo.

Texto 2

Hamlet

(Uma sala do palácio do Itamarati. Hamleto entra vagarosamente e para no meio da sala. Apoia o queixo na palma da mão esquerda, metida na abotoadura da sobrecasaca, e balança uma perna meditabundamente.)

Hamleto *(monologando)*

Ser ou não ser... Minh'alma eis o fatal problema.
Que deves tu fazer nesta angústia suprema. Alma
                        [forte?

Cair, degringolar no abismo?
Ou bramir, ou lutar contra o federalismo?
Morrer, dormir... dormir... ser deposto... mais
                        [nada.

Oh, a deposição é o patamar da escada...
Ser deposto: Rolar por este abismo, às tontas...
(depois de longa meditação)
E o câmbio? E o Vitorino? E o Tribunal de Contas
(outra meditação)
Morrer, dormir... dormir? Sonhar talvez, que
                        [sonho?

Que sonho? A reeleição?
[...]
(cai numa reflexão profunda)
Mas, enfim, para que ser novamente eleito?
Se não fosse o terror... Se não fosse o respeito
Que a morte inspira, e o horror desse sono
                        [profundo...

Ah! quem suportaria os flagelos do mundo!
[...]
O comércio que morre; a indústria que adormece;
A míngua da lavoura; o déficit que cresce
Horrivelmente, como a estéril tiririca;
[...]
– Oh, quem resistiria a tanto, da alma forte,
Se não fosse o terror do ostracismo e da morte?
(Pausa)
O ostracismo... região triste e desconhecida
Donde nenhum viajor voltou jamais à vida...
Ah! eis o que perturba... Ah! eis o que entibia

Coragem maior e maior energia!
(entra Ofélia)
(voltando-se para ela)
[...]
Hamleto
Não te dei nada!
Ofélia
Deu! Deu-me elasticidade,
Com que me transformei numa lei de borracha!
Que estica à proporção que o câmbio escarrapacha!
Meu Senhor! A que mais devo este prodígio,
Senão ao seu amor, senão ao meu prestígio?
Hamleto
Dize, Constituição, és tu Republicana?
Ofélia
Meu Senhor.
Hamleto
Dize mais! És norte-americana?
Ofélia
Príncipe...
[...]
Hamleto
Sou Vice-Presidente?
Sou Presidente? Sou Ditador? Sou cacique?
Oh! que paralisada a minha língua fique
Se te minto! Não sou mais do que um homem!
Parte!
Que é de teu pai?
Ofélia
Não sei.
Hamleto
Devia acompanhar-te.
A lei neste país, não pode andar sozinha...
Parte para Chicago! A tua dor é a minha:
É a dor que anda a chiar em toda a vida humana
Parte para a imortal nação americana!
Parte para Chicago!
[...]

BILAC, Olavo. Hamlet. In: M. *Melhores poemas*. Seleção de Marisa Lajolo. 4. ed. São Paulo: Global, 2003. p. 126-131.

122   **UNIDADE 2**

A EXPLICAÇÃO E A DEMONSTRAÇÃO

Texto 3

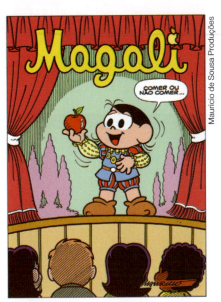

Disponível em: <www.faccar.com.br/desletras/hist/2005>. Acesso em: 5 mai. 2009.

11. O filme *Hamlet*, de Laurence Olivier, é considerado uma adaptação exemplar da clássica peça de Shakespeare, escrita entre 1600 e 1602, e é a grande referência pela qual as futuras versões cinematográficas são julgadas.

Considerando a construção textual da sinopse do filme (1948) e da peça teatral *Hamlet*, de Shakespeare, explique como a voz das personagens é marcada no gênero sinopse e no gênero peça teatral.

12. Como forma de despertar no leitor o interesse pelo filme, a sinopse é uma síntese informativa que antecipa parte de seu enredo. Com base nessa afirmação e no fato de a sinopse ser um gênero narrativo, qual é o tempo verbal predominante na sinopse do filme *Hamlet* e que efeito é produzido com o uso desse tempo?

13. No poema Hamlet, de Olavo Bilac, quais elementos recriam a peça de William Shakespeare e por que o poema se configura como uma paródia?

14. Pode-se afirmar que Olavo Bilac compara o ato de governar uma república com a tragédia de Hamlet. Com base no texto 2, explique o dilema vivido por Hamleto.

15. Com base no quadrinho (texto 3) e na história de Hamlet (texto 1), responda:
   a) No quadrinho, que recursos linguísticos constroem a intertextualidade entre a fala de Magali e o dilema de Hamlet?
   b) Mesmo se apropriando do dilema de Hamlet, a personagem Magali mantém traços de sua identidade, o que produz humor. Quais são esses traços e por que o humor é produzido?

CAPÍTULO 13

A justificação

> Em capítulos anteriores, entre outras operações, você aprendeu o que é a observação, a análise, a comparação e a memorização. Veja, agora, o que é a justificação e como ela é solicitada em exames do Enem e dos vestibulares.

Nas questões discursivas, é comum ser solicitado ao estudante que realize determinada operação – por exemplo, interpretar, comparar, inferir – e que **justifique** sua resposta. O que é justificar?

> **justificar**: demonstrar que (algo) está certo ou que (alguém) está com a razão; fornecer argumentos a favor de; constituir-se em, dar, encontrar razões válidas para; legitimar.
>
> (Adaptado do *Dicionário eletrônico Houaiss da língua portuguesa*.)

Portanto, quando em exames se pede ao estudante que justifique sua resposta, o que se espera é que ele comprove o que afirma com provas textuais concretas. Ou seja, ele deve indicar ou retirar do texto palavras, expressões, frases, versos, imagens, fatos que comprovem uma afirmação anterior.

Veja, a seguir, dois exemplos de como essa operação é solicitada em exames.

(UFRJ-RJ)

Happy end

O meu amor e eu

nascemos um para o outro

agora só falta quem nos apresente

(Cacaso. In: Cacaso et alii. *Poesia marginal*. São Paulo: Ática, 2006. Col. Para Gostar de Ler. © Copyrights Consultoria.)

O texto "Happy end" — cujo título ("final feliz") faz uso de um lugar-comum dos filmes de amor — constrói-se na relação entre desejo e realidade e pode ser considerado uma paródia de certo imaginário romântico. Justifique a afirmativa, levando em conta elementos textuais.

Eis a resposta que consta do gabarito oficial:

O título oficial do poema de Cacaso e seus dois primeiros versos remetem a um amor predestinado, idealizado. O desejo de realização desse amor, entretanto, é desmontado pelo terceiro verso, que traz a contingência da realidade. Essa ironia destrutiva é característica do discurso paródico.

Nessa questão, não é o estudante quem deve afirmar algo para depois justificar. A própria questão apresenta uma afirmativa para ser justificada. Nesse caso, é indispensável que se compreenda bem a afirmativa.

O candidato deveria perceber que, com o último verso, Cacaso destrói o imaginário romântico do "final feliz", contrapondo o ideal (amor perfeito) ao real (ainda falta conhecer a pessoa amada).

Observe que a justificativa apresentada na resposta oficial demonstra como o poema foi organizado para construir a paródia. Por isso, refere-se à oposição entre o último verso e as demais partes do poema (incluindo o título) para ressaltar a ironia destrutiva como um procedimento típico da paródia.

(UFJF-MG) Leia, agora, com atenção, os textos a seguir (texto I e texto II) publicados, respectivamente, na revista *Veja*, 2 de agosto de 2006, p. 60, e na revista *Sala de Aula*, de julho de 2006, p. 64-65.

TEXTO I

Para evitar riscos

Os cuidados que a mulher deve ter ao viajar desacompanhada

- Não tornar público que está viajando sozinha. Uma aliança na mão esquerda ajuda a afastar atrevidos.
- Em alguns países, como Egito e Marrocos, mulheres não costumam ir sós a restaurantes. Na África do Sul, o risco são os estupros. É melhor viajar para esses lugares em excursões.

COMPETÊNCIA LEITORA E HABILIDADES DE LEITURA   125

- Muitos bares, mesmo na Europa, não aceitam mulheres desacompanhadas. É bom se inteirar sobre o assunto num guia turístico ou na recepção do hotel.
- Ao viajar de ônibus ou trem, evitar as poltronas do fundo, ou as que ficam isoladas. No trem, o ideal é escolher um vagão ocupado por famílias e casais.
- É melhor hospedar-se em locais movimentados, com lojas e restaurantes por perto.

Fontes: Departamento de Estado americano e Federação Brasileira de Albergues da Juventude

TEXTO II

Regras de conduta

Músculos à mostra: no anúncio de cerveja, de sanduíche e de papel-toalha

Uma cervejaria americana reuniu na internet sugestões de leis que devem reger o comportamento dos verdadeiramente machos do planeta. Entre as mais citadas:
- Telefonema de homem para homem não pode durar mais do que cinco minutos. Sem exceção
- Dente é o único cortador de unha aceitável do homem
- Homem jamais paga para alguém trocar o pneu do carro
- Homem não dá apelido aos órgãos genitais. Nem permite que a mulher dê
- Homem solteiro não tem gato como animal de estimação
- O cabelo do homem não pode ser mais comprido que o da mulher. E cortar, só no barbeiro
- Dois homens de verdade nunca ficam lado a lado no banheiro público. Se não houver intervalo adequado, é melhor voltar depois
- Homem que é homem usa cueca samba-canção

Escreva qual é o papel feminino e o papel masculino explicitados a partir da leitura dos textos I e II. Para justificar a sua resposta, mencione *dois* exemplos retirados do texto I e *dois* do texto II.

A operação solicitada na primeira parte do enunciado da questão é *escreva*, mas, provavelmente, o avaliador esperava que o candidato *identificasse* ou *explicasse* qual é o papel social da mulher e do homem, de acordo com os textos em análise.

Primeiramente, o candidato deveria perceber que os textos, embora tenham um formato instrucional, foram produzidos com intenções diferentes. O texto I é dirigido às mulheres que viajam desacompanhadas, e sua finalidade é orientá-las sobre como proceder nessas situações. Já o texto II é voltado ao público masculino consumidor de cerveja, e sua finalidade é diverti-lo com "orientações" machistas.

O candidato poderia iniciar sua resposta afirmando que, no texto I, o papel da mulher é o de objeto sexual e, depois, *justificar* a afirmação, explicando e mostrando que todas as orientações são no sentido de evitar o assédio masculino ou o estupro, daí as sugestões para usar "uma aliança na mão esquerda", ou "evitar as poltronas do fundo" em ônibus e trens, ou "hospedar-se em locais movimentados" (devem ser empregadas aspas quando se extraem trechos do texto original). Deveria ainda afirmar que, no texto II, o papel masculino é o do macho assumido, preocupado em provar sua masculinidade, e *justificar* a afirmação comentando algumas das regras de conduta, como cortar as unhas com os dentes (exemplo de comportamentos animalizados), ou não conversar ao telefone com outro homem mais do que cinco minutos (exemplo de comportamentos pouco sociáveis). Por fim, poderia concluir que, enquanto no texto I fica claro que a mulher tem um papel frágil e secundário na sociedade machista, o texto II é a expressão do próprio machismo, pois confirma e revalida o papel do macho forte e dominador.

A JUSTIFICAÇÃO

Prepare-se para o Enem e o vestibular

1. Leia o poema:

Névoas

Ricardo Dantas

Nas horas tardias que a noite desmaia
Que rolam na praia mil vagas azuis,
E a lua cercada de pálida chama
Nos mares derrama seu pranto de luz,

Eu vi entre os flocos de névoas imensas,
Que em grutas extensas se elevam no ar,
Um corpo de fada — sereno, dormindo,
Tranquila sorrindo num brando sonhar.

Na forma de neve — puríssima e nua —
Um raio da lua de manso batia,
E assim reclinada no túrbido leito
Seu pálido peito de amores tremia.

Oh! filha das névoas! das veigas viçosas,
Das verdes, cheirosas roseiras do céu,
Acaso rolaste tão bela dormindo,
E dormes, sorrindo, das nuvens no véu?

O orvalho das noites congela-te a fronte,
As orlas do monte se escondem nas brumas,
E queda repousas num mar de neblina,
Qual pérola fina no leito de espumas!

[...]

(Fagundes Varela. *Poemas de Fagundes Varela*. Organização de Osmar Barbosa. Rio de Janeiro: Ediouro, 1988.)

Na poesia do Romantismo, a natureza é uma fonte inspiradora e tem papel de destaque. Qual das alternativas abaixo melhor justifica esta afirmação?

a) A musa do eu lírico está envolta em sombras da noite e ornada de pétalas perfumadas.

b) As nuvens da madrugada carregam o eu lírico até onde sua amada dorme.

c) A neve fria congelou a musa do eu lírico para que ele pudesse contemplá-la.

d) A lua ilumina o caminho na praia até as roseiras que brilham como pérolas.

e) A musa do eu lírico encanta-o porque agrega elementos como rosa, nuvem, luz do luar.

2. Leia o texto a seguir, tentando perceber a relação entre a informação dada e o título da seção do jornal em que ele foi publicado.

Blog do Estadão

CURIOCIDADE
Marcelo Duarte encontra o que você procura

Casa em Moema vende comida orgânica congelada para bebês

Vida de mãe não é fácil. Maria Fernanda Thomé de Rizzo percebeu isso há quatro anos, quando nasceu sua primeira filha, Gabriela. Com dificuldades de conciliar seu trabalho como professora de Educação Física, curso de mestrado e tarefas na cozinha, ela começou a preparar papinhas e congelar. "Eu fazia tudo com ingredientes orgânicos, mais saudáveis", diz. "Um dia, cansada, eu pensei: 'Será que ninguém faz papinha orgânica pronta para vender?'". Foi assim que surgiu a ideia de abrir o Empório da Papinha. Hoje, são 27 receitas de papinhas, todas preparadas com alimentos orgâ-

COMPETÊNCIA LEITORA E HABILIDADES DE LEITURA   127

CAPÍTULO 13

nicos. Uma delas é a papinha Manú, com frango, tomate, batata e brócolis. Há também a Elô, com frango, chuchu, mandioquinha e espinafre. Outra opção é a papinha vegetariana, batizada de Doca. Leva leite de soja, abóbora, batata e espinafre. Entre as opções para a sobremesa, há a papinha Nando, com doce de abóbora e coco. As criações são da nutricionista Mara Cristina Miranda, sócia de Maria Fernanda.

(Marcelo Duarte. *O Estado de S. Paulo*, http://blogs.estadao.com.br/curiocidade/casa-em-moema-vende-comida-organica-congelada-para-bebes/.)

O que justifica a criação de um termo novo, *curiocidade*, para nomear a seção em que o texto foi publicado?

a) A seção une um serviço de utilidade pública a curiosidades da vida urbana.

b) O termo busca chamar a atenção de um público-alvo específico: mulheres curiosas e jovens.

c) A seção reúne assuntos sobre saúde infantil e receitas originais.

d) A seção apresenta curiosidade sobre receitas rápidas de comida para bebês.

e) A seção fala da necessidade de promover uma cidade sustentável.

3. Leia o seguinte trecho de uma reportagem sobre roteiros de viagem.

Viagem & Cia.

VIAGENS CURTAS PARA O 7 DE SETEMBRO

DESTINOS PARA APROVEITAR EM POUCOS DIAS E VOLTAR SEMPRE QUE BATER SAUDADE

1. Ouro Preto, Minas Gerais
Riqueza, conspiração & história

POR QUE IR?

Bruno Magalhães/Nitro

Enquanto o sol clareia devagar o céu, uma névoa flutua nas ruelas de Ouro Preto e cobre os casebres e as igrejas – quando o dia amanhece, convida moradores e turistas para brindar o passado da cidadela. Assim, não é à toa que Ouro Preto seja o destino mais visitado de Minas Gerais e Patrimônio Cultural da Humanidade: qualquer cantinho guarda histórias do império português, principalmente de quando descobriram que havia ouro farto naquelas serras. A busca pelas pepitas, ainda no fim do século 17, também provocou efervescência artística: para provar suas riquezas, os senhores da época construíram igrejas que até hoje fascinam o olhar.

Basta caminhar pelas ruas para deparar-se com templos ornados à exaustão com o metal dourado e repletos de obras de artistas locais, como as de Aleijadinho e de Athayde. É nesse andar lento, e mineiro, que se pode conversar com os moradores, cuja boa prosa relembra os tempos em que os inconfidentes, indignados com os altos impostos cobrados pela Coroa, armavam a revolução. [...]

(http://viagemecia.uol.com.br/brasil/viagens_curtas_para_o_7_de_setembro.html)

A sugestão de viagem a Ouro Preto é justificada, no texto, pelo caráter turístico e educativo que o programa tem, uma vez que:

a) a cidade, antiga capital do país, guarda referências do império luso.

b) a culinária e o povo da cidade são atraentes.

c) a cidade conserva marcas da presença do ouro e da efervescência artística do fim do século 17.

d) a cidade apresenta roteiro religioso e clima romântico.

e) a cidade é patrimônio cultural da humanidade, há nela obras de arte e clima tropical.

128 UNIDADE 2

A JUSTIFICAÇÃO

4. Leia esta notícia:

Folha de São Paulo 16/06/2006

Um Toyota Corolla roubado foi recuperado na manhã desta sexta-feira por policiais rodoviários graças a um erro de grafia cometido na adulteração do emplacamento. O nome da capital catarinense [...] estava escrito como "Frorianópolis". O homem que dirigia o carro foi preso. O carro foi parado na altura do km 439 da rodovia Régis Bittencourt, sentido Paraná, na região de Registro (231 km a sudoeste de São Paulo). O erro das placas foi reproduzido também nos documentos apresentados pelo comerciante que dirigia o carro. [...]

(*Folha de S. Paulo*, 16/6/2006. www1.folha.uol.com.br/folha/cotidiano/ult95u122831.shtml.)

O "erro de grafia" a que se refere a notícia pode ser considerado um registro de variação linguística? Tome uma posição e justifique sua resposta.

Leia o texto e responda às questões 5 e 6.

O desafio de ler e compreender em todas as disciplinas

No Brasil, um em cada dez brasileiros com 15 anos ou mais não sabe ler e escrever. Uma vergonha que encobre outras realidades não tão evidentes, mas igualmente dramáticas. Como o fato de que dois terços da população entre 15 e 64 anos é incapaz de entender textos longos, localizar informações específicas, sintetizar a ideia principal ou comparar dois escritos. O problema não é reflexo apenas de baixa escolarização: segundo dados do Instituto Paulo Montenegro, ligado ao Ibope, mesmo considerando a faixa de pessoas que cursaram de 5ª a 8ª série, apenas um quarto delas é plenamente alfabetizado. A conclusão é que, na escola, os alunos aprendem a ler – mas não compreendem o que leem.

É preciso virar esse jogo. Num mundo como o atual, em que os textos estão por toda a parte, entender o que se lê é uma necessidade para poder participar plenamente da vida social. Professores como você têm um papel fundamental nessa tarefa. Independentemente de seu campo de atuação, você pode ajudar os alunos a ler e compreender diferentes tipos de texto, incentivando-os a explorar cada um deles. Pode ensiná-los a fazer anotações, resumos, comentários, facilitando a tarefa da interpretação. [...]

(*Nova Escola*. http://revistaescola.abril.com.br/formacao/formacao-continuada/desafio-ler-compreender-todas-disciplinas-525311.shtml.)

5. Identifique o argumento utilizado no texto para justificar a importância de desenvolver a competência leitora dos estudantes.

6. Há, no texto, uma expressão metafórica que foge à objetividade e à formalidade que nele predominam. Identifique essa expressão e reescreva o trecho em que aparece a expressão, usando outra de mesmo valor semântico, porém menos informal.

COMPETÊNCIA LEITORA E HABILIDADES DE LEITURA

CAPÍTULO 13

Questões do Enem e dos vestibulares

1. (UNICAMP-SP) Reportagem da *Folha de São Paulo* informa que o presidente do Brasil assinou decreto estabelecendo prazos para o país colocar em prática o Novo Acordo Ortográfico da Língua Portuguesa, que unifica a ortografia nos países de língua portuguesa. Na matéria, o seguinte quadro comparativo mostra alterações na ortografia estabelecidas em diferentes datas:

Após as reformas de 1931 e 1943	Êles estão tranqüilos, porque provàvelmente não crêem em fantasmas.
Após as alterações de 1971	Eles estão tranqüilos, porque provavelmente não crêem em fantasmas.
Após o novo acordo, a vigorar a partir de janeiro de 2009	Eles estão tranquilos, porque provavelmente não creem em fantasmas.

Sobre o acordo, a reportagem ainda informa:

> As regras do Novo Acordo Ortográfico da Língua Portuguesa, que entram em vigor no Brasil a partir de janeiro de 2009, vão afetar principalmente o uso dos acentos agudo e circunflexo, do trema e do hífen. Cuidado: segundo elas, você não poderá mais dizer que foi mordido por uma jibóia, e sim por uma jiboia. [...]
>
> (Adaptado de E. Simões, "Que língua é essa?". *Folha de S.Paulo*, Ilustrada, p. 1, 28/9/2008.)

a) O excerto acima supõe que alterações ortográficas modifiquem o modo de falar uma língua. Mostre a palavra utilizada que permite essa interpretação.

Levando-se em consideração o quadro comparativo das mudanças ortográficas e a suposição expressa no excerto, explique o equívoco dessa suposição.

Ainda sobre a reforma ortográfica, Diogo Mainardi escreveu o seguinte:

> Eu sou um ardoroso defensor da reforma ortográfica. A perspectiva de ser lido em Bafatá, no interior da Guiné-Bissau, da mesma maneira que sou lido em Carinhanha, no interior da Bahia, me enche de entusiasmo. Eu sempre soube que a maior barreira para o meu sucesso em Bafatá era o C mudo [como em *facto* na ortografia de Portugal] [...]
>
> (D. Mainardi, "Uma reforma mais radical". Revista *VEJA*, p. 129, 8/10/2008.

b) O excerto acima apresenta uma ironia. Em que consiste essa ironia? Justifique.

130 UNIDADE 2

A JUSTIFICAÇÃO

2. (FGV-SP) Abaixo foi transcrita uma pequena passagem do capítulo "A borboleta preta", do romance *Memórias Póstumas de Brás Cubas*. Leia-a, observando os recursos estilísticos, sobretudo aqueles manifestados na forma de utilização das classes gramaticais para a produção especial de sentidos.

> O gesto brando com que, uma vez posta, começou a mover as asas, tinha um certo ar escarninho, que me aborreceu muito. Dei de ombros, saí do quarto; mas tornei lá, minutos depois, e achando-a ainda no mesmo lugar, senti um repelão dos nervos, lancei mão de uma toalha, bati-lhe e ela caiu.
>
> Não caiu morta; ainda torcia o corpo e movia as farpinhas da cabeça. Apiedei-me; tomei-a na palma da mão e fui depô-la no peitoril da janela. Era tarde; a infeliz expirou dentro de alguns segundos. Fiquei um pouco aborrecido, incomodado.
>
> ASSIS, Machado de. *Obra Completa*. Rio de Janeiro: Aguilar, 1971. p. 552.

No segundo parágrafo, constrói-se um sentido de contradição do narrador em relação às suas ações manifestadas no primeiro. Escolha três expressões verbais que justifiquem essa contradição e as analise no contexto da passagem.

3. (FUVEST-SP)

> Salão repleto de luzes, orquestra ao fundo, brilho de cristais por todo lado. O crupiê* distribui fichas sobre o pano verde, cercado de mulheres em longos vestidos e homens de black-tie**. A roleta em movimento paralisa o tempo, todos retêm a respiração. Em breve estarão definidos a sorte de alguns e o azar de muitos. Foi mais ou menos assim, como um lance de roleta, que a era de ouro dos cassinos — maravilhosa para uns, totalmente reprovável para outros — se encerrou no Brasil. Para surpresa da nação, logo depois de assumir o governo, em 1946, o presidente Eurico Gaspar Dutra pôs fim, com uma simples penada, a um dos negócios mais lucrativos da época: a exploração de jogos de azar, tornando-os proibidos em todo o país. (...)
>
> (Jane Santucci, "O dia em que as roletas pararam". *Nossa História*.)
>
> * **crupiê:** empregado de uma casa de jogos
> ** **black-tie:** smoking, traje de gala

a) No texto acima, a autora utiliza vários recursos descritivos. Aponte um desses recursos. Justifique sua escolha.

b) A que fato relatado no texto se aplica a comparação "como num lance de roleta"?

4. (UFBA-BA)

Texto I

> Aqui, ali, por toda a parte, encontravam-se trabalhadores, uns ao sol, outros debaixo de pequenas barracas feitas de lona ou de folhas de palmeira. De um lado cunhavam pedra cantando; de outro a quebravam a picareta; de outro afeiçoavam lajedos a ponta de picão; mais adiante faziam paralelepípedos a escopro e macete. E todo aquele retintim de ferramentas, e o martelar da forja, e o coro dos que lá em cima brocavam a rocha para lançar-lhe fogo, e a surda zoada ao longe, que vinha do cortiço, como de uma aldeia alarmada; tudo dava a ideia de uma atividade feroz, de uma luta de vingança e de ódio. Aqueles homens gotejantes de suor, bêbedos de calor, desvairados de insolação, a quebrarem, a espicaçarem, a torturarem a pedra, pareciam um punhado de demônios revoltados na sua impotência contra o impassível gigante que os contemplava com desprezo, imperturbável a todos os golpes e a todos os tiros que lhe desfechavam no dorso, deixando sem um gemido que lhe abrissem as entranhas de granito. O membrudo cavouqueiro havia chegado à fralda do orgulhoso monstro de pedra; tinha-o cara a cara, mediu-o de alto a baixo, arrogante, num desafio surdo.
>
> AZEVEDO, Aluísio. *O cortiço*. São Paulo: Ática, 1999. p. 48. Edição especial.

Texto II

> DIÁRIOS DE MOTOCICLETA, filme inspirado nos diários de Ernesto Che Guevara e de Alberto Granado, durante sua primeira viagem pela América Latina.
>
> ### Deserto de Atacama, Chile, 11 de março de 1952
>
> Um homem e uma mulher (indicando algum lugar em um mapa que Che e Alberto mostravam) — É isto mesmo. Somos de lá! Não tínhamos muita coisa. Era uma terra árida.
>
> Mulher — Pertencia ao avô dele.
>
> Homem — Era nossa, até que um latifundiário nos expulsou.
>
> Mulher — E eles chamam isso de progresso.

CAPÍTULO 13

Homem — Deixamos nosso filho com a família para procurar trabalho. Fugindo da polícia, que queria nos prender.

Alberto — Por quê?

Mulher — Porque somos comunistas.

Homem — Agora vamos para a mina. Se tivermos sorte, acharei trabalho. Parece que é tão perigoso que eles nem se importam com o seu partido.

Mulher (para Che e Alberto) — Vocês estão procurando trabalho?

Che — Não, nós dois não estamos procurando trabalho.

Mulher — Não? Então, por que viajam?

Che — Viajamos por viajar.

Mulher — Que Deus os abençoe. Que Deus abençoe a sua viagem.

[...]

Narrador (Che) (referindo-se ao homem e à mulher) — Aqueles olhos tinham uma expressão sombria e trágica. Falaram do companheiro desaparecido em circunstâncias misteriosas e que aparentemente havia terminado no fundo do mar. Foi uma das noites mais frias da minha vida. Mas conhecê-los me fez mais perto da espécie humana, que parecia tão estranha para mim.

(Aparece o cenário de uma pedreira, é a mina de Chuquicamata, Chile, numa visão panorâmica, com muitos homens sentados nas pedras, entre os quais estão Che e Alberto, esperando ser selecionados pelo contratador para trabalhar)

Contratador (apontando para cada um) — Você. Você também... Você aí do lado também. Você... Você... Você... Você não, o

do lado! Rápido, rápido. Vamos, homens! Venha rapaz, anda! Subam no caminhão. Rápido, rápido! O resto de vocês, para casa. Saiam daqui. Depressa, vamos indo. Vamos, subam. O caminhão está pronto? Entre no outro caminhão. Tudo pronto. Vamos indo. (Dirigindo-se a Che e Alberto) E vocês dois? O que estão fazendo aqui?

Che — Nada. Estamos só olhando.

Contratador — Olhando o quê, palhaço? Isto não é atração turística. Fora!

Che — O senhor não vê que estão com sede? Por que não dá um pouco de água para eles?

Contratador — Comporte-se ou chamarei a segurança e mandarei prendê-lo.

Che — Por que motivo?

Contratador — Invasão de propriedade privada. Esta terra pertence à Anaconda Mining Company. Vamos andando!

Voz de Che (narrando) — Ao sairmos da mina, sentimos que a realidade começava a mudar. Ou éramos nós? À medida que subíamos as cordilheiras, encontrávamos mais indígenas, que não tinham ao menos um teto onde fora sua própria terra.

Diários de motocicleta. Direção de Walter Salles. São Paulo, 2004. 1 DVD.

O romance "O Cortiço" e o filme "Diários de Motocicleta" podem ser considerados de denúncia social. Justifique essa afirmativa, apoiando a sua resposta no fragmento que focaliza a pedreira de João Romão (I) e na cena do filme em que Che e Alberto encontram-se com os nativos, em Atacama, no Chile (II), ambos transcritos acima.

---

5. (UFBA-BA)

Como no dia seguinte fosse passear ao roçado do padrinho, aproveitou a ocasião para interrogar a respeito o tagarela Felizardo. [...]

Olga encontrou o camarada cá embaixo, cortando a machado as madeiras mais grossas; Anastácio estava no alto, na orla do mato, juntando, a ancinho, as folhas caídas. Ela lhe falou.

— Bons dias, "sá dona".

— Então trabalha-se muito, Felizardo?

— O que se pode.

— Estive ontem no Carico, bonito lugar... Onde é que você mora, Felizardo?

— É doutra banda, na estrada da vila.

— É grande o sítio de você?

— Tem alguma terra, sim senhora, "sá dona".

— Você por que não planta para você?

— "Quá sá dona!" O que é que a gente come?

— O que plantar ou aquilo que a plantação der em dinheiro.

— "Sá dona tá" pensando uma coisa e a coisa é outra. Enquanto planta cresce, e então? "Quá, sá dona", não é assim.

[...]

— Terra não é nossa... E "frumiga"? ... Nós não "tem" ferramenta... isso é bom para italiano ou "alemão", que governo dá tudo... Governo não gosta de nós...

[...]

Ela voltou querendo afastar do espírito aquele desacordo que o camarada indicara, mas não pôde. Era certo. [...]

LIMA BARRETO, A. H. *Triste fim de Policarpo Quaresma*. São Paulo: Ática, 1996. p. 103.

A JUSTIFICAÇÃO

O diálogo entre Olga e o afrodescendente Felizardo — extraído de uma narrativa ambientada no final do século XIX, durante o governo de Floriano Peixoto — revela, a partir do que diz Felizardo, uma concepção de Brasil e dos programas sociais do governo da época que contrasta com a visão utópica de Quaresma.

O filme "A invenção do Brasil", de Guel Arraes, projeta também uma concepção de Brasil.

Com base na leitura do livro de Lima Barreto e no enredo do filme citado, faça um comentário sobre *os três pontos de vista em questão*, utilizando sua reflexão sobre a realidade brasileira. Aponte diferenças e semelhanças e justifique sua resposta.

6. (FGV-SP) Leia o seguinte texto, no qual o crítico Augusto Meyer comenta um dos contos de Machado de Assis dedicados à "psicologia da criação".

```
1    Em "O Cônego ou Metafísica do Es-
2  tilo", deu-nos Machado de Assis a própria
3  imagem dinâmica do esforço criador, num
4  de seus momentos de crise. O cônego, ao
5  redigir o sermão, depois do primeiro im-
6  pulso bem-sucedido, em que a fluência do
7  discurso vai puxando a pena, de súbito
8  sente que um adjetivo não acode ao ape-
9  lo do substantivo. Desfeita a ilusão da es-
10 pontaneidade, hesita, duvida, pois já não
11 sabe como reatar o fio da frase. Há só uma
12 Sílvia* para aquele Sílvio*, mas o namoro
13 ficou sem resposta e a palavrinha esquiva
14 tomou a forma de um ponto de interroga-
15 ção. O autor convida o leitor a enfiar-se
16 na pele do cônego, para poder acompa-
17 nhar as coisas por dentro. A nossa torre
18 de observação é um poço, aquele poço de
19 mina que liga o inconsciente ao conscien-
20 te. Descobrimos então um "burburinho de
21 ideias", e Sílvio, às cotoveladas no meio
22 da multidão de candidatos, segue à pro-
23 cura do amor predestinado. Aborrecido,
24 enfim, com a demora, o cônego se levan-
25 ta e vai à janela, a espairecer do esforço.
26 Esquece por momentos a ansiosa busca.
27 "Mas Sílvio e Sílvia é que se lembram de
28 si", acode Machado. "Enquanto o cônego
29 cuida em coisas estranhas, eles prosse-
30 guem em busca um do outro, sem que ele
31 saiba nem suspeite nada".
32    E desdobram então à delícia do leitor
33 aqueles dois ou três parágrafos, uma frin-
34 cha** entreaberta para o subconsciente, em
35 que sentimos perpassar num vislumbre a
36 elaboração automática do estilo, quando a
37 intuição, enlaçada à enunciação, inespera-
38 damente desabrocha na consciência da fra-
39 se articulada – flor do epíteto***. Na ilusão
40 do autor, tudo parece uma dádiva imprevis-
41 ta, uma generosa oferta do subconsciente,
42 (...). Mas a verdade é que os grandes acha-
43 dos, como prêmio bem-merecido, apenas
44 cabem aos que não desfalecem na busca e
45 são dignos de conquistá-los. Sílvio merecia
46 Sílvia. Nesta humilde glosa machadiana, o
47 enlace de Sílvio e Sílvia simboliza o harmo-
48 nioso compromisso entre esforço e vocação,
49 disciplina e poesia.
```

Augusto Meyer, *A forma secreta*. 4. ed., Rio de Janeiro: Francisco Alves, 1965.

*__Sílvia e Sílvio:__ nomes próprios que, no conto, personificam, respectivamente, um adjetivo e um substantivo.
**__frincha:__ fenda.
***__epíteto:__ adjetivo ou qualificativo que se junta a um nome para dar-lhe uma designação particular.

a) Apesar de predominar no texto a linguagem denotativa, já que ele se insere no gênero ensaístico, é possível apontar palavras ou expressões usadas conotativamente. Cite dois exemplos. Justifique sua escolha.

b) As orações reduzidas "ao redigir o sermão" (l. 4 e 5) e "a espairecer do esforço" (l. 25) exprimem o mesmo tipo de circunstância? Justifique sua resposta.

CAPÍTULO 14

A contextualização

"No âmbito da leitura e interpretação de textos, é muito valorizada a noção de **contexto**. Aprenda, neste capítulo, o que é **contextualizar** e como essa operação pode ser exigida nos exames do Enem e dos vestibulares."

Lino de Macedo, um dos mentores da prova do Enem, explica o que é **contextualização**:

Contextuar ou contextualizar significa "incluir ou intercalar em um texto". Contexto significa o "encadeamento de ideias de um escrito, argumento ou composição". Encadear significa "ligar com cadeia; acorrentar, prender; coordenar (ideias, argumentos etc.); concatenar; [...] formar série; ligar-se a outros; fazer seguir na ordem natural".

Contextuar corresponde [...] a algo inclusivo, que liga, por exemplo, diferentes palavras e outros indicadores semânticos, compondo uma frase, parágrafo ou texto.

(*Eixos cognitivos do Enem – Versão preliminar.* Brasília: MEC/INEP, 2007. p. 74.)

Assim, a palavra *contexto* pode ser empregada com o sentido de "cotexto" ou "contexto imediato", quando se refere, por exemplo, à situação textual de que foi extraída uma palavra ou uma frase, como na pergunta "Qual é o sentido desta palavra no *contexto*?". E pode ter um sentido mais amplo, relacionado, por exemplo, ao momento histórico ou à situação sociopolítica e cultural da qual se comenta ou analisa certo aspecto, como na frase "No *contexto* do Romantismo, a natureza representava uma forma de evasão e de purificação".

Nos exames do Enem e dos vestibulares, é raro ser pedido de modo explícito ao estudante que contextualize um texto ou uma passagem de um texto, mas essa operação pode ser solicitada de outras formas.

Veja esta questão do vestibular da Universidade de Brasília:

Assinale C para as afirmativas corretas e E para as erradas:

1   — É verdade, é chuva no sertão.

A voz do meu avô estava trêmula. O homem duro chegara a se comover. E tossia alto para que não o vissem na comoção. Na outra noite os relâmpagos se firmaram mesmo. A conversa da cozinha ganhara outra animação. É chuva no sertão. Dois dias depois vinham de volta

5   sertanejos que não resistiram à saudade da terra ressuscitada. Já voltavam com outra cara. O sol que lhes tirara tudo seria dominado pela chuva do céu. O Paraíba não tardaria a descer. Chamavam a primeira cheia do rio de "correio do inverno". O céu se avolumava em nuvens brancas. Eram os carneiros pastando. As notícias se amiudavam sobre as chuvas. Uns falavam de muita água no Piauí, outros já sabiam que no Ceará os rios estavam correndo. E começava a

10   fazer um calor dos infernos. A negra generosa garantia que aquela quentura era aviso de cheia:

— Vem água descendo.

(...)

Quando o rio chegava, corríamos para vê-lo de perto. A cabeça da primeira cheia era como se fosse um serviço de limpeza geral do leito. Descia com ela uma imundície de restos e maté-

15   rias em putrefação. Bois mortos, cavalos meio roídos pelos urubus. Aos poucos o Paraíba começava a limpar. O leito coberto de juncos, as vazantes de batata-doce cediam lugar ao caudal que se espalhava de barreira a barreira. Água vermelha como de barreiro de olaria.

José Lins do Rego. *Meus verdes anos.* Rio de Janeiro: José Olympio/INL/MEC, 1980, p. 81-82.

O texto acima corresponde a fragmentos extraídos da obra *Meus verdes anos*, de José Lins do Rego. Com relação às estruturas desse texto e a aspectos literários, históricos e geográficos brasileiros, julgue os itens de *a* a *k*.

a) O trecho ilustra característica marcante na obra de José Lins do Rego, que é recordar a própria vida, misturando realidade e ficção, memória e imaginação.

Resposta: C.

COMPETÊNCIA LEITORA E HABILIDADES DE LEITURA   135

b) A principal característica do conjunto da obra de José Lins do Rego é a focalização na decadência da monocultura da cana-de-açúcar, provocada pela industrialização, pela máquina.

Resposta: C.

c) José Lins do Rego aproxima-se da estética de Guimarães Rosa, tanto pela inovação na língua quanto pelas características da narrativa voltada para a violência no sertão.

Resposta: E.

d) Nos fragmentos apresentados, o autor discorre acerca de uma anomalia climática: chuva no sertão nordestino cuja característica é a semiaridez.

Resposta: E.

e) O emprego do tempo verbal de "chegara" (ℓ. 2), "ganhara" (ℓ. 4) e "tirara" (ℓ. 6) indica que esses verbos expressam ações ocorridas antes da afirmação "— É verdade, é chuva no sertão" (ℓ. 1).

Resposta: C.

f) Pela expressão "correio do inverno" (ℓ. 7), depreende-se do texto que foi a chegada da cheia do rio Paraíba que permitiu ao avô enunciar: "— É verdade, é chuva no sertão".

Resposta: E.

g) Subentende-se do contexto em que está a oração "Eram os carneiros pastando" (ℓ. 8) que o rio Paraíba é cercado de morros onde são criados carneiros.

Resposta: E.

h) Apesar de não explicitar o pronome **se**, indicativo de reflexividade, o verbo "limpar" (ℓ. 16) deixa subentender a voz reflexiva.

Resposta: C.

i) A vírgula empregada depois de "juncos" (ℓ. 16) separa dois termos enumerados e, por isso, corresponde à conjunção aditiva **e**.

Resposta: C.

j) As "vazantes de batata-doce" (ℓ. 16) dizem respeito à agricultura de subsistência praticada nas várzeas dos rios, de forma sazonal, devido ao regime fluvial.

Resposta: C.

k) Em relação às políticas sociais, a Primeira República pouco modificou a realidade precedente, da qual o pungente cenário nordestino seria um exemplo a mais, situação que tende a ser alterada a partir de 1930, no contexto da Era Vargas.

Resposta: C.

Observe que as questões sobre o texto operam diferentes níveis de contextualização. Os itens de *e* a *i* exploram aspectos relacionados ao cotexto, como o valor semântico da expressão "correio do inverno", ou das formas verbais do pretérito mais-que-perfeito, ou da oração "Eram os carneiros pastando", etc.

Já os itens *a*, *b* e *c*, explorando conhecimentos de literatura brasileira, procuram situar o texto no contexto de toda a obra de José Lins do Rego, que é de base memorialista e retrata a crise da economia da cana-de-açúcar e a decadência dos latifúndios do Nordeste brasileiro ocorrida no final da República Velha.

Os itens *b*, *d*, *j* e *k*, em relação interdisciplinar com História e Geografia, exploram especificamente os aspectos históricos e geopolíticos retratados na obra de José Lins do Rego.

Frans Post, Engenho, 1645-1660

A CONTEXTUALIZAÇÃO

Prepare-se para o Enem e o vestibular

1. Leia com atenção a seguinte estrofe do poema *Os lusíadas*, de Luís de Camões:

> Quando os Deuses no Olimpo luminoso,
> Onde o governo está da humana gente,
> Se ajuntam em concílio glorioso
> Sobre as cousas futuras do Oriente.
> Pisando o cristalino Céu formoso,
> Vêm pela Via Láctea juntamente,
> Convocados da parte do Tonante,
> Pelo neto gentil do velho Atlante.

(*Obra completa*. Rio de Janeiro: Nova Aguilar, 1988.)

Christian Larrieu/The Bridgeman Art Library/Glowimages

Os lusíadas são um poema épico. Com base no enredo da obra, é possível inferir que suas origens estão vinculadas ao contexto de sua produção, que envolveu:

a) Grandes Navegações, Contrarreforma, unificação das províncias portuguesas.
b) Reforma protestante, Revolução Comercial, Revolução Industrial.
c) fim do Império Romano, Tomada de Constantinopla, Grandes Navegações.
d) renascimento da cultura clássica, Revolução Comercial, Contrarreforma.
e) Grandes Navegações, expansionismo luso, renascimento da cultura clássica.

2. "Um automóvel ruidoso, que parece correr sob estilhaços de granada, é mais belo que a vitória da Samotrácia". Essa afirmação, de Filippo Marinetti, é trecho de um manifesto que foi um dos elementos propulsores da arte moderna. O espírito de ruptura do contexto em que se inseriu o manifesto foi confirmado, alguns anos depois, pela:

a) unificação da Itália.
b) Primeira Guerra Mundial.
c) Segunda Guerra Mundial.
d) unificação alemã.
e) Guerra Civil Espanhola.

Texto para a questão 3:

PARA NÃO SER FORA DA LEI

Atenção para não pagar mico ou ser preso fora do país

Na manhã de 17 de maio, na Praia de Copacabana (RJ), três holandeses decidiram dar um mergulho e, na falta de sungas ou shorts, entraram nus no mar. Ao serem presos, alegaram que não conheciam a proibição e foram liberados duas horas depois [...]. Veja abaixo o que você não deve fazer em certos lugares do mundo.

Pegando pesado

Em Cingapura, mascar chiclete é proibido. Se flagrado fazendo isso, a multa equivale a US$ 8 069 – e ainda corre o risco de ir para a cadeia.

Ex-quadrilha da fumaça

Em maio, o prefeito de Nova York, Michael Bloomberg, expandiu a lei antifumo: é proibido acender um cigarro em parques, praças e praias. A multa chega a US$ 50. Na França, a multa é de 68 para quem fumar em locais fechados.

Tirando o pé na chuva

Com chuva, a velocidade máxima na França diminui de 130 para 110 km/h nas autoestradas e de 50 para 40 km/h nas ruas. Se for multado 40 km/h acima do limite, a multa é de 135 e, a 50 km/h a mais, o valor sobe para 750 e o carro é apreendido.

Sem saideira

Se for pego dirigindo bêbado na Alemanha, onde o limite é uma lata de cerveja, perde a habilitação. Na Itália, paga multa e o carro é leiloado.

(Simone Saggioro. *Viagem e Turismo*. Disponível em: <http://viajeaqui.abril.com.br/vt/materias/para-nao-ser-fora-da-lei>. Acesso em: 25/7/2012.)

COMPETÊNCIA LEITORA E HABILIDADES DE LEITURA — 137

3. Expressões como "saideira", "tirando o pé" e "pagar mico", utilizadas no texto, fogem à formalidade que normalmente caracteriza os textos jornalísticos. Esse tipo de linguagem:

a) configura marcas de estilo típicas do mundo digital.
b) expõe a inabilidade do autor com a norma-padrão, podendo confundir o leitor.
c) caracteriza a variante linguística conhecida como "internetês", cujo público-alvo é o jovem urbano.
d) é próprio de crônicas opinativas e humorísticas, que procuram alertar e divertir o leitor ao mesmo tempo.
e) revela uma tentativa do autor de aproximar-se de seu público por meio de uma linguagem coloquial.

4. Observe o quadro *Caça ao javali*, de Frans Snyders (1579-1657):

(http://www.art-prints-on-demand.com/kunst/frans_snyders/snyders_boar_hunt.jpg)

O movimento do qual é representativo o quadro cultua o contraste claro-escuro, a dramatização, a expressividade. Qual é o nome pelo qual ficou conhecido esse movimento?

a) Renascimento
b) Neoclassicismo
c) Expressionismo
d) Barroco
e) Naturalismo

5. Leia esta notícia:

Acusado de atentados na Noruega será interrogado novamente

A polícia interrogará novamente na sexta-feira Anders Behring Breivik, acusado pelos ataques sangrentos na Noruega, na tentativa de esclarecer alguns mistérios, como por que o rapaz levava um walkie-talkie e se de fato é verdade que o suspeito contou com a ajuda de cúmplices.

[...]

(*Diário Catarinense*, 28/7/2011. www.clicrbs.com.br/diariocatarinense/jsp/default.jsp?uf=2&local=18&section=Mundo&newsID=a3419669.xml)

Há, no texto, um problema semântico. Aponte o problema e apresente uma possível solução para ele.

A CONTEXTUALIZAÇÃO

6. Observe as imagens abaixo e leia as afirmações a seguir.

Imagem 1

Imagem 2

Ilustrações: Luiz Fernando Rubio

I – A imagem 1 é posterior à imagem 2.

II – O verde, nas bandeiras, é uma referência ao Império Português, por ser símbolo da dinastia dos Braganças.

III – O amarelo, nas bandeiras, é uma referência à casa imperial da Espanha.

Assinale o item verdadeiro:

a) As três afirmações estão erradas.
b) Apenas a afirmação I está correta.
c) Apenas a afirmação III está correta.
d) Todas as afirmações estão corretas.
e) Apenas a afirmação II está errada.

7. Observe a obra *Flag* (1954-55), de Jasper Johns:

(http://edu.warhol.org/images/jasper-johns-flag.jpg)

Sabendo que se trata de um trabalho produzido após a Segunda Guerra (1939-1945), assinale a alternativa em que o comentário feito se aplica devidamente à obra.

a) Ela representa a *pop art* e faz referência à sociedade de consumo.

b) É um protesto pela crise da Bolsa, ocorrida em Nova Iorque.

c) É uma homenagem à Independência dos Estados Unidos.

d) Ela representa o nascimento do expressionismo na pintura.

e) Ela ilustra a chegada do homem à Lua.

COMPETÊNCIA LEITORA E HABILIDADES DE LEITURA 139

CAPÍTULO 14

Questões do Enem e dos vestibulares

1. (ENEM)

> "Todas as manhãs quando acordo, experimento um prazer supremo: o de ser Salvador Dalí."
>
> NÉRET, G. *Salvador Dalí*. Taschen, 1996.

Assim escreveu o pintor dos "relógios moles" e das "girafas em chamas" em 1931. Esse artista excêntrico deu apoio ao general Franco durante a Guerra Civil Espanhola e, por esse motivo, foi afastado do movimento surrealista por seu líder, André Breton. Dessa forma, Dalí criou seu próprio estilo, baseado na interpretação dos sonhos e nos estudos de Sigmund Freud, denominado "método de interpretação paranoico". Esse método era constituído por textos visuais que demonstram imagens:

a) do fantástico, impregnado de civismo pelo governo espanhol, em que a busca pela emoção e pela dramaticidade desenvolveram um estilo incomparável.

b) do onírico, que misturava sonho com realidade e interagia refletindo a unidade entre o consciente e o inconsciente como um universo único ou pessoal.

c) da linha inflexível da razão, dando vazão a uma forma de produção despojada no traço, na temática e nas formas vinculadas ao real.

d) do reflexo que, apesar do termo "paranoico", possui sobriedade e elegância advindas de uma técnica de cores discretas e desenhos precisos.

e) da expressão e intensidade entre o consciente e a liberdade, declarando o amor pela forma de conduzir o enredo histórico dos personagens retratados.

2. (UFBA-BA)

I.

II.

III.

GOUVEIA, L. A. C. *Fala Menino!*: asas da imaginação. Coletânea de tiras em quadrinhos publicadas em jornais. Salvador: Fala Menino! Produções, v. 4, p. 77, 2002.

Normalmente, o gênero de um texto é que vai determinar a variedade de linguagem que deve ser empregada como suporte na escrita. O autor, através da tirinha, recria o ambiente do bate-papo virtual.

Faça um comentário sobre a linguagem característica do espaço virtual — presente na tirinha — focalizando, principalmente, a ortografia utilizada, sua aceitabilidade e o seu entendimento como um novo meio de interação.

3. (UnB-DF) Nurembergue sediou, em setembro de 1935, as festividades do Partido Nacional Socialista alemão, ocasião em que Adolf Hitler discursou a respeito do papel da arte na sua política de Estado. Durante o período nazista de 1933 a 1945, o governo alemão promoveu um estilo de arte oficialmente aprovado, que se embasava em um modelo romântico e realista. Os nazistas constataram que a arte poderia não somente conter mensagem política, mas também ser importante meio de criar e induzir desejos e sonhos no povo alemão, controlando o seu comportamento. Tal providência, habilmente implementada pelo governo, resultou em uma estética de Estado de conceitos estereotipados, antissemita e conservadora. As esculturas foram o melhor meio de expressão da obsessão nazista com a raça e a biologia. Por intermédio da sua expressão corporal, essas obras ofereciam um modelo de identidade ideal ao povo alemão. Além disso, ao serem exibidas nos espaços públicos, as esculturas eram mais suscetíveis à influência política que as pinturas, destinadas, principalmente, ao recolhimento dos interiores.

Josef Thorak e Arno Brecker foram os principais artistas representantes da arte oficial do regime nazista. Algumas de suas obras estão ilustradas nas figuras a seguir.

A CONTEXTUALIZAÇÃO

Ilustração do interior monumental do estúdio estatal de Josef Thorak, em Munique, no período nazista.

Arno Brecker: o Exército (alto à esquerda), o Partido (alto à direita) e o pátio interno da Chancelaria nazista em Berlim.

A partir das informações apresentadas, julgue os itens a seguir como corretos (C) ou errados (E).

a) As figuras evidenciam influência da arte clássica grega e romana na arte do período nazista.

b) A monumentalidade das estátuas coaduna-se com os desfiles megalomaníacos nazistas, cujo objetivo era impressionar os espectadores presentes, transmitindo, entre outras mensagens, a sensação de poder do Estado alemão.

c) O caráter estritamente pessoal, particular e subjetivo do realismo socialista soviético é uma das características que diferencia a arte soviética do regime stalinista da arte do período nazista.

d) Os tipos humanos utilizados como modelos das estátuas nazistas eram pessoas comuns, legítimas representantes da raça ariana, retratadas de maneira não idealizada.

4. (PUC-MG) Assinale a alternativa em que o trecho transcrito **não** demonstra um dos traços recorrentes da novela de Autran Dourado, *Uma vida em segredo*: o uso do discurso indireto livre.

a) "E antes de dormir pensava em Mazília com muita tremura e dizia que ela tinha tudo para ser uma moça feliz."

b) "O primo era de umas ausências de vista estranhas, ficava olhando enviesado uns longes para além dos cimos. Tinha até, de raro em raro, uns ataques de repelão e espuma, diziam que ficou bom no fim da vida, com umas ervas de seu Querêncio Gouveia. Conrado no fundo tinha medo, a coisa no fundo podia se repetir na filha Biela, essas histórias de herança de corpo e da alma."

c) "Vencido o primeiro momento de espanto, as meninas se aliviaram logo rindo, e trataram de outros assuntos. Num instante se esqueceram de Biela. Não era o que elas esperavam. Não foi assim no primeiro dia, na chegada?"

d) "Diante das respostas de prima Biela, diante do olhar, da mansidão, da naturalidade com que ela dizia todas essas coisas, Conrado desistiu de prosseguir, aceitou-a resignadamente. Quem sabe ela não era um daqueles pobres de espírito de quem era o reino do céu, não era assim que padre Matias falava?"

5. (UNIRIO-RJ)

O submundo da cana

São Paulo, que detém 60% da produção nacional da cana-de-açúcar, não divide a riqueza derivada do boom de etanol com seus 135 mil cortadores, que vivem muitas vezes em situações precárias.

Folha de São Paulo, Mais!, 2008.

Embora muitos usineiros afirmem que metade da cana-de-açúcar, em São Paulo, é colhida por máquinas e que haja previsão da extinção do corte manual da cana-de-açúcar para 2015, uma significativa parcela dos canaviais desse estado, ainda, utiliza mãos humanas no período do corte.

Com relação às condições de trabalho e de vida dos *boias-frias* em fazendas do interior de São Paulo, analise as afirmativas a seguir.

I. O trabalho dos cortadores de cana exige alto esforço físico, em jornadas diárias exaustivas.

II. O ganho do trabalho dos cortadores de cana por produtividade é maior nas lavouras em que, antes do corte, ocorre a queimada.

III. Os boias-frias são trabalhadores assalariados temporários recrutados por intermediários para os locais de trabalho.

Assinale, se está(ão) correta(s):

a) somente a afirmativa I.
b) somente as afirmativas I e III.
c) somente as afirmativas I e II.
d) somente as afirmativas II e III.
e) as afirmativas I, II e III.

CAPÍTULO 15

A interpretação

"Em capítulos anteriores, você conheceu e exercitou algumas ações ou operações avaliadas nas provas do Enem e do vestibular, tais como a comparação, a análise e a inferência, entre outras. Conheça, neste capítulo, a interpretação e veja como essa operação é avaliada nesses exames."

Por vezes, é difícil isolar uma operação mental de outra. Em interpretações de texto, frequentemente operações como o levantamento de hipóteses, a análise, a comparação ou a relação são passos intermediários, que precedem a *interpretação*.

Interpretar significa, segundo os dicionários, "determinar o sentido preciso de um texto ou de uma lei; explicar o sentido de; entender; julgar".

No âmbito escolar, segundo Lino de Macedo, um dos mentores da prova do Enem, interpretar constitui sempre uma inferência ou conclusão autorizada por sinais, indícios ou indicadores presentes em um texto. Interpretar supõe acrescentar sentido, ler nas entrelinhas, preencher os vazios e, dentro dos limites de determinado material, ampliar o seu conteúdo*.

Veja, a seguir, como esse tipo de operação é explorado nos exames.

(UERJ-RJ)

CAULOS
Só dói quando eu respiro. Porto Alegre: L&PM, 2001.

No cartum apresentado, o significado da palavra escrita é reforçado pelos elementos visuais, próprios da linguagem não verbal.

A separação das letras da palavra em balões distintos contribui para expressar principalmente a seguinte ideia:

a) dificuldade de conexão entre as pessoas.

b) aceleração da vida na contemporaneidade.

c) desconhecimento das possibilidades de diálogo.

d) desencontro de pensamentos sobre um assunto.

Resposta: *a*.

---

* "Esquemas de ação ou operações valorizadas na matriz ou prova do Enem". In: *Eixos cognitivos do Enem – Versão preliminar*. Brasília: MEC/INEP, 2007.

As afirmativas apresentadas sobre o cartum são sínteses interpretativas. No exame, o candidato deveria analisar qual delas corresponde à melhor interpretação do cartum.

Para chegar à resposta correta, o estudante deveria, primeiramente, *identificar* o que se pede no enunciado da questão. Procedendo-se à *análise* das linguagens verbal e não verbal do cartum, nota-se que as letras da palavra *solidão* estão dispostas em balões de pensamento distintos e separados e cada uma delas provém do pensamento de uma pessoa. As pessoas, por sua vez, embora próximas umas das outras, caminham todas isoladamente, cada uma mergulhada nos seus próprios pensamentos, ou em sua "própria letra". Elas não percebem que, caso se aproximassem, formariam juntas a palavra *solidão*. É possível *inferir* e *interpretar* que a montagem do quebra-cabeça equivaleria, no plano da vida, à possibilidade de as pessoas encontrarem saídas para seus problemas ou estabelecerem um sentido para suas vidas. E, juntas, embora formem a palavra *solidão*, paradoxalmente estariam pondo fim à própria solidão, provavelmente a origem de seus males.

Ao conjunto de operações como essas, que levam a "ler nas entrelinhas, preencher vazios", é que chamamos **interpretação** de um texto.

Como se trata de uma questão de múltipla escolha, o estudante deveria ainda analisar cada uma das alternativas, confrontá-las com suas hipóteses de leitura e de interpretação do cartum e avaliar a verdade ou a falsidade de cada uma das proposições para fazer a escolha. Na questão em estudo, a alternativa *a* é a que corresponde à interpretação feita.

Nem sempre a alternativa dada como correta é a melhor interpretação possível de um texto, mas, por exclusão, pode ser a melhor entre as alternativas apresentadas. Na questão em estudo, por exemplo, as alternativas *c* e *d* estão parcialmente corretas. É provável que as personagens tenham "desconhecimento das possibilidades de diálogo" (alternativa *c*), assim como que haja entre elas "desencontro de pensamentos sobre um assunto" (alternativa *d*), ocorrência habitual entre as pessoas. Entretanto, essas são informações que não compõem o universo explorado pelo cartum. Logo, o item *a* é a melhor entre as opções oferecidas.

A INTERPRETAÇÃO

Prepare-se para o Enem e o vestibular

Texto para as questões 1 e 2:

Como evitar que a TPM sabote o treino

Faça um esforço para se exercitar, já que a atividade física pode diminuir os sintomas

MARCIO ATALLA

Pratico atividade física regularmente, pelo menos três vezes por semana. Mas, cerca de dez dias antes da minha menstruação, fico extremamente cansada, sonolenta e sem disposição. O que devo fazer para melhorar esse estado e não perder o pique dos treinos?

S. V. de L. N., Goiânia, GO

No período da tensão pré-menstrual (TPM), a maioria das mulheres passa por uma mudança de humor, com tendência a depressão leve. Por isso ficam mais desanimadas para os treinos. Mas são os exercícios físicos que podem diminuir os sintomas da TPM. Faça um esforço para manter o ritmo nesse período. Em pouco tempo, você vai passar a se sentir melhor. Sabendo disso, será mais fácil manter o ritmo nos próximos meses.

Estou em dieta e faço step e caminhada por 40 minutos, todos os dias. Perdi 13 quilos em três meses, mas não estou mais emagrecendo como no começo e isso me desanima.

R. de S., Rio de Janeiro, RJ

Quanto mais sedentária é a pessoa, maior é a resposta do corpo aos exercícios físicos na fase inicial. Depois de perder 13 quilos, é normal que a resposta ao treino diminua. Você pode aumentar o tempo da caminhada para 50 ou 60 minutos. Se estiver se sentindo muito bem, você pode alternar com uma corrida leve. Inclua na rotina algum trabalho de força, para promover ganho de massa muscular, que é fundamental para quem quer emagrecer. Cuide para não deixar nenhum grupo de macronutrientes (carboidratos, gorduras e proteínas) fora de sua dieta. O importante é fracionar sua alimentação, comer em pequenas porções, com intervalos de três horas.

Sempre gostei de atividade física. Mas hoje trabalho mais de dez horas por dia. Como não consigo ir à academia, subo 13 andares de escada, todas as manhãs no escritório. Nos finais de semana, corro e faço musculação. Essa subida de escadas faz efeito? Seria melhor acordar um dia de madrugada, durante a semana?

F. P., Cuiabá, MT

Subir 13 andares equivale a fazer uma caminhada por 40 minutos. Além disso, você se exercita duas vezes por semana. Com esse ritmo, você já evita uma série de doenças cardiovasculares e diminui o risco de diabetes. Eu não recomendo sacrificar horas de sono. Quando dormimos por seis a nove horas seguidas, nosso organismo libera dois hormônios de forma equilibrada. A leptina, que nos dá sensação de saciedade, e a grelina, que abre o apetite. Quando dormimos menos de seis horas, o organismo libera mais grelina e menos leptina, o que aumenta o apetite. O que você pode fazer é tentar reservar entre 20 e 30 minutos durante um dia da semana para fazer exercícios em casa, como pular corda e fazer exercícios com elásticos, alternados com flexão, abdominal e agachamento.

Marcio Atalla é professor de Educação Física e comanda o *BemStar* no canal GNT.

(*Época*, 27/6/2011.)

CAPÍTULO 15

1. As consultas dos leitores e as respostas dadas pelo professor de Educação Física permitem inferir que:

a) na resposta dada a S., a solução apontada consiste na contenção da atividade física durante o período pré-menstrual.

b) na resposta dada a F., a orientação consiste em lembrar a necessidade de sono por mais de seis horas por dia.

c) na orientação dada a R., é destacada a importância tanto da caminhada quanto da boa alimentação.

d) tanto para R. quanto para F., o problema apontado é o excesso de atividade física.

e) tanto para S. quanto para R., a orientação consiste em aumentar o tempo dedicado aos exercícios.

2. Quanto ao tema TPM, mencionado a propósito da consulta feita por S., podemos afirmar que:

a) a leitora sente-se desconfortável com a perda de humor causada pela prática de atividade física durante o período menstrual.

b) durante o período menstrual é importante mudar a dieta para resolver o problema de sonolência e cansaço.

c) o período pré-menstrual, na opinião de S., é benéfico para a prática de atividade física.

d) dez dias antes da menstruação, é impossível praticar esporte.

e) a prática de atividade física não deveria ser interrompida durante o período pré-menstrual.

3. Leia o texto:

Blog Vida

Check-up neurológico

[Blog Vida] por DANIELA SANTAROSA, 15/7/2011

Houve um tempo em que homens e mulheres viviam, na melhor das hipóteses, por três décadas. A expectativa de vida da população das áreas mais desenvolvidas do planeta começou a mudar somente entre os anos de 1500 e 1900. De lá para cá, melhores condições de alimentação, de saneamento e o incontestável avanço da medicina contribuíram para que os indivíduos ultrapassassem a barreira dos 30. Atualmente, embora ainda sofra com mazelas praticamente erradicadas nos países mais desenvolvidos, o brasileiro vive, em média, 72,4 anos. Ainda estamos longe, porém, comparando com os japoneses, que normalmente chegam aos 82,6 anos e são os recordistas mundiais de longevidade.

Viver mais, no entanto, trouxe alguns desafios. Males neurológicos pouco relatados antigamente hoje são comuns e causam receio não apenas em idosos. Jovens que desejam escapar do acidente vascular cerebral (AVC) e de patologias que afetam a memória e a cognição passaram a procurar meios de se antecipar a tais ocorrências. Por isso, o checape neurológico tem conquistado quem pretende ir além dos 70 preservando, é claro, a qualidade de vida.

Para prevenir o AVC, que já lidera a lista dos males que mais matam no Brasil, médicos e pacientes têm à disposição exames cuja finalidade é averiguar o estado das artérias que levam sangue e oxigenação ao cérebro. A anamnese com neurologistas – histórico detalhado do paciente feito pelo especialista por ocasião da consulta – também é importante para detectar sinais de perdas cognitivas [...].

O comprometimento da memória e outros problemas degenerativos também podem ser detectados em testes específicos. Para Maristela Costa, neurofisiologista do Hospital do Coração, em São Paulo, entender o funcionamento do cérebro e o envelhecimento cerebral ainda é um grande desafio para médicos e cientistas. Mas os exames de neuroimagens estão, cada dia mais, contribuindo para desvendar melhor a estrutura mais complexa do corpo humano. [...]

Jornal *Zero Hora* (Porto Alegre)
(http://wp.clicrbs.com.br/blogdovida/?topo=13,1,1,,,e319)

A INTERPRETAÇÃO

De acordo com o texto, a busca de longevidade não pode estar ligada apenas ao checape neurológico, uma vez que:

a) é necessário buscar também qualidade de vida, como se viu entre 1500 e 1900.
b) é fundamental buscar atingir o padrão de vida japonês.
c) é preciso ter também qualidade de vida, cuidando-se bem da alimentação.
d) são necessários outros tipos de checape, como o cardiológico, por exemplo.
e) com o passar do tempo, a pessoa de idade avançada precisa também da atenção dos familiares.

Texto para as questões 4 e 5:

Ciência e futebol

TOSTÃO

O neurocientista brasileiro Miguel Nicolelis, importante pesquisador, radicado nos Estados Unidos, utilizou, em um dos capítulos de seu livro "Muito Além do Nosso Eu", o quarto gol do Brasil contra a Itália, o final da Copa de 1970, como exemplo para discutir a plasticidade e a interação dos neurônios e dos circuitos cerebrais. O pesquisador contou em detalhes – tão bem quanto os melhores narradores e comentaristas esportivos – como oito jogadores trocaram passes, durante 30 segundos, sem interrupção.

Ele disse, o que concordo, que nenhum dos oito atletas tinha ideia sobre o que seria o resultado final de sua interação com os companheiros, além de ser impossível planejar o lance. Já os reducionistas, lembrou o neurocientista, tentariam explicar a complexidade da jogada estudando as características de cada jogador e separando as ações de cada um no momento da jogada.

O conjunto não é apenas a soma das partes. Quando partes se juntam, pode ocorrer algo novo, inimaginável. O time encaixa, como diz o chavão do futebol. Os técnicos aproveitam para falar que tudo foi planejado.

Paradoxalmente, quanto mais os jogadores estão preparados para ocupar vários setores do campo, em um mesmo jogo, mais eles são compartimentados, pela visão reducionista dos técnicos, a atuar pelos lados ou pelo centro, pela direita ou pela esquerda, de volante ou de meia, de primeiro ou de segundo volante, de primeiro ou de segundo atacante.

O sonho dos técnicos é transformar o futebol em um jogo mais previsível, onde tudo pode ser planejado e ensaiado. A principal deficiência da Seleção Brasileira é não ter um armador de grande talento, desses que os comentaristas não sabem se é volante ou meia.

(*O Tempo*, 17/7/2011. Disponível em: <www.otempo.com.br/otempo/colunas/?IdColunaEdicao=15796>. Acesso em 25/7/2012.)

4. O autor do texto, Tostão, ex-jogador de futebol, critica os técnicos desse esporte porque, na opinião dele, esses profissionais:

a) querem se comparar a cientistas, planejando jogadas de efeito.
b) mentem para a imprensa e nada entendem de neurociência.
c) são reducionistas e preferem lidar com o previsível, e não com o inusitado.
d) sonham em transformar os jogadores de um time em gênios da bola.
e) querem o fim do futebol-arte, jogado em 1970.

5. Apesar de a crônica ter por tema o futebol, seu autor fala também de neurociência. Pode-se dizer que essa junção de temas:

a) é mera ilustração, pois, no mundo do futebol, a neurociência, assim como a fisioterapia, é um tema constante.
b) é mera ilustração, uma vez que a medicina esportiva não depende da neurociência para explicar contusões.
c) é argumento para lembrar a imprevisibilidade que há nos esportes coletivos, ilustrada pela jogada do quarto gol do Brasil contra a Itália, em 1970, que não foi planejada.
d) é argumento para comentar a previsibilidade que há nos esportes coletivos, pois técnicos e jogadores treinam para jogo em conjunto.
e) é recurso de estilo apenas, usado para tornar a crônica um texto erudito e para impressionar o leitor com um assunto desvinculado do mundo do esporte.

COMPETÊNCIA LEITORA E HABILIDADES DE LEITURA 147

CAPÍTULO 15

Questões do Enem e dos vestibulares

1. (ENEM)

O *Chat* e sua linguagem virtual

O significado da palavra *chat* vem do inglês e quer dizer "conversa". Essa conversa acontece em tempo real, e, para isso, é necessário que duas ou mais pessoas estejam conectadas ao mesmo tempo, o que chamamos de comunicação síncrona. São muitos os *sites* que oferecem a opção de bate-papo na internet, basta escolher a sala que deseja "entrar", identificar-se e iniciar a conversa. Geralmente, as salas são divididas por assuntos, como educação, cinema, esporte, música, sexo, entre outros. Para entrar, é necessário escolher um *nick*, uma espécie de apelido que identificará o participante durante a conversa. Algumas salas restringem a idade, mas não existe nenhum controle para verificar se a idade informada é realmente a idade de quem está acessando, facilitando que crianças e adolescentes acessem salas com conteúdos inadequados para sua faixa etária.

AMARAL, S. F. Internet: novos valores e novos comportamentos. In: SILVA, E. T. (coord.). *A leitura nos oceanos da internet*. São Paulo: Cortez, 2003. (Adaptado).

Segundo o texto, o *chat* proporciona a ocorrência de diálogos instantâneos com linguagem específica, uma vez que nesses ambientes interativos faz-se uso de protocolos diferenciados de interação. O *chat*, nessa perspectiva, cria uma nova forma de comunicação porque:

a) possibilita que ocorra diálogo sem a exposição da identidade real dos indivíduos, que podem recorrer a apelidos fictícios sem comprometer o fluxo da comunicação em tempo real.

b) disponibiliza salas de bate-papo sobre diferentes assuntos com pessoas pré-selecionadas por meio de um sistema de busca monitorado e atualizado por autoridades no assunto.

c) seleciona previamente conteúdos adequados à faixa etária dos usuários que serão distribuídos nas faixas de idade organizadas pelo *site* que disponibiliza a ferramenta.

d) garante a gravação das conversas, o que possibilita que um diálogo permaneça aberto, independente da disposição de cada participante.

e) limita a quantidade de participantes conectados nas salas de bate-papo, a fim de garantir a qualidade e eficiência dos diálogos, evitando mal-entendidos.

(UFSP-SP) **Instrução**: As questões 2 e 3 tomam por base o texto seguinte.

A palavra *bullying* ainda é pouco conhecida do grande público brasileiro. De origem inglesa e ainda sem tradução no Brasil, é utilizada para qualificar comportamentos violentos no âmbito escolar, tanto de meninos quanto de meninas. Dentre esses comportamentos podemos destacar as agressões, os assédios e as ações desrespeitosas, todos realizados de maneira recorrente e intencional por parte dos agressores. É fundamental explicitar que as atitudes tomadas por um ou mais agressores contra um ou alguns estudantes, geralmente, não apresentam motivações específicas ou justificáveis. Isso significa dizer que, de forma quase "natural", os mais fortes utilizam os mais frágeis como meros objetos de diversão, prazer e poder, com o intuito de maltratar, intimidar, humilhar e amedrontar suas vítimas. E isso, invariavelmente, produz, alimenta e até perpetua muita dor e sofrimento nos vitimados.

(Ana Beatriz Barbosa Silva. *Bullying: mentes perigosas nas escolas*, 2010. Adaptado.)

2. Segundo o texto:

a) embora a palavra *bullying* ainda não seja muito familiar em nosso país, com o tempo ela se tornará quase natural para nós.

b) os comportamentos violentos de garotos e garotas, em contexto escolar, têm recebido a denominação inglesa de *bullying*.

c) mesmo ignorado pela maior parte das pessoas, o termo *bullying* designa um fenômeno que está sendo encarado com crescente naturalidade.

d) a falta de uma tradução para a palavra inglesa *bullying* provoca dificuldades para qualificar comportamentos violentos na escola.

e) somente a metade das manifestações violentas, na escola, qualificadas como *bullying*, apresenta motivações justificáveis.

3. De acordo com o texto:

a) os estudantes mais fortes usam de sua prepotência e do constrangimento e intimidação dos mais frágeis, com o objetivo de se divertirem.

b) as ações violentas, praticadas no ambiente escolar, são invariavelmente frequentes, involuntárias e motivadas por sofrimentos dos agressores.

148 **UNIDADE 2**

A INTERPRETAÇÃO

c) o sofrimento proveniente das manifestações violentas na escola pode demandar tratamentos dispendiosos, porém eficientes.

d) em geral, as agressões sofridas pelos alunos não são gratuitas e possuem causas cada vez mais claramente identificáveis.

e) a humilhação e o medo a que são submetidas as vítimas do *bullying* são consequências naturais da sociedade contemporânea.

4. (UFSP-SP) Leia o texto.

> O *cyberbullying* é um problema crescente justamente porque os jovens usam cada vez mais a tecnologia. Ana, 13 anos, já era perseguida na escola – e passou a ser acuada, prisioneira de seus agressores via internet. Hoje, vive com medo e deixou de adicionar "amigos" em seu perfil no Orkut. Além disso, restringiu o acesso ao MSN. Mesmo assim, o tormento continua. As meninas de sua sala enviam mensagens depreciativas, com apelidos maldosos e recados humilhantes, para amigos comuns. Os qualificativos mais leves são "nojenta, nerd e lésbica". Outros textos dizem: "Você deveria parar de falar com aquela piranha" e "A emo já mudou a sua cabeça, hein? Vá pro inferno". Ana, é claro, fica arrasada. "Uso preto, ouço *rock* e pinto o cabelo. Curto coisas diferentes e falo de outros assuntos. Por isso, não me aceitam."
>
> (Beatriz Santomauro. *Nova Escola*, junho/julho 2010. Adaptado.)

Conforme o texto:

a) o desenvolvimento da tecnologia extinguirá o problema do *cyberbullying* entre os jovens.

b) apenas os jovens que não frequentam a escola são perseguidos implacavelmente pela internet.

c) Ana é vítima do *cyberbullying* porque tem gostos e interesses que seu grupo social não aprecia.

d) os qualificativos enviados pelas colegas de sala a amigos comuns levaram Ana a usar preto e pintar o cabelo.

e) a restrição do acesso ao MSN e o uso mais limitado do Orkut eliminam, significativamente, problemas de *cyberbullying*.

5. (FGV-RS) Na figura abaixo temos os gráficos das funções custo (C) e receita de vendas (R) diárias de um produto de uma empresa, em função da quantidade produzida e vendida, em número de unidades.

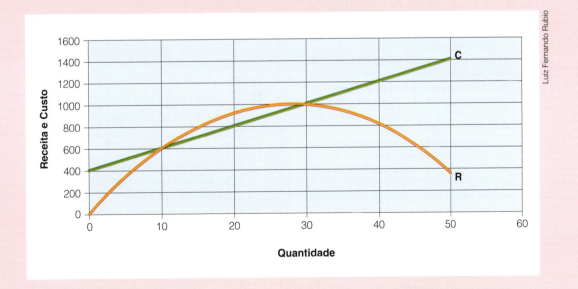

Podemos afirmar que:

a) o prejuízo máximo será de $ 400.

b) o lucro máximo é superior a $ 800.

c) haverá prejuízo somente quando a quantidade produzida e vendida for menor que 10.

d) haverá lucro positivo quando a quantidade produzida e vendida estiver entre 10 e 30.

e) o lucro será nulo somente se a quantidade produzida e vendida for 30.

COMPETÊNCIA LEITORA E HABILIDADES DE LEITURA

CAPÍTULO 15

(ITA-SP) As questões de 6 a 11 referem-se ao texto seguinte.

1 São Paulo – Não é preciso muito para imaginar o dia em que a moça da rádio nos anunciará, do helicóptero, o colapso final: "A CET[1] já não registra a extensão do con-
5 gestionamento urbano. Podemos ver daqui que todos os carros em todas as ruas estão imobilizados. Ninguém anda, para frente ou para trás. A cidade, enfim, parou. As autoridades pedem calma, muita calma".
10 "A autoestrada do Sul" é um conto extraordinário de Julio Cortázar[2]. Está em *Todos os fogos o fogo*, de 1966 (a Civilização Brasileira traduziu). Narra, com monotonia infernal, um congestionamento
15 entre Fontainebleau e Paris. É a história que inspirou *Weekend à francesa* (1967), de Godard[3].

O que no início parece um transtorno corriqueiro vai assumindo contornos absur-
20 dos. Os personagens passam horas, mais horas, dias inteiros entalados na estrada.

Quando, sem explicações, o nó desata, os motoristas aceleram "sem que já se soubesse para que tanta pressa, por que essa
25 correria na noite entre automóveis desconhecidos onde ninguém sabia nada sobre os outros, onde todos olhavam para a frente, exclusivamente para a frente".

Não serve de consolo, mas faz pensar.
30 Seguimos às cegas em frente há quanto tempo? De Prestes Maia aos túneis e viadutos de Maluf, a cidade foi induzida a andar de carro. Nossa urbanização se fez contra o transporte público. O símbolo
35 modernizador da era JK é o pesadelo de agora, mas o fetiche da lata sobre rodas jamais se abalou.

Será ocasional que os carrões dos endinheirados – essas peruas high-tech – se
40 pareçam com tanques de guerra? As pessoas saem de casa dentro de bunkers, literalmente armadas. E, como um dos tipos do conto de Cortázar, veem no engarrafamento uma "afronta pessoal".
45 Alguém acredita em soluções sem que haja antes um colapso? Ontem era a crise aérea, amanhã será outra qualquer. A classe média necessita reciclar suas aflições. E sempre haverá algo a lembrá-la – coisa mais
50 chata – de que ainda vivemos no Brasil.

(SILVA, Fernando de Barros. *Folha de S. Paulo*, 17/03/2008.)

---

(1) CET — Companhia de Engenharia de Tráfego.
(2) Julio Cortázar (1914-1984), escritor argentino.
(3) Jean-Luc Godard, cineasta francês, nascido em 1930.

---

6. Das afirmações abaixo, a *incorreta* é:

a) O cenário criado por Cortázar tem um teor premonitório quanto ao trânsito de São Paulo.

b) Os problemas no Brasil só são enfrentados quando chegam ao extremo.

c) A urbanização não se faz acompanhar de uma política de transporte.

d) A atração pelo carro não foi abalada, apesar dos problemas de trânsito.

e) Os mais ricos usam carros grandes para se isolarem dos problemas da cidade.

7. O autor do texto:

I. manifesta sua visão pessimista quanto ao futuro do trânsito em São Paulo.

II. aponta que, no Brasil, o que seria sinônimo de progresso torna-se um retrocesso, como é o caso das políticas de JK.

III. critica a preferência dos mais ricos por carros grandes.

Está(ão) correta(s):

a) apenas I. **d)** apenas II e III.
b) apenas I e II. **e)** todas.
c) apenas I e III.

8. Assinale a opção em que o autor expressa claramente seu julgamento.

a) Podemos ver daqui que todos os carros em todas as ruas estão imobilizados. (linhas 5, 6 e 7)

b) A cidade, enfim, parou. (linha 8)

c) Os personagens passam horas, mais horas, dias inteiros entalados na estrada. (linhas 20 e 21)

d) Ontem era a crise aérea, amanhã será outra qualquer. (linhas 46 e 47)

e) E sempre haverá algo a lembrá-la – coisa mais chata – de que ainda vivemos no Brasil. (linhas 48, 49 e 50)

9. O autor se vale da obra de Julio Cortázar para:

a) mostrar seu gosto literário ao leitor.

b) contextualizar a menção ao filme *Weekend à francesa*, de Godard.

c) introduzir uma crítica às peruas high-tech.

d) sustentar seu ponto de vista em relação ao trânsito de São Paulo.

e) passar uma imagem de culto e refinado.

10. São recursos de progressão no texto:

I. as perguntas.

II. as citações do conto de Cortázar.

III. a menção ao filme de Godard.

Está(ão) correta(s):

a) apenas I. **d)** apenas II e III.
b) apenas I e II. **e)** todas.
c) apenas I e III.

11. *Não* há emprego de metáfora em:
a) Ninguém anda, para frente ou para trás. (linhas 7 e 8)
b) Quando, sem explicações, o nó desata, os motoristas aceleram [...]. (linhas 22 e 23)
c) [...] mas o fetiche da lata sobre rodas jamais se abalou. (linhas 36 e 37)
d) As pessoas saem de casa dentro de bunkers, literalmente armadas. (linhas 40, 41 e 42)
e) A classe média necessita reciclar suas aflições. (linhas 47 e 48)

12. (UnB-DF)

Banco dos réus no Tribunal Militar Internacional de Nurembergue, em 1945-46.
Primeira fileira, de cima para baixo: Hermann Göring, Rudolf Heß, Joachim von Ribbentrop, Wilhelm Keitel. Segunda fileira, de cima para baixo: Karl Dönitz, Erich Raeder, Baldur von Schirach, Fritz Sauckel.

1 O privilégio de iniciar o primeiro julgamento da história por crimes contra a paz no mundo impõe uma grave respon-
4 sabilidade. Os crimes que procuraremos condenar e punir foram tão premeditados, tão maléficos e devastadores, que o mundo civilizado não pode tolerar que sejam ignorados, uma vez que este não seria capaz de
8 sobreviver à repetição daqueles. Que quatro grandes nações, arrebatadas pela vitória e ainda ofendidas pela injúria, optem
12 por evitar a vingança e entreguem voluntariamente à lei os seus inimigos capturados é um dos mais significativos tributos já pagos pelo Poder à Razão. O senso comum da
16 humanidade exige que a lei não se restrinja a punir os pequenos crimes da gente miúda. A lei deve atingir também aqueles que detenham grandes poderes e que os usem
20 de forma deliberada e articulada para pôr em ação males os quais não deixam ileso nenhum lar deste mundo. É um caso dessa magnitude que as Nações Unidas apresen-
24 tarão a Vossas Excelências.

Robert H. Jackson. "*Opening address for the United States.*" In: Office of United States chief counsel for prosecution of axis criminality. *Nazi conspiracy and aggression.* Washington: United States Government Printing Office, 1946, p. 114 (tradução com adaptações).

A INTERPRETAÇÃO

A partir do texto, extraído do discurso proferido na abertura do Tribunal Internacional de Nurembergue, em 1945, julgue os itens a seguir como corretos (C) ou errados (E).

a) No segundo período do texto, há uma sequência de relação de causa e efeito, como indicam a oração que expressa consequência, introduzida pela conjunção "que" (ℓ. 4), e a oração que expressa causa, introduzida pela locução "uma vez que" (ℓ. 8).

b) Está presente no texto a ideia de que os países que compuseram o Tribunal de Nurembergue, na condição de vitoriosos na Segunda Guerra, poderiam ter adotado procedimentos de vingança.

c) Vários réus levados à Corte Penal de Nurembergue, entre 1945 e 1946, foram julgados culpados por crimes contra a humanidade, condenação que já se havia tornado comum na Europa, desde a promulgação da Declaração Universal dos Direitos Humanos pela Assembleia Nacional francesa, em 1791.

d) Entre os crimes julgados pelo referido tribunal, está o de extermínio sistemático de milhões de pessoas que pertenciam a grupos considerados politicamente indesejáveis pelo regime nacional-socialista alemão. Os judeus europeus foram as principais vítimas do Holocausto e, em menor escala, também foram perseguidos cidadãos da Polônia e da União Soviética, pessoas com deficiências físicas, comunistas e social-democratas alemães, homossexuais, bem como testemunhas de Jeová.

e) Entre as causas que levaram o Partido Nacional-Socialista a conquistar o poder na Alemanha no período que antecedeu a Segunda Grande Guerra, destaca-se o ressentimento generalizado da sociedade alemã devido às indenizações de guerra impostas no Tratado de Versalhes. Tais indenizações inviabilizaram, na década de 20 do século passado, o crescimento econômico e sacrificaram a vida social desse país, fato que marcou todo o período denominado República de Weimar. A crise econômica e social da Alemanha, nessa época, justificou a posterior ofensiva militar nacional-socialista em busca da ampliação dos limites territoriais do terceiro Reich.

f) O pagamento, pela Alemanha, das indenizações estipuladas no Tratado de Versalhes foi concluído apenas em 2010, a título de comemoração pelo quadragésimo aniversário da reunificação alemã.

UNIDADE 3
A leitura nas provas do Enem e dos vestibulares

> A leitura do mundo precede sempre a leitura da palavra, e a leitura desta implica a continuidade da leitura daquele.
>
> Paulo Freire
> *A importância do ato de ler: em três artigos que se completam.*
> 26. ed. São Paulo: Cortez, 1991 (adaptado).

> Desde os nossos primeiros contatos com o mundo, percebemos o calor e o aconchego de um berço diferentemente das mesmas sensações provocadas pelos braços carinhosos que nos enlaçam. A luz excessiva nos irrita, enquanto a penumbra tranquiliza. O som estridente ou um grito nos assustam, mas a canção de ninar embala nosso sono. Uma superfície áspera desagrada, no entanto, o toque macio de mãos ou de um pano como que se integram à nossa pele. E o cheiro do peito e a pulsação de quem nos amamenta ou abraça podem ser convites à satisfação ou ao rechaço. Começamos assim a compreender, a dar sentido ao que e a quem nos cerca. Esses também são os primeiros passos para aprender a ler.
>
> Maria Helena Martins
> (*O que é leitura*. 3. ed. São Paulo: Brasiliense, 1997.)

Tudo começa quando a criança fica fascinada com as coisas maravilhosas que moram dentro do livro. Não são as letras, as sílabas e as palavras que fascinam. É a história. A aprendizagem da leitura começa antes da aprendizagem das letras: quando alguém lê e a criança escuta com prazer. [...] a criança se volta para aqueles sinais misteriosos chamados letras. Deseja decifrá-los, compreendê-los — porque eles são a chave que abre o mundo das delícias que moram no livro! Deseja autonomia: ser capaz de chegar ao prazer do texto sem precisar da mediação da pessoa que o está lendo.

Rubem Alves

(*O prazer da leitura*. Disponível em: <http://www.rubemalves.com.br/oprazerdaleitura.htm>. Acesso em: 24/5/2012.)

Fique ligado! Leia!

LIVROS

Para você que gosta de ficção científica, sugerimos:

1984 (IBEP Nacional) e *A revolução dos bichos* (Companhia das Letras), de George Orwell; *Não verás país nenhum*, de Ignácio de Loyola Brandão (Global); *Eu, robô*, de Isaac Azimov (Ediouro); *2001 – Uma odisseia no espaço*, de Arthur C. Clarke (Nova Fronteira); *Contato*, de Carl Sagan (Companhia das Letras); *Os filhos de Duna*, de Frank Herbert (Nova Fronteira); *O guia do mochileiro das galáxias*, de Douglas Adam (Sextante); *Admirável mundo novo*, de Aldous Huxley (Globo); *Breve história do mundo*, de Ernest H. Gombrich (Martins Fontes).

Para você que gosta de ciências, história, filosofia, sugerimos:

O universo numa casca de noz (ARX) e *Uma breve história do tempo* (Rocco), de Stephen Hawking; *Mundos invisíveis* (Globo) e *A dança do universo* (Companhia das Letras), de Marcelo Gleiser; *Seis propostas para o novo milênio*, de Italo Calvino (Companhia das Letras); *O príncipe*, de Maquiavel (Martins Fontes); *A origem das espécies*, de Charles Darwin (Hemus); *A arte da guerra*, de Sun Tzu (Campus); *Por que almocei meu pai*, de Roy Lewis (Companhia das Letras); *Você é um animal, Viskovitz*, de Alessandro Boffa (Companhia das Letras).

Para você que gosta de livros relacionados às artes e aos quadrinhos, sugerimos:

Arte moderna, de Giulio Carlo Argan (Companhia das Letras); *História da pintura*, de Wendy Becckett (Ática); *Argumentação contra a morte da arte*, de Ferreira Gullar (Revan); *As aventuras de Tintim*, de Hergé (Companhia das Letras); *Pererê*, de Ziraldo (Melhoramentos); *Asterix*, de René Goscinny e Albert Uderzo (Record); *Mafalda*, de Quino (Martins Fontes); *O último cavaleiro andante*, de Will Eisner (Cia. das Letras); *Maus*, de Art Spiegelman (Cia. das Letras); *Persépolis* e *Frango com ameixas*, de Marjane Satrapi (Cia. das Letras); *Dom Quixote*, por Gustave Doré (Opera Graphica); *Vincent & Van Gogh*, de Gradimir Smudja (Jorge Zahar); *Casa-grande e senzala em quadrinhos*, por Ivan Wasth Rodrigues (Global); *Só dói quando respiro*, de Caulos (L&PM); *Homem de bolso* e *Gente*, de Quino (Dom Quixote).

FILMES

Cruz e Souza – O poeta do desterro, de Sylvio Back; *Balzac*, de Dayana Josee; *Vinicius de Moraes*, de Miguel Faria Jr.; *Poeta de sete faces*, de Paulo Thiago; *Drummond, poeta do vasto mundo*, de Maria Maia; *Encontrando Forrester*, de Guis van Sant; *As horas*, de Stephen Daldry; *Capote*, de Bennett Miller; *Shakespeare apaixonado*, de John Madden; *O carteiro e o poeta*, de Michael Radford; *Sociedade dos poetas mortos*, de Peter Weir.

153

CAPÍTULO 16
O Enem e os cinco eixos cognitivos

> Saber ler e interpretar um texto adequadamente é condição essencial para qualquer pessoa obter sucesso na vida pessoal e profissional.
>
> Nos exames oficiais, como o Enem e o vestibular, a interpretação de textos vem ocupando boa parte da prova e cumprindo, por isso, um papel decisivo no ingresso à universidade. Neste capítulo, você vai conhecer os cinco eixos cognitivos avaliados no exame do Enem e observar de que modo eles podem estar presentes em questões de diferentes áreas do conhecimento.

O que é o Enem?

O Exame Nacional do Ensino Médio, o Enem, foi criado em 1998 com a finalidade de avaliar o desempenho do estudante que concluiu ou está concluindo o ensino médio.

Como era facultativo, o exame teve nos primeiros anos um número relativamente baixo de participantes. Restringia-se a alunos que, voluntariamente, desejavam se autoavaliar e conhecer sua real condição para ingressar na universidade ou na vida profissional. Contou, em sua primeira versão, com a participação de 157 mil inscritos; hoje, cerca de 6 milhões de estudantes participam do exame anualmente.

Assim, aos poucos, o Enem foi perdendo o caráter facultativo e ganhando uma importância cada vez maior. Em alguns vestibulares que dão acesso a universidades públicas, por exemplo, a nota obtida no Enem passou a compor a nota final do vestibulando, podendo beneficiá-lo com o acréscimo de alguns pontos. Além disso, certas instituições de ensino superior privadas, por não terem um vestibular próprio, adotaram o Enem como porta de entrada.

Em 2009, o Ministério da Educação surpreendeu o meio escolar com a seguinte novidade: a prova do Enem passaria a ser referência obrigatória para o ingresso de estudantes nas universidades federais de todo o país. Para isso, entre outras providências, publicou um documento importante, a *Matriz de Referências para o Enem 2009*, no qual divulga competências, habilidades e conteúdos a serem avaliados em todas as grandes áreas, e flexibilizou o modo como a nota do Enem pode ser aproveitada. Essa nova fase do Enem tem sido chamada de "o novo Enem".

A avaliação no Enem

As provas do Enem não têm em vista avaliar se o estudante é capaz ou não de memorizar informações. Além do conteúdo específico de cada disciplina, o exame tem por objetivo avaliar se o estudante tem estruturas mentais desenvolvidas o suficiente para lhe possibilitar interpretar dados, pensar, tomar decisões adequadas, aplicar conhecimentos em situações concretas. E também se tem, na vida social, uma postura ética, cidadã.

Para aferir essas competências, o Enem avalia os **cinco eixos cognitivos** comuns às quatro áreas do conhecimento — Linguagens, códigos e suas tecnologias; Matemática e suas tecnologias; Ciências da natureza e suas tecnologias; e Ciências humanas e suas tecnologias —, além de **competências** e **habilidades** específicas nas quatro grandes áreas.

Os cinco eixos cognitivos

Os documentos do Enem anteriores a 2009 referiam-se a cinco competências e a 21 habilidades, que, nas provas do exame, eram avaliadas em todas as áreas. Em 2009, entretanto, essas cinco competências gerais ganharam outra denominação, *eixos cognitivos*, uma vez que cada área passou a avaliar competências e habilidades específicas. Assim, apesar da mudança de nome, os eixos cognitivos ou as antigas competências gerais continuaram os mesmos. Veja:

EIXOS COGNITIVOS (comuns a todas as áreas de conhecimento)		
I	Dominar linguagens (DL)	Dominar a norma culta da língua portuguesa e fazer uso das linguagens matemática, artística e científica e das línguas espanhola e inglesa.
II	Compreender fenômenos (CF)	Construir e aplicar conceitos das várias áreas do conhecimento para a compreensão de fenômenos naturais, de processos histórico-geográficos, da produção tecnológica e das manifestações artísticas.
III	Enfrentar situações-problema (SP)	Selecionar, organizar, relacionar, interpretar dados e informações representados de diferentes formas, para tomar decisões e enfrentar situações-problema.
IV	Construir argumentação (CA)	Relacionar informações, representadas em diferentes formas, e conhecimentos disponíveis em situações concretas, para construir argumentação consistente.
V	Elaborar propostas (EP)	Recorrer aos conhecimentos desenvolvidos na escola para elaboração de propostas de intervenção solidária na realidade, respeitando os valores humanos e considerando a diversidade sociocultural.

Vejamos o que significa cada um desses eixos.

Dominar linguagens

O eixo cognitivo I refere-se tanto ao domínio da língua portuguesa e de uma língua estrangeira (inglês ou espanhol) quanto ao domínio de outras linguagens mais específicas, como a linguagem da matemática, a linguagem da historiografia, a linguagem artística, a científica, etc.

Dominar a língua portuguesa é mais do que conhecer as regras da norma-padrão. É também reconhecer a existência de variedades linguísticas, que podem estar em desacordo com a norma-padrão, mas, em alguns casos, ser adequadas à situação e ao gênero, como é o caso, por exemplo, do uso da gíria em algumas histórias em quadrinhos. É ainda reconhecer a adequação ou inadequação da linguagem à situação, tanto na modalidade oral quanto na escrita, seja pelo excesso de formalidade, seja pelo de informalidade.

Dominar linguagens significa também ser capaz de transitar de uma linguagem para outra, ou seja, ler, por exemplo, um texto literário e uma tabela ou um mapa com temas afins e ser capaz de fazer cruzamentos e extrair deles informações, dados e conclusões.

Compreender fenômenos

O eixo cognitivo II tem por objetivo avaliar se o estudante é capaz de construir e aplicar conceitos de diferentes áreas do conhecimento para compreender, explicar ou indicar as causas e consequências de "fenômenos naturais, de processos histórico-geográficos, da produção tecnológica e das manifestações artísticas".

Na prática, isso quer dizer que, para resolver determinada questão de História, por exemplo, pode ser necessário fazer alguns cálculos matemáticos que envolvam porcentagens ou localizar informações em um mapa. Ou, em uma prova de Geografia, partindo de uma tabela ou de um gráfico (linguagens da Matemática) com dados sobre desemprego ou subnutrição, por exemplo, fazer cálculos e, em seguida, inferências sobre políticas governamentais de trabalho e assistência social.

Determinadas operações, como analisar, levantar hipóteses, comparar, inferir, concluir, entre outras, são ferramentas essenciais para o estudante chegar à melhor resposta ou solução para o problema proposto na questão.

Enfrentar situações-problema

As situações-problema das provas do Enem aparecem em questões complexas, que geralmente envolvem mais de uma linguagem ou mais de uma área de conhecimento e diferentes operações mentais.

O objetivo desse eixo é avaliar se o estudante sabe selecionar, relacionar e interpretar dados para tomar uma decisão. Para fazer isso, ele tem de priorizar algumas informações em detrimento de outras e, com base nesses dados, adotar os procedimentos adequados para alcançar o objetivo, ou seja, resolver a situação-problema.

Resolver uma situação-problema assemelha-se a participar de um jogo. Para vencer, é necessário analisar a situação, mobilizar recursos, selecionar procedimentos e ações e interpretar todos os dados disponíveis para tomar a melhor decisão.

Assim, ter êxito numa situação-problema proposta em uma questão do Enem pressupõe enfrentá-la, aceitar os desafios e superá-los, contando com a mobilização de conhecimentos e habilidades em diferentes áreas.

Construir argumentação

O objetivo do eixo cognitivo IV é avaliar se o candidato é capaz de relacionar informações — principalmente as fornecidas pelo próprio exame — para construir argumentação consistente. Isso quer dizer que, diante de um tema complexo, o estudante deve primeiramente examiná-lo por diferentes perspectivas, fazendo uso de operações como analisar, comparar, levantar hipóteses, estabelecer relações de causa e efeito, etc., e, depois, posicionar-se diante do tema, isto é, tomar uma posição ou adotar um ponto de vista, e defendê-lo.

Na prova de redação, esse eixo aparece de forma clara. A proposta de produção de texto normalmente constitui-se de duas partes: um painel de textos que, com diferentes pontos de vista, abordam um assunto comum; e um tema argumentativo explícito, que exige do estudante um posicionamento e a defesa de um ponto de vista. O painel de textos serve para o participante selecionar e relacionar informações que lhe serão úteis para construir a argumentação.

A prova de redação, contudo, não é a única situação em que a argumentação está presente na prova. Em alguns tipos de questão de múltipla escolha, de diferentes áreas, as alternativas são argumentos que fundamentam uma afirmação ou um princípio apresentado no corpo da questão. A tarefa do estudante, nesse caso, não é propriamente *construir* argumentos, mas *escolher* o argumento que melhor justifica uma ideia apresentada.

Elaborar propostas

O eixo cognitivo V avalia a possibilidade de o estudante, fazendo uso de conhecimentos formais e adotando uma perspectiva cidadã, propor medidas de "intervenção solidária na realidade". Isso quer dizer que toda solução pensada para um problema apresentado na prova deve levar em conta não interesses individuais, mas o interesse coletivo, o respeito aos direitos do cidadão e à diversidade sociocultural, a preservação do meio ambiente, a busca de uma sociedade melhor e mais justa.

Tal qual no eixo IV, esse eixo também aparece muito claramente na prova de redação. Contudo, em questões de múltipla escolha de qualquer área do conhecimento, é com a mesma postura cidadã que o estudante deve examinar as alternativas e escolher as que sejam compatíveis com ela. Isso em relação aos mais variados temas que concorrem nesse exame, tais como direitos políticos do cidadão, a devastação da natureza no Brasil, efeitos da globalização, o impacto das redes sociais nas relações humanas, o aquecimento global, etc.

Você deve ter observado que nem sempre é fácil dissociar um eixo cognitivo de outro. Por isso, é comum que em uma mesma questão estejam implicados mais de um eixo.

Para o estudante se sair bem no Enem, não há necessidade de conhecer de cor os eixos cognitivos ou de reconhecê-los. Apesar disso, propomos a seguir alguns exercícios de reconhecimento dos eixos, para proporcionar maior familiaridade com eles e a possibilidade de serem mais bem compreendidos.

Exercícios

Há, a seguir, quatro questões extraídas de um exame do Enem. Leia-as e tente resolvê-las. Verifique o gabarito com seu professor. Depois identifique os eixos cognitivos que estão sendo avaliados em cada uma das questões.

1.

TEXTO I

Sob o olhar do *Twitter*

Vivemos a era da exposição e do compartilhamento. Público e privado começam a se confundir. A ideia de privacidade vai mudar ou desaparecer.

O trecho acima tem 140 caracteres exatos. É uma mensagem curta que tenta encapsular uma ideia complexa. Não é fácil esse tipo de síntese, mas dezenas de

O ENEM E OS CINCO EIXOS COGNITIVOS

16

milhões de pessoas o praticam diariamente. No mundo todo, são disparados 2,4 trilhões de SMS por mês, e neles cabem 140 toques, ou pouco mais. Também é comum enviar *e-mails*, deixar recados no Orkut, falar com as pessoas pelo MSN, tagarelar no celular, receber chamados em qualquer parte, a qualquer hora. Estamos conectados. Superconectados, na verdade, de várias formas.

[...] O mais recente exemplo de demanda por total conexão e de uma nova sintaxe social é o *Twitter*, o novo serviço de troca de mensagens pela internet. O *Twitter* pode ser entendido como uma mistura de *blog* e celular. As mensagens são de 140 toques, como os torpedos dos celulares, mas circulam pela internet, como os textos de *blogs*. Em vez de seguir para apenas uma pessoa, como no celular ou no MSN, a mensagem do *Twitter* vai para todos os "seguidores" — gente que acompanha o emissor. Podem ser 30, 300 ou 409 mil seguidores.

MARTINS, I.; LEAL, R. *Época*. 16 mar. 2009 (fragmento adaptado).

TEXTO II

DICAS Para usar melhor o Twitter

Coloque-se no lugar de seu leitor: você gostaria de saber que alguém está comendo um lanche?

Cuidado com o que você vai publicar: você quer mesmo que todo mundo saiba detalhes de sua vida afetiva ou sexual?

Encontre uma velocidade ideal de mensagens: se forem poucas, ninguém vai segui-lo; se forem muitas, as pessoas vão deixar você de lado

Use a busca para encontrar pessoas e assuntos que lhe interessam. Se quiser seguir os resultados da busca, cadastre-a em seu leitor de RSS

Aprecie com moderação: o Twitter pode dispersá-lo. Se estiver concentrado, deixe-o fechado. Dose o tempo que você gasta com ele

Se a conversa começar a ficar longa, **ligue para a pessoa ou use o MSN**

Não tente ler tudo. É impossível! De tempos em tempos, avalie se você quer realmente seguir todas aquelas pessoas

MARTINS, I.; LEAL, R. *Época*. 16 mar. 2009.

Da comparação entre os textos, depreende-se que o texto II constitui um passo a passo para interferir no comportamento dos usuários, dirigindo-se diretamente aos leitores, e o texto I:

a) adverte os leitores de que a internet pode transformar-se em um problema porque expõe a vida dos usuários e, por isso, precisa ser investigada.

b) ensina aos leitores os procedimentos necessários para que as pessoas conheçam, em profundidade, os principais meios de comunicação da atualidade.

c) exemplifica e explica o novo serviço global de mensagens rápidas que desafia os hábitos de comunicação e reinventa o conceito de privacidade.

d) procura esclarecer os leitores a respeito dos perigos que o uso do *Twitter* pode representar nas relações de trabalho e também no plano pessoal.

e) apresenta uma enquete sobre as redes sociais mais usadas na atualidade e mostra que o *Twitter* é preferido entre a maioria dos internautas.

A LEITURA NAS PROVAS DO ENEM E DOS VESTIBULARES   159

2.

> Observe as dicas para calcular a quantidade certa de alimentos e bebidas para as festas de fim de ano:
>
> • Para o prato principal, estime 250 gramas de carne para cada pessoa.
>
> • Um copo americano cheio de arroz rende o suficiente para quatro pessoas.
>
> • Para a farofa, calcule quatro colheres de sopa por convidado.
>
> • Uma garrafa de vinho serve seis pessoas.
>
> • Uma garrafa de cerveja serve duas.
>
> • Uma garrafa de espumante serve três convidados.
>
> Quem organiza festas faz esses cálculos em cima do total de convidados, independente do gosto de cada um.
>
> Quantidade certa de alimentos e bebidas evita o desperdício da ceia.
> Jornal *Hoje*. 17 dez. 2010 (adaptado).

Um anfitrião decidiu seguir essas dicas ao se preparar para receber 30 convidados para a ceia de Natal. Para seguir essas orientações à risca, o anfitrião deverá dispor de:

a) 120 kg de carne, 7 copos americanos e meio de arroz, 120 colheres de sopa de farofa, 5 garrafas de vinho, 15 de cerveja e 10 de espumante.

b) 120 kg de carne, 7 copos americanos e meio de arroz, 120 colheres de sopa de farofa, 5 garrafas de vinho, 30 de cerveja e 10 de espumante.

c) 75 kg de carne, 7 copos americanos e meio de arroz, 120 colheres de sopa de farofa, 5 garrafas de vinho, 15 de cerveja e 10 de espumante.

d) 7,5 kg de carne, 7 copos americanos, 120 colheres de sopa de farofa, 5 garrafas de vinho, 30 de cerveja e 10 de espumante.

e) 7,5 kg de carne, 7 copos americanos e meio de arroz, 120 colheres de sopa de farofa, 5 garrafas de vinho, 15 de cerveja e 10 de espumante.

3.

> Os biocombustíveis de primeira geração são derivados da soja, milho e cana-de-açúcar e sua produção ocorre através da fermentação. Biocombustíveis derivados de material celulósico ou bicombustíveis de segunda geração — coloquialmente chamados de "gasolina de capim" — são aqueles produzidos a partir de resíduos de madeira (serragem, por exemplo), talos de milho, palha de trigo ou capim de crescimento rápido e se apresentam como uma alternativa para os problemas enfrentados pelos de primeira geração, já que as matérias-primas são baratas e abundantes.
>
> DALE, B. E.; HUBER, G. W. Gasolina de capim e outros vegetais. *Scientific American Brasil*.
> Ago. 2009, nº 87 (adaptado).

O texto mostra um dos pontos de vista a respeito do uso dos biocombustíveis na atualidade, os quais:

a) são matrizes energéticas com menor carga de poluição para o ambiente e podem propiciar a geração de novos empregos; entretanto, para serem oferecidos com baixo custo, a tecnologia da degradação da celulose nos biocombustíveis de segunda geração deve ser extremamente eficiente.

b) oferecem múltiplas dificuldades, pois a produção é de alto custo, sua implantação não gera empregos, e deve-se ter cuidado com o risco ambiental, pois eles oferecem os mesmos riscos que o uso de combustíveis fósseis.

c) sendo de segunda geração, são produzidos por uma tecnologia que acarreta problemas sociais, sobretudo decorrentes do fato de a matéria-prima ser abundante e facilmente encontrada, o que impede a geração de novos empregos.

d) sendo de primeira e segunda geração, são produzidos por tecnologias que devem passar por uma avaliação criteriosa quanto ao uso, pois uma enfrenta o problema da falta de espaço para plantio da matéria-prima e a outra impede a geração de novas fontes de emprego.

e) podem acarretar sérios problemas econômicos e sociais, pois a substituição do uso de petróleo afeta negativamente toda uma cadeia produtiva na medida em que exclui diversas fontes de emprego nas refinarias, postos de gasolina e no transporte de petróleo e gasolina.

4.

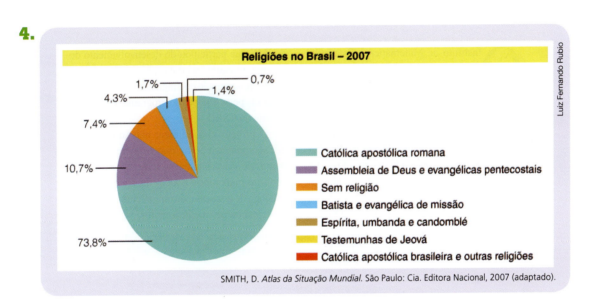

SMITH, D. *Atlas da Situação Mundial*. São Paulo: Cia. Editora Nacional, 2007 (adaptado).

Uma explicação de caráter histórico para o percentual da religião com maior número de adeptos declarados no Brasil foi a existência, no passado colonial e monárquico, da:

a) incapacidade do cristianismo de incorporar aspectos de outras religiões.

b) incorporação da ideia de liberdade religiosa na esfera pública.

c) permissão para o funcionamento de igrejas não cristãs.

d) relação de integração entre Estado e Igreja.

e) influência das religiões de origem africana.

CAPÍTULO 16

Prepare-se para o Enem e o vestibular

1. Leia o texto:

TELESSAÚDE PRETENDE MELHORAR PROGRAMAS DE SAÚDE DA FAMÍLIA

O Instituto de Matemática e Estatística (IME), junto com a Faculdade de Medicina (FMUSP) e o Centro de Saúde Escola Samuel Pessoa (CSEB), que fica no bairro do Butantã, em São Paulo, uniram-se em parceria e desenvolveram o programa de telessaúde Borboleta, que tem como principal objetivo modernizar o serviço de Atenção Domiciliar Primária do CSEB. "Trata-se de um projeto multidisciplinar e que pode trazer um grande benefício à sociedade", opina Rafael Correia, pesquisador do IME que participou do desenvolvimento do sistema. O Borboleta é um software de código aberto, programado em linguagem Java, que será utilizado pelas equipes do programa de saúde da família do CSEB.

O projeto visa otimizar não só o registro dos acompanhamentos, mas também o agendamento de visitas, anteriormente feito sem um controle mais efetivo, além da criação de um catálogo de doenças e de um sistema de controle da demanda por medicamentos.

(CAPELAS, B. Agência USP. Disponível em: <http://noticias.uol.com.br/saude/ultimas-noticias/redacao/2011/10/04/telessaude-pretende-melhorar-programas-de-saude-da-familia.jhtm>. Acesso em: 23/3/2012.)

Conforme afirma o texto, o Centro de Saúde Escola Samuel Pessoa (CSEB) procurou modernizar seus serviços e, para isso:

a) fará atendimento médico e preventivo via Internet (*software* Borboleta).

b) utilizará uma experiência do IME para divulgar novos processos de tratamento.

c) buscou nova tecnologia para aprimorar procedimentos anteriores e posteriores a consultas médicas.

d) irá catalogar doenças, praticando medicina preventiva com a ajuda do IME.

e) criou *software* capaz de detectar problemas de saúde e posterior diagnóstico.

2. O texto a seguir é o início do conto "Acefalia", de Júlio Cortazar, escritor que viveu na Argentina. Leia-o.

Cortaram a cabeça a um certo senhor, mas, como depois estourou uma greve e não puderam enterrá-lo, esse senhor teve que continuar vivendo sem cabeça e arranjar-se bem ou mal.

Em seguida ele notou que quatro dos cinco sentidos tinham ido embora com a cabeça. [...] cheio de boa vontade, sentou-se num banco da praça Lavalle e tocava uma por uma as folhas das árvores, tratando de distingui-las e dar os respectivos nomes [...]

(In: *Histórias de cronópios e de famas*. 7. ed. Rio de Janeiro: Civilização Brasileira, 2008.)

Na situação surreal, mencionada no texto, a personagem sem a cabeça perdeu quatro dos cinco sentidos. Assinale as alternativas que apresentam uma ação que ela ainda poderia realizar, mesmo sem a cabeça e os quatro sentidos.

a) assistir a um filme

b) ter sensação térmica

c) reconhecer alimento salgado ou doce

d) reconhecer a textura de objetos

e) perceber chamados de uma pessoa que grita

162 UNIDADE 3

3. Leia a tira:

(http://revistaescola.abril.com.br/img/galeria-fotos/calvin/calvin-107.gif)

A tentativa de produzir humor, na tira, consiste em uma quebra de expectativa. Qual alternativa melhor explica a intenção do garoto Calvin, ao fazer a afirmação do último quadrinho?

a) O garoto transmite a ideia de que aquela brincadeira não é educativa na sua idade.

b) Calvin explica que é inútil ser ágil naquele tipo de brincadeira.

c) O garoto quer dizer que paciência é uma característica que não combina com a sua idade.

d) Calvin explora a ideia de que a vida cotidiana não valoriza o prazer.

e) Enquanto brinca, um garoto não aprende absolutamente nada novo.

4. Leia o texto:

FUJA DA MÁ ALIMENTAÇÃO NO SUPERMERCADO

A vida moderna exige cada vez mais praticidade, pois o tempo é cada vez mais curto. Isto se aplica também à alimentação. Como escolher alimentos saudáveis nas prateleiras dos supermercados? Uma tarefa que pode parecer fácil, mas exige alguns cuidados. [...] já foi provado que os industrializados prejudicam a saúde das pessoas.
[...]

(André Rezende. *O poder das ervas.* São Paulo: Ibrasa, 2006.)

Lido o texto e sabendo que ele foi retirado de um livro que trata da importância dos produtos naturais para a saúde do ser humano, qual seria o destinatário que o autor tem em vista?

a) pessoas com problemas de saúde

b) consumidores urbanos comuns

c) vegetarianos típicos de cidades

d) profissionais da culinária

e) profissionais da saúde

CAPÍTULO 16

5. Leia a notícia:

Educadora faz celular passar de vilão a aliado

Não há professor que nunca tenha se irritado com o fato de que, no meio da aula, um celular na mão ou na mochila de um aluno tenha começado a tocar impertinente. Mas o aparelho presente entre estudantes de todas as idades não é, necessariamente, mais um vilão da disciplina na sala de aula, principalmente se a experiência for parecida com a da professora Leda Queiroz de Paula. A educadora desenvolveu uma atividade para que o telefone não só pudesse continuar com os alunos, mas também passasse a fazer parte da aula. [...] Assim, em junho, durante um evento organizado pelo colégio, com o nome de Festival da Amizade, cujo objetivo foi trabalhar, essencialmente, a importância dos valores humanos, Leda criou o chamado Festival do Minuto. Durante cerca de uma semana, os professores da escola fazem uma pausa no conteúdo programático para discutir, por meio de atividades lúdicas e oficinas, temas como o respeito ao próximo e a valorização da vida e das relações interpessoais. Os alunos, munidos dos seus inseparáveis celulares, tinham como tarefa produzir imagens de cenas que remetessem à ideia de amizade e que, depois, pudessem ser organizadas num minidocumentário, de cerca de um minuto de duração.

(Portal RAC. Out. 2011. Disponível em: <www.rac.com.br/institucionais/correio_escola/2011/10/31/103823/educadora-faz-celular-passar-de-vilao-a-aliado.html>.)

A notícia relata como a tecnologia ajudou a professora a desenvolver uma atividade que possivelmente foi bem recebida pelos alunos, embora não tenha se estendido por muito tempo. O projeto da professora buscava, principalmente:

a) a reeducação dos alunos quanto ao uso do celular.
b) valorizar a habilidade artística dos alunos.
c) a reeducação dos alunos quanto à prática do *bullying*.
d) valorizar a amizade por meio do uso do celular.
e) valorizar a habilidade de usar o celular.

6. Leia esta notícia:

BARBIE TATUADA CAUSA POLÊMICA NOS EUA

Ferrari Press Agency Dartford/Keystone

Nova York (Reuters) – De cabelo rosa e tatuada no ombro e pescoço, a nova Barbie, lançada pela empresa Mattel numa edição limitada para colecionadores, está mais para a perturbada heroína da trilogia Millenium, de Stieg Larsson, do que para as Barbies mais tradicionais, que existem desde 1959.

Desde que foi lançada pela Internet, neste mês, ao preço de 50 dólares, a boneca criada pela grife "tokidoki", de Los Angeles, teve seu estoque esgotado, mas não parou de gerar polêmica. [...] alguns pais questionam se um brinquedo deveria estimular modificações corporais.

(FRANCESCANI, C. Out. 2011. Disponível em: <www.estadao.com.br/noticias/arteelazer,barbie-tatuada-causa-polemica-nos-eua,790920,0.htm>.)

Tradicionalmente, bonecas são um produto destinado principalmente a um público feminino infantil. O lançamento da nova Barbie de que fala a notícia revela:

a) a preferência atual por uma boneca que represente a mulher adulta oriental.
b) a necessidade atual de vender a imagem de uma jovem mulher, problemática e revolucionária.
c) a busca de novos nichos de mercado.
d) a disputa pelo público europeu e norte-americano.
e) o retorno a um estilo de boneca típico dos anos 1950.

O ENEM E OS CINCO EIXOS COGNITIVOS

Questões do Enem

1.

É água que não acaba mais

Dados preliminares divulgados por pesquisadores da Universidade Federal do Pará (UFPA) apontaram o Aquífero Alter do Chão como o maior depósito de água potável do planeta. Com volume estimado em 86 000 quilômetros cúbicos de água doce, a reserva subterrânea está localizada sob os estados do Amazonas, Pará e Amapá. "Essa quantidade de água seria suficiente para abastecer a população mundial durante 500 anos", diz Milton Matta, geólogo da UFPA. Em termos comparativos, Alter do Chão tem quase o dobro do volume de água do Aquífero Guarani (com 45 000 quilômetros cúbicos). Até então, Guarani era a maior reserva subterrânea do mundo, distribuída por Brasil, Argentina, Paraguai e Uruguai.

Época. N° 623, 26 abr. 2010.

Essa notícia, publicada em uma revista de grande circulação, apresenta resultados de uma pesquisa científica realizada por uma universidade brasileira. Nessa situação específica de comunicação, a função referencial da linguagem predomina, porque o autor do texto prioriza:

a) as suas opiniões, baseadas em fatos.
b) os aspectos objetivos e precisos.
c) os elementos de persuasão do leitor.
d) os elementos estéticos na construção do texto.
e) os aspectos subjetivos da mencionada pesquisa.

2.

PICASSO, P. *Guernica*. Óleo sobre tela. 349 x 777 cm. Museu Reina Sofia, Espanha, 1937. Disponível em: http://www.fddreis.files.wordpress.com. Acesso em: 26 jul. 2010.

O pintor espanhol Pablo Picasso (1881-1973), um dos mais valorizados no mundo artístico, tanto em termos financeiros quanto históricos, criou a obra *Guernica* em protesto ao ataque aéreo à pequena cidade basca de mesmo nome. A obra, feita para integrar o Salão Internacional de Artes Plásticas de Paris, percorreu toda a Europa, chegando aos EUA e instalando-se no MoMA, de onde sairia apenas em 1981. Essa obra cubista apresenta elementos plásticos identificados pelo:

a) painel ideográfico, monocromático, que enfoca várias dimensões de um evento, renunciando à realidade, colocando-se em plano frontal ao espectador.
b) horror da guerra de forma fotográfica, com o uso da perspectiva clássica, envolvendo o espectador nesse exemplo brutal de crueldade do ser humano.
c) uso das formas geométricas no mesmo plano, sem emoção e expressão, despreocupado com o volume, a perspectiva e a sensação escultórica.
d) esfacelamento dos objetos abordados na mesma narrativa, minimizando a dor humana a serviço da objetividade, observada pelo uso do claro-escuro.
e) uso de vários ícones que representam personagens fragmentados bidimensionalmente, de forma fotográfica livre de sentimentalismo.

3.

O Centro-Oeste apresentou-se como extremamente receptivo aos novos fenômenos da urbanização, já que era praticamente virgem, não possuindo infraestrutura de monta, nem outros investimentos fixos vindos do passado. Pôde, assim, receber uma infraestrutura nova, totalmente a serviço de uma economia moderna.

SANTOS, M. *A Urbanização Brasileira*. São Paulo: EdUSP, 2005 (adaptado).

O texto trata da ocupação de uma parcela do território brasileiro. O processo econômico diretamente associado a essa ocupação foi o avanço da:

a) industrialização voltada para o setor de base.
b) economia da borracha no sul da Amazônia.
c) fronteira agropecuária que degradou parte do cerrado.
d) exploração mineral na Chapada dos Guimarães.
e) extrativismo na região pantaneira.

A LEITURA NAS PROVAS DO ENEM E DOS VESTIBULARES   165

CAPÍTULO 16

4.

VERÍSSIMO, L. F. As cobras em: Se Deus existe que eu seja atingido por um raio. Porto Alegre: L&PM, 1997.

O humor da tira decorre da reação de uma das cobras com relação ao uso de pronome pessoal reto, em vez de pronome oblíquo. De acordo com a norma-padrão da língua, esse uso é inadequado, pois:

a) contraria o uso previsto para o registro oral da língua.
b) contraria a marcação das funções sintáticas de sujeito e objeto.
c) gera inadequação na concordância com o verbo.
d) gera ambiguidade na leitura do texto.
e) apresenta dupla marcação de sujeito.

5.

LEIRNER, N. Tronco com cadeira (detalhe), 1964. Disponível em: http://www.itaucultural.org.br. Acesso em: 27 jul. 2010.

Nessa estranha dignidade e nesse abandono, o objeto foi exaltado de maneira ilimitada e ganhou um significado que se pode considerar mágico. Daí sua "vida inquietante e absurda". Tornou-se ídolo e, ao mesmo tempo, objeto de zombaria. Sua realidade intrínseca foi anulada.

JAFFÉ, A. O simbolismo nas artes plásticas. In: JUNG, C. G. (org.). O homem e os seus símbolos. Rio de Janeiro: Nova Fronteira, 2008.

A relação observada entre a imagem e o texto apresentados permite o entendimento da intenção de um artista contemporâneo. Neste caso, a obra apresenta características:

a) funcionais e de sofisticação decorativa.
b) futuristas e do abstrato geométrico.
c) construtivistas e de estruturas modulares.
d) abstracionistas e de releitura do objeto.
e) figurativas e de representação do cotidiano.

6.

A Lei 10.639, de 9 de janeiro de 2003, inclui no currículo dos estabelecimentos de ensino fundamental e médio, oficiais e particulares, a obrigatoriedade do ensino sobre História e Cultura Afro-Brasileira e determina que o conteúdo programático incluirá o estudo da História da África e dos africanos, a luta dos negros no Brasil, a cultura negra brasileira e o negro na formação da sociedade nacional, resgatando a contribuição do povo negro nas áreas social, econômica e política pertinentes à História do Brasil, além de instituir, no calendário escolar, o dia 20 de novembro como data comemorativa do "Dia da Consciência Negra".

Disponível em: http://www.planalto.gov.br. Acesso em: 27 jul. 2010 (adaptado).

A referida lei representa um avanço não só para a educação nacional, mas também para a sociedade brasileira, porque:

a) legitima o ensino das ciências humanas nas escolas.
b) divulga conhecimentos para a população afro-brasileira.
c) reforça a concepção etnocêntrica sobre a África e sua cultura.
d) garante aos afrodescendentes a igualdade no acesso à educação.
e) impulsiona o reconhecimento da pluralidade étnico-racial do país.

O ENEM E OS CINCO EIXOS COGNITIVOS

7.

GOMES, A. et al. *A República no Brasil*. Rio de Janeiro: Nova Fronteira, 2002.

A análise do gráfico permite identificar um intervalo de tempo no qual uma alteração na proporção de eleitores inscritos resultou de uma luta histórica de setores da sociedade brasileira. O intervalo de tempo e a conquista estão associados, respectivamente, em:

a) 1940-1950 — direito de voto para os ex-escravos.
b) 1950-1960 — fim do voto secreto.
c) 1960-1970 — direito de voto para as mulheres.
d) 1970-1980 — fim do voto obrigatório.
e) 1980-1996 — direito de voto para os analfabetos.

8.

Disponível em: http://www.meganbergdesigns.com/andrill/iceberg07/postcards/index.html. Acesso em: 29 jul. 2010 (adaptado).

Os cartões-postais costumam ser utilizados por viajantes que desejam enviar notícias dos lugares que visitam a parentes e amigos. Publicado no *site* do projeto ANDRILL, o texto em formato de cartão-postal tem o propósito de:

a) comunicar o endereço da nova sede do projeto nos Estados Unidos.
b) convidar colecionadores de cartões-postais a se reunirem em um evento.
c) anunciar uma nova coleção de selos para angariar fundos para a Antártica.
d) divulgar às pessoas a possibilidade de receberem um cartão-postal da Antártica.
e) solicitar que as pessoas visitem o *site* do mencionado projeto com maior frequência.

9.

Fora da ordem

Em 1588, o engenheiro militar italiano Agostinho Romelli publicou *Le Diverse et Artificiose Machine*, no qual descrevia uma máquina de ler livros. Montada para girar verticalmente, como uma roda de hamster, a invenção permitia que o leitor fosse de um texto ao outro sem se levantar de sua cadeira.

Hoje podemos alternar entre documentos com muito mais facilidade — um clique no mouse é suficiente para acessarmos imagens, textos, vídeos e sons instantaneamente. Para isso, usamos o computador, e principalmente a internet — tecnologias que não estavam disponíveis no Renascimento, época em que Romelli viveu.

BERCITTO, D. Revista *Língua Portuguesa*. Ano II. Nº 14.

O inventor italiano antecipou, no século XVI, um dos princípios definidores do hipertexto: a quebra de linearidade na leitura e a possibilidade de acesso ao texto conforme o interesse do leitor. Além de ser característica essencial da internet, do ponto de vista da produção do texto, a hipertextualidade se manifesta também em textos impressos, como:

a) dicionários, pois a forma do texto dá liberdade de acesso à informação.
b) documentários, pois o autor faz uma seleção dos fatos e das imagens.
c) relatos pessoais, pois o narrador apresenta sua percepção dos fatos.
d) editoriais, pois o editorialista faz uma abordagem detalhada dos fatos.
e) romances românticos, pois os eventos ocorrem em diversos cenários.

10.

A biosfera, que reúne todos os ambientes onde se desenvolvem os seres vivos, se divide em unidades menores chamadas ecossistemas, que podem ser uma floresta, um deserto e até um lago. Um ecossistema tem múltiplos mecanismos que regulam o número de organismos dentro dele, controlando sua reprodução, crescimento e migrações.

DUARTE, M. *O guia dos curiosos*. São Paulo: Companhia das Letras, 1995.

Predomina no texto a função da linguagem:

a) emotiva, porque o autor expressa seu sentimento em relação à ecologia.
b) fática, porque o texto testa o funcionamento do canal de comunicação.
c) poética, porque o texto chama a atenção para os recursos de linguagem.

CAPÍTULO 16

d) conativa, porque o texto procura orientar comportamentos do leitor.

e) referencial, porque o texto trata de noções e informações conceituais.

11.

Câncer 21/06 a 21/07

O eclipse em seu signo vai desencadear mudanças na sua autoestima e no seu modo de agir. O corpo indicará onde você falha — se anda engolindo sapos, a área gástrica se ressentirá. O que ficou guardado virá à tona para ser transformado, pois este novo ciclo exige uma "desintoxicação". Seja comedida em suas ações, já que precisará de energia para se recompor. Há preocupação com a família, e a comunicação entre os irmãos trava. Lembre-se: palavra preciosa é palavra dita na hora certa. Isso ajuda também na vida amorosa, que será testada. Melhor conter as expectativas e ter calma, avaliando as próprias carências de modo maduro. Sentirá vontade de olhar além das questões materiais — sua confiança virá da intimidade com os assuntos da alma.

Revista *Cláudia*. Nº 7, ano 48, jul. 2009.

O reconhecimento dos diferentes gêneros textuais, seu contexto de uso, sua função social específica, seu objetivo comunicativo e seu formato mais comum relacionam-se aos conhecimentos construídos socioculturalmente. A análise dos elementos constitutivos desse texto demonstra que sua função é:

a) vender um produto anunciado.

b) informar sobre astronomia.

c) ensinar os cuidados com a saúde.

d) expor a opinião de leitores em um jornal.

e) aconselhar sobre amor, família, saúde, trabalho.

12.

O Flamengo começou a partida no ataque, **enquanto** o Botafogo procurava fazer uma forte marcação no meio-campo e tentar lançamentos para Victor Simões, isolado entre os zagueiros rubro-negros. **Mesmo** com mais posse de bola, o time dirigido por Cuca tinha grande dificuldade de chegar à área alvinegra **por causa do** bloqueio montado pelo Botafogo na frente da sua área.

No entanto, na primeira chance rubro-negra, saiu o gol. **Após** cruzamento da direita de Ibson, a zaga alvinegra rebateu a bola de cabeça para o meio da área. Kléberson apareceu na jogada e cabeceou por cima do goleiro Renan. Ronaldo Angelim apareceu nas costas da defesa e empurrou para o fundo da rede quase que em cima da linha: Flamengo 1 a 0.

CORDEIRO, R. Momento do futebol. 3 mar. 2009. Disponível em: http://momentodofutebol. blogspot.com (adaptado). Acesso em: 17/5/2012.

O texto, que narra uma parte do jogo final do Campeonato Carioca de futebol, realizado em 2009, contém vários conectivos, sendo que:

a) **após** é conectivo de causa, já que apresenta o motivo de a zaga alvinegra ter rebatido a bola de cabeça.

b) **enquanto** tem um significado alternativo, porque conecta duas opções possíveis para serem aplicadas no jogo.

c) **no entanto** tem significado de tempo, porque ordena os fatos observados no jogo em ordem cronológica de ocorrência.

d) **mesmo** traz ideia de concessão, já que "com mais posse de bola", ter dificuldade não é algo naturalmente esperado.

e) **por causa de** indica consequência, porque as tentativas de ataque do Flamengo motivaram o Botafogo a fazer um bloqueio.

13.

A gentileza é algo difícil de ser ensinado e vai muito além da palavra educação. Ela é difícil de ser encontrada, mas fácil de ser identificada, e acompanha pessoas generosas e desprendidas, que se interessam em contribuir para o bem do outro e da sociedade. É uma atitude desobrigada, que se manifesta nas situações cotidianas e das maneiras mais prosaicas.

SIMURRO, S. A. B. *Ser gentil é ser saudável*. Disponível em: http://www.abqv.org.br. Acesso em: 22 jun. 2006 (adaptado).

No texto, menciona-se que a gentileza extrapola as regras de boa educação. A argumentação construída:

a) apresenta fatos que estabelecem entre si relações de causa e de consequência.

b) descreve condições para a ocorrência de atitudes educadas.

c) indica a finalidade pela qual a gentileza pode ser praticada.

d) enumera fatos sucessivos em uma relação temporal.

e) mostra oposição e acrescenta ideias.

168 UNIDADE 3

O ENEM E OS CINCO EIXOS COGNITIVOS

14.

Soneto

Já da morte o palor me cobre o rosto,
Nos lábios meus o alento desfalece,
Surda agonia o coração fenece,
E devora meu ser mortal desgosto!

Do leito embalde no macio encosto
Tento o sono reter!... já esmorece
O corpo exausto que o repouso esquece...
Eis o estado em que a mágoa me tem posto!

O adeus, o teu adeus, minha saudade,
Fazem que insano do viver me prive
E tenha os olhos meus na escuridade.

Dá-me a esperança com que o ser mantive!
Volve ao amante os olhos por piedade,
Olhos por quem viveu quem já não vive!

AZEVEDO, A. *Obra completa*. Rio de Janeiro: Nova Aguilar, 2000.

O núcleo temático do soneto citado é típico da segunda geração romântica, porém configura um lirismo que o projeta para além desse momento específico. O fundamento desse lirismo é:

a) a angústia alimentada pela constatação da irreversibilidade da morte.
b) a melancolia que frustra a possibilidade de reação diante da perda.
c) o descontrole das emoções provocado pela autopiedade.
d) o desejo de morrer como alívio para a desilusão amorosa.
e) o gosto pela escuridão como solução para o sofrimento.

15.

Capítulo III

Um criado trouxe o café. Rubião pegou na xícara e, enquanto lhe deitava açúcar, ia disfarçadamente mirando a bandeja, que era de prata lavrada. Prata, ouro, eram os metais que amava de coração; não gostava de bronze, mas o amigo Palha disse-lhe que era matéria de preço, e assim se explica este par de figuras que aqui está na sala: um Mefistófeles e um Fausto. Tivesse, porém, de escolher, escolheria a bandeja, — primor de argentaria, execução fina e acabada. O criado esperava teso e sério. Era espanhol; e não foi sem resistência que Rubião o aceitou das mãos de Cristiano; por mais que lhe dissesse que estava acostumado aos seus crioulos de Minas, e não queria línguas estrangeiras em casa, o amigo Palha insistiu, demonstrando-lhe a necessidade de ter criados brancos. Rubião cedeu com pena. O seu bom pajem, que ele queria pôr na sala, como um pedaço da província, nem o pôde deixar na cozinha, onde reinava um francês, Jean; foi degradado a outros serviços.

ASSIS, M. *Quincas Borba*. In: *Obra completa*. V. 1. Rio de Janeiro: Nova Aguilar, 1993 (fragmento).

Quincas Borba situa-se entre as obras-primas do autor e da literatura brasileira. No fragmento apresentado, a peculiaridade do texto que garante a universalização de sua abordagem reside:

a) no conflito entre o passado pobre e o presente rico, que simboliza o triunfo da aparência sobre a essência.
b) no sentimento de nostalgia do passado devido à substituição da mão de obra escrava pela dos imigrantes.
c) na referência a Fausto e Mefistófeles, que representam o desejo de eternização de Rubião.
d) na admiração dos metais por parte de Rubião, que metaforicamente representam a durabilidade dos bens produzidos pelo trabalho.
e) na resistência de Rubião aos criados estrangeiros, que reproduz o sentimento de xenofobia.

CAPÍTULO 17
Competências e habilidades do Enem (I)

> *Saber ler e interpretar um texto adequadamente é condição essencial para qualquer pessoa obter sucesso na vida pessoal e profissional. Em exames como o Enem, a interpretação de textos vem ocupando boa parte da prova e cumprindo, por isso, um papel decisivo no ingresso à universidade. Neste capítulo, você vai saber o que são as competências e habilidades avaliadas no exame do Enem e observar como elas são utilizadas nas questões de interpretação de textos.*

O que são competências e habilidades?

Veja a explicação para **competência** dada por Philippe Perrenoud, especialista em educação:

> [Competência é a] capacidade de agir eficazmente em um determinado tipo de situação, apoiada em conhecimentos, mas sem limitar-se a eles.
>
> (*Construir as competências desde a escola.* Porto Alegre: Artmed, 1999. p. 7.)

Veja agora a explicação do próprio Enem:

> Competências são as modalidades estruturais da inteligência, ou melhor, ações e operações que utilizamos para estabelecer relações com e entre objetos, situações, fenômenos e pessoas que desejamos conhecer.
>
> (*Eixos cognitivos do Enem – Versão preliminar.* Brasília: MEC/INEP, 2007. p. 18.)

Vistas como "modalidades estruturais da inteligência", as competências se concretizam por meio de ações e operações que o estudante mobiliza para enfrentar determinada situação ou resolver um problema. Essas ações e operações são chamadas de **habilidades**.

Veja como o próprio Enem conceitua essa expressão:

> As habilidades decorrem das competências adquiridas e referem-se ao plano imediato do "saber fazer". [...] As habilidades expressam como os alunos concretizam suas ações, procedimentos e estratégias na resolução de problemas relativos aos diferentes domínios do conhecimento.
>
> (*Eixos cognitivos do Enem*, cit., p. 18 e 34-5.)

As competências se concretizam, assim, por meio de ações e operações, ou seja, habilidades, que o estudante mobiliza para enfrentar determinada situação ou resolver um problema. Portanto, **competência** é o *saber* fazer e **habilidade** é o *como* fazer.

Apresentaremos, neste capítulo e nos dois capítulos seguintes, as competências da área de Linguagens, códigos e suas tecnologias definidas pelo Enem. As competências e habilidades de outras áreas você poderá conhecer acessando a Matriz de referências para o Enem 2009 no *site* http://portal.mec.gov.br/dmdocuments/matriz_referencia_novoenem.pdf.

A LEITURA NAS PROVAS DO ENEM E DOS VESTIBULARES

Competências de área 1, 2 e 3 referentes a Linguagens, códigos e suas tecnologias

A seguir, apresentamos as três primeiras competências e suas respectivas habilidades indicadas pela Matriz de referência de Linguagens, códigos e suas tecnologias.

Competência de área 1 – Aplicar as tecnologias da comunicação e da informação na escola, no trabalho e em outros contextos relevantes para sua vida.

H1	Identificar as diferentes linguagens e seus recursos expressivos como elementos de caracterização dos sistemas de comunicação.
H2	Recorrer aos conhecimentos sobre as linguagens dos sistemas de comunicação e informação para resolver problemas sociais.
H3	Relacionar informações geradas nos sistemas de comunicação e informação, considerando a função social desses sistemas.
H4	Reconhecer posições críticas aos usos sociais que são feitos das linguagens e dos sistemas de comunicação e informação.

Competência de área 2 – Conhecer e usar língua(s) estrangeira(s) moderna(s) como instrumento de acesso a informações e a outras culturas e grupos sociais.

H5	Associar vocábulos e expressões de um texto em LEM [língua estrangeira moderna] ao seu tema.
H6	Utilizar os conhecimentos da LEM e de seus mecanismos como meio de ampliar as possibilidades de acesso a informações, tecnologias e culturas.
H7	Relacionar um texto em LEM, as estruturas linguísticas, sua função e seu uso social.
H8	Reconhecer a importância da produção cultural em LEM como representação da diversidade cultural e linguística.

Competência de área 3 – Compreender e usar a linguagem corporal como relevante para a própria vida, integradora social e formadora da identidade.

H9	Reconhecer as manifestações corporais de movimento como originárias de necessidades cotidianas de um grupo social.
H10	Reconhecer a necessidade de transformação de hábitos corporais em função das necessidades cinestésicas.
H11	Reconhecer a linguagem corporal como meio de interação social, considerando os limites de desempenho e as alternativas de adaptação para diferentes indivíduos.

Agora, leia e tente resolver três questões de provas do Enem:

172   UNIDADE 3

COMPETÊNCIAS E HABILIDADES DO ENEM (I) 17

1.

Disponível em: http://www.chris-alexander.co.uk/1191. Acesso em: 28 jul. 2010 (adaptado).

Definidas pelos países membros da Organização das Nações Unidas e por organizações internacionais, as metas de desenvolvimento do milênio envolvem oito objetivos a serem alcançados até 2015. Apesar da diversidade cultural, esses objetivos, mostrados na imagem, são comuns ao mundo todo, sendo dois deles:

a) O combate à AIDS e a melhoria do ensino universitário.
b) A redução da mortalidade adulta e a criação de parcerias globais.
c) A promoção da igualdade de gêneros e a erradicação da pobreza.
d) Parceria global para o desenvolvimento e a valorização das crianças.
e) Garantia da sustentabilidade ambiental e o combate ao trabalho infantil.

2.

> A dança é um importante componente cultural da humanidade. O folclore brasileiro é rico em danças que representam as tradições e a cultura de várias regiões do país. Estão ligadas aos aspectos religiosos, festas, lendas, fatos históricos, acontecimentos do cotidiano e brincadeiras e caracterizam-se pelas músicas animadas (com letras simples e populares), figurinos e cenários representativos.
>
> SECRETARIA DA EDUCAÇÃO. *Proposta Curricular do Estado de São Paulo*: Educação Física. São Paulo: 2009 (adaptado).

A dança, como manifestação e representação da cultura rítmica, envolve a expressão corporal própria de um povo. Considerando-a como elemento folclórico, a dança revela:

a) manifestações afetivas, históricas, ideológicas, intelectuais e espirituais de um povo, refletindo seu modo de expressar-se no mundo.
b) aspectos eminentemente afetivos, espirituais e de entretenimento de um povo, desconsiderando fatos históricos.
c) acontecimentos do cotidiano, sob influência mitológica e religiosa de cada região, sobrepondo aspectos políticos.

A LEITURA NAS PROVAS DO ENEM E DOS VESTIBULARES 173

d) tradições culturais de cada região, cujas manifestações rítmicas são classificadas em um *ranking* das mais originais.

e) lendas, que se sustentam em inverdades históricas, uma vez que são inventadas, e servem apenas para a vivência lúdica de um povo.

3.

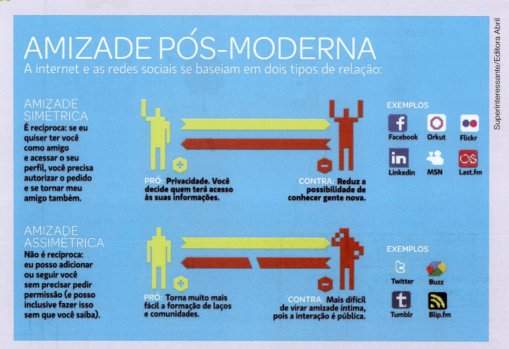

COSTA, C. *Superinteressante*. Fev. 2011 (adaptado).

Os amigos são um dos principais indicadores de bem-estar na vida social das pessoas. Da mesma forma que em outras áreas, a internet também inovou as maneiras de vivenciar a amizade. Da leitura do infográfico depreendem-se dois tipos de amizade virtual, a simétrica e a assimétrica, ambas com seus prós e contras. Enquanto a primeira se baseia na relação da reciprocidade, a segunda:

a) reduz o número de amigos virtuais, ao limitar o acesso à rede.

b) parte do anonimato obrigatório para se difundir.

c) reforça a configuração de laços mais profundos de amizade.

d) facilita a interação entre pessoas em virtude de interesses comuns.

e) tem a responsabilidade de promover a proximidade física.

Confronte as questões lidas às competências de área 1, 2 e 3 e suas respectivas habilidades indicadas pela Matriz de referência de Linguagens, códigos e suas tecnologias definidas pelo Enem. Depois responda:

1. Em relação à questão 1:

   a) Qual é a competência de área avaliada? Por quê?

   b) Que habilidades estão sendo avaliadas? Por quê?

2. Em relação à questão 2:

   a) Qual é a competência de área avaliada? Por quê?

   b) Que habilidade(s) está(ao) sendo avaliada(s)? Por quê?

3. Em relação à questão 3:

   a) Qual é a competência de área avaliada? Por quê?

   b) Que habilidades estão sendo avaliadas? Por quê?

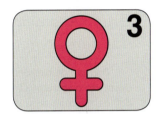

  Como é possível verificar, em cada questão é avaliada pelo menos uma competência e uma habilidade. Embora seja mais raro uma questão envolver mais de uma competência, é bastante comum uma questão envolver mais de uma habilidade.

  Para você se dar bem nas provas do Enem, não é necessário que reconheça com precisão que competências e habilidades estão sendo avaliadas nas questões. Contudo, conhecê-las e ter certa familiaridade com elas poderá trazer-lhe mais tranquilidade nas provas.

CAPÍTULO 17

Prepare-se para o Enem e o vestibular

1. Leia a notícia:

Hackers atacam sites de pedofilia e divulgam dados de 1.500 usuários

Grupo Anonymous tirou do ar mais de 40 páginas na Internet utilizadas para compartilhamento de pornografia infantil

O grupo de hackers Anonymous está de volta. Desta vez o seu alvo são os sites mantidos por pedófilos. O grupo tirou do ar nos últimos dias mais de 40 sites utilizados para o compartilhamento de arquivos com pornografia infantil.

E os integrantes do grupo foram além. Segundo o site ZDNet, eles divulgaram na Internet informações de mais de 1.500 usuários que integravam essa rede de crimes. Entre os dados estavam nomes, há quanto tempo fazem isso e quantas fotos compartilharam.

De acordo com o grupo, como os alertas para a remoção do conteúdo ilegal não foram atendidos, eles entraram nos servidores e tiraram as páginas do ar.

[...]

(http://idgnow.uol.com.br/seguranca/2011/10/24/hackers-atacam-sites-de-pedofilia-e-divulgam-dados-de-1-500-usuarios/)

A atuação do grupo Anonymous relatada no texto constitui uma resposta a uma campanha que foi desenvolvida na Internet contra a pedofilia e maus-tratos a crianças. Essa campanha possibilitou:

a) identificar mais rapidamente os usuários de *sites* mantidos por pedófilos e seus servidores.

b) identificar *sites* ligados ao crime da pedofilia e omitir o nome de seus autores.

c) identificar *sites* ligados ao crime da pedofilia e tirá-los do ar.

d) modificar a natureza dos *sites* mantidos por pedófilos e torná-los páginas educativas.

e) identificar e incriminar usuários dos *sites* mantidos por pedófilos, apenas.

2. Leia o texto:

Foram publicados pelo Comitê Paraolímpico Internacional (IPC), nesta terça-feira, dia 19 de abril, os critérios de classificação para as provas de atletismo dos Jogos Paraolímpicos de Londres 2012, que serão entre os dias 29 de agosto e nove de setembro. Serão 170 provas, sendo 103 masculinas e 67 femininas. O Brasil garantiu dez vagas antecipadas para a disputa, porque ganhou 30 medalhas e ficou em terceiro lugar no Mundial da modalidade, em janeiro deste ano, em Christchurch, na Nova Zelândia.

(www.webrun.com.br/esporteadaptado/n/brasil-classifica-dez-atletas-para-os-jogos-paraolimpicos-londres-2012/12104)

Os Jogos Paraolímpicos de que fala o texto são conhecidos como "Paraolimpíadas" e costumam ocorrer logo após a realização dos Jogos Olímpicos. A promoção desse evento, realizado pela primeira vez em Roma, em 1960, tem como finalidade:

a) divulgar as necessidades especiais dos atletas.

b) tratar as dificuldades dos atletas por meio dos esportes olímpicos.

c) divulgar os esportes criados para as necessidades especiais dos atletas.

d) integrar países por meio da convivência de pessoas com deficiência.

e) tratar as dificuldades motoras de atletas lesionados.

176 UNIDADE 3

COMPETÊNCIAS E HABILIDADES DO ENEM (I)

3. Observe atentamente o quadro *Golconda* (1953), de René Magritte, pintor belga que foi uma das principais expressões do Surrealismo:

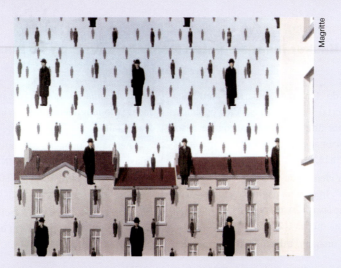

O quadro pode ser considerado um retrato da industrialização e da sociedade de consumo. Essa afirmação se justifica:

a) pela sequência de janelas fechadas, indicando solidão e medo.

b) pela repetição de perfis e de figurinos, indicando uniformidade.

c) pela ascensão física dos homens, indicando crítica à religiosidade.

d) pela ausência de movimento, indicando um ambiente urbano voltado exclusivamente ao trabalho.

e) pelas cores escuras das roupas com que as figuras humanas estão vestidas.

4. Leia o texto:

Quem tem medo das bicicletas?

Contra uma sociedade egoísta, a luta pelo bem comum. Contra o individualismo, a união. Contra a apatia, a mobilização cidadã.

As últimas manifestações promovidas pelos ciclistas em Curitiba, como a Marcha das 1.000 Bicicletas e o protesto contra o circuito ciclístico de lazer, no último domingo (23), trouxeram a bicicleta para o centro do debate, pautando a agenda da administração pública municipal e os meios de comunicação.

A mobilização dessa massa crítica trouxe um sopro de esperança à terra dos pinheirais, que reverberou na cobertura de jornais, rádios, tevês, sites, blogs e nas redes sociais – ao mesmo tempo em que provocou certo temor naqueles que se opõem a quaisquer mudanças sociais ou políticas.

(Alexandre Costa Nascimento. http://www.gazetadopovo.com.br/blog/irevirdebike/?id=1185083&tit=quem-tem-medo-das-bicicletas)

A ilustração do texto é foto de uma placa de trânsito adulterada. Que expressão empregada no texto pode ser associada apropriadamente à ilustração?

a) "naqueles que se opõem"

b) "ciclistas em Curitiba"

c) "mobilização cidadã"

d) "sites, blogs e nas rede sociais"

e) "uma sociedade egoísta"

A LEITURA NAS PROVAS DO ENEM E DOS VESTIBULARES

CAPÍTULO 17

5. Um novo tipo de protesto político tem sido notícia neste início de século. Leia o texto a seguir, no qual é relatada uma manifestação desse tipo.

Hacker invade e deixa mensagem no Blog do Planalto

O Blog do Planalto, endereço eletrônico contido no portal da Presidência da República, foi invadido por um hacker na madrugada desta quinta (13). A imagem acima exibe a aparência da página às 3h28.

O invasor identificou-se como "@DonR4ul, o hacker Beleza". Injetou na página uma foto tirada na marcha que levara 20 mil pessoas à Esplanada na manhã desta quarta (12).

Além da imagem, o intruso anotou no blog da Presidência frases que evocam bandeiras desfraldadas pelo movimento anticorrupção nascido nas redes sociais.

Acima da imagem, anotou-se, em letras maiúsculas: "POLÍTICO DEVE SER ÍNTEGRO, INCORRUPTÍVEL! FICHA LIMPA JÁ! VOTO ABERTO NO CONGRESSO!"

No rodapé da página, escreveu-se: "Brasileiros acredite [sic] em vocês, salvem o BRASIL! @DonR4ul O HACKER BELEZA".

(Josias de Souza. *Folha de S. Paulo*, 13/10/2011. http://josiasdesouza.folha.blog.uol.com.br/arch2011-10-09_2011-10-15.html#2011_10-13_04_28_08-10045644-0)

No ato que pratica em nome da justiça social e da ética na política, o cidadão autoidentificado por @DonR4ul cai em contradição. Em que consiste essa contradição?

a) No uso indevido da imagem do cantor e compositor Raul Seixas, pelo fato de ele já ter falecido.

b) Na comparação entre a limpeza ética e a limpeza que se faz com vassouras.

c) Na pregação de "voto aberto" no Congresso e prática do anonimato.

d) No uso de *blog* para manifestação, quando o correto seria enviar *e-mails* a senadores.

e) No desrespeito a uma instituição oficial, por entrar sem permissão em sua página virtual.

178 **UNIDADE 3**

COMPETÊNCIAS E HABILIDADES DO ENEM (I)

Questões do Enem

1.

"My report is about how important it is to save paper, electricity, and other resources. I'll send it to you telepathically."

GLASBERGEN, R. *Today's cartoon*. Disponível em: http://www.glasbergen.com. Acesso em: 23 jul. 2010.

Na fase escolar, é prática comum que os professores passem atividades extraclasse e marquem uma data para que as mesmas sejam entregues para correção. No caso da cena da charge, a professora ouve uma estudante apresentando argumentos para:

a) discutir sobre o conteúdo do seu trabalho já entregue.

b) elogiar o tema proposto para o relatório solicitado.

c) sugerir temas para novas pesquisas e relatórios.

d) reclamar do curto prazo para entrega do trabalho.

e) convencer de que fez o relatório solicitado.

2.

Disponível em: http://algarveturistico.com/wp-content/uploads/2009/04/ptm-ginastica-ritmica-01.jpg. Acesso em: 01 set. 2010.

O desenvolvimento das capacidades físicas (qualidades motoras passíveis de treinamento) ajuda na tomada de decisões em relação à melhor execução do movimento. A capacidade física predominante no movimento representado na imagem é:

a) a velocidade, que permite ao músculo executar uma sucessão rápida de gestos em movimentação de intensidade máxima.

b) a resistência, que admite a realização de movimentos durante considerável período de tempo, sem perda da qualidade da execução.

c) a flexibilidade, que permite a amplitude máxima de um movimento, em uma ou mais articulações, sem causar lesões.

d) a agilidade, que possibilita a execução de movimentos rápidos e ligeiros com mudanças de direção.

e) o equilíbrio, que permite a realização dos mais variados movimentos, com o objetivo de sustentar o corpo sobre uma base.

A LEITURA NAS PROVAS DO ENEM E DOS VESTIBULARES 179

CAPÍTULO 17

3.

How's your mood?

Diversos artistas/Argosfoto

For an interesting attempt to measure cause and effect try Mappiness, a project run by the London School of Economics, which offers a phone app that prompts you to record your mood and situation.

The Mappiness website says: "We're particularly interested in how people's happiness is affected by their local environment — air pollution, noise, green spaces, and so on — which the data from Mappiness will be absolutely great for investigating."

Will it work? With enough people, it might. But there are other problems. We've been using happiness and well-being interchangeably. Is that ok? The difference comes out in a sentiment like: "We were happier during the war." But was our well-being also greater then?

Why it's hard measure happiness. BBC News. Disponível em: http://www.bbc.co.uk. Acesso em: 27 jun. 2011 (adaptado).

O projeto *Mappiness*, idealizado pela *London School of Economics*, ocupa-se do tema relacionado:

a) ao nível de felicidade das pessoas em tempos de guerra.

b) à dificuldade de medir o nível de felicidade das pessoas a partir de seu humor.

c) ao nível de felicidade das pessoas enquanto falam ao celular com seus familiares.

d) à relação entre o nível de felicidade das pessoas e o ambiente no qual se encontram.

e) à influência das imagens grafitadas pelas ruas no aumento do nível de felicidade das pessoas.

4.

O *Chat* e sua linguagem virtual

O significado da palavra *chat* vem do inglês e quer dizer "conversa". Essa conversa acontece em tempo real, e, para isso, é necessário que duas ou mais pessoas estejam conectadas ao mesmo tempo, o que chamamos de comunicação síncrona. São muitos os sites que oferecem a opção de bate-papo na internet, basta escolher a sala que deseja "entrar", identificar-se e iniciar a conversa. Geralmente, as salas são divididas por assuntos, como educação, cinema, esporte, música, sexo, entre outros. Para entrar, é necessário escolher um *nick*, uma espécie de apelido que identificará o participante durante a conversa. Algumas salas restringem a idade, mas não existe nenhum controle para verificar se a idade informada é realmente a idade de quem está acessando, facilitando que crianças e adolescentes acessem salas com conteúdos inadequados para sua faixa etária.

AMARAL, S. F. Internet: novos valores e novos comportamentos. In: SILVA, E. T. (Coord,). *A leitura nos oceanos da internet*. São Paulo: Cortez, 2003 (adaptado).

Segundo o texto, o *chat* proporciona a ocorrência de diálogos instantâneos com linguagem específica, uma vez que nesses ambientes interativos faz-se uso de protocolos diferenciados de interação. O *chat*, nessa perspectiva, cria uma nova forma de comunicação porque:

a) possibilita que ocorra diálogo sem a exposição da identidade real dos indivíduos, que podem recorrer a apelidos fictícios sem comprometer o fluxo da comunicação em tempo real.

b) disponibiliza salas de bate-papo sobre diferentes assuntos com pessoas pré-selecionadas por meio de um sistema de busca monitorado e atualizado por autoridades no assunto.

c) seleciona previamente conteúdos adequados à faixa etária dos usuários que serão distribuídos nas faixas de idade organizadas pelo *site* que disponibiliza a ferramenta.

d) garante a gravação das conversas, o que possibilita que um diálogo permaneça aberto, independente da disposição de cada participante.

e) limita a quantidade de participantes conectados nas salas de bate-papo, a fim de garantir a qualidade e eficiência dos diálogos, evitando mal-entendidos.

COMPETÊNCIAS E HABILIDADES DO ENEM (I)

5.

Figura 1: Disponível em: http://www.clicrbs.com.br/blog/fotos/235151post_foto.jpg. Acesso em: 27 abr. 2010.

Figura 2: Disponível em: http://esporte.hsw.uol.com.br/volei-jogos-olimpicos.htm. Acesso em: 27 abr. 2010.

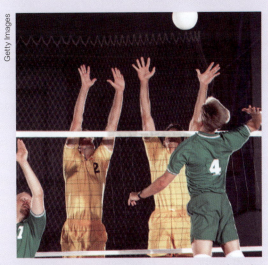

Figura 3: Disponível em: http://www.arel.com.br/eurocup/volei/. Acesso em: 27 abr. 2010.

O voleibol é um dos esportes mais praticados na atualidade. Está presente nas competições esportivas, nos jogos escolares e na recreação. Nesse esporte, os praticantes utilizam alguns movimentos específicos como: saque, manchete, bloqueio, levantamento, toque, entre outros. Na sequência de imagens, identificam-se os movimentos de:

a) sacar e colocar a bola em jogo, defender a bola e realizar a cortada como forma de ataque.

b) arremessar a bola, tocar para passar a bola ao levantador e bloquear como forma de ataque.

c) tocar e colocar a bola em jogo, cortar para defender e levantar a bola para atacar.

d) passar a bola e iniciar a partida, lançar a bola ao levantador e realizar a manchete para defender.

e) cortar como forma de ataque, passar a bola para defender e bloquear como forma de ataque.

6.

Conceitos e importância das lutas

Antes de se tornarem esporte, as lutas ou as artes marciais tiveram duas conotações principais: eram praticadas com o objetivo guerreiro ou tinham um apelo filosófico como concepção de vida bastante significativo.

Atualmente, nos deparamos com a grande expansão das artes marciais em nível mundial. As raízes orientais foram se disseminando, ora pela necessidade de luta pela sobrevivência ou para a "defesa pessoal", ora pela possibilidade de ter as artes marciais como própria filosofia de vida.

CARREIRO, E. A. *Educação Física na escola*: implicações para a prática pedagógica. Rio de Janeiro: Guanabara Koogan, 2008 (fragmento).

Um dos problemas da violência que está presente principalmente nos grandes centros urbanos são as brigas e os enfrentamentos de torcidas organizadas, além da formação de gangues, que se apropriam de gestos das lutas, resultando, muitas vezes, em fatalidades. Portanto, o verdadeiro objetivo da aprendizagem desses movimentos foi mal compreendido; afinal as lutas:

a) se tornaram um esporte, mas eram praticadas com o objetivo guerreiro a fim de garantir a sobrevivência.

b) apresentam a possibilidade de desenvolver o autocontrole, o respeito ao outro e a formação do caráter.

c) possuem como objetivo principal a "defesa pessoal" por meio de golpes agressivos sobre o adversário.

CAPÍTULO 17

d) sofreram transformações em seus princípios filosóficos em razão de sua disseminação pelo mundo.

e) se disseminaram pela necessidade de luta pela sobrevivência ou como filosofia pessoal de vida.

7.

> A discussão sobre "o fim do livro de papel" com a chegada da mídia eletrônica me lembra a discussão idêntica sobre a obsolescência do folheto de cordel. Os folhetos talvez não existam mais daqui a 100 ou 200 anos, mas, mesmo que isso aconteça, os poemas de Leandro Gomes de Barros ou Manuel Camilo dos Santos continuarão sendo publicados e lidos — em CD-ROM, em livro eletrônico, em "chips quânticos", sei lá o quê. O texto é uma espécie de alma imortal, capaz de reencarnar em corpos variados: página impressa, livro em Braille, folheto, *"coffee-table book"*, cópia manuscrita, arquivo PDF... Qualquer texto pode se reencarnar nesses (e em outros) formatos, não importa se é *Moby Dick* ou *Viagem a São Saruê*, se é *Macbeth* ou *O livro de piadas de Casseta & Planeta*.
>
> Braulio Tavares. O livro e o texto. *Jornal da Paraíba*. Disponível em: http://jornaldaparaiba.globo.com.

Ao refletir sobre a possível extinção do livro impresso e o surgimento de outros suportes em via eletrônica, o cronista manifesta seu ponto de vista, defendendo que:

a) o cordel é um dos gêneros textuais, por exemplo, que será extinto com o avanço da tecnologia.

b) o livro impresso permanecerá como objeto cultural veiculador de impressões e de valores culturais.

c) o surgimento da mídia eletrônica decretou o fim do prazer de se ler textos em livros e suportes impressos.

d) os textos continuarão vivos e passíveis de reprodução em novas tecnologias, mesmo que os livros desapareçam.

e) os livros impressos desaparecerão e, com eles, a possibilidade de se ler obras literárias dos mais diversos gêneros.

8.

> Na modernidade, o corpo foi descoberto, despido e modelado pelos exercícios físicos da moda. Novos espaços e práticas esportivas e de ginástica passaram a convocar as pessoas a modelarem seus corpos. Multiplicaram-se as academias de ginástica, as salas de musculação e o número de pessoas correndo pelas ruas.
>
> SECRETARIA DA EDUCAÇÃO. *Caderno do professor*: educação física. São Paulo, 2008.

Diante do exposto, é possível perceber que houve um aumento da procura por:

a) exercícios físicos aquáticos (natação/hidroginástica), que são exercícios de baixo impacto, evitando o atrito (não prejudicando as articulações), e que previnem o envelhecimento precoce e melhoram a qualidade de vida.

b) mecanismos que permitem combinar alimentação e exercício físico, que permitem a aquisição e manutenção de níveis adequados de saúde, sem a preocupação com padrões de beleza instituídos socialmente.

c) programas saudáveis de emagrecimento, que evitam os prejuízos causados na regulação metabólica, função imunológica, integridade óssea e manutenção da capacidade funcional ao longo do envelhecimento.

d) exercícios de relaxamento, reeducação postural e alongamentos, que permitem um melhor funcionamento do organismo como um todo, bem como uma dieta alimentar e hábitos saudáveis com base em produtos naturais.

e) dietas que preconizam a ingestão excessiva ou restrita de um ou mais macronutrientes (carboidratos, gorduras ou proteínas), bem como exercícios que permitem um aumento de massa muscular e/ou modelar o corpo.

UNIDADE 3

COMPETÊNCIAS E HABILIDADES DO ENEM (I)

9.

Es posible reducir la basura

En México se producen más de 10 millones de m³ de basura mensualmente, depositados en más de 50 mil tiraderos de basura legales y clandestinos, que afectan de manera directa nuestra calidad de vida, pues nuestros recursos naturales son utilizados desproporcionalmente, como materias primas que luego desechamos y tiramos convirtiéndolos en materiales inútiles y focos de infección.

Todo aquello que compramos y consumimos tiene una relación directa con lo que tiramos. Consumiendo racionalmente, evitando el derroche y usando sólo lo indispensable, directamente colaboramos con el cuidado del ambiente.

Si la basura se compone de varios desperdicios y si como desperdicios no fueron basura, si los separamos adecuadamente, podremos controlarlos y evitar posteriores problemas. Reciclar se traduce en importantes ahorros de energía, ahorro de agua potable, ahorro de materias primas, menor impacto en los ecosistemas y sus recursos naturales y ahorro de tiempo, dinero y esfuerzo.

Es necesário saber para empezar a actuar...

© Cueva, A. Reciclaje. Disponível em: http://www.tododecarton.com.mx/reciclaje.php. Acesso em: 27 abr. 2010 (adaptado).

A partir do que se afirma no último parágrafo: "Es necesario saber para empezar a actuar...", pode-se constatar que o texto foi escrito com a intenção de:

a) informar o leitor a respeito da importância da reciclagem para a conservação do meio ambiente.

b) indicar os cuidados que se deve ter para não consumir alimentos que podem ser focos de infecção.

c) denunciar o quanto o consumismo é nocivo, pois é o gerador dos dejetos produzidos no México.

d) ensinar como economizar tempo, dinheiro e esforço a partir dos 50 mil depósitos de lixo legalizados.

e) alertar a população mexicana para os perigos causados pelos consumidores de matéria-prima reciclável.

A LEITURA NAS PROVAS DO ENEM E DOS VESTIBULARES

CAPÍTULO 18

Competências e habilidades do Enem (II)

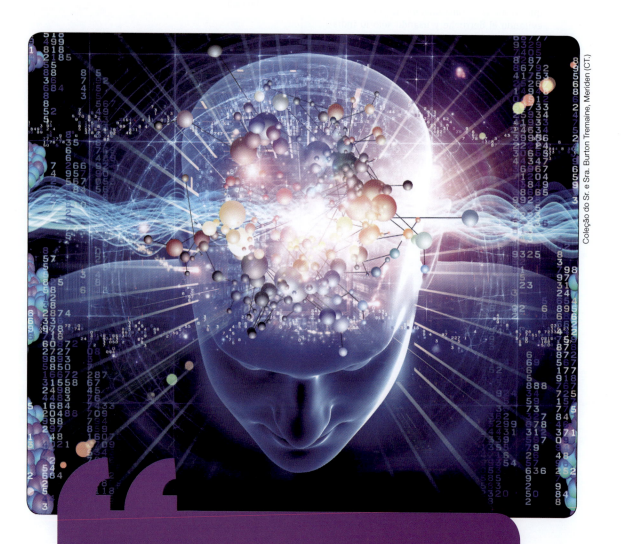
Coleção do Sr. e Sra. Burton Tremaine, Meriden (CT.)

"No capítulo anterior, você aprendeu o que são competências e habilidades. E conheceu também algumas competências e habilidades específicas da área de Linguagens, códigos e suas tecnologias avaliadas no exame do Enem. Neste capítulo, você vai conhecer mais algumas competências e habilidades e observar como elas são avaliadas nesse exame."

Competências de área 4, 5 e 6 referentes a Linguagens, códigos e suas tecnologias

A seguir apresentamos as competências 4, 5 e 6 e suas respectivas habilidades indicadas pela Matriz de referência de Linguagens, códigos e suas tecnologias.

Competência de área 4 – Compreender a arte como saber cultural e estético gerador de significação e integrador da organização do mundo e da própria identidade.

H12	Reconhecer diferentes funções da arte, do trabalho da produção dos artistas em seus meios culturais.
H13	Analisar as diversas produções artísticas como meio de explicar diferentes culturas, padrões de beleza e preconceitos.
H14	Reconhecer o valor da diversidade artística e das inter-relações de elementos que se apresentam nas manifestações de vários grupos sociais e étnicos.

Competência de área 5 – Analisar, interpretar e aplicar recursos expressivos das linguagens, relacionando textos com seus contextos, mediante a natureza, função, organização, estrutura das manifestações, de acordo com as condições de produção e recepção.

H15	Estabelecer relações entre o texto literário e o momento de sua produção, situando aspectos do contexto histórico, social e político.
H16	Relacionar informações sobre concepções artísticas e procedimentos de construção do texto literário.
H17	Reconhecer a presença de valores sociais e humanos atualizáveis e permanentes no patrimônio literário nacional.

Competência de área 6 – Compreender e usar os sistemas simbólicos das diferentes linguagens como meios de organização cognitiva da realidade pela constituição de significados, expressão, comunicação e informação.

H18	Identificar os elementos que concorrem para a progressão temática e para a organização e estruturação de textos de diferentes gêneros e tipos.
H19	Analisar a função da linguagem predominante nos textos em situações específicas de interlocução.
H20	Reconhecer a importância do patrimônio linguístico para a preservação da memória e da identidade nacional.

Veja agora como essas competências e habilidades são exigidas em questões do Enem:

1.

Cultivar um estilo de vida saudável é extremamente importante para diminuir o risco de infarto, mas também de problemas como morte súbita e derrame. Significa que manter uma alimentação saudável e praticar atividade física regularmente já reduz, por si só, as chances de desenvolver vários problemas. Além disso, é importante para o controle da pressão arterial, dos níveis de colesterol e de glicose no sangue. Também ajuda a diminuir o estresse e aumentar a capacidade física, fatores que, somados, reduzem as chances de infarto. Exercitar-se, nesses casos, com acompanhamento médico e moderação, é altamente recomendável.

ATALIA, M. Nossa vida. *Época*. 23 mar. 2009.

As ideias veiculadas no texto se organizam estabelecendo relações que atuam na construção do sentido. A esse respeito, identifica-se, no fragmento, que:

a) a expressão "Além disso" marca uma sequenciação de ideias.

b) o conectivo "mas também" inicia oração que exprime ideia de contraste.

c) o termo "como", em "como morte súbita e derrame", introduz uma generalização.

d) o termo "Também" exprime uma justificativa.

e) o termo "fatores" retoma coesivamente "níveis de colesterol e de glicose no sangue".

2.

Texto I

Toca do Salitre — Piauí.
Disponível em: http://www.fumdham.org.br.
Acesso em: 27 jul. 2010.

Texto II

Arte Urbana.

O grafite contemporâneo, considerado em alguns momentos como uma arte marginal, tem sido comparado às pinturas murais de várias épocas e às escritas pré-históricas. Observando as imagens apresentadas, é possível reconhecer elementos comuns entre os tipos de pinturas murais, tais como:

a) a preferência por tintas naturais, em razão de seu efeito estético.

b) a inovação na técnica de pintura, rompendo com modelos estabelecidos.

c) o registro do pensamento e das crenças das sociedades em várias épocas.

d) a repetição dos temas e a restrição de uso pelas classes dominantes.

e) o uso exclusivista da arte para atender aos interesses da elite.

3.

Texto I

O meu nome é Severino,
não tenho outro de pia.
Como há muitos Severinos,
que é santo de romaria,
deram então de me chamar
Severino de Maria;
como há muitos Severinos
com mães chamadas Maria,
fiquei sendo o da Maria
do finado Zacarias,
mas isso ainda diz pouco:
há muitos na freguesia,
por causa de um coronel
que se chamou Zacarias
e que foi o mais antigo
senhor desta sesmaria.
Como então dizer quem fala
ora a Vossas Senhorias?

<small>MELO NETO, J. C. *Obra completa*. Rio de Janeiro: Aguilar, 1994 (fragmento).</small>

<small>Ilustrações Ricardo Dantas</small>

Texto II

João Cabral, que já emprestara sua voz ao rio, transfere-a, aqui, ao retirante Severino, que, como o Capibaribe, também segue no caminho do Recife. A autoapresentação do personagem, na fala inicial do texto, nos mostra um Severino que, quanto mais se define, menos se individualiza, pois seus traços biográficos são sempre partilhados por outros homens.

<small>SECCHIN, A. C. *João Cabral*: a poesia do menos. Rio de Janeiro: Topbooks, 1999 (fragmento).</small>

Com base no trecho de *Morte e Vida Severina* (Texto I) e na análise crítica (Texto II), observa-se que a relação entre o texto poético e o contexto social a que ele faz referência aponta para um problema social expresso literariamente pela pergunta "Como então dizer quem fala / ora a Vossas Senhorias?". A resposta à pergunta expressa no poema é dada por meio da:

a) descrição minuciosa dos traços biográficos do personagem-narrador.

b) construção da figura do retirante nordestino como um homem resignado com a sua situação.

c) representação, na figura do personagem-narrador, de outros Severinos que compartilham sua condição.

d) apresentação do personagem-narrador como uma projeção do próprio poeta, em sua crise existencial.

e) descrição de Severino, que, apesar de humilde, orgulha-se de ser descendente do coronel Zacarias.

Coleção do Sr. e Sra. Burton Tremaine, Meriden (CT.)

Confronte as questões lidas às competências de área 4, 5 e 6 e suas respectivas habilidades indicadas pela Matriz de referência de Linguagens, códigos e suas tecnologias definidas pelo Enem. Depois responda:

1. Em relação à questão 1:
a) Qual é a competência de área avaliada? Por quê?

b) Que habilidade(s) está(ão) sendo avaliada(s)? Por quê?

2. Em relação à questão 2:
a) Qual é a competência de área avaliada? Por quê?

b) Que habilidade(s) está(ão) sendo avaliada(s)? Por quê?

3. Em relação à questão 3:
a) Qual é a competência de área avaliada? Por quê?

b) Que habilidade(s) está(ão) sendo avaliada(s)? Por quê?

COMPETÊNCIAS E HABILIDADES DO ENEM (II)

Prepare-se para o Enem e o vestibular

1. Leia o seguinte fragmento de um conto de Álvares de Azevedo:

> — Meu Deus! meu Deus! por que tanta infâmia, tanto lodo sobre mim? Ó minha Madona! por que maldissestes minha vida, por que deixastes cair na minha cabeça uma nódoa tão negra?
>
> As lágrimas, os soluços abafavam-lhe a voz.
>
> — Perdoai-me, senhora, aqui me tendes a vossos pés! tende pena de mim, que eu sofri muito, que amei-vos, que vos amo muito! Compaixão! que serei vosso escravo, beijarei vossas plantas, ajoelhar-me-ei a noite à vossa porta, ouvirei vosso ressonar, vossas orações, vossos sonhos... e isso me bastará... Serei vosso escravo e vosso cão, deitar-me-ei a vossos pés quando estiverdes acordada, velarei com meu punhal quando a noite cair, e, se algum dia, se algum dia vós me puderdes amar... então... então...
>
> (Claudius Hermann. In: *Macário e Noite na taverna*. São Paulo: Saraiva, 2010. Col. Clássicos Saraiva.)

No fragmento, predomina a função emotiva da linguagem, pois:
a) há amplo uso da exclamação e da subjetividade.
b) prevalece o vocativo.
c) destaca-se a explicação do próprio texto.
d) há amplo uso de aliterações.
e) explora-se a descrição de imagens tristes.

2. O texto a seguir é trecho de uma obra de José de Alencar, um dos mais importantes escritores do Romantismo brasileiro. Leia-o.

> AZEVEDO – Então ela não é benfeita de corpo?
>
> PEDRO – Corpo?... Não tem! Aquilo tudo que senhor vê é pano só! Vestido vem acolchoado da casa da Bragaldi; algodão aqui, algodão aqui, algodão aqui! Cinturinha faz suar rapariga dela; uma aperta de lá, outra aperta de cá...
>
> AZEVEDO – Não acredito! Estás aí a pregar-me mentiras.
>
> PEDRO – Mentira! Pedro viu com estes olhos. Um dia de baile ela foi tomar respiração, cordão quebrou; e rapariga, bum: lá estirada. Moça ficou desmaiada no sofá; preta deitando água-de-colônia na testa para voltar a si.
>
> AZEVEDO – E tu viste isto?
>
> PEDRO – Vi, sim senhor; Pedro tinha ido levar *bouquet* que nhanhã Carlotinha mandava. Mas depois viu outra coisa... Um!...
>
> AZEVEDO – Que foi? dize; não me ocultes nada.
>
> PEDRO – Água-de-colônia caiu no rosto e desmanchou reboque branco!...
>
> AZEVEDO – Que diabo de história é esta! Reboque branco!...
>
> PEDRO – Ora, senhor não sabe; este pó que mulher deita na cara com pincel. Sinhá Henriqueta tem rosto pintadinho, como ovo de peru; para não aparecer, caia com pó de arroz e essa mistura que cabeleireiro vende.
>
> *Obra completa*. Rio de Janeiro: José Aguilar, 1960. v. 4.

José de Alencar notabilizou-se principalmente pelos romances que escreveu. A obra de que faz parte o fragmento lido, porém, consiste em um gênero textual diferente do romance. Esse gênero é:
a) crônica
b) texto teatral
c) novela
d) poesia
e) conto

3. Leia esta tira:

(http://revistaescola.abril.com.br/img/galeria-fotos/calvin/calvin-110.gif)

A LEITURA NAS PROVAS DO ENEM E DOS VESTIBULARES

CAPÍTULO 18

O garoto Calvin queria fazer uma experiência com um balão de gás. O humor da tira decorre:

a) do fato de um tigre falar e ser parceiro do garoto nas brincadeiras.
b) da dor do garoto por causa da queda sofrida após a perda do balão.
c) do fato de o tigre nada entender sobre balão.
d) da expectativa de que o balão pudesse evitar a queda.
e) do fato de a escada ter atrapalhado o projeto de voar feito pelo garoto.

4. Os textos a seguir, publicados em 31/10/2011, são trechos da página inicial de um *blog* e foram postados em homenagem ao escritor Carlos Drummond de Andrade. Leia-os.

Dia "D", de Drummond

Jô Oliveira

Olá, amigo da cozinha.

Hoje é um dia especial para quem aprecia a boa literatura. Foi num dia 31 de outubro, em 1902, que nasceu um dos maiores poetas da nossa língua. E calhou dele ser mineiro, de Itabira. Sim! Carlos Drummond de Andrade completaria, hoje, 109 anos de idade. Completaria ou completa, nunca sei quando me refiro a pessoas que se recusam a sumir de nossas vidas, desse mundo. Bom mineiro que foi (ou é, vai que...), Drummond jamais deixou de pensar nas calóricas guloseimas da nossa culinária, nem após desconjurar sua terra natal diante dos absurdos buracos com que a mineração de ferro, então descontrolada, desbastava a paisagem montanhosa do Vale do Aço.

Provas dessa gulosa pecha, que nos acomete a todos os mineiros, estão publicadas em alguns de seus poemas. Uns mais, outros menos carregados de mineiridade.

Abaixo, separei alguns textos (ou trechos deles) e pensamentos que o poeta nos deixou e que, de alguma maneira, estão relacionados com o delicioso momento da refeição.

Saudações gastronômicas!

Poema culinário

No croquete de galinha,
A cebola batidinha
Com duas folhas de louro
Vale mais do que um tesouro
Também dois dentes de alho
Nunca serão espantalho.
(Ao contrário) E três tomates,
Em vez de causar dislates,
Sem peles e sem sementes,
São ajudas pertinentes
Ao lado do sal, da salsa,
(A receita nunca é falsa)
Todos boiam na manteiga
De natural doce e meiga.
E para maior deleite,
Um copo e meio de leite.
Ah, me esqueci: três ovos
Bem graúdos e bem novos
Junto à farinha de rosca
(Espante-se logo a mosca)
Mais a pitada de óleo,
Sem se manchar o linóleo,
E mais farinha de trigo... Ai, meu Deus,
[deixa comigo!

(Carlos Drummond de Andrade)

(In: *A senha do mundo*. Rio de Janeiro: Record, 1997. p. 33. © Grana Drummond. www.carlosdrummond.com.br)

Os textos lidos são representativos de três gêneros textuais, que são, respectivamente:

a) fotojornalismo, receita, crítica literária.
b) fotojornalismo, crônica, poema.
c) poema, editorial, crítica literária.
d) fotojornalismo, conto, poema.
e) crônica, crítica literária, anedota.

COMPETÊNCIAS E HABILIDADES DO ENEM (II)

Questões do Enem

1.

Entre ideia e tecnologia

O grande conceito por trás do Museu da Língua é apresentar o idioma como algo vivo e fundamental para o entendimento do que é ser brasileiro. Se nada nos define com clareza, a forma como falamos o português nas mais diversas situações cotidianas é talvez a melhor expressão da brasilidade.

SCARDOVELI, E. Revista *Língua Portuguesa*. São Paulo: Segmento, Ano II, nº 6, 2006.

O texto propõe uma reflexão acerca da língua portuguesa, ressaltando para o leitor a:

a) inauguração do museu e o grande investimento em cultura no país.
b) importância da língua para a construção da identidade nacional.
c) afetividade tão comum ao brasileiro, retratada através da língua.
d) relação entre o idioma e as políticas públicas na área de cultura.
e) diversidade étnica e linguística existente no território nacional.

2.

Guardar

Guardar uma coisa não é escondê-la ou
                             [trancá-la.
Em cofre não se guarda coisa alguma.
Em cofre perde-se a coisa à vista.
Guardar uma coisa é olhá-la, fitá-la,
                            [mirá-la por
admirá-la, isto é, iluminá-la ou ser por
                            [ela iluminado.
Guardar uma coisa é vigiá-la, isto é,
                         [fazer vigília por
ela, isto é, velar por ela, isto é, estar
                         [acordado por ela,
isto é, estar por ela ou ser por ela.
Por isso melhor se guarda o voo de um
                         [pássaro
Do que um pássaro sem voos.
Por isso se escreve, por isso se diz, por
                         [isso se publica,
por isso se declara e declama um poema:
Para guardá-lo:
Para que ele, por sua vez, guarde o que
                         [guarda:
Guarde o que quer que guarda um
                         [poema:
Por isso o lance do poema:
Por guardar-se o que se quer guardar.

CÍCERA, A. In: MORICONI, I. (org.). *Os cem melhores poemas brasileiros do século*. Rio de Janeiro: Objetiva, 2001.

A memória é um importante recurso do patrimônio cultural de uma nação. Ela está presente nas lembranças do passado e no acervo cultural de um povo. Ao tratar o fazer poético como uma das maneiras de se *guardar o que se quer*, o texto:

a) ressalta a importância dos estudos históricos para a construção da memória social de um povo.
b) valoriza as lembranças individuais em detrimento das narrativas populares ou coletivas.
c) reforça a capacidade da literatura em promover a subjetividade e os valores humanos.
d) destaca a importância de reservar o texto literário àqueles que possuem maior repertório cultural.
e) revela a superioridade da escrita poética como forma ideal de preservação da memória cultural.

3.

Quando os portugueses se instalaram no Brasil, o país era povoado de índios. Importaram, depois, da África, grande número de escravos. O Português, o Índio e o Negro constituem, durante o período colonial, as três bases da população brasileira. Mas no que se refere à cultura, a contribuição do Português foi de longe a mais notada.

Durante muito tempo o português e o tupi viveram lado a lado como línguas de comunicação. Era o tupi que utilizavam os bandeirantes nas suas expedições. Em 1694, dizia o Padre Antônio Vieira que "as famílias dos portugueses e índios em São Paulo estão tão ligadas hoje umas com as outras, que as mulheres e os filhos se criam mística e domesticamente, e a língua que nas ditas famílias se fala é a dos Índios, e a portuguesa a vão os meninos aprender à escola."

TEYSSIER, P. *História da língua portuguesa*. Lisboa: Livraria Sá da Costa, 1984 (adaptado).

A LEITURA NAS PROVAS DO ENEM E DOS VESTIBULARES   191

CAPÍTULO 18

A identidade de uma nação está diretamente ligada à cultura de seu povo. O texto mostra que, no período colonial brasileiro, o Português, o Índio e o Negro formaram a base da população e que o patrimônio linguístico brasileiro é resultado da:

a) contribuição dos índios na escolarização dos brasileiros.

b) diferença entre as línguas dos colonizadores e as dos indígenas.

c) importância do Padre Antônio Vieira para a literatura de língua portuguesa.

d) origem das diferenças entre a língua portuguesa e as línguas tupi.

e) interação pacífica no uso da língua portuguesa e da língua tupi.

4.

Abatidos pelo fadinho harmonioso e nostálgico dos desterrados, iam todos, até mesmo os brasileiros, se concentrando e caindo em tristeza; mas, de repente, o cavaquinho de Porfiro, acompanhado pelo violão do Firmo, romperam vibrantemente com um chorado baiano. Nada mais que os primeiros acordes da música crioula para que o sangue de toda aquela gente despertasse logo, como se alguém lhe fustigasse o corpo com urtigas bravas. E seguiram-se outra notas, e outras, cada vez mais ardentes e mais delirantes. Já não eram dois instrumentos que soavam, eram lúbricos gemidos e suspiros soltos em torrente, a correrem serpenteando, como cobras numa floresta incendiada; eram ais convulsos, chorados em frenesi de amor: música feita de beijos e soluços gostosos; carícia de fera, carícia de doer, fazendo estalar de gozo.

AZEVEDO, A. *O Cortiço*. São Paulo: Ática, 1983 (fragmento).

No romance *O Cortiço* (1890), de Aluízio Azevedo, as personagens são observadas como elementos coletivos caracterizados por condicionantes de origem social, sexo e etnia. Na passagem transcrita, o confronto entre brasileiros e portugueses revela prevalência do elemento brasileiro, pois:

a) destaca o nome de personagens brasileiras e omite o de personagens portuguesas.

b) exalta a força do cenário natural brasileiro e considera o do português inexpressivo.

c) mostra o poder envolvente da música brasileira, que cala o fado português.

d) destaca o sentimentalismo brasileiro, contrário à tristeza dos portugueses.

e) atribui aos brasileiros uma habilidade maior com instrumentos musicais.

5.

Lépida e leve

Língua do meu Amor velosa e doce,
que me convences de que sou frase,
que me contornas, que me vestes quase,
como se o corpo meu de ti vindo me fosse.
Língua que me cativas, que me enleias
os surtos de ave estranha,
em linhas longas de invisíveis teias,
de que és, há tanto, habilidosa aranha...
[...]
Amo-te as sugestões gloriosas e funestas,
amo-te como todas as mulheres
te amam, ó língua-lama, ó língua-resplendor,
pela carne de som que à ideia emprestas
e pelas frases mudas que proferes
nos silêncios de Amor!...

MACHADO, G. In: MORICONI, I. (org.). *Os cem melhores poemas brasileiros do século.* Rio de Janeiro: Objetiva, 2001 (fragmento).

A poesia de Gilka Machado identifica-se com as concepções artísticas simbolistas. Entretanto, o texto selecionado incorpora referências temáticas e formais modernistas, já que, nele, a poeta:

a) procura desconstruir a visão metafórica do amor e abandona o cuidado formal.

b) concebe a mulher como um ser sem linguagem e questiona o poder da palavra.

c) questiona o trabalho intelectual da mulher e antecipa a construção do verso livre.

d) propõe um modelo novo de erotização na lírica amorosa e propõe a simplificação verbal.

e) explora a construção da essência feminina, a partir da polissemia de "língua", e inova o léxico.

6.

Negrinha

Negrinha era uma pobre órfã de sete anos. Preta? Não; fusca, mulatinha escura, de cabelos ruços e olhos assustados. Nascera na senzala, de mãe escrava, e seus primeiros anos vivera-os pelos cantos escuros da cozinha, sobre velha esteira e trapos imundos. Sempre escondida, que a patroa não gostava de crianças.

Excelente senhora, a patroa. Gorda, rica, dona do mundo, amimada dos padres, com lugar certo na igreja e camarote de luxo reservado no céu. Entaladas as banhas no trono (uma cadeira de balanço na sala de jantar), ali bordava, recebia as amigas e o vigário, dando audiências, discutindo o tempo. Uma virtuosa senhora em suma — "dama de

COMPETÊNCIAS E HABILIDADES DO ENEM (II)

grandes virtudes apostólicas, esteio da religião e da moral", dizia o reverendo.

Ótima, a dona Inácia.

Mas não admitia choro de criança. Ai! Punha-lhe os nervos em carne viva.

[...]

A excelente dona Inácia era mestra na arte de judiar de crianças. Vinha da escravidão, fora senhora de escravos — e daquelas ferozes, amigas de ouvir cantar o bolo e estalar o bacalhau. Nunca se afizera ao regime novo — essa indecência de negro igual.

LOBATO, M. Negrinha. In: MORICONE, I. *Os cem melhores contos brasileiros do século*. Rio de Janeiro: Objetiva, 2000 (fragmentado).

A narrativa focaliza um momento histórico-social de valores contraditórios. Essa contradição infere-se, no contexto, pela:

a) falta de aproximação entre a menina e a senhora, preocupada com as amigas.

b) receptividade da senhora para com os padres, mas deselegante para com as beatas.

c) ironia do padre a respeito da senhora, que era perversa com as crianças.

d) resistência da senhora em aceitar a liberdade dos negros, evidenciada no final do texto.

e) rejeição aos criados por parte da senhora, que preferia tratá-los com castigos.

7.

O folclore é o retrato da cultura de um povo. A dança popular e folclórica é uma forma de representar a cultura regional, pois retrata seus valores, crenças, trabalho e significados. Dançar a cultura de outras regiões é conhecê-la, é de alguma forma se apropriar dela, é enriquecer a própria cultura.

BREGOLATO, R. A. *Cultura Corporal da Dança*. São Paulo: Ícone, 2007.

As manifestações folclóricas perpetuam uma tradição cultural, é obra de um povo que a cria, recria e a perpetua. Sob essa abordagem deixa-se de identificar como dança folclórica brasileira:

a) o Bumba-meu-boi, que é uma dança teatral onde personagens contam uma história envolvendo crítica social, morte e ressurreição.

b) a Quadrilha das festas juninas, que associam festejos religiosos a celebrações de origens pagãs envolvendo as colheitas e a fogueira.

c) o Congado, que é uma representação de um reinado africano onde se homenageia santos através de música, cantos e dança.

d) o Balé, em que se utilizam músicos, bailarinos e vários outros profissionais para contar uma história em forma de espetáculo.

e) o Carnaval, em que o samba derivado do batuque africano é utilizado com o objetivo de contar ou recriar uma história nos desfiles.

8.

Não tem tradução

[...]
Lá no morro, se eu fizer uma falseta
A Risoleta desiste logo do francês e
                              [do inglês
A gíria que o nosso morro criou
Bem cedo a cidade aceitou e usou
[...]
Essa gente hoje em dia que tem mania
                              [de exibição
Não entende que o samba não tem
                    [tradução no idioma francês
Tudo aquilo que o malandro pronuncia
Com voz macia é brasileiro, já passou
                              [de português
Amor lá no morro é amor pra chuchu
As rimas do samba não são *I love you*
E esse negócio de *alô*, *alô boy e alô*
                              [*Johnny*
Só pode ser conversa de telefone

ROSA, N. In: SOBRAL, João J. V. A tradução dos bambas. Revista *Língua Portuguesa*. Ano 4, nº 54. São Paulo: Segmento, abr. 2010 (fragmento).

As canções de Noel Rosa, compositor brasileiro de Vila Isabel, apesar de revelarem uma aguçada preocupação do artista com seu tempo e com as mudanças político-culturais no Brasil, no início dos anos 1920, ainda são modernas. Nesse fragmento do samba *Não tem tradução*, por meio do recurso da metalinguagem, o poeta propõe:

a) incorporar novos costumes de origem francesa e americana, juntamente com vocábulos estrangeiros.

b) respeitar e preservar o português padrão como forma de fortalecimento do idioma do Brasil.

c) valorizar a fala popular brasileira como patrimônio linguístico e forma legítima de identidade nacional.

d) mudar os valores sociais vigentes à época, com o advento do novo e quente ritmo da música popular brasileira.

e) ironizar a malandragem carioca, aculturada pela invasão de valores étnicos de sociedades mais desenvolvidas.

A LEITURA NAS PROVAS DO ENEM E DOS VESTIBULARES   193

CAPÍTULO 19

Competências e habilidades do Enem (III)

"Nos capítulos anteriores, você aprendeu o que são competências e habilidades e conheceu também seis competências e suas respectivas habilidades da área de Linguagens, códigos e suas tecnologias avaliadas no exame do Enem.

Neste capítulo, você ainda vai conhecer mais algumas competências e habilidades e observar como elas são avaliadas nesse exame."

Competências de área 7, 8 e 9 referentes a Linguagens, códigos e suas tecnologias

A seguir apresentamos as competências 7, 8 e 9 e suas respectivas habilidades indicadas pela Matriz de referência de Linguagens, códigos e suas tecnologias.

Competência de área 7 – Confrontar opiniões e pontos de vista sobre as diferentes linguagens e suas manifestações específicas.	
H21	Reconhecer em textos de diferentes gêneros, recursos verbais e não verbais utilizados com a finalidade de criar e mudar comportamentos e hábitos.
H22	Relacionar, em diferentes textos, opiniões, temas, assuntos e recursos linguísticos.
H23	Inferir em um texto quais são os objetivos de seu produtor e quem é seu público-alvo, pela análise dos procedimentos argumentativos utilizados.
H24	Reconhecer no texto estratégias argumentativas empregadas para o convencimento do público, tais como a intimidação, sedução, comoção, chantagem, entre outras.
Competência de área 8 – Compreender e usar a língua portuguesa como língua materna, geradora de significação e integradora da organização do mundo e da própria identidade.	
H25	Identificar, em textos de diferentes gêneros, as marcas linguísticas que singularizam as variedades linguísticas sociais, regionais e de registro.
H26	Relacionar as variedades linguísticas a situações específicas de uso social.
H27	Reconhecer os usos da norma-padrão da língua portuguesa nas diferentes situações de comunicação.
Competência de área 9 – Entender os princípios, a natureza, a função e o impacto das tecnologias da comunicação e da informação na sua vida pessoal e social, no desenvolvimento do conhecimento, associando-o aos conhecimentos científicos, às linguagens que lhes dão suporte, às demais tecnologias, aos processos de produção e aos problemas que se propõem solucionar.	
H28	Reconhecer a função e o impacto social das diferentes tecnologias da comunicação e informação.
H29	Identificar, pela análise de suas linguagens, as tecnologias da comunicação e informação.
H30	Relacionar as tecnologias de comunicação e informação ao desenvolvimento das sociedades e ao conhecimento que elas produzem.

Agora leia e tente resolver estas questões de provas do Enem:

1.

O homem evoluiu. Independentemente de teoria, essa evolução ocorreu de várias formas. No que concerne à evolução digital, o homem percorreu longo trajeto da pedra lascada ao mundo virtual. Tal fato culminou em um problema físico habitual, ilustrado na imagem, que propicia uma piora na qualidade de vida do usuário, uma vez que:

a) a evolução ocorreu e com ela evoluíram as dores de cabeça, o estresse e a falta de atenção à família.

b) a vida sem computador tornou-se quase inviável, mas se tem diminuído problemas de visão cansada.

c) a utilização demasiada do computador tem proporcionado o surgimento de cientistas que apresentam lesão por esforço repetitivo.

d) o homem criou o computador, que evoluiu, e hoje opera várias ações antes feitas pelas pessoas, tornando-as sedentárias ou obesas.

e) o uso contínuo do computador de forma inadequada tem ocasionado má postura corporal.

2.

**O Conar existe para coibir os exageros na propaganda.
E ele é 100% eficiente nesta missão.**

Nós adoraríamos dizer que somos perfeitos. Que somos infalíveis. Que não cometemos nem mesmo o menor deslize. E só não falamos isso por um pequeno detalhe: seria uma mentira. Aliás, em vez de usar a palavra "mentira", como acabamos de fazer, poderíamos optar por um eu-

Propaganda boa é propaganda responsável.

femismo. "Meia-verdade", por exemplo, seria um termo muito menos agressivo. Mas nós não usamos esta palavra simplesmente porque não acreditamos que exista uma "Meia-verdade". Para o Conar, Conselho Nacional de Autorregulamentação Publicitária, existem a verdade e a mentira. Existem a honestidade e a desonestidade. Absolutamente nada no meio. O Conar nasceu há 29 anos (viu só? não arredondamos para 30) com a missão de zelar pela ética na publicidade. Não fazemos isso porque somos bonzinhos (gostaríamos de dizer isso, mas, mais uma vez, seria mentira). Fazemos isso porque é a única forma da propaganda ter o máximo de credibilidade. E, cá entre nós, para que serviria a propaganda se o consumidor não acreditasse nela?

Qualquer pessoa que se sinta enganada por uma peça publicitária pode fazer uma reclamação ao Conar. Ele analisa cuidadosamente todas as denúncias e, quando é o caso, aplica a punição.

Anúncio do Conar (Conselho Nacional de Autorregulamentação Publicitária), veiculado na Revista *Veja*. São Paulo: Abril. Ed. 2120, ano 42, nº 27, 8 jul. 2009.

Considerando a autoria e a seleção lexical desse texto, bem como os argumentos nele mobilizados, constata-se que o objetivo do autor do texto é:

a) informar os consumidores em geral sobre a atuação do Conar.

b) conscientizar publicitários do compromisso ético ao elaborar suas peças publicitárias.

c) alertar chefes de família, para que eles fiscalizem o conteúdo das propagandas veiculadas pela mídia.

d) chamar a atenção de empresários e anunciantes em geral para suas responsabilidades ao contratarem publicitários sem ética.

e) chamar a atenção de empresas para os efeitos nocivos que elas podem causar à sociedade, se compactuarem com propagandas enganosas.

3.

Há certos usos consagrados na fala, e até mesmo na escrita, que, a depender do estrato social e do nível de escolaridade do falante, são, sem dúvida, previsíveis. Ocorrem até mesmo em falantes que dominam a variedade padrão, pois, na verdade, revelam tendências existentes na língua em seu processo de mudança que não podem ser bloqueadas em nome de um "ideal linguístico" que estaria representado pelas regras da gramática normativa. Usos como *ter* por *haver* em construções existenciais (*tem* muitos livros na estante), o do pronome objeto na posição de sujeito (para *mim* fazer o trabalho), a não concordância das passivas com *se* (*aluga-se* casas) são indícios da existência, não de uma norma única, mas de uma pluralidade de normas, entendida, mais uma vez, norma como conjunto de hábitos linguísticos, sem implicar juízo de valor.

CALLOU, D. Gramática, variação e normas. In: VIEIRA, S. R.; BRANDÃO, S. (orgs.). *Ensino de gramática*: descrição e uso. São Paulo: Contexto, 2007 (fragmento).

Considerando a reflexão trazida no texto a respeito da multiplicidade do discurso, verifica-se que:

a) estudantes que não conhecem as diferenças entre língua escrita e língua falada empregam, indistintamente, usos aceitos na conversa com amigos quando vão elaborar um texto escrito.

b) falantes que dominam a variedade padrão do português do Brasil demonstram usos que confirmam a diferença entre a norma idealizada e a efetivamente praticada, mesmo por falantes mais escolarizados.

c) moradores de diversas regiões do país que enfrentam dificuldades ao se expressar na escrita revelam a constante modificação das regras de emprego de pronomes e os casos especiais de concordância.

d) pessoas que se julgam no direito de contrariar a gramática ensinada na escola gostam de apresentar usos não aceitos socialmente para esconderem seu desconhecimento da norma-padrão.

e) usuários que desvendam os mistérios e sutilezas da língua portuguesa empregam formas do verbo *ter* quando, na verdade, deveriam usar formas do verbo *haver*, contrariando as regras gramaticais.

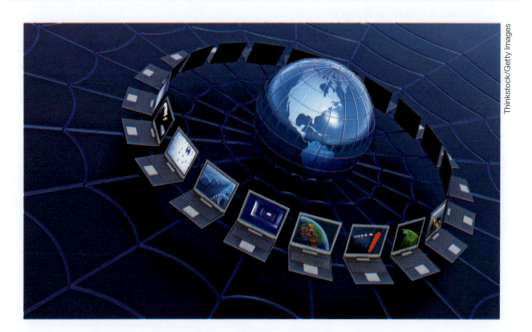

Confronte as questões lidas às competências de área 7, 8 e 9 e suas respectivas habilidades indicadas pela Matriz de referências de Linguagens, códigos e suas tecnologias definidas pelo Enem. Depois responda:

1. Em relação à questão 1:
   a) Qual é a competência de área avaliada? Por quê?

   b) Que habilidade(s) está(ão) sendo avaliada(s)? Por quê?

2. Em relação à questão 2:
   a) Qual é a competência de área avaliada? Por quê?

   b) Que habilidade(s) está(ão) sendo avaliada(s)? Por quê?

3. Em relação à questão 3:
   a) Qual é a competência de área avaliada? Por quê?

   b) Que habilidade(s) está(ão) sendo avaliada(s)? Por quê?

COMPETÊNCIAS E HABILIDADES DO ENEM (III)

Prepare-se para o Enem e o vestibular

1. Quando se trafega por estradas intermunicipais privatizadas, é comum encontrar barreiras de cobrança de pedágio. Em muitas delas há luminosos sugerindo ao usuário pagar com moedas o valor cobrado. Essa sugestão se deve ao fato de que:

a) há muito mais moedas do que notas em circulação no país.

b) os cofres dos pedágios estão preparados para guardar moedas e não para guardar notas.

c) o usuário que utiliza essa forma de pagamento recebe desconto no valor.

d) as moedas proporcionam ao usuário melhor relação custo-benefício.

e) moedas são mais práticas, pois facilitam o troco, uma vez que não há notas com valores em centavos.

2. Leia o texto:

"Desde quando o desemprego é um problema?"

O escritor Douglas Rushkoff defende que a tecnologia deve nos libertar do fantasma do emprego, um conceito relativamente novo, mas visto como imutável pelo mundo atual

O serviço de correio dos Estados Unidos parece ser a mais recente baixa na lenta – mas consistente – substituição de mão de obra humana por tecnologia digital.

A menos que apareça uma fonte de financiamento externo, o serviço postal terá de reduzir drasticamente suas operações ou simplesmente encerrar suas atividades. Isso significaria 600 mil desempregados e outros 480 mil pensionistas enfrentando um ajuste nos termos.

[...]

As novas tecnologias estão causando grandes estragos nas cifras de emprego – dos sistemas de cobrança eletrônica de pedágio a automóveis sem motoristas controlados pelo Google, que tornam os taxistas obsoletos.

Cada novo programa de computador está basicamente fazendo alguma tarefa que antes era o trabalho de uma ou mais pessoas. Com o agravante de que o computador, em geral, faz isso com maior rapidez, maior precisão, por menos dinheiro e sem nenhum custo de assistência médica.

[...]

(Douglas Rushkoff. *O Estado de S. Paulo*, 16/10/2011. http://blogs.estadao.com.br/link/desde-quando-o-desemprego-e-um-problema/)

O autor do texto procura demonstrar que há uma nítida oposição entre o homem e a tecnologia, uma vez que:

a) as máquinas, por terem menor custo, vêm assumindo funções antes exercidas pelo ser humano.

b) o custo do trabalho humano é menor que o das máquinas.

c) as máquinas desempregam nos EUA, em média, mais de 500 mil pessoas.

d) os homens são mais precisos, apesar de mais baratos do que as máquinas.

e) as máquinas são mais caras e exigem muito em assistência técnica.

3. Leia o texto:

Todas as variedades linguísticas são estruturadas e correspondem a sistemas e subsistemas adequados às necessidades de seus usuários. [...] A língua padrão, por exemplo, embora seja uma entre as muitas variedades de um idioma, é sempre a mais prestigiosa, porque atua como modelo, como norma [...].

(Celso Cunha & Lindley Cintra. *Nova gramática do português contemporâneo*. 5. ed. Rio de Janeiro: Lexikon, 2007.)

A LEITURA NAS PROVAS DO ENEM E DOS VESTIBULARES 199

CAPÍTULO 19

Assinale a alternativa em que o texto citado contenha uma ou mais expressões em desacordo com a língua padrão, isto é, com a variedade mais "prestigiosa" do nosso idioma.

a)

> A Defesa Civil de Blumenau está elaborando uma segunda lista de ruas atingidas pela enchente de setembro. Segundo o secretário municipal José Egídio de Borba esta nova relação vai apresentar vias que não foram contempladas na primeira listagem divulgada semana passada.
>
> (*Jornal de Santa Catarina*. 1º/11/2011. www.clicrbs.com.br/especial/sc/jsc/19,0,3546872,Defesa-Civil-de-Blumenau-vai-elaborar-segunda-lista-de-ruas-atingidas-pela-enchente.html)

b)

> A edição de 2012 do Guia 4 Rodas, que seleciona os principais estabelecimentos de hotelaria e gastronomia entre os destinos turísticos de todo o país, escolheu um restaurante de Paranaguá como o melhor do Brasil em sua especialidade.
>
> (Carolina Gabardo Belo. Comida com sabor de cultura. *Gazeta do Povo*, 28/10/2011. www.gazetadopovo.com.br/vidaecidadania/litoral/conteudo.phtml?tl=1&id=1184506 &tit=Comida-com-sabor-de-cultura)

c)

> A economia gaúcha deverá receber, até o final de 2011, a título de 13º salário, cerca de R$ 7,5 bilhões, aproximadamente 6,7% do total do Brasil e 40,9% da região Sul, segundo informações do Departamento Intersindical de Estatística e Estudos Socioeconômicos (Dieese). O montante representa em torno de 2,8% do PIB estadual.
>
> (*Zero Hora*, 1º/11/2011. www.clicrbs.com.br/especial/rs/zhdinheiro/19,0,3546971, Economia-gaucha-recebera-R-7-5-bilhoes-com-decimo-terceiro.html)

d)

> Mesmo com uma mulher na Presidência pela primeira vez em sua história, o Brasil ocupa a 82ª posição no ranking de desigualdade elaborado pelo World Economic Forum publicado nesta terça-feira, logo atrás de países como a Albânia, Gâmbia, Vietnã e República Dominicana.
>
> (Gustavo Chacra. Brasil está na 82ª posição em ranking de desigualdade entre os sexos. *O Estado de S. Paulo*. 1º/11/2011. http://economia.estadao.com.br/noticias/economia,brasil-esta-na-82-posicao-em-ranking-de-desigualdade-entre-os-sexos,90527,0.htm. Acesso em: 23/3/2012.)

e)

> Rarará! Nóis sofre, mas nóis goza. Hoje só amanhã. Trabalhar em feriado dá íngua, entojo, cobreiro, nó nas tripas, juízo incriziado, zovido estorado e dormência numa banda do corpo.
>
> (José Simão. *Folha de S. Paulo*, 2/11/2011.)

4. No texto a seguir, seu autor assume a voz do pintor renascentista Leonardo da Vinci. Leia-o.

> Notem, não quero diminuir o valor de Jobs. Sua contribuição é notável, especialmente quando a bateria ainda não se foi. Apenas é preciso colocar as coisas nos seus devidos lugares. [...]
>
> Fiz a *Última Ceia* para a igreja de meu protetor, o Duque Lodovico Sforza.
>
> É um dos quadros mais famosos do mundo. Baseia-se em João 13:21, no qual Jesus anuncia aos 12 apóstolos que alguém, entre eles, o trairia. Sua reprodução está nas casas de metade do planeta e nunca precisou ser atualizada.
>
> Já o iPhone acabou com todas as ceias coletivas. Hoje, cada um fica curvado esfregando os dedos na telinha. Jobs nunca avisou quando ia trair seus fiéis compradores.
>
> (Vitor Knijnik. www.blogsdoalem.com.br/davinci/)

Para obter efeito humorístico, que elementos o autor do texto contrapõe?

a) Uma pintura e a vida de Steve Jobs.

b) A fé católica e a arte de Leonardo da Vinci.

c) Uma pintura, a *Última ceia*, e a tecnologia digital.

d) O iPhone e baterias fracas.

e) O cristianismo e as artes plásticas.

COMPETÊNCIAS E HABILIDADES DO ENEM (III)

Questões do Enem

1.

Texto I

O Brasil sempre deu respostas rápidas através da solidariedade do seu povo. Mas a mesma força que nos motiva a ajudar o próximo deveria também nos motivar a ter atitudes cidadãs. Não podemos mais transferir a culpa para quem é vítima ou até mesmo para a própria natureza, como se essa seguisse a lógica humana. Sobram desculpas esfarrapadas e falta competência da classe política.

Cartas. *IstoÉ*. 28 abr. 2010.

Texto II

Não podemos negar ao povo sofrido todas as hipóteses de previsão dos desastres. Demagogos culpam os moradores; o governo e a prefeitura apelam para as pessoas saírem das áreas de risco e agora dizem que será compulsória a realocação. Então temos a realocar o Brasil inteiro! Criemos um serviço, similar ao SUS, com alocação obrigatória de recursos orçamentários com rede de atendimento preventivo, onde participariam arquitetos, engenheiros, geólogos. Bem ou mal, esse "SUS" organizaria brigadas nos locais. Nos casos da dengue, por exemplo, poderia verificar as condições de acontecer epidemias. Seriam boas ações preventivas.

Carta do Leitor. *Carta Capital*. 28 abr. 2010 (adaptado).

Os textos apresentados expressam opiniões de leitores acerca de relevante assunto para a sociedade brasileira. Os autores dos dois textos apontam para a:

a) necessidade de trabalho voluntário contínuo para a resolução das mazelas sociais.

b) importância de ações preventivas para evitar catástrofes, indevidamente atribuídas aos políticos.

c) incapacidade política para agir de forma diligente na resolução das mazelas sociais.

d) urgência de se criarem novos órgãos públicos com as mesmas características do SUS.

e) impossibilidade de o homem agir de forma eficaz ou preventiva diante das ações da natureza.

2.

Disponível em: http://www.ccsp.com.br. Acesso em: 27 jul. 2010 (adaptado).

O texto é uma propaganda de um adoçante que tem o seguinte mote: "Mude sua embalagem". A estratégia que o autor utiliza para o convencimento do leitor baseia-se no emprego de recursos expressivos, verbais e não verbais, com vistas a:

a) ridicularizar a forma física do possível cliente do produto anunciado, aconselhando-o a uma busca de mudanças estéticas.

b) enfatizar a tendência da sociedade contemporânea de buscar hábitos alimentares saudáveis, reforçando tal postura.

c) criticar o consumo excessivo de produtos industrializados por parte da população, propondo a redução desse consumo.

d) associar o vocábulo "açúcar" à imagem do corpo fora de forma, sugerindo a substituição desse produto pelo adoçante.

e) relacionar a imagem do saco de açúcar a um corpo humano que não desenvolve atividades físicas, incentivando a prática esportiva.

CAPÍTULO 19

3.

O que é possível dizer em 140 caracteres?

Sucesso do Twitter no Brasil é oportunidade única de compreender a importância da concisão nos gêneros de escrita

A máxima "menos é mais" nunca fez tanto sentido como no caso do *microblog* Twitter, cuja premissa é dizer algo — não importa o quê — em 140 caracteres. Desde que o serviço foi criado, em 2006, o número de usuários da ferramenta é cada vez maior, assim como a diversidade de usos que se faz dela. Do estilo "querido diário" à literatura concisa, passando por aforismos, citações, jornalismo, fofoca, humor etc., tudo ganha o espaço de um *tweet* ("pio" em inglês), e entender seu sucesso pode indicar um caminho para o aprimoramento de um recurso vital à escrita: a concisão.

MURANO, E. Revista *Língua Portuguesa*. Disponível em: http://www.revistalingua.com.br/texto/54/artigo 248816-1.asp. Acesso em: 28 abr. 2010 (adaptado).

O Twitter se presta a diversas finalidades, entre elas, à comunicação concisa; por isso, essa rede social:

a) é um recurso elitizado, cujo público precisa dominar a língua padrão.

b) constitui recurso próprio para a aquisição da modalidade escrita da língua.

c) é restrita à divulgação de textos curtos e pouco significativos e, portanto, é pouco útil.

d) interfere negativamente no processo de escrita e acaba por revelar uma cultura pouco reflexiva.

e) estimula a produção de frases com clareza e objetividade, fatores que potencializam a comunicação interativa.

4.

O hipertexto refere-se à escritura eletrônica não sequencial e não linear, que se bifurca e permite ao leitor o acesso a um número praticamente ilimitado de outros textos a partir de escolhas locais e sucessivas, em tempo real. Assim, o leitor tem condições de definir interativamente o fluxo de sua leitura a partir de assuntos tratados no texto sem se prender a uma sequência fixa ou a tópicos estabelecidos por um autor. Trata-se de uma forma de estruturação textual que faz do leitor simultaneamente coautor do texto final. O hipertexto se caracteriza, pois, como um

processo de escritura/leitura eletrônica multilinearizado, multisequencial e indeterminado, realizado em um novo espaço de escrita. Assim, ao permitir vários níveis de tratamento de um tema, o hipertexto oferece a possibilidade de múltiplos graus de profundidade simultaneamente, já que não tem sequência definida, mas liga textos não necessariamente correlacionados.

MARCUSCHI, L. A. Disponível em: http://www.pucsp.br. Acesso em: 29 jun. 2011.

O computador mudou nossa maneira de ler e escrever, e o hipertexto pode ser considerado como um novo espaço de escrita e leitura. Definido como um conjunto de blocos autônomos de texto, apresentado em meio eletrônico computadorizado e no qual há remissões associando entre si diversos elementos, o hipertexto:

a) é uma estratégia que, ao possibilitar caminhos totalmente abertos, desfavorece o leitor, ao confundir os conceitos cristalizados tradicionalmente.

b) é uma forma artificial de produção da escrita, que, ao desviar o foco da leitura, pode ter como consequência o menosprezo pela escrita tradicional.

c) exige do leitor um maior grau de conhecimentos prévios, por isso deve ser evitado pelos estudantes nas suas pesquisas escolares.

d) facilita a pesquisa, pois proporciona uma informação específica, segura e verdadeira, em qualquer *site* de busca ou *blog* oferecidos na internet.

e) possibilita ao leitor escolher seu próprio percurso de leitura, sem seguir sequência predeterminada, constituindo-se em atividade mais coletiva e colaborativa.

5.

Se no inverno é difícil acordar, imagine dormir.

Com a chegada do inverno, muitas pessoas perdem o sono. São milhões de necessitados que lutam contra a fome e o frio. Para vencer esta batalha, eles precisam de você. Deposite qualquer quantia. Você ajuda milhares de pessoas a terem uma boa noite e dorme com a consciência tranquila.

Veja. 5 set. 1999 (adaptado).

202 UNIDADE 3

COMPETÊNCIAS E HABILIDADES DO ENEM (III)

O produtor de anúncios publicitários utiliza-se de estratégias persuasivas para influenciar o comportamento de seu leitor. Entre os recursos argumentativos mobilizados pelo autor para obter a adesão do público à campanha, destaca-se nesse texto:

a) a oposição entre individual e coletivo, trazendo um ideário populista para o anúncio.

b) a utilização de tratamento informal com o leitor, o que suaviza a seriedade do problema.

c) o emprego de linguagem figurada, o que desvia a atenção da população do apelo financeiro.

d) o uso dos numerais "milhares" e "milhões", responsável pela supervalorização das condições dos necessitados.

e) o jogo de palavras entre "acordar" e "dormir", o que relativiza o problema do leitor em relação ao dos necessitados.

6.

NOITES DO TERROR

QUEM É MORTO SEMPRE APARECE.

Disponível em: www.ccsp.com.br. Acesso em: 26 jul. 2010 (adaptado).

O anúncio publicitário está intimamente ligado ao ideário de consumo quando sua função é vender um produto. No texto apresentado, utilizam-se elementos linguísticos e extralinguísticos para divulgar a atração "Noites do Terror", de um parque de diversões. O entendimento da propaganda requer do leitor:

a) a identificação com o público-alvo a que se destina o anúncio.

b) a avaliação da imagem como uma sátira às atrações de terror.

c) a atenção para a imagem da parte do corpo humano selecionada aleatoriamente.

d) o reconhecimento do intertexto entre a publicidade e um dito popular.

e) a percepção do sentido literal da expressão "noites *do* terror", equivalente à expressão "noites *de* terror".

7.

Motivadas ou não historicamente, normas prestigiadas ou estigmatizadas pela comunidade sobrepõem-se ao longo do território, seja numa relação de oposição, seja de complementaridade, sem, contudo, anular a interseção de usos que configuram uma norma nacional distinta da do português europeu. Ao focalizar essa questão, que opõe não só as normas do português de Portugal às normas do português brasileiro, mas também as chamadas normas cultas locais às populares ou vernáculas, deve-se insistir na ideia de que essas normas se consolidaram em diferentes momentos da nossa história e que só a partir do século XVIII se pode começar a pensar na bifurcação das variantes continentais, ora em consequência de mudanças ocorridas no Brasil, ora em Portugal, ora, ainda, em ambos os territórios.

CALLOU, D. Gramática, variação e normas. In: VIEIRA, S. R.; BRANDÃO, S. (orgs.). *Ensino de gramática*: descrição e uso. São Paulo: Contexto, 2007 (adaptado).

O português do Brasil não é uma língua uniforme. A variação linguística é um fenômeno natural, ao qual todas as línguas estão sujeitas. Ao considerar as variedades linguísticas, o texto mostra que as normas podem ser aprovadas ou condenadas socialmente, chamando a atenção do leitor para a:

a) desconsideração da existência das normas populares pelos falantes da norma culta.

b) difusão do português de Portugal em todas as regiões do Brasil só a partir do século XVIII.

c) existência de usos da língua que caracterizam uma norma nacional do Brasil, distinta da de Portugal.

d) inexistência de normas cultas locais e populares ou vernáculas em um determinado país.

e) necessidade de se rejeitar a ideia de que os usos frequentes de uma língua devem ser aceitos.

A LEITURA NAS PROVAS DO ENEM E DOS VESTIBULARES   203

CAPÍTULO 19

8.

MANDIOCA — mais um presente da Amazônia

Aipim, *castelinha*, *macaxeira*, *maniva*, *maniveira*. As designações da *Manihot utilissima* podem variar de região, no Brasil, mas uma delas deve ser levada em conta em todo o território nacional: *pão de pobre* — e por motivos óbvios.

Rica em fécula, a mandioca — uma planta rústica e nativa da Amazônia disseminada no mundo inteiro, especialmente pelos colonizadores portugueses — é a base de sustento de muitos brasileiros e o único alimento disponível para mais de 600 milhões de pessoas em vários pontos do planeta, e em particular em algumas regiões da África.

O melhor do Globo Rural. Fev. 2005 (fragmento).

De acordo com o texto, há no Brasil uma variedade de nomes para a *Manihot utilissima*, nome científico da mandioca. Esse fenômeno revela que:

a) existem variedades regionais para nomear uma mesma espécie de planta.

b) mandioca é nome específico para a espécie existente na região amazônica.

c) "pão de pobre" é designação específica para a planta da região amazônica.

d) os nomes designam espécies diferentes da planta, conforme a região.

e) a planta é nomeada conforme as particularidades que apresenta.

9.

Venho solicitar a clarividente atenção de Vossa Excelência para que seja conjurada uma calamidade que está prestes a desabar em cima da juventude feminina do Brasil. Refiro-me, senhor presidente, ao movimento entusiasta que está empolgando centenas de moças, atraindo-as para se transformarem em jogadoras de futebol, sem se levar em conta que a mulher não poderá praticar este esporte violento sem afetar, seriamente, o equilíbrio fisiológico das suas funções orgânicas, devido à natureza que dispôs a ser mãe. Ao que dizem os jornais, no Rio de Janeiro, já estão formados nada menos de dez quadros femininos. Em São Paulo e Belo Horizonte também já estão se constituindo outros.

E, neste crescendo, dentro de um ano, é provável que em todo o Brasil estejam organizados uns 200 clubes femininos de futebol: ou seja: 200 núcleos destroçados da saúde de 2,2 mil futuras mães, que, além do mais, ficarão presas a uma mentalidade depressiva e propensa aos exibicionismos rudes e extravagantes.

(José Fuzeira, carta datada de 25/4/1940. In: SUGIMOTO, Luiz. Eva futebol clube, 2003. Disponível em: http://superfutebol.com.br/news3.php?cod=3909.)

O trecho é parte de uma carta de um cidadão brasileiro, José Fuzeira, encaminhada, em abril de 1940, ao então presidente da República Getúlio Vargas. As opções linguísticas de Fuzeira mostram que seu texto foi elaborado em linguagem:

a) regional, adequada à troca de informações na situação apresentada.

b) jurídica, exigida pelo tema relacionado ao domínio do futebol.

c) coloquial, considerando-se que ele era um cidadão brasileiro comum.

d) culta, adequando-se ao seu interlocutor e à situação de comunicação.

e) informal, pressupondo o grau de escolaridade de seu interlocutor.

10.

¡BRINCANDO!

KangaROOS llega a México con diseños atléticos, pero muy *fashion*. Tienen un toque *vintage* con diferentes formas y combinaciones de colores. Lo más *cool* de estos tenis es que tienen bolsas para guardar llaves o dinero. Son ideales para hacer ejercicio y con unos jeans obtendrás un *look* urbano.

www.kangaroos.com

Revista *Glamour Latinoamérica*. México, mar. 2010.

O texto publicitário utiliza diversas estratégias para enfatizar as características do produto que pretende vender. Assim, no texto, o uso de vários termos de outras línguas, que não a espanhola, tem a intenção de:

a) atrair a atenção do público-alvo dessa propaganda.

b) popularizar a prática de exercícios esportivos.

c) agradar aos compradores ingleses desse tênis.

d) incentivar os espanhóis a falarem outras línguas.

e) enfatizar o conhecimento de mundo do autor do texto.

CAPÍTULO 20

As situações-problema nas provas do Enem e dos vestibulares

> Em alguns exames vestibulares e principalmente nas provas do Enem, são propostas aos candidatos certas questões cuja resolução pode envolver mais de uma competência e mais de uma habilidade. São as chamadas **situações-problema**, que você vai conhecer neste capítulo.

O que é uma situação-problema?

Em nossa vida cotidiana, a todo momento nos deparamos com certos obstáculos ou situações que exigem de nós uma solução ou uma tomada de decisão. Para tomarmos a decisão mais adequada nessas situações, precisamos realizar várias operações. Por exemplo, procuramos colher mais informações a respeito do problema, acionamos nossos conhecimentos, comparamos dados, avaliamos consequências, procuramos olhar de diferentes ângulos, etc.

Todas essas operações exigem de nós a ativação de nossos esquemas mentais, o uso de nossa inteligência e o emprego de ações que nos levem a uma solução adequada.

O Enem e alguns exames vestibulares – que buscam avaliar não apenas conteúdos, mas também a capacidade do estudante de lidar com desafios, na universidade e na vida – propõem aos candidatos situações-problema que servem como recurso de avaliação das competências e habilidades desenvolvidas por ele.

Eis a visão do Enem a respeito de situação-problema:

[...] uma boa situação-problema é estruturada a partir de certas coordenadas que a definem e que, ao mesmo tempo, abrem possibilidades diversas, ou seja, diferentes caminhos para sua solução. Dessa maneira, ao mergulhar na tarefa de resolução, o aluno pode contar com a presença de algumas informações dadas pelo problema que lhe servirão como um norte, uma direção. [...] Nesse sentido, os obstáculos exercem um papel desafiador, pois o aluno não possui *a priori* todos os obstáculos ou meios para alcançar a solução da tarefa. Ou seja, os obstáculos requerem do aluno um trabalho intelectual, que se caracteriza com mobilização de seus recursos, operações mentais para atualizar seus esquemas operatórios, tomadas de decisões que implicam a escolha e o risco de adotar uma certa linha de raciocínio. Todo esse trabalho mental concretiza-se na forma de um "saber fazer", de um conjunto de procedimentos e estratégias de ações.

(*Eixos cognitivos do Enem – Versão preliminar*. Brasília: MEC/INEP, 2007. p. 37-8.)

Como podem ser as situações-problema?

As situações-problema podem explorar conhecimentos de diferentes áreas e se apresentar de vários modos. Eis alguns deles:
- comparação entre fragmentos de textos;
- confronto entre textos de diferentes linguagens;
- estabelecimento de relações entre elementos distintos presentes nos textos;
- exploração de leitura de um gráfico relacionado a conteúdos de Ciência, História ou Geografia e estabelecimento de relação com fenômenos naturais, sociais ou culturais;
- exploração de conteúdos de Matemática que exijam a elaboração de propostas a partir de uma linha de argumentação.

Agência O Globo

Analisando uma situação-problema proposta pelo Enem

Veja, a seguir, um exemplo de situação-problema proposta pelo Enem e o modo como ela poderia ser resolvida.

> O texto abaixo reproduz parte de um diálogo entre dois personagens de um romance.
>
> — Quer dizer que a Idade Média durou dez horas? — perguntou Sofia.
> — Se cada hora valer cem anos, então sua conta está certa. Podemos imaginar que Jesus nasceu à meia-noite, que Paulo saiu em peregrinação missionária pouco antes da meia-noite e meia e morreu quinze minutos depois, em Roma. Até as três da manhã a fé cristã foi mais ou menos proibida. (...) Até as dez horas as escolas dos mosteiros detiveram o monopólio da educação. Entre dez e onze horas são fundadas as primeiras universidades.
>
> (Adaptado de GAARDER, Jostein. *O Mundo de Sofia — Romance da História da Filosofia*. São Paulo: Cia. das Letras, 1995. p. 187-9.)
>
> O ano de 476 d.C., época da queda do Império Romano do Ocidente, tem sido usado como marco para o início da Idade Média. De acordo com a escala de tempo apresentada no texto, que considera como ponto de partida o início da Era Cristã, pode-se afirmar que:
>
> **a)** as Grandes Navegações tiveram início por volta das quinze horas.
> **b)** a Idade Moderna teve início um pouco antes das dez horas.
> **c)** o Cristianismo começou a ser propagado na Europa no início da Idade Média.
> **d)** as peregrinações do apóstolo Paulo ocorreram após os primeiros 150 anos da Era Cristã.
> **e)** os mosteiros perderam o monopólio da educação no final da Idade Média.
>
> Resposta: *a*.

Para resolver a questão, o estudante deveria compreender o diálogo entre as duas personagens e atribuir-lhe sentido. Para isso, teria de vencer o primeiro obstáculo, que consiste em construir uma escala de tempo, na qual cada hora corresponde a um século.

O segundo obstáculo é encaixar na escala de tempo os diferentes fatos da história citados, tendo em vista que, entre eles, há diferentes intervalos de tempo.

Como o Enem não privilegia a memorização, a informação sobre a queda do Império Romano do Ocidente e o início da Idade Média é oferecida ao estudante e torna-se uma das chaves para a resposta à questão.

Operando o pensamento, o estudante deveria, primeiramente, estabelecer relações de equivalência entre horas e anos. Ou seja, cada hora equivale a cem anos; logo, as dez horas citadas no diálogo equivalem a mil anos, tempo de duração da Idade Média (476 d.C. a 1476 d.C.).

Biblioteca Nacional. Turim

AS SITUAÇÕES-PROBLEMA NAS PROVAS DO ENEM E DOS VESTIBULARES

O ano 476 d.C. também permite situar na escala de tempo construída pelo estudante o momento do nascimento de Cristo, ou o início da Era Cristã, que ocorre à meia-noite.

A partir daí, o estudante deveria apenas encaixar na escala os demais fatos citados. Eis alguns deles:

- Paulo realizou suas peregrinações antes do ano 50 d.C. e morreu em Roma pouco antes do ano 75 d.C. Logo, se meia-noite corresponde ao ano zero, meia-noite e meia corresponde ao ano 50; somando quinze minutos, temos o ano 75.
- As três horas até as quais a fé cristã foi proibida equivalem ao ano 300 d.C.
- As dez horas até as quais durou o monopólio da educação pelas escolas dos mosteiros correspondem ao ano 1000 d.C.
- O período de dez a onze horas em que se deu a fundação das universidades equivale ao período 1000 d.C. a 1100 d.C.

Em seguida, o estudante deveria mobilizar seus conhecimentos de História, a fim de, levando em conta a escala de tempo montada, identificar a afirmação verdadeira.

A alternativa *b*, por exemplo, é falsa porque a Idade Moderna não teve início antes das 10 horas (ano 1000). A alternativa *c* é falsa porque o Cristianismo começou a ser propagado antes da Idade Média. A alternativa *d* é falsa porque as pregações de Paulo começaram por volta de 50 d.C. E a alternativa *e* é falsa porque os mosteiros perderam o monopólio por volta de 100 d.C., portanto bem antes do fim da Idade Média.

> **Eixos cognitivos em xeque**
>
> Para resolver a situação-problema em análise, o estudante deveria mobilizar vários eixos cognitivos avaliados pelo Enem: o *eixo cognitivo I*, que se refere ao domínio de linguagens ou sistemas de representação; o *eixo cognitivo III*, que requer a seleção de informações e o estabelecimento de relações entre elas; o *eixo cognitivo IV*, que exige criar uma linha de argumentação mental e trabalhar com proposições, verdades e falsidades; e, por fim, o *eixo cognitivo V*, que envolve a elaboração de propostas, uma vez que é preciso criar um plano de ação, no caso uma escala de tempo construída a partir de dados oferecidos e de inferências realizadas.

Como se observa, a situação-problema analisada é complexa, pois envolve diversas operações mentais. Como num jogo de abstrações e analogias, apresenta vários obstáculos que precisam ser superados um a um, mas de forma interdependente, isto é, cada elemento deve ser observado no conjunto, e não de forma isolada. Além disso, é preciso fazer inferências e deduções, completar os dados que faltam a partir do que é oferecido pelo problema.

CAPÍTULO 20

Prepare-se para o Enem e o vestibular

1. Leia o texto:

Trote, uma prática medieval que desafia as universidades

As primeiras universidades surgiram na Europa em plena Idade Média. Foram um sopro de liberdade. Permitiram progressivamente ao homem atuar segundo a razão, em vez de apenas obedecer a dogmas. Paradoxalmente, ao mesmo tempo em que nasciam os centros de estudo, surgia uma instituição muito mais tributária da ideia que hoje fazemos da "Idade das Trevas": o trote. Os primeiros registros da prática datam do início do século XIV. Calouros da região correspondente à moderna Alemanha eram obrigados a andar nus e ingerir fezes de animais mediante a promessa de que poderiam se vingar nos novatos do ano seguinte. "Os alunos veteranos descontavam nos mais novos a repressão promovida em sala de aula por professores rigorosos", afirma Antônio Zuin, professor do Departamento de Educação da Universidade Federal de São Carlos (UFSCar) [...].

(Nathalia Goulart. http://veja.abril.com.br/noticia/educacao/trote-uma-pratica-medieval-que-desafia-as-universidades)

No texto, a prática do trote entre universitários é situada na Idade Média. Contudo, ela ainda ocorre nos dias atuais, porém com outra motivação. Em que consiste essa mudança?

a) A classe social dos estudantes é outra.

b) Os professores deixaram de ser a motivação para as ações violentas.

c) Os trotes buscam valorizar a liberdade de ação dos calouros.

d) As ações violentas não são fruto da tradição acadêmica.

e) No passado, era necessário seguir dogmas, e hoje não.

2. Leia o texto:

Camponeses são os mais afetados por pobreza extrema no Brasil, aponta Ipea

Os camponeses são o grupo social mais atingido pela pobreza extrema no Brasil, revela estudo divulgado nesta quinta-feira (15) pelo Ipea (Instituto de Pesquisas Econômicas Aplicadas). Entre as famílias consideradas "extremamente pobres", 36% tinham como fonte de renda, em 2009, a produção agrícola.

No estudo, o Ipea dividiu os brasileiros com renda mensal inferior a R$ 465 em três grupos: "extremamente pobres" (com renda per capita até R$ 67), "pobres" (renda de R$ 67 a R$ 134) e "vulneráveis" (renda entre R$ 134 a R$ 465).

A população com renda per capita mensal superior a R$ 465 foi classificada como "não pobre" e representa 42% dos brasileiros (78 milhões de pessoas).

Para o Ipea, os principais fatores que levam os camponeses à pobreza são, pela ordem, o pequeno tamanho de suas terras; a baixa disponibilidade de insumos agrícolas, especialmente de água; a falta de assistência técnica; e os baixos preços pagos pelos seus produtos.

(Guilherme Balza. http://noticias.uol.com.br/cotidiano/2011/09/15/camponeses-sao-os-mais-afetados-por-pobreza-extrema-no-brasil-aponta-ipea.jhtm)

Conforme relata o texto, a população que tem renda mensal de R$ 134 a R$ 465 foi situada pelo Ipea no grupo dos "vulneráveis". Utilizando os seus conhecimentos e outras informações contidas no texto, assinale a alternativa que melhor pode justificar a designação "vulneráveis".

a) Trata-se da parcela da população que necessita de apoio do Estado para sobreviver.

b) Trata-se da população rural que pode melhorar sua renda com a pecuária.

c) Trata-se da parcela da população cujos ganhos reais podem sofrer oscilação.

d) Trata-se de famílias que vivem apenas da renda proveniente da agricultura.

e) Trata-se da parcela da população que vive em condições muito precárias.

3. Leia o texto:

Casos de dengue no Brasil em 2011 – Regiões e cidades mais atingidas

O **Ministério da Saúde** divulgou esta semana um **balanço dos Casos de Dengue no Brasil em 2011**.

210 UNIDADE 3

AS SITUAÇÕES-PROBLEMA NAS PROVAS DO ENEM E DOS VESTIBULARES

De acordo com o Ministério, este **primeiro semestre de 2011** (se comparado com o mesmo período de 2010) registrou queda no número de mortes e no número de casos graves da doença.

De acordo com os dados, o **número de mortos** este ano pela doença chegou a 95. **Queda de 64%** se comparado ao mesmo período de 2010 (ano em que chegou a ter 261 mortos).

Com relação aos **casos graves**, até agora foram registrados 2.208 casos graves. Uma **queda de 69%** se compararmos com 2010 (quando tivemos 7.064 casos).

Também houve **queda de 43%** no número de **casos clássicos da doença**. Em 2011 foram 254.734, contra 448.701 em 2010.

Com relação aos **Estados**, o maior número de mortos aconteceu na Região Nordeste (32 casos). A região foi seguida pelo Sudeste (27 casos), Norte (20 mortes), Sul (10 mortes, todas no Paraná) e Centro-Oeste (6 mortes, todas em Goiás).

As cidades que tiveram mais casos de dengue registrados foram: Manaus (29.318 casos), Rio Branco (19.595 casos), Rio de Janeiro (11.934 casos), Londrina (7.554 casos) e Fortaleza (6.085 casos).

(http://www.netfarmacia.com.br/2011/04/19/casos-de-dengue-no-brasil-em-2011-regiao-e-cidades-mais-atingidas/)

Analisando-se os dados e informações apresentados pelo texto, quantos serão os casos fatais de dengue em 2012, caso a tendência de declínio ou de crescimento seja a mesma de 2011?

a) cerca de 60 casos
b) pouco mais de 100 casos
c) apenas seis casos
d) nenhum caso
e) 185 casos

Observe o quadro do pintor espanhol Goya, abaixo, e leia os versos do poeta português Jorge de Sena que seguem. Depois responda às questões 4 e 5.

Fuzilamentos de 3 de maio de 1808.

CAPÍTULO 20

Carta a meus filhos sobre os fuzilamentos de Goya

Não sei, meus filhos, que mundo será o vosso.
É possível, porque tudo é possível, que ele seja
aquele que eu desejo para vós. Um simples mundo,
onde tudo tenha apenas a dificuldade que advém
de nada haver que não seja simples e natural.
Um mundo em que tudo seja permitido,
conforme o vosso gosto, o vosso anseio, o vosso prazer,
o vosso respeito pelos outros, o respeito dos outros por vós.
E é possível que não seja isto, nem seja sequer isto
o que vos interesse para viver. Tudo é possível,
[...]

Estes fuzilamentos, este heroísmo, este horror,
foi uma coisa, entre mil, acontecida em Espanha
há mais de um século e que por violenta e injusta
ofendeu o coração de um pintor chamado Goya,
que tinha um coração muito grande, cheio de fúria
e de amor. Mas isto nada é, meus filhos.
Apenas um episódio, um episódio breve,
nesta cadeia de que sois um elo (ou não sereis)
de ferro e de suor e sangue e algum sêmen
a caminho do mundo que vos sonho.
[...]

(SENA, Jorge de. *Metamorfoses, seguidas de Quatro sonetos a Afrodite Anadiómena*. Lisboa: Moraes, 1963. http://asfolhasardem. wordpress.com/2010/03/19/jorge-de-sena-carta-a-meus-filhos-sobre-os-fuzilamentos-de-goya/)

4. O quadro de Goya retrata o fuzilamento de espanhóis civis pelo exército napoleônico nas ruas de Madri em 1808. Que expressão empregada por Jorge de Sena melhor se aplica às pessoas situadas à esquerda, no quadro?

a) "mundo em que tudo seja permitido"

b) "porque tudo é possível"

c) "este heroísmo, este horror"

d) "um episódio breve"

e) "o respeito dos outros por vós"

5. Os termos *fuzilamentos* e *horror* empregados nos versos de Jorge de Sena correspondem a que elementos do quadro, respectivamente?

a) expressão do homem de branco e construção não iluminada, ao fundo

b) construção não iluminada, ao fundo, e sangue no chão

c) lanterna acesa, no chão, e braços abertos do homem de branco

d) expressão do homem de branco e homens com as mãos no rosto

e) sangue no chão e homens com as mãos no rosto

AS SITUAÇÕES-PROBLEMA NAS PROVAS DO ENEM E DOS VESTIBULARES

Questões do Enem e dos vestibulares

1. (UFBA-BA)

> Os problemas referentes à questão agrária estão relacionados, essencialmente, à propriedade da terra, consequentemente à concentração da estrutura fundiária, aos processos de expropriação, expulsão e exclusão dos trabalhadores rurais: camponeses e assalariados; à luta pela terra, pela reforma agrária e pela resistência na terra; à violência extrema contra os trabalhadores, à produção, abastecimento e segurança alimentar; aos modelos de desenvolvimento da agropecuária e seus padrões tecnológicos, às políticas agrícolas e ao mercado, ao campo e à cidade, à qualidade de vida e dignidade humana. Por tudo isso, a questão agrária compreende as dimensões econômica, social e política. (Bernardo Mançano Fernandes. *Questão agrária, pesquisa e MST*. São Paulo: Cortez, 2001.)

Com base na ilustração, no texto e nos conhecimentos sobre o espaço agrário, pode-se afirmar:

a) A desigual distribuição das terras, herança do modelo econômico que se implantou recentemente no país, trouxe como consequência os atuais conflitos sociais no campo e a fixação, cada vez maior, do homem nas áreas rurais em função da chegada da modernização agrícola.

b) O movimento das "Ligas Camponesas", originado no início do século passado, deve ser entendido como uma manifestação local dos produtores rurais do agreste pernambucano contra a alta dos impostos.

c) A luta por terra é uma importante dimensão da questão agrária e os movimentos sociais dela resultantes se configuram em ações dos trabalhadores, que envolvem processos de expropriação, expulsão e exclusão social.

d) A modernização da agricultura e da pecuária é bastante equilibrada nas diversas regiões do país, originando grande produtividade de alimentos com farta dieta alimentar da população.

e) O modelo de reforma agrária vigente no país vem assegurando o acesso à terra, proporcionando recursos necessários para ela produzir e atingindo grande número de trabalhadores rurais.

f) O MST representa diferentes expressões de contestação, seja contra a desapropriação de terras pelo Estado, a exemplo da região de Itaipu, seja contra a permanência de latifúndios improdutivos, como áreas no interior do Norte e do Nordeste.

2. (UnB-DF) Atualmente, o perdão laico pressupõe uma transformação moral tanto do agressor quanto de quem foi agredido. Para haver perdão, é preciso, de um lado, arrependimento sincero e, do outro, disposição para apagar os ressentimentos. A ideia de que perdoar exige um processo de mão dupla é empregada com naturalidade nas mais diversas instâncias da vida contemporânea — entre marido e mulher, entre colegas de trabalho, entre nações, entre empresas e consumidores. De fato, o moderno conceito ocidental de perdão, com o reconhecimento de culpa, arrependimento e disposição do ofendido para absolver o ofensor, se teria materializado nas reflexões éticas do filósofo alemão Immanuel Kant (1724-1804), que transferiu do plano divino para o humano a virtude do perdão. O diagrama a seguir mostra as variações da relação perdão e culpa em diversas culturas.

CAPÍTULO 20

A partir das informações do texto, julgue os itens a seguir como corretos (C) ou errados (E).

a) No trecho acerca do final da Idade Média, a locução "desde que" introduz a condição estabelecida para que houvesse perdão da forma prevista por lei em vigor na Europa, ou seja, a conversão do ofensor ao cristianismo.

b) No século XVI, o teólogo alemão Martinho Lutero iniciou a Reforma Protestante, que culminou com a cisão da cristandade ocidental e com o surgimento de diversas denominações cristãs que não se submetiam à autoridade papal. Uma das razões que motivaram Lutero a se indispor contra a ortodoxia católica foi a prática da venda de indulgências pela Igreja.

c) O texto associa a ideia de perdão da sociedade ocidental atual a uma filosofia de base europeia, o iluminismo, retratada no texto como o ápice das conquistas ocidentais de natureza ética.

d) O conceito ocidental moderno de perdão envolve três requisitos, em um processo bilateral: o reconhecimento da culpa pelo agressor, o subsequente arrependimento pelo mal cometido e a disposição do agredido de eliminar o ressentimento causado pela agressão.

e) As noções atribuídas pelo texto ao perdão segundo o cristianismo, na Idade Média, e ao perdão segundo os maometanos se aproximam no sentido de que, nos dois casos, o perdão é concedido pelo agredido com o intuito de evitar represálias que possam ser impostas por autoridades divinas.

f) O Iluminismo, embora fosse, em grande parte, inspirado em ideais da Antiguidade Greco-romana, no que se refere ao comportamento humano e ao perdão, opôs-se à visão grega ao considerar o homem como senhor de suas ações e como titular do poder de perdoar seu semelhante.

3. (FGV-RJ) O gráfico seguinte apresenta os lucros (em milhares de reais) de uma empresa ao longo de 10 anos (ano 1, ano 2, até ano 10).

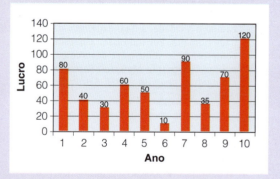

O ano em que o lucro ficou mais próximo da média aritmética dos 10 lucros anuais foi:

a) Ano 2
b) Ano 3
c) Ano 4
d) Ano 5
e) Ano 9

4. (UNICAMP-SP) Recentemente, um órgão governamental de pesquisa divulgou que, entre 2006 e 2009, cerca de 5,2 milhões de brasileiros saíram da condição de indigência. Nesse mesmo período, 8,2 milhões de brasileiros deixaram a condição de pobreza. Observe que a faixa de pobreza inclui os indigentes.

AS SITUAÇÕES-PROBLEMA NAS PROVAS DO ENEM E DOS VESTIBULARES

O gráfico abaixo mostra os percentuais da população brasileira enquadrados nessas duas categorias, em 2006 e 2009.

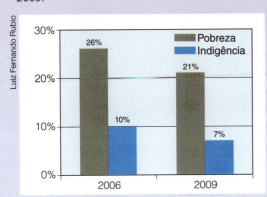

Após determinar a população brasileira em 2006 e em 2009, resolvendo um sistema linear, verifica-se que:

a) o número de brasileiros indigentes passou de 19,0 milhões, em 2006, para 13,3 milhões, em 2009.

b) 12,9 milhões de brasileiros eram indigentes em 2009.

c) entre 2006 e 2009, o total de brasileiros incluídos nas faixas de pobreza e de indigência passou de 36% para 28% da população.

d) 18,5 milhões de brasileiros eram indigentes em 2006.

(UFBA-BA) Texto para as questões 5 e 6:

A humanidade já consome mais recursos naturais do que o planeta é capaz de repor. O colapso é visível nas florestas, nos oceanos e nos rios. O ritmo atual de consumo é uma ameaça para a prosperidade futura da humanidade.

... Hoje, a humanidade utiliza metade das fontes de água doce do planeta. Em quarenta anos, utilizará 80%. Dos rios do mundo, 50% estão poluídos.

... O planeta é formado por 15 bilhões de hectares de terras, mas só 12% delas servem para o cultivo.

... Das 200 espécies de peixe com maior interesse comercial, 120 são exploradas além do nível sustentável.

... Estima-se que 40% da área dos oceanos esteja gravemente degradada pela ação do homem. Das 1 400 espécies de coral conhecidas, 13 estavam ameaçadas de extinção há dez anos. Hoje são 231.

... Desde 1961, a quantidade de dióxido de carbono liberada pela humanidade na atmosfera com a queima de combustíveis fósseis cresceu dez vezes. (Roberta de Abreu Lima e Vanessa Vieira. Revista *Veja*, ed. 2085, 5/11/2008. Disponível em: <http://veja.abril.com.br/051/08/p_096.shtml>. Acesso em: 4/6/2012.)

Sapo-dourado-panamenho
Era natural da floresta centro-americana. Foi eliminado por um fungo que se disseminou devido ao aquecimento global.

Rinoceronte-negro
A subespécie que vivia na África Ocidental desapareceu devido à caça.

5. A partir das constatações explicitadas no texto, uma abordagem das Ciências Naturais permite afirmar:

a) O cenário do consumo de recursos naturais além do que o planeta Terra é capaz de repor pode ser interpretado como uma diminuição da entropia do universo, de acordo com a segunda lei da termodinâmica.

b) O aumento da quantidade de dióxido de carbono liberada na atmosfera terrestre é o principal fator para a redução da camada de ozônio na alta atmosfera.

c) A alteração do pH do solo destinado ao plantio de 5,0 para 7,0 implica redução em duas unidades da concentração de íons OH^- nele presentes.

d) A fusão de grandes blocos de gelo flutuantes retirados do mar da região ártica possibilita a obtenção de água doce para as pequenas populações ali inseridas.

e) O aumento do nível dos oceanos provocado pelo derretimento de geleiras contribui para aumentar o valor da pressão atmosférica na superfície do mar.

f) A poluição dos rios por esgotos domiciliares proporciona uma sobrecarga de resíduos orgânicos, o que repercute no fenômeno de eutrofização que envolve maior consumo de oxigênio, criando condições desfavoráveis à sobrevivência de populações de peixes.

CAPÍTULO 20

6. Em relação às consequências da degradação do planeta e às medidas que possam contribuir para a preservação da biosfera, é correto afirmar:

a) Os oceanos sequestram carbono no processo de produção primária marinha, o que contribui para a moderação dos impactos do clima na vida terrestre.

b) A acidificação dos oceanos, devido ao aumento da concentração de CO_2 na atmosfera, reduz o pH do meio aquático contribuindo para a degradação de corais.

c) O aquecimento do planeta Terra que causa, dentre outros problemas, secas, inundações, acidificação dos oceanos e extinção de espécies está relacionado com a refração da radiação solar do espaço para a atmosfera terrestre.

d) A correção do pH do solo de 5,0 para 6,0 promove maior disponibilidade de nutrientes, como potássio, magnésio, cálcio e fósforo, às plantas, e, sendo assim, solos alcalinos favorecem ao plantio.

e) A extinção do sapo-dourado-panamenho está associada ao desequilíbrio da relação parasita/hospedeiro, em decorrência de alterações climáticas.

f) A perda da variabilidade genética, devido à extinção da subespécie do rinoceronte-negro da África Ocidental, diminui o potencial evolutivo das demais subespécies.

7. (ENEM)

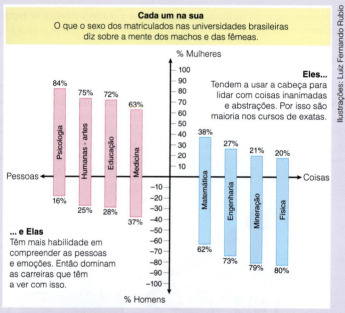

Superinteressante. Ed. 256, set. 2008.

Segundo pesquisas recentes, é irrelevante a diferença entre sexos para se avaliar a inteligência. Com relação às tendências para áreas do conhecimento, por sexo, levando em conta a matrícula em cursos universitários brasileiros, as informações do gráfico asseguram que:

a) os homens estão matriculados em menor proporção em cursos de Matemática que em Medicina por lidarem melhor com pessoas.

b) as mulheres estão matriculadas em maior percentual em cursos que exigem capacidade de compreensão dos seres humanos.

c) as mulheres estão matriculadas em percentual maior em Física que em Mineração por tenderem a trabalhar melhor com abstrações.

d) os homens e as mulheres estão matriculados na mesma proporção em cursos que exigem habilidades semelhantes na mesma área.

e) as mulheres estão matriculadas em menor número em Psicologia por sua habilidade de lidarem melhor com coisas que com sujeitos.

8. (ENEM)

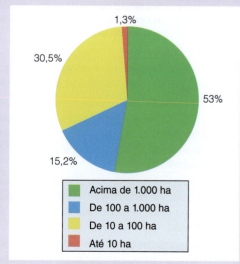

Fonte: Incra, Estatísticas cadastrais 1998.

AS SITUAÇÕES-PROBLEMA NAS PROVAS DO ENEM E DOS VESTIBULARES

O gráfico representa a relação entre o tamanho e a totalidade dos imóveis rurais no Brasil. Que característica da estrutura fundiária brasileira está evidenciada no gráfico apresentado?

a) A concentração de terras nas mãos de poucos.
b) A existência de poucas terras agricultáveis.
c) O domínio territorial dos minifúndios.
d) A primazia da agricultura familiar.
e) A debilidade dos *plantations* modernos.

9. (UNICAMP-SP) Os gráficos abaixo representam a espacialização e proporção da pobreza e da indigência no Brasil entre 1990 e 2004. Considerando esses gráficos, assinale a alternativa correta.

Adaptado de S. Rocha, "Pobreza e indigência no Brasil — algumas evidências empíricas com base na PNAD 2004." *Nova Economia*. Belo Horizonte, pág. 4-5. Maio/Agosto. 2006. Disponível em: http://www.scielo.br. Acesso em: 15/4/2010.

a) Comparando as áreas metropolitanas, urbanas e rurais, observa-se que a melhoria da pobreza (queda na proporção de pobres) no período 1990-2004 foi menos acentuada nas áreas urbanas.
b) Nas áreas rurais, a queda na proporção de indigentes foi mais significativa do que a de pobres.
c) No período 1995-2004, a proporção de pobres e de indigentes no Brasil se manteve mais ou menos constante.
d) A queda menos acentuada na proporção de indigentes no Brasil, no período, ocorreu nas áreas urbanas.

10. (UFRN-RN) A sequência abaixo faz parte do roteiro de adaptação de *Memórias póstumas de Brás Cubas* para os quadrinhos. O fragmento textual do Capítulo VII que corresponde à sequência abaixo é:

SRBEK, Wellington; MELADO, B. Página do roteiro de adaptação do romance *Memórias póstumas de Brás Cubas* para os quadrinhos. Disponível em: <http://blogdosquadrinhos.blog.uol.com.br/arch2010-02-01_2010-02-28.html>. Acesso em: 28 jun. 2010.

a) "Tentei falar, mas apenas pude grunhir esta pergunta ansiosa:
— Onde estamos?
— Já passamos o Éden.
— Bem; paremos na tenda de Abraão.
— Mas se nós caminhamos para trás! redarguiu motejando a minha cavalgadura." (p. 26)
b) "Deixei-me ir, calado, não sei se por medo ou confiança; mas, dentro em pouco, a carreira de tal modo se tornou vertiginosa, que me atrevi a interrogá-lo, e com tal arte lhe disse que a viagem me parecia sem destino.
— Engana-se, replicou o animal, nós vamos à origem dos séculos." (p. 25)
c) "Como ia de olhos fechados, não via o caminho. Lembra-me só que a sensação de frio aumentava com a jornada, e que chegou uma ocasião em que me pareceu entrar na região dos gelos eternos." (p. 25)
d) "Com efeito, abri os olhos e vi que o meu animal galopava numa planície branca de neve, com uma ou outra montanha de neve, vegetação de neve, e vários animais grandes de neve." (p. 26)

CAPÍTULO 21
Interpretação de textos não verbais e mistos

Carybé, Verger Caymmi - Mar da Bahia/ Fundação Pierre Verger/ Instituto Carybé

> *Nas questões de interpretação de textos do Enem e dos vestibulares, predominam textos verbais, que geralmente pertencem à família dos gêneros literários, jornalísticos ou científicos. Contudo, não é raro encontrarmos textos não verbais para interpretação. Veja, neste capítulo, como lidar com textos desse tipo.*

Nas duas últimas décadas, a noção de texto e de leitura tem se ampliado muito. Hoje consideramos texto todo enunciado, verbal ou não verbal, que cumpre uma finalidade comunicativa e é capaz de constituir sentido. Assim, é texto um poema ou um cartum, uma notícia ou uma pintura, uma história em quadrinhos ou uma canção.

Com o advento e a popularização da Internet, a noção de texto também se ampliou com conceitos novos, como o intertexto e o hipertexto. O Enem e os exames vestibulares têm seguido essa orientação, procurando trazer para as provas a diversidade de textos, gêneros e linguagens que circulam na vida social.

A pesquisadora Paloma Pereira Borba, em pesquisa realizada na Universidade Federal de Pernambuco, fez um levantamento dos textos visuais que foram utilizados nas provas do Enem entre 1999 e 2005. Conheça os resultados desse estudo:

QUANTITATIVO DE GÊNEROS VISUAIS USADOS NO ENEM								
Texto visual	1999	2000	2001	2002	2003	2004	2005	Total
Tabela	8	6	8	9	6	9	8	54
Gráfico	9	6	9	9	6	10	13	62
Tira	1	2	3	3	1	3	7	20
Esquema	5	7	1	2	1	3	2	16
Mapa	1	2	3	2	2	2	2	14
Fotografia	1	–	–	–	–	–	–	1
Diagrama	1	–	–	1	–	1	–	3
Figura	1	4	7	5	3	4	5	29
Charge	–	2	–	–	–	–	–	2
Planta	–	1	1	–	–	1	–	3
Reprodução de pintura	–	–	–	2	2	1	2	7

(*Leitura e interdisciplinaridade no contexto escolar – O exemplo do Enem*. Dissertação de Mestrado, apresentada ao Programa de Pós-Graduação em Letras da Universidade Federal de Pernambuco em 2007.)

Veja, a seguir, a incidência desse tipo de texto nos exames do Enem no período de 2009 (quando o exame passou a ter 180 questões) a 2011:

Texto visual	2009	2010	2011	Total
Tabela	11	12	15	38
Gráfico	10	6	11	27
Tira	2	1	1	4
Esquema	1	–	–	1
Mapa	5	2	2	9
Fotografia	5	7	7	19
Figura	22	28	23	73
Charge	2	2	5	9
Pintura	4	2	2	8

Ler e interpretar determinados textos de linguagem não verbal ou de linguagem mista, como filmes, charges, cartuns, ilustrações e quadrinhos implicam as mesmas operações ou esquemas de ação que você já aprendeu: analisar, levantar hipóteses, comparar, inferir, etc.

Veja, a seguir, como resolver uma questão de vestibular em que há esse tipo de texto:

(UERJ-RJ)

Adaptado de http://inet.sitepac.pt

INTERPRETAÇÃO DE TEXTOS NÃO VERBAIS E MISTOS

A história em quadrinhos apresenta uma característica fundamental do modo de produção capitalista na atualidade e uma política estatal em curso em muitos países desenvolvidos.

Essa característica e essa política estão indicadas em:

a) liberdade de comércio — ações afirmativas para grupos sociais menos favorecidos.

b) sociedade de classe — sistemas de garantias trabalhistas para a mão de obra sindicalizada.

c) economia de mercado — programas de apoio aos setores econômicos pouco competitivos.

d) trabalho assalariado — campanhas de estímulo à responsabilidade social do empresariado.

Resposta: c.

O texto apresentado na questão é uma história em quadrinhos, gênero em que a linguagem verbal e a linguagem dos desenhos se completam na construção dos sentidos.

O texto retrata uma situação na qual Calvin, colocando-se na condição de empresário, tenta vender limonada. Por meio das interações entre a garota Susie e Calvin, é possível perceber a concepção empresarial do garoto, reflexo de vários discursos que circulam na sociedade.

A questão da Universidade Estadual do Rio de Janeiro, além de exigir que o candidato analisasse e interpretasse a história em quadrinhos, esperava que ele relacionasse a concepção de Calvin ao modo de produção capitalista da atualidade e buscasse pontos de contato entre ambos.

O argumento utilizado por Calvin para justificar o preço exorbitante de cada copo de limonada – a "lei da oferta e procura" – é o princípio básico da economia de mercado. Calvin, diante da perda de mercado (a amiga Susie), em vez de rever sua política de custos, preços e lucros e tornar-se mais competitivo e adequado ao perfil do mercado, prefere pedir subvenção ao Estado, representado pela mãe do garoto. Assim, o candidato chegaria à conclusão de que a alternativa c é a que traduz melhor as alusões feitas pelo texto.

CAPÍTULO 21

Prepare-se para o Enem e o vestibular

O infográfico abaixo apresenta um panorama do atual consumo de água no mundo. Examine-o e responda à questão 1.

(http://planetasustentavel.abril.com.br/infograficos/popup.shtml?file=/download/stand2-painel5-agua-por-pessoa2.pdf)

1. A comparação entre a média do consumo diário de água verificado nas várias regiões do mundo leva a concluir que:

   a) na Europa se gasta menor quantidade de água que no Brasil.

   b) canadenses e europeus estão entre os habitantes que mais gastam água.

   c) os japoneses precisariam economizar mais água que os brasileiros.

   d) o consumo dos brasileiros é mais do que o dobro do ideal.

   e) considerando-se a média dos consumos, o ser humano está próximo do consumo ideal.

2. Leia com atenção os seguintes dados sobre educação no Brasil.

INTERPRETAÇÃO DE TEXTOS NÃO VERBAIS E MISTOS

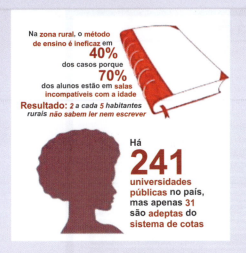

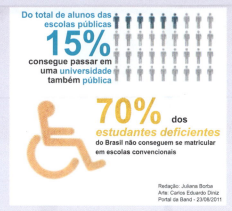

(http://3.bp.blogspot.com/-4CnCciB74qU/
TlWNziCqBpI/AAAAAAAAB_E/YoDqVtRnnlY/s1600/
InfoALigaEducacao.jpg)

A partir da leitura que você fez, analise as afirmativas:

I. O número de analfabetos no Brasil supera o de Portugal.
II. O processo educativo no Brasil fica prejudicado pela inadequação entre salas e o perfil do aluno.
III. A pobreza dificulta a permanência de alunos em escolas.

São corretas as afirmativas:

a) I, II e III.
b) III, apenas.
c) I e III.
d) I, apenas.
e) II e III.

3. O gráfico reproduzido abaixo mostra a evolução do número de candidatos por vaga no curso de Medicina da Universidade de São Paulo, um dos mais concorridos no Brasil.

(http://especiais.ig.com.br/infograficos/files/2011/09/fuvest-g.jpg)

A análise dos dados apresentados no gráfico permite deduzir que:

a) a prova foi mais fácil em 1998 do que em qualquer outro ano.
b) a concorrência para o curso de Medicina manteve-se estável entre 2007 e 2009.
c) a relação candidato-vaga em 2011 foi maior do que a de 2003.
d) a prova mais difícil foi a de 2011.
e) a procura pelo curso, entre 1996 e 1997, foi a menor do período pesquisado.

4. Em 2010, durante a realização da Copa de Futebol, ocorrida na África do Sul, o jogador brasileiro Kaká recebeu da imprensa esportiva a avaliação que aparece no gráfico reproduzido a seguir. Pela análise do gráfico, podemos deduzir que o jogador Kaká:

CAPÍTULO 21

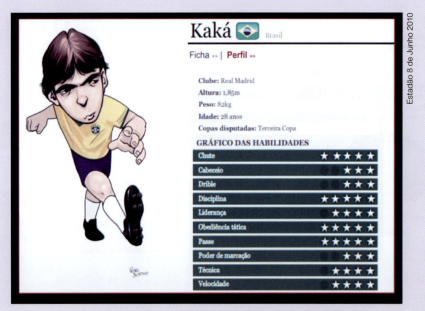

(www.estadao.com.br/especiais/as-10-feras-da-copa-do-mundo,104036.htm)

a) dificilmente recebe cartões amarelos ou vermelhos.
b) é excelente cabeceador.
c) joga no setor defensivo.
d) não é tão bom no chute quanto na defesa.
e) é um excelente candidato a capitão da equipe.

5. No gráfico a seguir estão registrados os casos de febre amarela e mortes provocadas pela doença de 1996 a 2007, no Brasil.

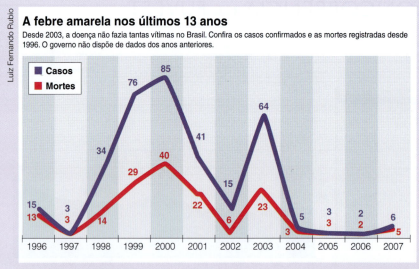

(www.bioct.tecnologiadeensino.com.br/lumis/portal/file/fileDownload.jsp?fileId=480F8D7D267B8 72501267B8CB2B615F9&inline=1)

Com base na análise dos dados apresentados no gráfico, considere as afirmativas:

I. Em 2002, a proporção entre casos e falecimentos foi menor do que em 2007.

II. À medida que o tempo passa, o número de mortes aumenta.

III. Entre 2002 e 2003, o combate à doença mostrou-se mais ineficiente do que entre 2005 e 2006.

Sobre as afirmativas, podemos concluir:

a) Todas estão corretas.
b) Apenas a II está correta.
c) Apenas a III está correta.
d) Há duas corretas.
e) Nenhuma está correta.

INTERPRETAÇÃO DE TEXTOS NÃO VERBAIS E MISTOS

Questões do Enem e dos vestibulares

1. (UFMG-MG) Analise estas duas imagens:

Relacionando-se essas imagens à crise da ordem imperial brasileira, é **correto** afirmar que elas expressam:

a) a força dos ideais contrários à abolição da escravidão e à república, que retardou a crise da ordem imperial brasileira após a Guerra do Paraguai.

b) a fusão dos ideais monárquicos e republicanos, o que ajudou a acelerar a abolição da escravidão no final do século XIX.

c) o militarismo predominante no Império do Brasil, indicado pela presença marcante dos militares — inclusive o próprio Imperador — no poder.

d) os efeitos da Guerra do Paraguai sobre a ordem imperial e a crescente influência do republicanismo no cenário político brasileiro.

2. (UFG-GO) Leia a tira a seguir.

Disponível em: <www.lospirata.com.br/imagens/bobcuspenaofunciona.jpg.>. Acesso em: 09 out. 2008.

CAPÍTULO 21

Em meados da década de 1970 várias formas de protesto baseadas na cultura (vestuário, música, fanzine etc.) foram introduzidas no Brasil, criando um novo perfil do universo juvenil urbano. São grupos que formam redes de identidades espacializadas que se diferenciam por produzirem distintas alternativas de manifestação, nem sempre baseadas em formas convencionais de protesto, como passeatas, greves, ocupações de prédios públicos etc. Na tira apresentada, o personagem Bob Cuspe, do cartunista Angeli, foi inspirado nos punks.

Considerando o exposto, indique outro grupo juvenil do ambiente urbano metropolitano, apresentando uma ação desenvolvida por este mesmo grupo que evidencie sua posição quanto à ordem social vigente.

(UFG-GO) Leia a tira para responder às questões 3 e 4.

QUINO. *Mafalda*. Tradução Andréa S. M. da Silva. São Paulo: Martins Fontes, 1990. p. 26-27.

3. O uso das aspas duplas no terceiro quadro da tira indica que o locutor:
a) desconhece a voz do sujeito que escreveu a afirmação que é notícia do jornal.
b) enfatiza a necessidade de paz mundial diante da agressividade das brincadeiras infantis.
c) ironiza a diferença entre as fantasias infantis e o desarmamento nuclear.
d) expressa seu pensamento enquanto faz a leitura da notícia de jornal.
e) demarca uma outra voz que não a sua para produzir um efeito de credibilidade.

4. A fisionomia da personagem no último quadro permite a compreensão de que:
a) as crianças superam os adultos quando se trata de criar fantasia.
b) o imaginário infantil assegura o sucesso das grandes decisões mundiais.
c) o mundo adulto é tão fantasioso quanto a imaginação infantil.
d) as crianças propõem soluções para os conflitos do mundo adulto em suas fantasias.
e) o universo infantil é tão artificial quanto a guerra inventada pelos adultos.

INTERPRETAÇÃO DE TEXTOS NÃO VERBAIS E MISTOS

(UFRN-RN) As questões 5, 6 e 7 têm como referência os textos abaixo.

Texto 1

[...]

O povo em São Saruê
tudo tem felicidade
passa bem anda decente
não há contrariedade
não precisa trabalhar
e tem dinheiro a vontade [sic]

Lá os tijolos das casas
são de cristal e marfim
as portas barras de prata
fechaduras de "rubim"
as telhas folhas de ouro
e o piso de cetim

Lá eu vi rios de leite
barreiras de carne assada
lagoas de mel de abelha
atoleiros de coalhada
açudes de vinho do porto
montes de carne guisada

As pedras em São Saruê
são de queijo e rapadura
as cacimbas são café
já coado e com quentura
de tudo assim por diante
existe grande fartura

Feijão lá nasce no mato
maduro e já cozinhado
o arroz nasce nas várzeas
já prontinho e dispolpado [sic]
peru nasce de escova
sem comer vive cevado

[...]

SANTOS, Manoel Camilo dos. *Viagem a São Saruê*. MEC/PRONASEC RURAL – SEC/PB/UFPB/FUANPE, 1981.

Texto 2

PORTINARI – Retirantes – 1955. Disponível em: <http://alegriarte.blogspot.com/2008_09_01_archive.html>. Acesso em: 15 jun. 2010.

5. Com relação ao ponto de vista expresso em cada um dos textos, é correto afirmar:

a) os dois textos, como diferentes manifestações artísticas, desconsideram a realidade vivenciada pelo homem em situações adversas.

b) o texto 1 constrói uma realidade idealizada, e o conjunto das imagens do texto 2 pode ser compreendido como uma antítese em relação a essa realidade.

c) os conteúdos expressos nos dois textos são antagônicos, embora sejam manifestações do mesmo tipo de linguagem e de organização temática.

d) o texto 2, por ser organizado somente com imagens, impossibilita a construção de interpretações sobre seu conteúdo.

6. Considerando-se a progressão do tema apresentado no texto 1:

a) a ausência de elementos coesivos compromete a articulação entre as estrofes e, por isso, o tema se apresenta de maneira fragmentada.

b) ao longo das estrofes, existe uma contradição entre as necessidades do povo de São Saruê e o que a natureza lhe proporciona em termos de alimentação.

c) a relação entre as estrofes possibilita uma articulação entre as características do povo e as do lugar onde ele vive.

d) ao longo das estrofes, é construída a imagem de um povo preguiçoso, que prefere não trabalhar, pois a natureza tudo lhe proporciona.

7. O texto 1 é, predominantemente:

a) explicativo, considerando-se a interação dos personagens marcada pela alternância entre perguntas e respostas.

b) descritivo, considerando-se a relação entre os substantivos e os adjetivos, responsável pela caracterização dos personagens.

c) injuntivo, considerando-se o uso de verbos no modo imperativo, característico de textos que apresentam instruções de uso.

d) dialogal, considerando-se a interação verbal dos personagens e as alternâncias de fala, marcadas pelo uso de travessões.

CAPÍTULO 22
Comparação entre textos de diferentes gêneros

No capítulo 7, você ficou conhecendo os princípios básicos da comparação. Neste capítulo e no próximo, vai aprofundar seu conhecimento sobre os tipos de comparação que costumam ser solicitados em provas do Enem e de vestibulares.

Você já sabe que comparar dois textos equivale a analisá-los e identificar semelhanças e/ou diferenças entre eles quanto a alguns critérios previamente definidos. Nos exames do Enem e de vestibulares, é comum haver questões que aproximam gêneros do discurso diferentes, como um poema e uma canção, um fragmento de texto em prosa (conto, crônica ou romance) e uma pintura, um texto científico e um gráfico ou uma tabela, etc.

Em questões de múltipla escolha, o critério ou os critérios da comparação são explicitamente anunciados; em questões discursivas, entretanto, é preciso que o próprio estudante adote critérios para estabelecer a comparação.

Como se trata de gêneros diferentes, o modo composicional (estrutura) dos textos sempre apresenta diferenças, o que pode ser um critério de observação. O tema, se for comum aos textos, pode ser outro critério de comparação. O uso da língua em suas variações — com variantes regionais ou urbana, menos ou mais formal, etc. — também pode ser outro.

Examinemos algumas situações concretas, começando por duas questões extraídas de exame vestibular da UFMT-MT.

Instrução: Leia os textos abaixo para reponder às questões 1 e 2.

(MENEZES, Philadelpho. *Poesia concreta e visual*. São Paulo: Ática, 1998.)

1. A partir da leitura dos textos, analise as afirmativas.
   I - O texto I funcionou como ponto de partida para a criação do texto II, que pode ser chamado de intertexto.
   II - Na construção do texto II, foram respeitados, além da diagramação, o tipo de letra e o significado do texto I.
   III - O texto II dialoga com o texto I à medida que constitui uma paródia.
   IV - O texto II pode provocar uma leitura automatizada em função de a logomarca contida no texto I ser familiar ao leitor.

São corretas as afirmativas:
a) II, III e IV, apenas.   **c)** III e IV, apenas.   **e)** I, III e IV, apenas.
b) I, II e III, apenas.   **d)** I, II, III e IV.

Resposta: *e*.

2. A palavra *Chiclets* (texto I) é marca de uma goma de mascar. Com o tempo, *chiclets* passou a designar qualquer goma de mascar, processo que ocorreu também com a marca BomBril. Esse recurso de alteração de sentido denomina-se:
a) metáfora.   **c)** antítese.   **e)** ironia.
b) metonímia.   **d)** eufemismo.

Resposta: *b*.

Por meio das afirmativas que apresenta, a primeira questão estabelece uma comparação entre dois textos de diferentes gêneros — uma embalagem e um poema concreto —, adotando três critérios para confronto: a relação discursiva existente entre os textos (intertexto e paródia), os recursos gráficos (tipo de letra e diagramação) e a logomarca. Envolve, portanto, critérios relacionados à forma e ao conteúdo dos textos. Já a segunda questão envolve a memorização do conceito de *metonímia* e seu reconhecimento no poema concreto.

Veja outro exemplo, este constituído por uma questão de exame vestibular da Universidade Federal do Rio Grande do Norte.

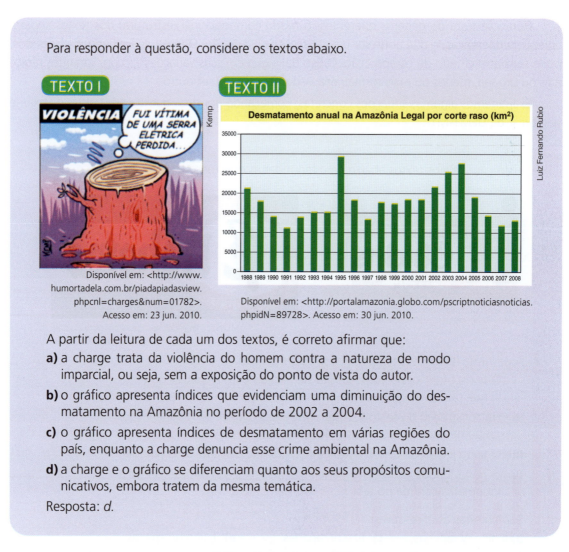

Para resolver a questão, o candidato deveria ler, analisar e interpretar cada um dos textos e em seguida compará-los, em busca de semelhanças e diferenças. A imagem da árvore cortada por uma "serra elétrica perdida" e o título do gráfico "Desmatamento anual da Amazônia Legal por corte raso (km²)" revelam claramente uma *aproximação temática*. Já que os textos são de gêneros textuais diferentes, é natural que sirvam a propósitos comunicativos distintos: enquanto a charge tem a finalidade de criar humor crítico, o gráfico cumpre o papel de informar, de modo resumido e visual, o volume de desmatamento na Amazônia Legal entre 1988 e 2008.

Entre os itens, o único que apresenta uma síntese comparativa é a alternativa *d*, que é a resposta esperada. Os demais itens fazem considerações isoladas sobre a charge ou sobre o gráfico.

230 UNIDADE 3

COMPARAÇÃO ENTRE TEXTOS DE DIFERENTES GÊNEROS

Prepare-se para o Enem e o vestibular

Veja, a seguir, uma obra de Rembrandt, que viveu no século XVII, e leia um poema de Orlando Neves, autor português que produziu seus principais trabalhos no século XX. Depois responda às questões 1 e 2.

Aula de anatomia.

O corpo

Ante as portas desgarradas, paradoxal
é a morte: impossível, feito realidade,
acaso predito. Corpo, deus imortal,
para sempre cego e mudo, abandona-te ao livre

ar. Que te transformes e assemelhes à noite.
Tempestade final das sombras, foste, corpo,
respiração com voz, área que habitaste,
vária e discordante, a cada movimento.

E agora que a luz desfalece e não a tocas,
nem por ela és tocado, a palavra deixou
de ser a tua pátria e não mais esfolias

o espaço. Agora, que já nada mudará,
nenhuma eternidade te rescende. A morte
petrifica o frágil espaço que foi teu.

(Orlando Loureiro Neves. Disponível em: www.citador.pt/poemas/o-corpo-orlando-loureiro-neves. Acesso em: 24/3/2012.)

1. Rembrandt e Orlando Neves abordaram o mesmo tema nesses objetos artísticos, embora apresentem linguagens diferentes. Que item contempla essas linguagens?
a) fotografia – literatura
b) artes plásticas – música
c) anatomia – fotografia
d) artes plásticas – literatura
e) artes cênicas – lírica

2. Em que item aparece o tema das duas obras?
a) amor
b) corpo
c) túmulo
d) nascimento
e) ciência

3. Leia os textos:

(Laerte. www2.uol.com.br/laerte/tiras/gatos/tira13.gif)

Poema enjoadinho

Filhos... Filhos?
Melhor não tê-los!
Mas se não os temos
Como sabê-los?
[...]
E então começa

A LEITURA NAS PROVAS DO ENEM E DOS VESTIBULARES

CAPÍTULO 22

A aporrinhação:
Cocô está branco
Cocô está preto
Bebe amoníaco
Comeu botão.
Filhos? Filhos
Melhor não tê-los
Noites de insônia
Cãs prematuras
Prantos convulsos
Meu Deus, salvai-o!
Filhos são o demo
Melhor não tê-los...
Mas se não os temos
Como sabê-los?
Como saber
Que macieza
Nos seus cabelos
Que cheiro morno
Na sua carne
Que gosto doce
Na sua boca!
Chupam gilete
Bebem xampu

Ateiam fogo
No quarteirão
Porém, que coisa
Que coisa louca
Que coisa linda
Que os filhos são!

(Vinícius de Morais. In: *Nova antologia poética de Vinicius de Moraes*. Sel. e org. Antonio Cicero e Encanaã Ferraz. São Paulo: Cia. das Letras, Editora Schwarcz, 2008. p. 141. Autorizado pela VM Empreendimentos Artísticos e Culturais Ltda. © VM e © Cia. das Letras (Editora Schwarcz.)

Apesar de os textos pertencerem a gêneros diferentes, ambos se aproximam quanto ao tema e ao enfoque que dão a ele. Qual é o verso do poema que expressa o enfoque dado ao tema pelos dois textos?

a) "Comeu botão."
b) "Que gosto doce"
c) "Filhos são o demo"
d) "Que coisa linda"
e) "Noites de insônia"

4. Veja a charge e leia o texto a seguir.

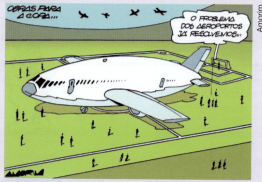

(www.chargeonline.com.br/php/charges/amorim2.jpg)

Justiça manda parar obras em aeroporto e Copa pode ser prejudicada

Obra importante para a viabilização da cidade de São Paulo como sede da abertura da Copa do Mundo de 2014, a reforma de ampliação do Aeroporto Internacional de Cumbica, em Guarulhos, teve paralisação determinada pela Justiça Federal, em ato nesta segunda-feira.

A juíza Louise Vilela Filgueiras Borer, da 6ª Vara Federal em Guarulhos, encontrou irregularidade na construção do terceiro terminal de passageiros do aeroporto, em virtude de contratação sem licitação da empresa Delta Construções S/A.

A Infraero alega que não realizou procedimento licitatório devido à urgência causada pela proximidade do Mundial de 2014 e como forma de evitar um "caos aéreo" no fim do ano.

(http://esportes.terra.com.br/futebol/brasil2014/noticias/0,,OI5345484-EI10545,00-Justica+manda+parar+obras+em+aeroporto+e+Copa+pode+ser+prejudicada.html)

COMPARAÇÃO ENTRE TEXTOS DE DIFERENTES GÊNEROS

Que expressão do texto pode ser associada à ideia de um estádio transformado em aeroporto apresentada na charge?
a) "caos aéreo"
b) "paralisação determinada pela Justiça Federal"
c) "ampliação do Aeroporto Internacional de Cumbica"
d) "irregularidade na construção"
e) "proximidade do Mundial"

As imagens a seguir são, respectivamente, reprodução do quadro *Mona Lisa*, de Leonardo da Vinci, e do trabalho fotográfico *Boy*, de Sebastião Salgado. Observe-as com atenção e depois responda às questões 5 e 6.

(www.unicef.org/salgado/2boysudan_b.jpg)

5. Considere as seguintes afirmativas a propósito das imagens:
   I. *Boy* tem apelo estético e social.
   II. *Mona Lisa* tem apelo social e não estético.
   III. As duas imagens têm caráter humanista e nacionalista.
a) Apenas I é verdadeira.
b) Apenas II é verdadeira.
c) Apenas II e III são verdadeiras.
d) Apenas III é verdadeira.
e) Apenas I e II são verdadeiras.

6. O quadro *Mona Lisa* é uma das obras de arte mais conhecidas no planeta. Ele surpreende sempre pelo fato de o olhar da mulher parecer seguir o observador, efeito que é conseguido pela técnica da _____. O trabalho de Sebastião Salgado, feito no século XX, emprega o recurso fotográfico _____.

Assinale a alternativa que preenche corretamente as lacunas da afirmação anterior.
a) visão tridimensional – do uso de cores frias
b) perspectiva – do uso do preto e branco
c) luminosidade desfocada – da centralização da figura humana
d) lei dos terços – do flagrante de uma ação humana
e) regra do antropocentrismo – do uso do preto e branco

A LEITURA NAS PROVAS DO ENEM E DOS VESTIBULARES 233

CAPÍTULO 22

Questões do Enem e dos vestibulares

1. (MACKENZIE-SP)

O Brasil em 2020

Será, é claro, um Brasil diferente sob vários aspectos. A maior parte deles, imprevisível. Uma década é um período longo o suficiente para derrubar certezas absolutas (ninguém prediz uma Revolução Francesa, uma queda do Muro de Berlim ou um ataque às torres gêmeas de Nova York). Mas é também um período de maturação dos grandes fenômenos incipientes – dez anos antes da popularização da internet já era possível imaginar como ela mudaria o mundo. Da mesma forma, fenômenos detectáveis hoje terão seus efeitos mais fortes a partir de 2020.

David Cohen, Revista *Época*, 25/05/2009

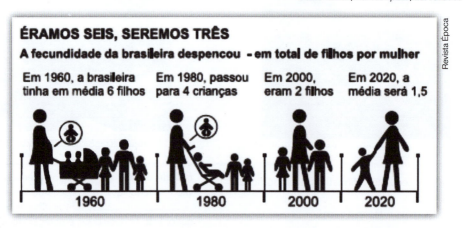

Com base no enunciado, observe as afirmações abaixo, assinalando V (verdadeiro) ou F (falso).

a) A diminuição da fecundidade no Brasil deve-se às transformações econômicas e sociais que se acentuaram na primeira metade do século XX devido à intensa necessidade de mão de obra no campo, inclusive de mulheres, fato este que elevou o país ao patamar de agrário-exportador.

b) Devido à mudança do papel social da mulher do século XX, ela deixa de viver, exclusivamente, no núcleo familiar, ingressando no mercado de trabalho e passando a ter acesso ao planejamento familiar e a métodos contraceptivos. Esses aspectos, conjugados, explicam a diminuição vertiginosa das taxas de fecundidade no Brasil.

c) As quedas nas taxas de natalidade de um país levam, ao longo do tempo, ao envelhecimento da população (realidade da maioria dos países desenvolvidos). Neste sentido, verifica-se uma forte tendência a um mercado de trabalho menos competitivo e exigente, demandando menos custos do Estado com os aspectos sociais.

Dessa forma, a sequência correta, de cima para baixo, é:

a) VVV   c) VVF   e) VFV
b) FVV   d) FVF

2. (FUVEST-SP)

Poema ZEN, Pedro Xisto, 1966:

Diagrama referente ao poema ZEN:

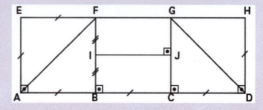

234 UNIDADE 3

COMPARAÇÃO ENTRE TEXTOS DE DIFERENTES GÊNEROS

Observe as figuras na página anterior e assinale a alternativa correta.

a) O equilíbrio e a harmonia do poema ZEN são elementos típicos da produção poética brasileira da década de 1960. O perímetro do triângulo ABF, por exemplo, é igual ao perímetro do retângulo BCJI.

b) O equilíbrio e a harmonia do poema ZEN podem ser observados tanto no conteúdo semântico da palavra por ele formada quanto na simetria de suas formas geométricas. Por exemplo, as áreas do triângulo ABF e do retângulo BCJI são iguais.

c) O poema ZEN pode ser considerado concreto por apresentar proporções geométricas em sua composição. O perímetro do triângulo ABF, por exemplo, é igual ao perímetro do retângulo BCGF.

d) O concretismo poético pode utilizar proporções geométricas em suas composições. No poema ZEN, por exemplo, a razão entre os perímetros do trapézio ADGF e do retângulo ADHE é menor que 7/10.

e) Augusto dos Anjos e Manuel Bandeira são representantes do concretismo poético, que utiliza proporções geométricas em suas composições. No poema ZEN, por exemplo, a razão entre as áreas do triângulo DHG e do retângulo ADHE é 1/6.

(VUNESP-SP) **Instrução:** As questões de números 3 a 5 tomam por base um fragmento de um poema de Alberto de Oliveira (1857-1937) e uma tira de Adão Iturrusgarai (1965-).

O que eu lhe dizia

Não sei se é certo ou não o que eu li outro dia,
Onde, já não me lembra, ó minha noiva amada:
— "A posse faz perder metade da valia
      À cousa desejada."

Não sei se após haver saciado no meu peito,
Quando houver de possuir-te, esta ardente paixão,
Eu sentirei em mim, de gozo satisfeito,
      Menor o coração.

Sei que te amo, e a teus pés a minh'alma abatida
Beija humilde e feliz o grilhão que a tortura;
Sei que te amo, e este amor é toda a minha vida,
      Toda a minha ventura.

Talvez haja entre mim que os passos te
      [acompanho,
E a abelha que a zumbir vai procurar a flor,
— Alma ou asas movendo — o mesmo fluido
      [estranho,
      seja instinto ou amor;

Talvez o que eu presumo irradiação divina,
Minha nobre paixão, meu fervoroso afeto,
Por sua vez o sinta o verme da campina,
      O inseto ao pé do inseto...

(Alberto de Oliveira. *Poesias – segunda série* (1898-1903). Rio de Janeiro: H. Garnier, 1906, p. 20-21.)

(Adão Iturrusgarai. *O mundo maravilhoso de Adão Iturrusgarai*. www.adao.blog.uol.com.br/images/tira-pro-site.gif. Adaptado.)

3. No poema de Alberto de Oliveira, encontram-se reflexões sobre a natureza e a intensidade do amor. Particularmente na última estrofe apresentada, a consideração do amor como "irradiação divina", apesar da beleza poética, deixa entrever a existência de um preconceito do eu poemático com relação à diferença entre o homem e outros animais. Aponte esse preconceito ou essa diferença de julgamento de valor.

4. No terceiro verso da quarta estrofe, o eu poemático escreve "o mesmo fluido estranho". Considerando que o vocábulo "fluido" foi adequadamente empregado, explique por que o poeta não poderia ter usado a forma acentuada "fluído".

5. As tiras frequentemente nos surpreendem pela profundidade das reflexões que provocam em sua síntese visual e linguística. É o que ocorre na de Adão Iturrusgarai, que nos leva a refletir sobre as motivações dos desabafos da personagem. Embora pareça contraditória e inconsequente sob o ponto de vista psicológico a atitude da personagem, no último quadrinho, de se declarar insatisfeita com a nova aparência obtida, podemos encontrar, numa releitura mais atenta da tira, uma causa objetiva para essa insatisfação. Aponte essa causa, levando em consideração o jogo de palavras que ocorre entre "aparência pessoal" e "aparência impessoal".

CAPÍTULO 23
Comparação entre textos de diferentes épocas

"Você já aprendeu como comparar textos, inclusive textos de gêneros diferentes. Neste capítulo, vai ficar sabendo como comparar textos de diferentes épocas em exames do Enem e de vestibulares."

Em alguns exames de vestibulares e do Enem, você pode se deparar com uma questão que apresente dois ou mais textos de épocas diferentes e solicite que sejam comparados a partir de certos critérios, como forma, conteúdo, linguagem ou outros.

Geralmente, essas questões são elaboradas com base em textos literários e podem envolver conhecimentos prévios a respeito da época, dos autores e do movimento literário a que eles estão relacionados.

Veja, como exemplo, a questão a seguir:

(UFBA-BA)

I.

Era junho e o tempo estava inteiramente frio. A macumba se rezava lá no Mangue no zungu da tia Ciata, feiticeira como não tinha outra, mãe de santo famanada e cantadeira ao violão. Às vinte horas Macunaíma chegou na biboca levando debaixo do braço o garrafão de pinga obrigatório. Já tinha muita gente lá, gente direita, gente pobre, advogados garçons pedreiros meias-colheres deputados gatunos, todas essas gentes e a função ia principiando.

[...]

Então a macumba principiou de deveras se fazendo um sairê pra saudar os santos. E era assim: Na ponta vinha o ogã tocador de atabaque, um negrão filho de Ogum, bexiguento e fadista de profissão, se chamando Olelê Rui Barbosa. Tabaque mexemexia acertado num ritmo que manejou toda a procissão. E as velas jogaram nas paredes de papel com florzinhas, sombras tremendo vagarentas feito assombração. Atrás do ogã vinha tia Ciata quase sem mexer, só beiços puxando a reza monótona. E então seguiam advogados taifeiros curandeiros poetas o herói gatunos, portugas, senadores, todas essas gentes dançando e cantando a resposta da reza.

ANDRADE, M. de. *Macunaíma*. São Paulo: ALLCA XX, 1996. p. 57-58.

II.

Na cidade do Rio de Janeiro (e quanto mais nas outras do império!) ainda há *casas de tomar fortuna*, e com certeza pretendidos feiticeiros e curadores de *feitiço* que espantam pela extravagância, e grosseria de seus embustes.

A autoridade pública supõe perseguir, mas não persegue séria e ativamente esses embusteiros selvagens em cujas mãos de falsos curandeiros têm morrido não poucos infelizes.

E que os perseguisse zelosa e veemente, a autoridade pública não poderá acabar com os feiticeiros, nem porá termo ao *feitiço*, enquanto houver no Brasil escravos, e ainda além da emancipação destes, os restos e os vestígios dos últimos africanos, a quem roubamos a liberdade, os restos e os vestígios da última geração escrava de quem hão de conservar muitos dos vícios aqueles que conviveram com ela em intimidade depravadora.

O *feitiço*, como a sífilis, veio d'África.

Ainda nisto o escravo africano, sem o pensar, vinga-se da violência tremenda da escravidão.

MACEDO, J. M. de. *As vítimas-algozes*: quadros da escravidão. São Paulo: Zouk, 2005. p. 58.

Os fragmentos transcritos aludem a práticas religiosas afro-brasileiras.

• Tendo em vista o contexto das duas obras, compare os dois fragmentos, apontando semelhanças e/ou diferenças nos pontos de vista enunciados sobre tais práticas.

Os textos apresentam mais diferenças do que semelhanças. Têm em comum principalmente o tema, já que ambos abordam as práticas religiosas de negros africanos ou afrodescendentes no Brasil.

O contexto de produção de cada texto pode esclarecer vários aspectos. O primeiro é um fragmento de *Macunaíma*, de Mário de Andrade, obra publicada em 1928. O segundo é um fragmento de *As vítimas-algozes*, de Joaquim Manuel de Macedo, obra de 1869.

Assim, Mário de Andrade escreve quarenta anos depois da Abolição (1888), ao passo que Macedo escreve durante a vigência da escravidão na sociedade brasileira.

O ponto de vista de cada texto sobre as práticas religiosas é completamente diferente um do outro. Em *Macunaíma*, não há traços de preconceito em relação à macumba ou ao candomblé. O autor vê essas manifestações como parte da diversidade cultural e religiosa existente no Brasil, e a prova disso está na diversidade social e cultural das pessoas que participam da cerimônia: advogados, poetas, "portugas" (tradicionalmente católicos), senadores, taifeiros (mão de obra no serviço de copa), etc.

Já em *As vítimas-algozes*, a começar pelo título, a visão é completamente diferente. Embora revelando uma posição abolicionista, o autor deprecia a cultura africana e associa-a a vários significados negativos. No texto, os negros são "vítimas", mas também são "algozes" porque fazem "feitiço"; são "falsos curandeiros", vêm de um continente de "vícios", vivem em "intimidade depravadora", e assim por diante. Diferentemente de *Macunaíma*, nesse texto as autoridades não fazem parte dos rituais; ao contrário, o autor lamenta porque a "autoridade pública" não persegue "séria e ativamente" os adeptos dessa religião.

Concluindo: nessa questão dissertativa, o estudante deveria evidenciar a oposição entre duas concepções: a primeira, marcada por uma visão multiculturalista, que vê riqueza na diversidade característica da cultura brasileira; a segunda, marcada por uma visão etnocêntrica, que vê o negro como estrangeiro, um estranho cujas práticas religiosas devem ser evitadas a todo custo.

Veja outro exemplo:

(VUNESP-SP) **Instrução:** A questão a seguir toma por base um trecho extraído do romance *O Guarani*, do escritor romântico José de Alencar (1829-1877), e o poema "Pronominais", do poeta modernista Oswald de Andrade (1890-1954).

Quem conhece a vegetação de nossa terra desde a parasita mimosa até o cedro gigante; quem no reino animal desce do tigre e do tapir, símbolos da ferocidade e da força, até o lindo beija-flor e o inseto dourado; quem olha este céu que passa do mais puro anil aos reflexos bronzeados que anunciam as grandes borrascas; quem viu, sob a verde pelúcia da relva esmaltada de flores que cobre as nossas várzeas, deslizar mil reptis que levam a morte num átomo de veneno, compreende o que Álvaro sentiu.

(*O Guarani.*)

Pronominais

Dê-me um cigarro
Diz a gramática
Do professor e do aluno
E do mulato sabido
Mas o bom negro e o bom branco
Da Nação Brasileira

Dizem todos os dias
Deixa disso camarada
Me dá um cigarro

(*Pan Brasil*. São Paulo: Globo, 2003. p.167.)

COMPARAÇÃO ENTRE TEXTOS DE DIFERENTES ÉPOCAS

Os dois textos veiculam o sentimento nacionalista, embora sob enfoques distintos, característico de dois movimentos literários no Brasil, mais ou menos distantes. O primeiro, do século XIX; o segundo, do século XX. Com base nessas informações e nos dados fornecidos pelos textos:

a) identifique os movimentos literários a que pertenceram um e outro autor;

b) explicite o fator que distingue o sentimento nacionalista num e noutro movimento.

O enunciado da questão menciona explicitamente o critério comparativo adotado: o nacionalismo presente nos dois textos. O item *a*, contudo, limita-se a pedir a identificação dos movimentos literários a que pertencem os textos, ou seja, o Romantismo e o Modernismo, respectivamente. É uma questão que envolve a memorização, pois o estudante poderia chegar à resposta correta tomando como base o nome dos escritores e as datas de nascimento e morte dos autores. Poderia também se basear na linguagem: descritiva, idealizada, com forte adjetivação, no texto de Alencar; e simples, direta e coloquial, no texto de Oswald de Andrade.

O item *b* solicita que seja estabelecida a comparação propriamente dita quanto ao critério apresentado, o nacionalismo. No texto de Alencar, a escolha de elementos naturais para caracterizar a selva brasileira (parasita, cedro, tigre, inseto, relva, flores, várzeas, reptis) e a adjetivação idealizada (gigante, mimosa, lindo, puro, verde) fazem um recorte do Brasil exótico e primitivo, o país da floresta quase intocada no século XIX. Trata-se, portanto, de uma visão idealizada de nosso país, que despreza a escravidão e os problemas sociais existentes na época. Já o texto "Pronominais" contrapõe o modo de falar brasileiro ao modo de falar lusitano, assumindo a perspectiva irônica e crítica de um Brasil plural, do ponto de vista étnico e linguístico, com vários tipos de contradição.

CAPÍTULO 23

Prepare-se para o Enem e o vestibular

1. Leia os textos:

Texto 1

Paixão

Se tivesse um remedinho contra
eu tomava

(Francisco Alvim. *Poesias reunidas – 1968-1988*.
São Paulo: Duas Cidades, 1988.)

Texto 2

Névoas

Nas horas tardias que a noite desmaia
Que rolam na praia mil vagas azuis,
E a lua cercada de pálida chama
Nos mares derrama seu pranto de luz,

Eu vi entre os flocos de névoas imensas,
Que em grutas extensas se elevam no ar,
Um corpo de fada — sereno, dormindo,
Tranquila sorrindo num brando sonhar.

Na forma de neve — puríssima e nua —
Um raio da lua de manso batia,
E assim reclinada no túrbido leito
Seu pálido peito de amores tremia.

Oh! filha das névoas! das veigas viçosas,
Das verdes, cheirosas roseiras do céu,
Acaso rolaste tão bela dormindo,
E dormes, sorrindo, das nuvens no véu?

O orvalho das noites congela-te a fronte,
As orlas do monte se escondem nas brumas,
E queda repousas num mar de neblina,
Qual pérola fina no leito de espumas!

[...]

(Fagundes Varela. *Poemas de Fagundes Varela*. Sel.
de Osmar Barbosa. Rio de Janeiro: Ediouro, 1988.)

túrbido: turvo ou sombrio, opaco.

Os dois poemas tratam do amor e do desejo. O primeiro de maneira sintética, e o segundo de maneira detalhada, com rica descrição de cenário. Assinale a afirmativa incorreta a respeito do estilo dos poemas.

a) O texto 1 lembra os "poemas-pílula" de Oswald de Andrade.

b) O texto 2 tem proximidade com o byronismo.

c) O texto 1 se opõe ao texto 2 pelo valor que dá ao desejo.

d) O texto 2 é irônico em relação ao desejo.

e) No texto 1, a linguagem é informal.

2. Leia os poemas:

Na Tebaida

Chegas, com os olhos úmidos, tremente
A voz, os seios nus, — como a rainha
Que ao ermo frio da Tebaida vinha
Trazer a tentação do amor ardente.

Luto: porém teu corpo se avizinha
Do meu, e o enlaça como uma serpente...
Fujo: porém a boca prendes, quente,
Cheia de beijos, palpitante, à minha...

Beija mais, que o teu beijo me incendeia!
Aperta os braços mais! que eu tenha a
                                        [morte,
Preso nos laços de prisão tão doce!

Aperta os braços mais, — frágil cadeia
Que tanta força tem não sendo forte,
E prende mais que se de ferro fosse!

(Olavo Bilac. *Obra reunida*. Rio de Janeiro:
Nova Aguilar, 1997.)

Tebaida: região do Egito.

Mimosa boca errante

Mimosa boca errante
à superfície até achar o ponto
em que te apraz colher o fruto em fogo
que não será comido mas fruído
até se lhe esgotar o sumo cálido
[...]

(Carlos Drummond de Andrade. *Amor natural*.
3. ed. Rio de Janeiro: Record, 1993. Gratia
Drummond. www.carlosdrummond.com.br)

240   UNIDADE 3

COMPARAÇÃO ENTRE TEXTOS DE DIFERENTES ÉPOCAS

Dos temas abaixo, qual não aparece nos dois poemas?
a) sensualismo
b) erotismo
c) caráter narrativo-descritivo
d) paixão
e) medo

Leia, a seguir, um poema de Vinícius de Morais e a letra de uma canção cantada pelo grupo de *rock* Ira!. Depois responda às questões 3 e 4.

Texto 1

Soneto de aniversário

Passem-se dias, horas, meses, anos
Amadureçam as ilusões da vida
Prossiga ela sempre dividida
Entre compensações e desenganos.

Faça-se a carne mais envilecida
Diminuam os bens, cresçam os danos
Vença o ideal de andar caminhos planos
Melhor que levar tudo de vencida.

Queira-se antes ventura que aventura
À medida que a têmpora embranquece
E fica tenra a fibra que era dura.

E eu te direi: amiga minha, esquece...
Que grande é este amor meu de criatura
Que vê envelhecer e não envelhece.

(*Vinicius de Moraes – Poesia completa e prosa*. Rio de Janeiro: Nova Aguilar, 1998.)

Texto 2

Envelheço na cidade

Mais um ano que se passa
Mais um ano sem você
Já não tenho a mesma idade
Envelheço na cidade

Essa vida é jogo rápido
Para mim ou pra você
Mais um ano que se passa
Eu não sei o que fazer

Juventude se abraça
Faz de tudo pra esquecer
Um feliz aniversário
Para mim ou pra você

Feliz aniversário
Envelheço na cidade
Feliz aniversário
Envelheço na cidade

Meus amigos, minha rua
As garotas da minha rua
Não sinto, não os tenho
Mais um ano sem você

As garotas desfilando
Os rapazes a beber
Já não tenho a mesma idade
Não pertenço a ninguém

Juventude se abraça
Faz de tudo pra esquecer
Um feliz aniversário
Para mim ou pra você

[...]

(Edgard José Scandurra Pereira. © Warner Chappell Edições Musicais Ltda. Todos os direitos reservados.)

3. Os versos do poema de Vinícius e da letra de música do grupo Ira! falam do tempo. Pode-se dizer que:

a) a desilusão amorosa está presente no texto 2; no texto 1, entretanto, persiste o ideal amoroso.
b) a vontade de morrer prevalece sobre o amor em ambos os textos.
c) a mulher amada está por chegar, nos dois textos.
d) a vida urbana sufoca o eu lírico em ambos os textos.
e) comemora-se o fim das paixões, nos dois textos.

4. Qual verso do poema de Vinícius pode ser considerado equivalente, do ponto de vista semântico, ao verso "Já não tenho a mesma idade", da letra de música?

a) "Que vê envelhecer e não envelhece"
b) "À medida que a têmpora embranquece"
c) "Queira-se antes ventura que aventura"
d) "Diminuam os bens, cresçam os danos"
e) "Prossiga ela sempre dividida"

5. Os poemas a seguir revelam uma inquietação que está longe de ser marca apenas de uma época específica. Leia-os.

Nasce o Sol, e não dura mais que um dia,
Depois da Luz se segue a noite escura,
Em tristes sombras morre a formosura,
Em contínuas tristezas a alegria.

A LEITURA NAS PROVAS DO ENEM E DOS VESTIBULARES

CAPÍTULO 23

Porém, se acaba o Sol, por que nascia?
Se é tão formosa a Luz, por que não dura?
Como a beleza assim se transfigura?
Como o gosto da pena assim se fia?

Mas no Sol, e na Luz falte a firmeza,
Na formosura não se dê constância,
E na alegria sinta-se tristeza.

Começa o mundo enfim pela ignorância,
E tem qualquer dos bens por natureza
A firmeza somente na inconstância.

(Gregório de Matos. *Poemas
escolhidos*. Org. de José Miguel
Wisnik. São Paulo: Cultrix, 1976.)

Mudam-se os tempos, mudam-se as vontades

Mudam-se os tempos, mudam-se as vontades,
Muda-se o ser, muda-se a confiança;
Todo o Mundo é composto de mudança,
Tomando sempre novas qualidades.

Continuamente vemos novidades,
Diferentes em tudo da esperança;
Do mal ficam as mágoas na lembrança,
E do bem, se algum houve, as saudades.

O tempo cobre o chão de verde manto,
Que já coberto foi de neve fria,
E em mim converte em choro o doce canto.

E, afora este mudar-se cada dia,
Outra mudança faz de mor espanto:
Que não se muda já como soía.

(Luís de Camões. *Poesia completa*.
Rio de Janeiro: Nova Aguilar, 1988.)

A inquietação revelada nos poemas é de caráter:

a) moral.

b) sentimental.

c) filosófico.

d) político.

e) histórico.

COMPARAÇÃO ENTRE TEXTOS DE DIFERENTES ÉPOCAS

Questões do Enem e dos vestibulares

1. (UFG-GO) Leia os textos "Inania verba", de Olavo Bilac, e "Soneto do essencial", de Afonso Felix de Sousa.

Inania verba

Ah! quem há de exprimir, alma impotente
      [e escrava,
O que a boca não diz, o que a mão não
      [escreve?
– Ardes, sangras, pregada à tua cruz, e, em
      [breve,
Olhas, desfeito em lodo, o que te
      [deslumbrava...

O Pensamento ferve, e é um turbilhão de
      [lava:
A Forma, fria e espessa, é um sepulcro
      [de neve...
E a Palavra pesada abafa a Ideia leve,
Que, perfume e clarão, refulgia e voava.

Quem o molde achará para a expressão de
      [tudo?
Ai! quem há de dizer as ânsias infinitas
Do sonho? e o céu que foge à mão que se
      [levanta?

E a ira muda? e o asco mudo? e o desespero
      [mudo?
E as palavras de fé que nunca foram ditas?
E as confissões de amor que morrem na
      [garganta?!

BILAC, Olavo. *Melhores poemas*. Seleção Marisa Lajolo. São Paulo: Global, 2003. p. 81.

Inania verba: palavras vazias

Soneto do essencial

A vida, a que não tens e tanto buscas,
terás, se te entregares à poesia;
se andares entre as pedras, as mais bruscas,
da escarpa a que te leva a rebeldia;

se deres mais ao sonho, com que ofuscas
as luzes da razão e o próprio dia,
o coração que pulsa, se o rebuscas,
no eterno... Ou pulsa um deus que em ti havia?

Que pobre o teu sentir, se não te salvas
perdendo-te de vez nas terras alvas
que chamam da mais alta das estrelas.

Se a tanto te ajudar o engenho e arte,
ao impossível possas elevar-te
subindo em emoções, mas por vivê-las.

SOUSA, Afonso Felix de. *Nova antologia poética*. Goiânia: Cegraf/UFG, 1991. p. 25.

Esses sonetos têm como tema a própria poesia, entretanto abordam aspectos diferentes do fazer poético. Respectivamente, o soneto de Bilac e o de Afonso Felix propõem:

a) o servilismo do poeta em relação à métrica; o abandono do poeta à inspiração.
b) a existência de uma forma perfeita; a pobreza do sentimento expresso em poesia.
c) o limite da palavra como meio de expressão; a poesia como possibilidade de uma vida autêntica.
d) a indignação do poeta com a frieza formal; a dificuldade de uma existência consagrada à arte.
e) a superioridade do sentimento em relação à palavra; a valorização da vida em detrimento da poesia.

2. (ESPM-SP)

Texto 1

Oh! que saudades que tenho
Da aurora da minha vida,
Da minha infância querida,
Que os anos não trazem mais!
Que amor, que sonhos, que flores,
Naquelas tardes fagueiras
À sombra das bananeiras
Debaixo dos laranjais!

(Casimiro de Abreu)

Texto 2

Oh que saudades que eu tenho
Da aurora de minha vida
Das horas
De minha infância
Que os anos não trazem mais
Naquele quintal de terra!
Da Rua de Santo Antônio
Debaixo da bananeira
Sem nenhum laranjais

(Oswald de Andrade. "Meus oito anos". *Primeiro caderno do aluno de poesia* de Oswald de Andrade. 4. ed. São Paulo: Globo, 2006. p. 52.)

A LEITURA NAS PROVAS DO ENEM E DOS VESTIBULARES   243

CAPÍTULO 23

Texto 3

O chi sodades che io tegno
D'aquillo gustoso tempigno
Ch'io satava o tempo intirigno
Brincando c'oas mulecada.
Che brutta insgugliambaçó,
Che troça, che bringadêra,
Imbaxo das bananêra,
Na sombra dus bambuzá.

(Juó Bananere. *La divina increnca*.
2. ed. Pref. Mário Leite. São Paulo:
Folco Masucci, 1966.)

Texto 4

Ai que saudades eu tenho
Dos meus doze anos
Que saudade ingrata
Dar banda por aí
Fazendo grandes planos
E chutando lata
Trocando figurinha
Matando passarinho
Colecionando minhoca
Jogando muito botão
Rodopiando pião
Fazendo troca-troca

(*Doze anos de Chico Buarque*
© by Marola Edições Musicais Ltda.
Todos os direitos reservados.)

Levando em conta que o texto 1 dos quatro textos foi o original, marque a opção com a afirmação **incorreta**:

a) O tom jocoso dos textos 3 e 4 apresenta uma conquista desenvolvida ao longo do Modernismo: o humor.

b) O texto 3 traz um "português macarrônico" dos imigrantes italianos, também presente em *Brás, Bexiga e Barra Funda*, de Alcântara Machado.

c) Os textos 2, 3 e 4 podem ser considerados paródias do poema de Casimiro de Abreu (texto 1).

d) O saudosismo pueril do texto 1 é ironizado por Chico Buarque no texto 4, que apresenta uma fase da vida de quebra da inocência.

e) A coerência temática dos quatro textos (saudosismo) revela uma inteira aceitação dos valores românticos por parte de autores do Modernismo radical.

3. (UFT-TO)

Texto I

Saí da roça — sozinha:
a mala cheia de sonhos,
encruzilhadas sem fim.

O barco rasgava o rio:
Eu enrolando saudade,
Moendo mar de incertezas,
Nas águas do Tocantins.

Voei cravada de susto,
Chorando suor e sal,
Com a fome do infinito
E saciada de ilusão.
Em outro espaço plantei
A luta de dor e de sol,
Coração queimando a hora
De saber a liberdade.

Mundos-mares caminhei,
Semeando recomeços.
A música venceu a lágrima
e a paixão ardeu a voz:
Crianças dourando classes,
Juventude alçando vento;
aprendendo e ensinando,
comi o doce da fé.

(NEVES, Isabel Dias. *Fardo florido*.
3. ed. Goiânia, 2006. p. 51)

Texto II

Noite. Cruzes na estrada. Aves com frio
E, enquanto eu tropeçava sobre os paus,
Efígie apocalíptica do Caos
Dançava no meu cérebro sombrio!

O Céu estava horrivelmente preto
E as árvores magríssimas lembravam
Pontos de admiração que se admiravam
De ver passar ali meu esqueleto!

Sozinho, uivando hoffmânicos dizeres,
Aprazia-me assim, na escuridão,
Mergulhar minha exótica visão
Na intimidade nonumenal dos seres.

Eu procurava, com uma vela acesa,
O feto original, de onde decorrem
Todas essas moléculas que morrem
Nas transubstanciações da Natureza.

(ANJOS, Augusto dos. *Eu e outras poesias*. São
Paulo: Martin Claret, 2006. p. 160)

Os fragmentos dos poemas apresentam aspectos semelhantes e díspares.

Assinale a alternativa **incorreta**.

a) Em ambos, as imagens fazem parte de lembranças que recorrem à memória para evidenciar experiências, mas diferem pela forma como cada eu lírico reflete suas angústias e buscas.

COMPARAÇÃO ENTRE TEXTOS DE DIFERENTES ÉPOCAS

b) As descrições dos espaços são distintas pela emotividade que concentram; no entanto, o eu lírico, em ambos, expressa sinais de contentamento.

c) Os fragmentos, em linguagem metafórica, apresentam tensões entre o sujeito e o mundo e distanciam-se nas realizações concretizadas.

d) A linguagem poética dos fragmentos compreende nítidas diferenças. Ainda, observa-se, no primeiro, a dureza da vida como aprendizagem, no segundo, a presença do niilismo.

4. (UFOP-MG) Leia os trechos a seguir:

Texto I

Noutras vezes, tive a sensação de que já havia a presença de alguém ali comigo, alguém que houvesse frequentado aquele poço em tempos em que talvez ainda não existisse por aqui uma civilização, nenhum calendário para medir o tempo que não fosse a transformação no interior dos dias e das noites, ou das próprias pessoas. Alguém que encontrasse uma mulher como eu, nua e só, e nem falassem a mesma língua. E para ambos tudo seria novo: a explosão da queda-d'água naquele exato poço, os corpos nus um do outro e um sentimento para o qual não teriam nome. Alguém que, às vezes, tenho a sensação de ser eu mesma, não me importa se enquanto homem ou mulher, confluindo de tempos diferentes para um encontro.

(SANT'ANNA, Sérgio. *O monstro*. São Paulo: Cia. das Letras, 1994. p. 29)

Texto II

Ai, minas de Vila Rica,
santa Virgem do Pilar!
Dizem que eram minas de ouro...
— para mim, de rosalgar,
para mim, donzela morta
pelo orgulho de meu pai.
(Ai, pobre mão de loucura,
que mataste por amar!)
Reparai nesta ferida
que me fez o seu punhal:
gume de ouro, punho de ouro,
ninguém o pode arrancar!
Há tanto tempo estou morta!
E continuo a penar.

(MEIRELES, Cecília. *Romanceiro da Inconfidência*. 3. ed. Rio de Janeiro, Nova Aguilar, 1977. p. 419)

Texto III

Depois do convite, tornei-me quase íntimo das duas mulheres. Madalena não se decidiu logo. E eu, a pretexto de saber a resposta, comecei a frequentar a casinha da Canafístula. Um dia dei uns toques a D. Glória:

— Por que é que sua sobrinha não procura marido?

— Minha sobrinha não é feijão bichado para se andar oferecendo.

— Nem eu digo isso, minha senhora. Deus me livre. É um conselho de amigo.

Garantir o futuro...

(...)

— Está visto que o casamento para as mulheres é uma situação...

— Razoável, D. Glória. E até é bom para a saúde.

— Mas há tantos casamentos desastrados... Demais isso não é coisa que se imponha.

— Não, infelizmente. É preciso propor. Tudo mal organizado, D. Glória. Há lá ninguém que saiba com quem deve casar?

(RAMOS, Graciliano. *São Bernardo*. 12. ed. Rio de Janeiro: Livraria Martins Editora, 1970. p. 143)

Marque agora a alternativa que apresenta a afirmação **correta**:

a) Os trechos II e III se aproximam, porque tratam do mesmo assunto: a posição da mulher na sociedade. No trecho II, a mulher se apresenta como um indivíduo solitário, mas sensual e poderoso. A mulher, aqui, é vista como um indivíduo a quem se deve respeitar. No III, a mulher é tratada como objeto de conveniência social. Em outras palavras, quem decide a hora do casamento é o homem.

b) No trecho I, o narrador, que é uma mulher, apresenta uma visão otimista do papel social feminino na sociedade, chamando a atenção para dois aspectos particulares deste mesmo papel social: a solidão e a sensualidade. Não se trata de um discurso feminista, mas de um relato em que a mulher aparece como personagem principal.

c) No trecho III, Madalena, sobrinha de D. Glória, é cortejada por Paulo Honório, sem dar a ele uma resposta sobre seu pedido de casamento. O diálogo entre D. Glória e Paulo Honório deixa clara a intenção do narrador, que é a de mostrar que o casamento é uma conveniência social e que a mulher não deveria permanecer solteira por muito tempo, sob pena de ter problemas de saúde.

d) Os três trechos tematizam a figura da mulher, cada um numa perspectiva diferente. Em nenhum deles é possível apontar uma intenção explícita do narrador, no sentido de afirmar que o papel desempenhado pela mulher é secundário em relação ao do homem. No entanto, em todos eles, é importante a figura feminina.

CAPÍTULO 24

Questões interdisciplinares

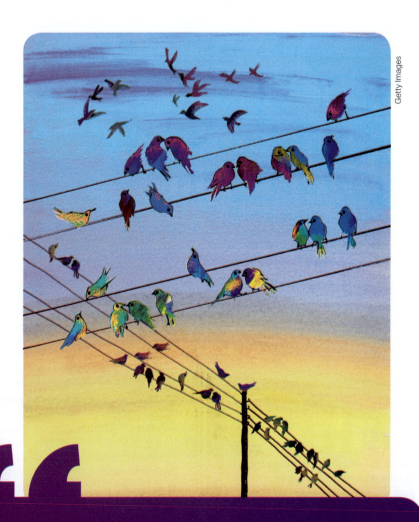

De acordo com a perspectiva do Enem e de muitos vestibulares, além de conhecimentos sólidos nas várias disciplinas, o estudante deve ter também competência para estabelecer relações e conexões entre diferentes tipos de conhecimento.

Nos meios educacionais de hoje, valoriza-se muito a capacidade do aluno de não apenas dominar habilidades e conteúdos específicos de uma disciplina, mas também estabelecer relações e conexões entre diferentes áreas do conhecimento. Por exemplo, partindo de um texto literário, estabelecer relações com assuntos específicos da História ou da Geografia. Ou, partindo de um texto de Sociologia, fazer conexões com a cultura, com a literatura e as artes em geral.

Portanto, no âmbito específico das habilidades de leitura, ganham destaque operações como *relacionar*, *comparar*, *traduzir* e *aplicar*, entre outras.

Essa tendência vem se refletindo nas questões do Enem e dos vestibulares. Veja como exemplo a questão a seguir, extraída de uma prova da Unicamp:

> Referindo-se à expansão marítima dos séculos XV e XVI, o poeta português Fernando Pessoa escreveu, em 1922, no poema "Padrão":
>
> > "E ao imenso e possível oceano
> > Ensinam estas Quinas, que aqui vês,
> > Que o mar com fim será grego ou romano:
> > O mar sem fim é português."
>
> > (Fernando Pessoa, *Mensagem – poemas esotéricos*. Madri: ALLCA XX, 1997, p. 49.)
>
> Nestes versos identificamos uma comparação entre dois processos históricos. É válido afirmar que o poema compara:
>
> **a)** o sistema de colonização da Idade Moderna aos sistemas de colonização da Antiguidade Clássica: a navegação oceânica tornou possível aos portugueses o tráfico de escravos para suas colônias, enquanto gregos e romanos utilizavam servos presos à terra.
>
> **b)** o alcance da expansão marítima portuguesa da Idade Moderna aos processos de colonização da Antiguidade Clássica: enquanto o domínio grego e romano se limitava ao mar Mediterrâneo, o domínio português expandiu-se pelos oceanos Atlântico e Índico.
>
> **c)** a localização geográfica das possessões coloniais dos impérios antigos e modernos: as cidades-estado gregas e depois o Império Romano se limitaram a expandir seus domínios pela Europa, ao passo que Portugal fundou colônias na costa do norte da África.
>
> **d)** a duração dos impérios antigos e modernos: enquanto o domínio de gregos e romanos sobre os mares teve um fim com as guerras do Peloponeso e Púnicas, respectivamente, Portugal figurou como a maior potência marítima até a independência de suas colônias.
>
> Resposta: *b*.

Como se vê, trata-se de uma questão interdisciplinar, pois envolve, a um só tempo, habilidades de interpretação de texto e conhecimentos de Literatura, História e Geografia.

Primeiramente, o estudante deveria compreender bem o sentido dos versos de Fernando Pessoa. As "Quinas" a que se refere o poema, por exemplo, são os cinco escudetes (pequenos escudos) azuis que formam as armas de Portugal. No contexto nacionalista e de revisão histórica em que foi produzida a obra *Mensagem*, de Fernando Pessoa, havia o interesse de ressaltar os feitos heroicos dos navegantes portugueses dos séculos XV e XVI. Assim, as "Quinas" portuguesas ensinam que o "mar com fim", isto é, o mundo marítimo conhecido apenas parcialmente até o final do século XV, é o mar dos navegantes gregos e romanos. Já o "mar sem fim" pertence aos portugueses, que conseguiram romper as barreiras do mar Mediterrâneo e alargar seu horizonte para os oceanos Atlântico, Índico e Pacífico.

Como se observa, a resposta correta a essa questão pressupõe um candidato mais bem-preparado, capaz de articular conhecimentos de diferentes áreas para resolver as situações-problema. Com base nesses conhecimentos de diferentes áreas, o estudante assinalaria acertadamente a alternativa *b*.

Veja agora outro exemplo, extraído de uma prova do Enem:

O índice de massa corpórea (IMC) é uma medida que permite aos médicos fazer uma avaliação preliminar das condições físicas e do risco de uma pessoa desenvolver certas doenças, conforme mostra a tabela a seguir.

IMC	classificação	risco de doença
menos de 18,5	magreza	elevado
entre 18,5 e 24,9	normalidade	baixo
entre 25 e 29,9	sobrepeso	elevado
entre 30 e 39,9	obesidade	muito elevado
40 ou mais	obesidade grave	muitíssimo elevado

Internet: <www.somatematica.com.br>.

QUESTÕES INTERDISCIPLINARES 24

Considere as seguintes informações a respeito de João, Maria, Cristina, Antônio e Sérgio.

nome	peso (kg)	altura (m)	IMC
João	113,4	1,80	35
Maria	45	1,50	20
Cristina	48,6	1,80	15
Antônio	63	1,50	28
Sérgio	115,2	1,60	45

Os dados das tabelas indicam que:

a) Cristina está dentro dos padrões de normalidade.

b) Maria está magra, mas não corre risco de desenvolver doenças.

c) João está obeso e o risco de desenvolver doenças é muito elevado.

d) Antônio está com sobrepeso e o risco de desenvolver doenças é muito elevado.

e) Sérgio está com sobrepeso, mas não corre risco de desenvolver doenças.

Resposta: c.

A tabela apresentada diz respeito à área médica e poderia ser objeto de estudo em Ciências, Biologia, Nutrição ou Medicina. Para ler e interpretar os dados, o estudante deveria realizar algumas operações. Primeiramente, precisaria saber como ler adequadamente a tabela, que exige análise, comparação e cruzamentos de informações dispostas na vertical e na horizontal.

Apropriando-se dos referenciais utilizados no índice IMC para classificar as pessoas quanto a magreza ou obesidade, o estudante deveria, em seguida, confrontar esses dados com a tabela de casos individuais. Assim, facilmente chegaria à resposta correta, expressa no item c, segundo a qual João está obeso e corre o risco de desenvolver doenças, uma vez que apresenta 35 de IMC.

A questão poderia ser mais complexa e envolver conhecimentos matemáticos, caso fosse fornecido ao estudante o modo como se calcula o IMC (divide-se o peso da pessoa pelo quadrado da altura dela) e se pedisse a ele que fizesse os cálculos para inferir a situação de saúde de cada uma das pessoas. Veja, por exemplo, como seria o cálculo do IMC de Maria:

$$\frac{45}{1,50^2} = 20$$

A LEITURA NAS PROVAS DO ENEM E DOS VESTIBULARES

CAPÍTULO 24

Prepare-se para o Enem e o vestibular

1. Leia o texto:

Ideias na cabeça ou peso nos ombros?

Educação ambiental ganha peso nas escolas, mas especialistas alertam que abordagem do tema pode transferir excesso de responsabilidade às crianças

KARINA NINNI

"Mas os cientistas vão inventar uma coisa para tirar o sal da água do mar e a gente vai poder usar", rebate Jeferson Santos Dias, de 9 anos.

"Isso chama dessalinização, mas é muito caro para o Brasil fazer", responde Janaína.

O diálogo, presenciado pela reportagem no dia 20 na Escola Municipal Nakamura Park, em Cotia (SP), é um exemplo do avanço nas escolas da educação ambiental, ausente da maioria delas até o início da década de 90. Nascidos nos anos 70 e 80, os pais de quem frequenta o ensino fundamental hoje lembram-se, no máximo, de comemorar pontualmente datas como o Dia da Água. Hoje são cobrados pelos filhos para economizar luz, água e dar destinação correta ao lixo.

Embora a importância de educar para preservar o ambiente seja consenso, há dúvidas sobre o teor das iniciativas. E, principalmente, sobre o impacto da responsabilidade depositada nos ombros de crianças e adolescentes. "Há avanços, mas a questão ambiental está entrando na agenda das escolas de forma muito complicada. É quase como se estivéssemos responsabilizando as crianças pela salvação do planeta", opina a psicóloga Laís Fontenelle, coordenadora de Educação do Instituto Alana, que trabalha com consumo infantil. [...]

(NINNI, K. *O Estado de S. Paulo*, jun. 2011. Disponível em: <www.estadao.com.br/noticias/vidae,ideias-na-cabeca-ou-peso-nos-ombros,738170,0.htm>. Acesso em: 24/3/2012.)

De acordo com o texto, a educação ambiental desenvolvida atualmente nas escolas corre o risco de constituir um "peso", pois:

a) é matéria obrigatória, desde o ensino fundamental.

b) embora sendo muito mais avançada do que nas décadas passadas, tende a responsabilizar as crianças pela salvação do planeta.

c) obriga crianças a trabalhos que só poderiam ser feitos por adultos.

d) as escolas de hoje estão menos preparadas que as dos anos 1960 e 1970.

e) não vai além da comemoração do Dia da Água.

250 **UNIDADE 3**

QUESTÕES INTERDISCIPLINARES

Texto para as questões 2 e 3:

Por que não química?

No Ano Internacional da Química, cientistas querem afastar pecha de vilão ambiental do setor, que precisa de sangue novo e tem emprego de sobra

*Carlos Lordelo e
Felipe Mortara*

Química causa arrepio em muita gente, de vestibulandos ansiosos a ativistas ambientais. Para desconstruir a imagem de vilã, a ONU escolheu 2011 como o Ano Internacional da Química (AIQ). Pesquisadores têm pegado carona no evento para mostrar o quanto a química está na base de tudo, mesmo dos processos mais naturais, como a fotossíntese. E para falar da necessidade de ter novos químicos nos laboratórios e nas empresas – a indústria química é peça-chave de qualquer economia desenvolvida.

"Se a química tem essa pecha de nociva, é por desconhecimento de suas aplicações", diz o presidente da Sociedade Brasileira de Química (SBQ), César Zucco. A situação também preocupa químicos que estão no mercado. "Há uma aversão dos jovens pela química, o que prejudica o setor", diz o presidente do Conselho Regional de Química da 4ª Região, Manlio de Augustinis.

Emprego não falta. Estudo da Associação Brasileira da Indústria Química (Abiquim) mostra que o setor pode abrir 200 mil vagas para químicos e engenheiros químicos até 2020, caso se atinja o objetivo de zerar o déficit da balança comercial. A previsão é otimista: depende do investimento de R$ 270 bilhões na próxima década. Segundo o presidente da Abiquim, Fernando Figueiredo, a indústria paga bem e, por isso, exige profissionais altamente qualificados.

As empresas também estão atrás de recém-formados que se sintam à vontade no escritório, diz Joana Rudiger, consultora de treinamento e desenvolvimento na gerência de Gestão de Talentos da Basf. "Hoje o mercado

cobra algo que por muito tempo não se esperou da área técnica, o empreendedorismo." Para melhorar a relação entre o que a companhia pede e o que as universidades oferecem, a Basf realiza palestras em escolas como o Instituto de Química (IQ) da USP. "Caiu o preconceito dos estudantes quanto à possibilidade de ter uma carreira de pesquisador nas empresas."

Kesley Oliveira, de 38 anos, só começou a pensar em fazer pesquisa no setor privado durante o doutorado em Química, na Unicamp. Ela hoje é funcionária do Cristália, laboratório farmacêutico nacional que mais investe em pesquisa. Especialista em cristalografia de proteínas, Kelly se considera no "melhor dos mundos". "Trabalho para que a molécula vire medicamento. É um sonho conseguir resolver o problema de saúde de alguém." [...]

(LORDELO, C.; MORTARA, F. *O Estado de S. Paulo*, 28/6/2011. Disponível em: <www.estadao.com.br/noticias/vidae, por-que-nao-quimica,737857,0.htm>. Acesso em: 18/5/2012.)

CAPÍTULO 24

2. Considerando a realidade do século XXI, qual seria a razão de a química ter ganhado uma imagem de vilã, apontada no texto?

a) O debate a respeito de meio ambiente tem responsabilizado a poluição (de mares, rios, ar) por grande parte dos males humanos atuais.

b) A pouca oferta de emprego e salários baixos no setor fazem a ciência não ter prestígio entre os vestibulandos.

c) A química se aproximou da medicina e perdeu identidade, o que leva à pequena procura pelo estudo da ciência.

d) A oferta de emprego no setor diminuiu e há poucas universidades oferecendo cursos de Química.

e) A industrialização de alimentos é responsável pelas doenças humanas modernas e pela contaminação da carne bovina.

3. Um possível envolvimento de pessoas com o ramo da química, hoje, pode ter como importante atrativo:

a) serviços de utilidade pública.

b) trabalho no setor alimentício.

c) formação de talentos.

d) atividades ligadas à saúde.

e) trabalho com formação de professores.

4. Leia o texto:

Cientistas russos preveem encontrar alienígenas até 2031

Da Reuters, em Moscou

Cientistas russos esperam que a humanidade encontre civilizações alienígenas dentro das próximas duas décadas, disse hoje um importante astrônomo do país

"A criação da vida é tão inevitável quanto a formação dos átomos. A vida existe em outros planetas e vamos encontrá-la em até 20 anos", afirmou Andrei Finkelstein, diretor do Instituto de Astronomia Aplicada da Academia Russa de Ciências, citado pela agência Interfax.

Em discurso em um fórum internacional dedicado à busca de vida extraterrestre, Finkelstein declarou que 10% dos planetas conhecidos que orbitam em torno de sóis na galáxia se assemelham à Terra.

Se for possível encontrar água neles, também se poderá encontrar vida, completou o astrônomo, ressaltando que os alienígenas tenderiam a se parecer com os humanos, com dois braços, duas pernas e uma cabeça. "Eles poderiam ter pele de cores diferentes, mas até nós somos assim."

O instituto comandado por Finkelstein mantém um programa lançado na década de 1960, no auge da corrida espacial durante a Guerra Fria, para monitorar e difundir sinais de rádio no espaço.

(www1.folha.uol.com.br/ciencia/935476-cientistas-russos-preveem-encontrar-alienigenas-ate-2031.shtml. Acesso em: 27/3/2012.)

Para o cientista russo mencionado no texto, a existência, fora do planeta Terra, de vida semelhante à humana tem como condição:

a) a existência de uma estrela como o Sol.

b) o aprimoramento de espaçonaves.

c) o aprofundamento nas pesquisas direcionadas à corrida espacial.

d) o fim da Guerra Fria, o que permitiria maior intercâmbio entre os Estados Unidos e a Rússia.

e) a existência de água nos planetas.

QUESTÕES INTERDISCIPLINARES

5. Leia o texto:

VANGUARDA IANOMÂMI

ORLANDO MARGARIDO

A grande floresta não cessa de dar sinais do flagelo a que está predestinada e a mais recente chamada ao mundo para atentar para sua riqueza vem pela voz dos nativos e no formato de uma sofisticada produção artística. No dia 8 de maio, estreia na Bienal de Munique a ópera *Amazonas – Teatro música em três partes*, ambiciosa parceria entre Alemanha, Brasil e Portugal, com a participação de profissionais dos três países e entidades como o Centro de Arte e Mídia de Karlsruhe (ZKM), o Instituto Goethe, o Sesc paulista e, talvez a mais determinante, a Associação Hutukara. Esta representa o povo ianomâmi, nação indígena cuja cultura é origem e pedra de toque na concepção musical e visual do espetáculo multimídia. Depois da *première* alemã, a ópera segue para Roterdã, na Holanda, desembarca em São Paulo no dia 21 de julho e finaliza a temporada em Lisboa, no mês de outubro, quando será apresentada no Teatro Nacional de São Carlos.

O tempo de maturação dá a medida da empreitada. São quatro anos desde uma ideia ainda modesta do artista Jose Wagner Garcia voltada para a região amazônica e apresentada ao Goethe. A instituição decidiu remodelar a proposta a partir de um seminário em São Paulo, que terminou por fundamentar as vertentes científica e indígena do projeto. "Percebemos que cientistas e índios falavam da mesma previsão", aponta Laymert Garcia dos Santos, sociólogo da Unicamp responsável por elaborar a ópera ao lado do artista e teórico Peter Weibel e do diretor da Bienal de Munique, Peter Ruzicka. "No futuro, a alteração da máquina climática que transforma a água do rio em chuva pode levar a queimadas espontâneas na floresta."

Com a colaboração de estudiosos dedicados aos ianomâmi, como os antropólogos Eduardo Viveiros de Castro e Bruce Albert, definiu-se a rica tradição desses 33 mil indígenas a ser trabalhada por compositores, músicos e cantores. "Não foi uma escolha aleatória", completa Laymert. "Os ianomâmi têm a expressão artística mais sofisticada e próxima do contemporâneo na arte entre os povos da floresta; além disso, impõem-se pela luta em defesa de seu território." [...]

(*Revista da Cultura*, junho 2010. www.revistadacultura.com.br:8090/revista/rc35/index2.asp?page=musica)

De acordo com o texto, a *Amazonas – Teatro música em três partes* tem pelo menos duas bases de sustentação, representadas por:

a) valorização da arte ianomâmi e divulgação da Bienal de Munique.

b) arte da dança indígena e valorização da fauna amazônica.

c) defesa da comunidade indígena e valorização da música erudita.

d) valorização da arte indígena e defesa da Floresta Amazônica.

e) promoção da Bienal de Munique e defesa da Floresta Amazônica.

A LEITURA NAS PROVAS DO ENEM E DOS VESTIBULARES

CAPÍTULO 24

Questões do Enem e dos vestibulares

1. (ESPM-SP) O patrimônio cultural brasileiro é dos mais variados e apresenta íntima relação com o espaço geográfico.

Abaixo temos dois momentos da arquitetura brasileira que remetem a esta reflexão.

(www.vitruvius.com.br - 05/08)

Sobre isso, podemos afirmar:

a) A paisagem é um conceito geográfico caracterizado pela combinação do território com a cultura, como comprova a arte gótica exposta nas duas imagens.

b) A produção do espaço é uma ação exclusivamente antrópica em que o meio físico não apresenta relevância em sua construção.

c) O espaço é uma acumulação desigual de tempos, como pode ser observado nas arquiteturas barroca e moderna, expostas nas imagens.

d) O espaço é estático, a cultura, dinâmica e o papel da geografia é fazer a descrição do momento presente, como ocorre nas imagens do século XX, expostas ao lado.

e) A globalização impôs tal padronização cultural aos lugares que extinguiu a preservação da arquitetura histórica, legando ao território uma convivência exclusiva com a arte contemporânea.

2. (ENEM)

> A Peste Negra dizimou boa parte da população europeia, com efeitos sobre o crescimento das cidades. O conhecimento médico da época não foi suficiente para conter a epidemia. Na cidade de Siena, Agnolo di Tura escreveu: "As pessoas morriam às centenas, de dia e de noite, e todas eram jogadas em fossas cobertas com terra e, assim que essas fossas ficavam cheias, cavavam-se mais. E eu enterrei meus cinco filhos com minhas próprias mãos (...) E morreram tantos que todos achavam que era o fim do mundo."
>
> Agnolo di Tura. The Plague in Siena: An Italian Chronicle. In: William M. Bowsky. *The Black Death*: a turning point in history? New York: HRW, 1971 (com adaptações).

O testemunho de Agnolo di Tura, um sobrevivente da Peste Negra, que assolou a Europa durante parte do século XIV, sugere que:

a) o flagelo da Peste Negra foi associado ao fim dos tempos.

b) a Igreja buscou conter o medo da morte, disseminando o saber médico.

c) a impressão causada pelo número de mortos não foi tão forte, porque as vítimas eram poucas e identificáveis.

d) houve substancial queda demográfica na Europa no período anterior à Peste.

e) o drama vivido pelos sobreviventes era causado pelo fato de os cadáveres não serem enterrados.

(UnB-DF, adaptadas) Texto para as questões 3 e 4:

> A perspectiva, com seus efeitos visuais e artísticos impressionantes, tem a matemática como fundamento. A obra reproduzida na figura I a seguir, intitulada *Ordem e Caos*, faz parte do acervo do artista holandês M. C. Escher. Partindo do centro da circunferência que delimita a figura I e recortando-a ao longo de dois raios, obtém-se a figura II a seguir.

QUESTÕES INTERDISCIPLINARES

Figura II

Figura I – Ordem e Caos, gravura de M.C. Escher.

3. (UnB-DF) A partir das informações do texto, julgue como corretos (C) ou errados (E) os itens a seguir.

a) A multiplicação da realidade visual organizada racionalmente e a continuidade das formas ao infinito são características da obra de Escher.

b) O atento desenho de observação e o cuidado com os detalhes são elementos constantes não só na obra de Escher, mas também nas obras de alguns dos seus conterrâneos flamengos.

c) As gravuras de Escher eram como preparações para as suas pinturas, o que explica o apego aos detalhes evidenciado nas obras desse artista.

4. (UnB-DF) Tomando 3,14 como valor aproximado para π e considerando que o comprimento da circunferência da figura I é igual a 15,7 cm, calcule, em **mm²**, a área do setor circular representado na figura II. Despreze a parte fracionária do resultado final obtido após efetuar todos os cálculos solicitados.

5. (UFG-GO) Observe o quadro "Abaporu" (1928) de Tarsila do Amaral, reproduzido na contracapa do livro *Tarsila*, de Maria Adelaide Amaral.

A LEITURA NAS PROVAS DO ENEM E DOS VESTIBULARES

CAPÍTULO 24

Na peça *Tarsila*, de Maria Adelaide Amaral, a protagonista presenteia Oswald por seu aniversário com o quadro "Abaporu". Nessa ocasião, Mário de Andrade, diante da obra, refere-se a sua plasticidade, caracterizada por:

a) elementos nacionais que marcam uma perspectiva artística.

b) figuras naturalistas que estabelecem um efeito de realidade.

c) desenhos infantis que resgatam elementos da cultura popular.

d) linhas simétricas que rompem com a tradição do Modernismo.

e) formas proporcionais que marcam o equilíbrio da paisagem.

(Maria E. Simielli. *Geoatlas*, 2010. Adaptado.)

6. (FVG-SP) A região representada no mapa localiza-se entre o Mar Negro e o Mar Cáspio. Nela coexistem países que recuperaram sua independência depois da desintegração da União Soviética. É uma das regiões mais conflituosas do mundo.

Trata-se:

a) da Mesopotâmia, que reúne 3 etnias, todas cristãs.

b) da Meso-América, que tem mais de 10 etnias não monoteístas.

c) da Ásia Central, que abriga mais de 20 etnias, cuja religião principal é o judaísmo.

d) dos Bálcãs, que congregam 4 etnias, distribuídas em três religiões principais: cristãos, islâmicos e judeus.

e) do Cáucaso, que possui mais de 70 etnias, distribuídas em duas religiões principais: cristãos e islâmicos.

7. (UFRN-RN) O quadro abaixo, pintado por Debret, intitulado *Um funcionário a passeio com sua família*, retrata traços de um modelo familiar que se constituiu no Brasil desde a época colonial.

(Disponível em: www.cliohistoria.hpg.ig.com.br/bco_imagens/debret.htm. Acesso em: 08 ago. 2010.)

Considerando o seu conteúdo e o conhecimento histórico sobre a família colonial brasileira, é correto afirmar que:

a) as mulheres, vítimas da hierarquia da família patriarcal, se mostraram dóceis, submissas e viviam enclausuradas, aceitando completamente os valores da Igreja.

b) a presença da família nuclear foi inexpressiva na região que hoje corresponde ao Nordeste, uma vez que ela foi alvo da censura da Igreja Católica.

c) os senhores de Engenho impunham aos seus escravos a união legal segundo as normas defendidas pela Igreja, considerando isso essencial à reprodução da força de trabalho.

d) o modelo patriarcal, no qual o homem era o provedor e garantidor da honra da família e dos seus agregados, predominou na zona produtora de açúcar.

8. (VUNESP-SP)

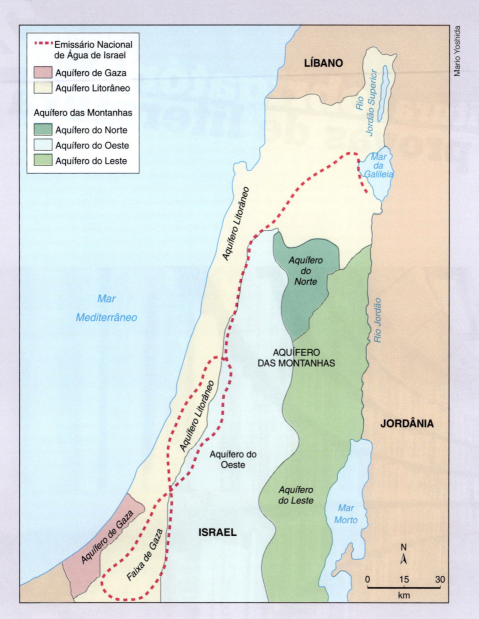

No Oriente Médio, a água é um recurso precioso e uma fonte de conflito. A escassez de recursos hídricos está aumentando as tensões políticas entre países e dentro deles, e entre as comunidades e os interesses comerciais. A Guerra dos Seis Dias, em 1967, foi, em parte, a resposta de Israel à proposta da Jordânia de desviar o rio Jordão para seu próprio uso. A terra tomada na guerra deu-lhe acesso não apenas às águas das cabeceiras do Jordão, como também o controle do aquífero que há por baixo da Cisjordânia, aumentando assim os recursos hídricos em quase 50%.

(Robin Clarke e Jannet King. *O Atlas da Água*, 2005. Adaptado.)

A partir da leitura do mapa e do texto, pode-se afirmar que a água é uma questão importante nas negociações entre:

a) o Iraque e os turcos.
b) os palestinos e a Síria.
c) o Líbano e a Síria.
d) os iranianos e o Iraque.
e) Israel e os palestinos.

CAPÍTULO 25

A leitura obrigatória nas provas de literatura

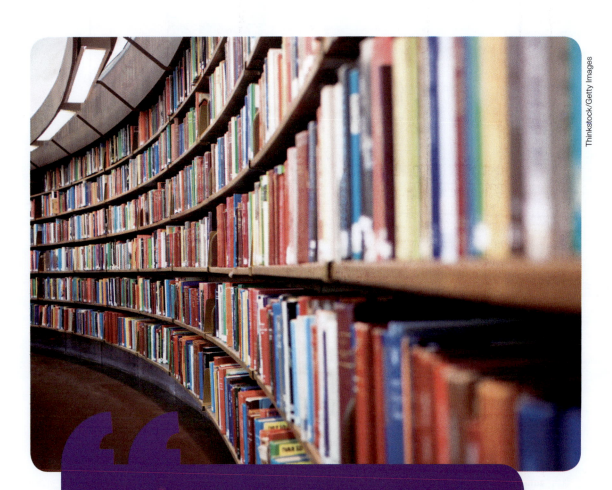

Os vestibulares da maior parte dos Estados brasileiros apresentam uma lista de obras literárias que devem ser lidas previamente. Como lidar com questões formuladas para avaliar essas leituras?

Questões de literatura formuladas com base em uma lista de obras literárias indicada previamente aos candidatos não é comum a todos os exames.

Veja, a seguir, o procedimento do Enem e de alguns vestibulares quanto à avaliação de leitura de obras literárias.

Questões de literatura nas provas do Enem

As provas do Enem pressupõem que o aluno, durante o ensino médio, tenha construído ou esteja construindo conhecimentos gerais sobre literatura e cultura brasileira, mas não exige a leitura específica de determinados livros. As duas questões a seguir, do Enem, são exemplos de como a literatura é abordada em questões desse exame.

Soneto

Já da morte o palor me cobre o rosto,
Nos lábios meus o alento desfalece,
Surda agonia o coração fenece,
E devora meu ser mortal desgosto!

Do leito embalde no macio encosto
Tento o sono reter!... já esmorece
O corpo exausto que o repouso esquece...
Eis o estado em que a mágoa me tem posto!

O adeus, o teu adeus, minha saudade,
Fazem que insano do viver me prive
E tenha os olhos meus na escuridade.

Dá-me a esperança com que o ser mantive!
Volve ao amante os olhos por piedade,
Olhos por quem viveu quem já não vive!

AZEVEDO, A. *Obra completa*. Rio de Janeiro: Nova Aguilar, 2000.

O núcleo temático do soneto citado é típico da segunda geração romântica, porém configura um lirismo que o projeta para além desse momento específico. O fundamento desse lirismo é:

a) a angústia alimentada pela constatação da irreversibilidade da morte.

b) a melancolia que frustra a possibilidade de reação diante da perda.

c) o descontrole das emoções provocado pela autopiedade.

d) o desejo de morrer como alívio para a desilusão amorosa.

e) o gosto pela escuridão como solução para o sofrimento.

Resposta: *b.*

TEXTO I

Logo depois transferiram para o trapiche o depósito dos objetos que o trabalho do dia lhes proporcionava. Estranhas coisas entraram então para o trapiche. Não mais estranhas, porém, que aqueles meninos, moleques de todas as cores e de idades as mais variadas, desde os nove aos dezesseis anos, que à noite se estendiam pelo assoalho e por debaixo da ponte e dormiam, indiferentes ao vento que circundava o casarão uivando, indiferentes à chuva que muitas vezes os lavava, mas com os olhos puxados para as luzes dos navios, com os ouvidos presos às canções que vinham das embarcações...

AMADO, J. *Capitães da Areia*. São Paulo: Companhia das Letras, 2008 (fragmento).

TEXTO II

> À margem esquerda do rio Belém, nos fundos do mercado de peixe, ergue-se o velho ingazeiro — ali os bêbados são felizes. Curitiba os considera animais sagrados, provê as suas necessidades de cachaça e pirão. No trivial contentavam-se com as sobras do mercado.
>
> TREVISAN, D. *35 noites de paixão: contos escolhidos*. Rio de Janeiro: BestBolso, 2009 (fragmento).

Sob diferentes perspectivas, os fragmentos citados são exemplos de uma abordagem literária recorrente na literatura brasileira do século XX. Em ambos os textos:

a) a linguagem afetiva aproxima os narradores dos personagens marginalizados.

b) a ironia marca o distanciamento dos narradores em relação aos personagens.

c) o detalhamento do cotidiano dos personagens revela a sua origem social.

d) o espaço onde vivem os personagens é uma das marcas de sua exclusão.

e) a crítica à indiferença da sociedade pelos marginalizados é direta.

Resposta: *d*.

Para resolver a primeira questão, seria conveniente, mas não imprescindível, que o estudante conhecesse as características da segunda geração romântica. Sabemos que o grupo ultrarromântico desenvolveu uma poética de afeição ao pessimismo, à melancolia, ao egocentrismo, à solidão, à morte, a ambientes noturnos, ao mistério, ao macabro e ao satânico. Contudo, mesmo sem esses conhecimentos prévios, seria possível chegar à resposta correta, valendo-se apenas das pistas existentes no texto.

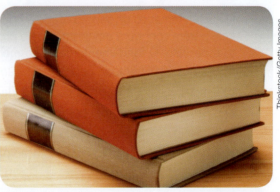

A primeira estrofe do poema faz referência à imobilidade do eu lírico, em virtude do estado emocional em que se encontra. Sente no rosto o "palor da morte", seu alento (ânimo) desfalece, o coração morre e o desgosto devora seu ser. Na segunda estrofe, o eu lírico faz referência ao estado de "mágoa" e, na terceira, à "escuridade" em que vive. Esse sentimento de desagregação e imobilidade deve-se ao adeus da pessoa amada, como fica claro na terceira estrofe. Só, sem esperança, sem ânimo, pede piedade a ela, pois, sozinho, já "não vive".

Como se vê, o texto reúne elementos que, de alguma forma, estão distribuídos pelas alternativas da questão. Contudo, o reconhecimento da melancolia e do estado de imobilidade do eu lírico são imprescindíveis para chegar à resposta correta, a alternativa *b*.

A segunda questão, por sua vez, exige do estudante a análise dos textos e a comparação entre eles, em busca de aspectos comuns. Ambos os textos retratam personagens que estão à margem da sociedade: o de Jorge Amado retrata os meninos de rua na cidade de Salvador, os "capitães da areia", que viviam debaixo da ponte e no "trapiche", um galpão abandonado; o texto de Dalton Trevisan retrata um grupo de bêbados que vivia entre o rio e os fundos de um mercado de peixe, alimentando-se de sobras e doações. Em ambos os casos, os textos retratam grupos de excluídos, que vivem em espaços degradados, característica que é uma das marcas de sua exclusão, o que leva à alternativa *d* como resposta correta.

A LEITURA OBRIGATÓRIA NAS PROVAS DE LITERATURA

A lista de obras literárias nos exames vestibulares

Nos exames vestibulares que indicam previamente uma lista de obras literárias, é recomendável que o estudante leia efetivamente as obras e, se possível, discuta-as com os colegas e com o professor antes do exame, em vez de se valer apenas de resumos oferecidos por cursos pré-vestibulares e pela Internet.

A formulação dessas questões pode variar bastante, dependendo do exame. Por isso, convém preparar-se adequadamente. Veja, a seguir, alguns exemplos.

Questões em que a leitura da obra não chega a ser indispensável

Observe as questões a seguir, extraídas de um exame da Fuvest-SP.

Texto para as questões de 1 a 3:

A rosa de Hiroxima

Pensem nas crianças
Mudas telepáticas
Pensem nas meninas
Cegas inexatas
5 Pensem nas mulheres
Rotas alteradas
Pensem nas feridas
Como rosas cálidas
Mas oh não se esqueçam

10 Da rosa da rosa
Da rosa de Hiroxima
A rosa hereditária
A rosa radioativa
Estúpida e inválida
15 A rosa com cirrose
A antirrosa atômica
Sem cor sem perfume
Sem rosa sem nada.

Vinicius de Moraes. *Antologia poética*. São Paulo: Cia. das Letras, Editora Schwarcz Ltda., 1992. p. 11. Autorizado pela VM Empreendimentos Artísticos e Culturais Ltda. © VM e © Cia. das Letras (Editora Schwarcz)

1. Nesse poema:

a) a referência a um acontecimento histórico, ao privilegiar a objetividade, suprime o teor lírico do texto.

b) parte da força poética do texto provém da associação da imagem tradicionalmente positiva da rosa a atributos negativos, ligados à ideia de destruição.

c) o caráter politicamente engajado do texto é responsável pela sua despreocupação com a elaboração formal.

d) o paralelismo da construção sintática revela que o texto foi escrito originalmente como letra de canção popular.

e) o predomínio das metonímias sobre as metáforas responde, em boa medida, pelo caráter concreto do texto e pelo vigor de sua mensagem.

Resposta: *b*.

2. Dentre os recursos expressivos presentes no poema, podem-se apontar a sinestesia e a aliteração, respectivamente nos versos:

a) 2 e 17.   b) 1 e 5.   c) 8 e 15.   d) 9 e 18.   e) 14 e 3.

Resposta: *c*.

A LEITURA NAS PROVAS DO ENEM E DOS VESTIBULARES

3. Os aspectos expressivo e exortativo do texto conjugam-se, de modo mais evidente, no verso:
a) "Mudas telepáticas". (v. 2)
b) "Mas oh não se esqueçam". (v. 9)
c) "Da rosa da rosa". (v. 10)
d) "Estúpida e inválida". (v. 14)
e) "A antirrosa atômica". (v. 16)

Resposta: *b*.

Embora a obra *Antologia poética*, de Vinícius de Morais, fizesse parte da lista de leitura obrigatória do exame naquele ano, os conhecimentos avaliados nas três questões sobre o texto prescindem de leitura prévia.

A questão 1 exige do aluno a realização de algumas operações para chegar à resposta correta. Primeiramente, por meio do título, "A rosa de Hiroxima", ele poderia levantar hipótese a respeito do significado da palavra *rosa* no contexto, uma vez que a expressão mundialmente conhecida é "bomba de Hiroxima", como referência ao uso da energia nuclear pelos americanos no contexto da Segunda Guerra Mundial. A hipótese de a rosa ser uma metáfora da bomba atômica é confirmada por um conjunto de elementos negativos associados a ela no texto, e todos relacionados aos efeitos da radiação: "rotas alteradas", "feridas", "antirrosa", "rosa radioativa estúpida e inválida", "sem rosa sem nada". Esses elementos estão em oposição aos sentidos positivos tradicionalmente associados à rosa, tais como sentimento, beleza, delicadeza, perfume, leveza, etc. A alternativa *b*, portanto, é a correta.

Na questão 2, o candidato teria de fazer um reconhecimento dos recursos poéticos aplicados ao texto, como a *sinestesia* (cruzamento de sensações) e a *aliteração* (repetição de um mesmo tipo de som consonantal). No verso 8, "Como rosas cálidas", a temperatura alta não é uma característica comum das rosas. No contexto, a calidez reforça o cruzamento semântico entre rosa e bomba. No verso 15, "A rosa com cirrose", há repetição de sons nas palavras *rosa* e *cirrose*, constituindo a aliteração dos fonemas /R/ e /z/. Portanto, a alternativa *c* é a que corresponde à resposta correta.

Na questão 3, o reconhecimento de que o aspecto expressivo e exortativo (estimulativo) do texto analisado decorre principalmente do emprego da interjeição *Oh* leva à alternativa *b*.

Questões em que a leitura da obra é indispensável

Questões desse tipo exigem conhecimento detalhado sobre fatos e personagens, relações de causa e efeito entre os acontecimentos que envolvem o enredo, o contexto histórico, etc.

As questões podem ser formuladas diretamente sobre um aspecto específico da obra ou a partir de fragmentos que contextualizam o aspecto abordado.

Veja estes exemplos:

(UFMG-MG)

É **correto** afirmar que, no conjunto dos contos de *Antes do baile verde*, a autora:
a) aborda abstratamente questões éticas e filosóficas.
b) critica a sociedade e as instituições políticas do País.
c) estuda, com método e empenho, a família patriarcal.
d) põe em evidência a vida interior dos personagens.

Resposta: *d*.

A LEITURA OBRIGATÓRIA NAS PROVAS DE LITERATURA

25

(FUVEST-SP) Leia o trecho de Machado de Assis sobre *Iracema*, de José de Alencar, e responda ao que se pede.

"....... é o ciúme e o valor marcial; .... a austera sabedoria dos anos; Iracema o amor. No meio destes caracteres distintos e animados, a amizade é simbolizada em .... Entre os indígenas a amizade não era este sentimento, que à força de civilizar-se, tornou-se raro; nascia da simpatia das almas, avivava-se com o perigo, repousava na abnegação recíproca; .... e .... são os dois amigos da lenda, votados à mútua estima e ao mútuo sacrifício".

Machado de Assis, Crítica.

No trecho, os espaços pontilhados serão corretamente preenchidos, respectivamente, pelos nomes das seguintes personagens de *Iracema*:

a) Caubi, Jacaúna, Araquém, Araquém, Martim.

b) Martim, Irapuã, Poti, Caubi, Martim.

c) Poti, Araquém, Japi, Martim, Japi.

d) Araquém, Caubi, Irapuã, Irapuã, Poti.

e) Irapuã, Araquém, Poti, Poti, Martim.   Resposta: *e*.

Questões dissertativas a partir de fragmentos da obra

Observe esta questão:

(UNICAMP-SP) Leia os seguintes trechos de *O cortiço* e *Vidas secas*:

O rumor crescia, condensando-se; o zunzum de todos os dias acentuava-se; já se não destacavam vozes dispersas, mas um só ruído compacto que enchia todo o cortiço. (...). Sentia-se naquela fermentação sanguínea, naquela gula viçosa de plantas rasteiras que mergulhavam os pés vigorosos na lama preta e nutriente da vida, o prazer animal de existir, a triunfante satisfação de respirar sobre a terra.

(Aluísio Azevedo, O cortiço. Ficção completa. Rio de Janeiro: Nova Aguillar, 2005, p. 462.)

Fabiano ia satisfeito. Sim senhor, arrumara-se. Chegara naquele estado, com a família morrendo de fome, comendo raízes. Caíra no fim do pátio, debaixo de um juazeiro, depois tomara conta da casa deserta. Ele, a mulher e os filhos tinham-se habituado à camarinha escura, pareciam ratos — e a lembrança dos sofrimentos passados esmorecera. (...)

— Fabiano, você é um homem, exclamou em voz alta.

Conteve-se, notou que os meninos estavam perto, com certeza iam admirar-se ouvindo-o falar só. E, pensando bem, ele não era homem: era apenas um cabra ocupado em guardar coisas dos outros. Vermelho, queimado, tinha os olhos azuis, a barba e os cabelos ruivos; mas como vivia em terra alheia, cuidava de animais alheios, descobria-se, encolhia-se na presença dos brancos e julgava-se cabra.

Olhou em torno, com receio de que, fora os meninos, alguém tivesse percebido a frase imprudente. Corrigiu-a, murmurando:

— Você é um bicho, Fabiano.

Isto para ele era motivo de orgulho. Sim senhor, um bicho, capaz de vencer dificuldades.

Chegara naquela situação medonha — e ali estava, forte, até gordo, fumando seu cigarro de palha.

— Um bicho, Fabiano. (...)

Agora Fabiano era vaqueiro, e ninguém o tiraria dali. Aparecera como um bicho, entocara-se como um bicho, mas criara raízes, estava plantado.

(Graciliano Ramos, Vidas secas. Rio de Janeiro: Editora Record, 2007, p. 18-19.)

a) Ambos os trechos são narrados em terceira pessoa. Apesar disso, há uma diferença de pontos de vista na aproximação das personagens com o mundo animal e vegetal. Que diferença é essa?

b) Explique como essa diferença se associa à visão de mundo expressa em cada romance.

Questões dissertativas formuladas diretamente sobre um aspecto específico da obra

Observe esta questão:

(UFBA-BA)

Há aqueles que nascem com defeito. Eu nasci por defeito. Explico: no meu parto não me extraíram todo, por inteiro. Parte de mim ficou lá, grudada nas entranhas de minha mãe.

Tanto isso aconteceu que ela não me alcançava ver: olhava e não me enxergava. Essa parte de mim que estava nela me roubava de sua visão. Ela não se conformava:

— *Sou cega de si, mas hei-de encontrar modos de lhe ver!*

A vida é assim: peixe vivo, mas que só vive no correr da água. Quem quer prender esse peixe tem que o matar. Só assim o possui em mão. Falo do tempo, falo da água. Os filhos se parecem com água andante, o irrecuperável curso do tempo. Um rio tem data de nascimento? Em que dia exato nos nascem os filhos?

Conselhos de minha mãe foram apenas silêncios. Suas falas tinham o sotaque de nuvem.

— *A vida é que é a mais contagiosa* — dizia.

Eu lhe pedia explicação do nosso destino, ancorados em pobreza.

— *Veja você, meu filho, já apanhou mania dos brancos!* — Inclinava a cabeça como se a cabeça fugisse do pensamento e me avisava: — *Você quer entender o mundo que é coisa que nunca se entende.*

COUTO, M. *O último voo do flamingo*. São Paulo: Companhia das Letras, 2005. p. 45-46.

Considerando o fragmento transcrito e a obra de onde foi retirado:

a) explique, no contexto da obra, a diferença expressa pelo narrador ao afirmar "Há aqueles que nascem com defeito. Eu nasci por defeito";

b) avalie o pensamento da mãe do narrador em relação ao papel que ele desempenha na narrativa: *"— Você quer entender o mundo que é coisa que nunca se entende."*

As questões da UFMG, da Fuvest, da Unicamp e da UFBA reproduzidas exigiam a leitura prévia de certas obras. Em questões desse tipo, quando dissertativas, convém citar alguns fatos, personagens e exemplos a fim de transmitir firmeza e segurança na resposta e, assim, deixar o examinador convencido de que o conhecimento e a interpretação revelados baseiam-se, de fato, na leitura da obra.

Na questão da UFMG, o candidato teria de ter lido cada conto e interpretado o conjunto dos contos para saber que eles põem em evidência a vida interior das personagens. Na questão da Fuvest, o candidato só conseguiria responder corretamente se lesse toda a obra e entendesse a característica central de cada personagem no contexto da narrativa. As questões da Unicamp e da UFBA também exigem do candidato uma leitura prévia atenta e interpretativa dos romances abordados, pois a resposta correta depende de um conhecimento mais minucioso do enredo e das características das personagens.

A LEITURA OBRIGATÓRIA NAS PROVAS DE LITERATURA

Questões do Enem e dos vestibulares

1. (UnB-DF)

Morte do leiteiro
Carlos Drummond de Andrade

1 Há pouco leite no país,
   é preciso entregá-lo cedo.
   Há muita sede no país,
4 é preciso entregá-lo cedo.
   Há no país uma legenda,
   que ladrão se mata com tiro.
7 Então o moço que é leiteiro
   de madrugada com sua lata
   sai correndo e distribuindo
10 leite bom para gente ruim.
   Sua lata, suas garrafas
   e seus sapatos de borracha
13 vão dizendo aos homens no sono
   que alguém acordou cedinho
   e veio do último subúrbio
16 trazer o leite mais frio
   e mais alvo da melhor vaca
   para todos criarem força
19 na luta brava da cidade.

   Meu leiteiro tão sutil
   de passo maneiro e leve,
22 antes desliza que marcha.
   É certo que algum rumor
   sempre se faz: passo errado,
25 vaso de flor no caminho,
   cão latindo por princípio,
   ou um gato quizilento.
28 E há sempre um senhor que acorda,
   resmunga e torna a dormir.

   Mas este acordou em pânico
31 (ladrões infestam o bairro),
   não quis saber de mais nada.
   O revólver da gaveta
34 saltou para sua mão.
   Ladrão? se pega com tiro.
   Os tiros na madrugada
37 liquidaram meu leiteiro.
   Se era noivo, se era virgem,
   se era alegre, se era bom,
40 não sei,
   é tarde para saber.

   Da garrafa estilhaçada,
43 no ladrilho já sereno
   escorre uma coisa espessa
   que é leite, sangue... não sei.

46 Por entre objetos confusos,
   mal redimidos da noite,
   duas cores se procuram,
49 suavemente se tocam,
   amorosamente se enlaçam,
   formando um terceiro tom
52 a que chamamos aurora.

(*Antologia poética.* 63. ed. Rio de Janeiro: Record, 2009. © Gratia Drummond. www.carlosdrummond.com.br)

Com relação ao poema *Morte do leiteiro*, de Carlos Drummond de Andrade, julgue como corretos (C) ou errados (E) os itens a seguir.

a) Nesse poema, foram utilizados recursos literários característicos do primeiro momento modernista, tais como o humor e a paródia.

b) Nos seis versos iniciais do poema, a impessoalidade poética é reforçada pelo emprego de orações sem sujeito ou com sujeito indeterminado. Tal impessoalidade contrasta com a aproximação entre narrador e personagem, marcada, textualmente, pelo emprego do pronome "Meu" no verso "Meu leiteiro tão sutil" (v. 20).

c) O autor emprega recursos linguísticos para expressar, de forma impessoal, a voz da ideologia que fundamenta a atitude do senhor que atira no leiteiro sem refletir sobre o real perigo de tal ato.

d) O leiteiro é um personagem caracterizado no poema sobretudo em sua dimensão psicológica, o que aproxima a estrutura do poema à de um texto jornalístico.

e) O narrador enuncia os fatos de forma a aderir ao ponto de vista do senhor que mata o leiteiro por acidente, como se verifica na forma sutil com que avalia como imprudente a ação do personagem que entrega leite em domicílio.

f) Pela maneira como são apresentados sentimentos em um modelo poético sucinto e inspirado na tradição clássica, o poema pode ser considerado um diálogo de Carlos Drummond de Andrade com a poesia do grupo de poetas brasileiros que ficou conhecido como Geração de 45.

g) A imagem final do poema extrai sua eficácia estética do atrito entre a beleza de uma imagem comumente associada à esperança (aurora) e a condição trágica da inusitada mistura de cores que resulta do assassinato do leiteiro (leite e sangue).

A LEITURA NAS PROVAS DO ENEM E DOS VESTIBULARES

CAPÍTULO 25

(MACKENZIE-SP) Texto para as questões de 2 a 4:

> 01 Já rompe, Nise, a matutina Aurora
> 02 O negro manto, com que a noite escura,
> 03 Sufocando do Sol a face pura,
> 04 Tinha escondido a chama brilhadora.
>
> Claudio Manuel da Costa

2. Nessa estrofe, o poeta:

a) dirige-se a *Nise*, com intuito de expressar tristeza pelo fato de *o manto negro* da *noite* corromper a beleza do dia, representada pela deusa *Aurora*.

b) dirige-se à amada para lamentar o fim de uma noite de amor pela chegada de novo dia, fato comprovado pelo uso das expressões *a matutina Aurora* e *chama brilhadora*.

c) dirige-se a *Nise* e lhe descreve um quadro da natureza por meio de metáforas como, por exemplo, *negro manto* e *Sufocando do Sol a face pura*.

d) declara seu amor a *Nise* com uma linguagem emotiva (*rompe, negro manto* etc.), estabelecendo uma analogia entre a natureza grandiosa e a beleza da amada.

e) declara seu amor à Musa e lamenta o fato de não ser correspondido, já que *a face pura do Sol* foi apagada pelo *negro manto* da *noite escura*.

3. Considerando suas imagens e sua forma, é correto dizer que o texto se vincula à:

a) tradição clássica, que orientou a produção literária no Brasil colonial.

b) estética romântica, que caracterizou a literatura brasileira pós-independência política.

c) tradição literária medieval, recuperada pelos poetas brasileiros do século XIX.

d) estética simbolista, que explorou a musicalidade da palavra, em detrimento do conteúdo.

e) estética parnasiana, acentuadamente subjetiva e idealizadora.

4. Assinale a alternativa correta.

a) A forma verbal *tinha escondido* (verso 4) é da voz passiva e corresponde, na voz ativa, a "escondeu".

b) O uso de maiúsculas em *Aurora* e *Sol* reforça a sugestão de personificação potencializada por essas palavras na estrofe.

c) O texto compõe-se de um único período, com orações subordinadas e coordenadas e obedece à ordem linear de colocação de termos.

d) De acordo com a norma culta da língua escrita, o uso da preposição *com* (verso 2) é, nesse contexto, facultativo.

e) Os adjetivos *pura* (verso 3) e *escura* (verso 2) convergem tanto na forma (*sonoridade*) como no sentido.

5. (UFG-GO) *O leopardo é um animal delicado*, de Marina Colasanti, é uma coletânea de contos. Com relação aos aspectos temáticos, esses contos, predominantemente:

a) investem as personagens de caráter elevado, imprimindo sentido épico às narrativas.

b) adotam uma perspectiva do feminino, revelando a mulher alheia às mudanças.

c) exploram os fatos nacionais, evidenciando as adversidades dos contextos sociais.

d) incluem os acontecimentos triviais, atribuindo valores morais às histórias.

e) apresentam uma variação de temas, enfocando as complexidades humanas.

6. (ITA-SP) Acerca da protagonista do romance *Iracema*, de José de Alencar, pode-se dizer que:

I. é uma heroína romântica, tanto por sua proximidade com a natureza, quanto por agir em nome do amor, a ponto de romper com a sua própria tribo e se entregar a Martim.

II. é uma personagem integrada à natureza, mas que se corrompe moralmente depois que se apaixona por um homem branco civilizado e se entrega a ele.

III. possui grande beleza física, descrita com elementos da natureza, o que faz da personagem uma representação do Brasil pré-colonizado.

Está(ão) correta(s):

a) apenas I.

b) apenas I e II.

c) apenas I e III.

d) apenas II e III.

e) todas.

(UERJ-RJ) Com base no texto a seguir, responda às questões de números 7 a 10.

Ler e crescer

Com a inacreditável capacidade humana de ter ideias, sonhar, imaginar, observar, descobrir, constatar, enfim, refletir sobre o mundo e com isso ir crescendo, a produção
5 textual vem se ampliando ao longo da história. As conquistas tecnológicas e a democratização da educação trazem a esse acervo uma multiplicação exponencial, que começa a afligir homens e mulheres de várias for-
10 mas. Com a angústia do excesso. A inquietação com os limites da leitura. A sensação de hoje ser impossível abarcar a totalidade do conhecimento e da experiência (ingênuo sonho de outras épocas). A preocupação com a
15 abundância da produção e a impossibilidade de seu consumo total por meio de um indivíduo. O medo da perda. A aflição de se querer hierarquizar ou organizar esse material. Enfim, constatamos que a leitura cresceu, e
20 cresceu demais.

266 UNIDADE 3

A LEITURA OBRIGATÓRIA NAS PROVAS DE LITERATURA

Ao mesmo tempo, ainda falta muito para quanto queremos e necessitamos que ela cresça. Precisa crescer muito mais. Assim, multiplicamos campanhas de leitura e projetos de fomento do livro. Mas sabemos que, com todo o crescimento, jamais a leitura conseguirá acompanhar a expansão incontrolável e necessariamente caótica da produção dos textos, que se multiplicam ainda mais, numa infinidade de meios novos. Muda-se então o foco dos estudiosos, abandona-se o exame dos textos e da literatura, criam-se os especialistas em leitura, multiplicam-se as reflexões sobre livros e leitura, numa tentativa de ao menos entendermos o que se passa, já que é um mecanismo que recusa qualquer forma de domínio e nos fugiu ao controle completamente.

Falar em domínio e controle a propósito da inquietação que assalta quem pensa nessas questões equivale a lembrar um aspecto indissociável da cultura escrita, e nem sempre trazido com clareza à consciência: o poder.

Ler e escrever é sempre deter alguma forma de poder. Mesmo que nem sempre ele se exerça sob a forma do poder de mandar nos outros ou de fazer melhor e ganhar mais dinheiro (por ter mais informação e conhecer mais), ou sob a forma de guardar como um tesouro a semente do futuro ou a palavra sagrada como nos mosteiros medievais ou em confrarias religiosas, seitas secretas, confrarias de todo tipo. De qualquer forma, é uma caixinha dentro da outra: o poder de compreender o texto suficientemente para perceber que nele há várias outras possibilidades de compreensão sempre significou poder – o tremendo poder de crescer e expandir os limites individuais do humano.

Constatar que dominar a leitura é se apropriar de alguma forma de poder está na base de duas atitudes antagônicas dos tempos modernos. Uma, autoritária, tenta impedir que a leitura se espalhe por todos, para que não se tenha de compartilhar o poder. Outra, democrática, defende a expansão da leitura para que todos tenham acesso a essa parcela de poder.

Do jeito que a alfabetização está conseguindo aumentar o número de leitores, paralelamente à expansão da produção editorial que está oferecendo material escrito em quantidades jamais imaginadas antes, e ainda com o advento de meios tecnológicos que eliminam as barreiras entre produção e consumo do material escrito, tudo levaria a crer que essa questão está sendo resolvida. Será? Na verdade, creio que ela se abre sobre outras questões. Que tipo de alfabetização é esse, a que tipo de leitura tem levado, com que tipo de utilidade social?

ANA MARIA MACHADO. Palestra proferida pela autora na XIII Feira Internacional do Livro em Havana, Cuba, em fevereiro de 2004. Disponível em: www.dubitoergosum.xpg.com.br

7. *Com a inacreditável capacidade humana de ter ideias, sonhar, imaginar, observar, descobrir, constatar, enfim, refletir sobre o mundo e com isso ir crescendo*, a produção textual vem se ampliando ao longo da história. (l. 1-6)

O trecho destacado acima estabelece uma relação de sentido com o restante da frase.

Essa relação de sentido pode ser definida como:

a) simultaneidade.   c) oposição.
b) consequência.   d) causa.

8. *tudo levaria a crer que essa questão está sendo resolvida. Será?* (l. 75-77)

O emprego da forma verbal "levaria" e a forma interrogativa que se segue – "Será?" – sugerem um procedimento argumentativo, empregado no texto.

Esse procedimento está explicitado em:

a) a exposição de um problema que será detalhado.
b) a incerteza diante de fatos que serão comprovados.
c) a divergência em relação a uma ideia que será contestada.
d) o questionamento sobre um tema que se mostrará limitado.

9. Segundo o texto, as atitudes autoritárias e democráticas em relação à leitura possuem um pressuposto comum.

Esse pressuposto está sintetizado em:

a) o reconhecimento de que a leitura se associa ao poder.
b) a percepção de que a leitura se expande com o tempo.
c) a expectativa de que a leitura se popularize na sociedade.
d) a necessidade de que a leitura se identifique com a tecnologia.

10. *Enfim, constatamos que a leitura cresceu, e cresceu demais.*
Ao mesmo tempo, ainda falta muito para quanto queremos e necessitamos que ela cresça. Precisa crescer muito mais. (l. 19-23)

Ao afirmar que a leitura cresceu, mas ainda precisa crescer mais, a autora mostra seu ponto de vista.

Esse ponto de vista se relaciona com a seguinte constatação:

a) Os novos meios tecnológicos não aproximaram de imediato os leitores.
b) A ampliação da produção textual não alterou o número de alfabetizados.
c) A eliminação de barreiras não representou de verdade uma conscientização.
d) O aumento de quantidade não se verificou do mesmo modo na qualidade.

CAPÍTULO 26
Interpretação de textos com questões de múltipla escolha

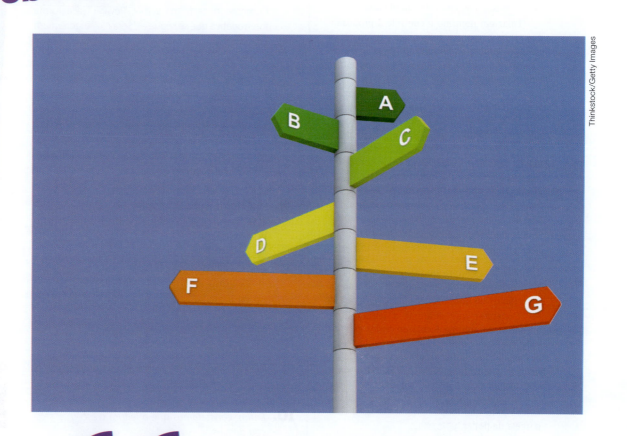

> Você já aprendeu que, para interpretar textos, precisamos ativar esquemas mentais e realizar determinadas operações, como analisar, identificar, comparar, levantar hipóteses, etc. O que muda quando se trata de uma questão do tipo teste, ou seja, de múltipla escolha?

Toda vez que nos propomos a ler e a interpretar um texto, corremos algum tipo de risco, pois não sabemos previamente que caminho tomar. Assim, motivados por alguns aspectos de forma ou de conteúdo do texto, formulamos hipóteses de leitura e, a partir delas, arriscamos um caminho de leitura, isto é, fazemos escolhas a partir das quais selecionamos procedimentos e estratégias de ação, que podem ou não confirmar nossas hipóteses iniciais.

As provas do Enem e de alguns exames vestibulares apresentam questões de múltipla escolha. Por um lado, as alternativas podem facilitar a resolução da questão, já que permitem confirmar ou negar as hipóteses iniciais, mas, por outro, envolvem um número maior de operações, o que torna a resolução mais complexa.

Veja o comentário do Enem a respeito desse tipo de questão:

> Um outro conjunto de obstáculos está contido nas cinco alternativas de respostas propostas, pois o aluno deve considerá-las enquanto realiza seus procedimentos de resolução e escolher apenas uma delas ao final. Nesse sentido, não basta que o aluno apenas leia e compreenda o jogo de informações contidas no texto, mas é preciso relacioná-las ao conjunto de alternativas de respostas, equacionando-as e efetuando os cálculos necessários para chegar à única resposta que fecha e resolve o problema.
>
> (*Eixos cognitivos do Enem – Versão preliminar.* Brasília: MEC/INEP, 2007. p. 47.)

As questões a seguir, do Enem, são de múltipla escolha. Examinemos as operações envolvidas na sua resolução.

A figura abaixo, para as questões 1 e 2, apresenta dados percentuais que integram os Indicadores Básicos para a Saúde, relativos às principais causas de mortalidade de pessoas do sexo masculino.

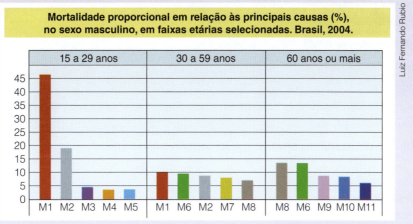

Fonte: Ministério da Saúde/SUS.

Causas externas
M1 agressões
M2 acidentes de trânsito
M3 causas externas de intenção indeterminada
M4 lesões autoprovocadas voluntariamente
M5 afogamentos e submersões acidentais

Doenças do aparelho respiratório
M10 doenças crônicas das vias aéreas inferiores
M11 pneumonia

Doenças do aparelho circulatório
M6 doenças isquêmicas do coração
M8 doenças cardiovasculares
M9 outras doenças cardíacas

Doenças do aparelho digestório
M7 doenças do fígado

Internet: <tabnet.datasus.gov.br> (com adaptações).

1. Com base nos dados, conclui-se que:

a) a proporção de mortes por doenças isquêmicas do coração é maior na faixa etária de 30 a 59 anos que na faixa etária dos 60 anos ou mais.

b) pelo menos 50% das mortes na faixa etária de 15 a 29 anos ocorrem por agressões ou por causas externas de intenção indeterminada.

c) as doenças do aparelho circulatório causam, na faixa etária de 60 anos ou mais, menor número de mortes que as doenças do aparelho respiratório.

d) uma campanha educativa contra o consumo excessivo de bebidas alcoólicas teria menor impacto nos indicadores de mortalidade relativos às faixas etárias de 15 a 59 anos que na faixa etária de 60 anos ou mais.

e) o Ministério da Saúde deve atuar preferencialmente no combate e na prevenção de doenças do aparelho respiratório dos indivíduos na faixa etária de 15 a 59 anos.

Resposta: *b.*

2. O limite de concentração de álcool etílico no sangue estabelecido para os motoristas revela que a nova legislação brasileira de trânsito é uma das mais rígidas do mundo. Apesar dos aspectos polêmicos, a "lei seca" pode mudar substancialmente os indicadores de mortalidade, particularmente no que se refere a:

a) gripe e pneumonia.

b) doenças do aparelho urinário.

c) acidentes vasculares cerebrais.

d) doenças sexualmente transmissíveis.

e) agressões e acidentes de trânsito.

Resposta: *e.*

A resolução das questões envolve o eixo cognitivo III do Enem:

Selecionar, organizar, relacionar, interpretar dados e informações representados de diferentes formas, para tomar decisões e enfrentar situações-problema.

Portanto, para resolver a primeira questão, o estudante deveria primeiramente ler a figura, observando quais são as principais causas da mortalidade masculina em cada grupo etário. Essa atividade envolve várias operações, como *traduzir* cada um dos códigos (M1, M2, etc.), *confrontar* os indicadores do gráfico, na vertical e na horizontal, *comparar* resultados entre os grupos etários e *inferir* as principais causas da mortalidade masculina.

Do gráfico da questão, o estudante deveria extrair informações essenciais, como, por exemplo, que o grupo de jovens entre 15 e 29 anos apresenta o maior índice de mortalidade e as causas mais frequentes das mortes nesse grupo são as agressões (M1) e os acidentes de trânsito (M2); e também que o segundo grupo de maior risco é o de pessoas com mais de 60 anos, vítimas de doenças isquêmicas do coração e cardiovasculares.

270   UNIDADE 3

INTERPRETAÇÃO DE TEXTOS COM QUESTÕES DE MÚLTIPLA ESCOLHA

Depois, o estudante precisaria *relacionar* suas inferências ao conjunto de alternativas de respostas, o que implica analisar cada uma das proposições e aferir sua verdade ou sua falsidade. A análise de cada item implica voltar ao gráfico, fazer comparações, estabelecer relações, etc.

Por exemplo, para saber se a proposição *a* é verdadeira, o estudante deveria comparar os percentuais de M6 entre os dois grupos citados: o de 30 a 59 anos e o de pessoas com mais de 60 anos. No primeiro grupo, o percentual de M6 não chega a 10%; já no segundo grupo, chega a 13%; logo, a proposição *a* é falsa.

Para chegar à resposta correta, a proposição *b*, o estudante deveria fazer uma operação simples: somar o índice de agressão (45%) ao de causas externas de intenção indeterminada (5%); assim, constataria ser verdadeira a proposição *b*.

A segunda questão relaciona com o gráfico um fato externo e recente, a chamada "lei seca", que modifica o limite de concentração de álcool no sangue permitido para os motoristas. O estudante deveria relacionar os conhecidos efeitos do álcool às causas de mortalidade apresentadas pelo gráfico e inferir quais delas podem estar relacionadas à bebida, ou seja, agressões (M1) e acidentes (M2). Assim, chegaria facilmente à proposição *e*.

CAPÍTULO 26

Prepare-se para o Enem e o vestibular

1. Leia o texto:

Hiperconto

Depois de escrever a primeira dissertação sobre minicontos do Brasil, em meados de 2008 resolvi mudar meu objeto de estudo acadêmico e passei a investigar de que forma a literatura está ou estará presente na internet. Dessa forma, mais do que pensar no fim do livro, volto meu olhar para a permanência da literatura seja na mídia que for. Mas foi apenas em meados de 2009, depois de ter estudado as tentativas de romances colaborativos e principalmente os ciberpoemas, que comecei a trabalhar com o termo *hiperconto*, um termo aparentemente jamais utilizado em estudos literários.

Minha proposição inicial é que o hiperconto é uma versão do conto para a Era Digital. Sendo ainda um conto, de tradição milenar, requer narratividade, intensidade, tensão, ocultamento, autoria. O texto, naturalmente, ainda deve ser o cerne do hiperconto, preservando seu caráter literário. Mas um bom hiperconto será capaz de aproveitar as ferramentas das novas tecnologias para potencializar a história que conta [...].

(Marcelo Spalding. http://www.hiperconto.com.br/estudoemvermelho/)

Na reflexão que faz sobre o aproveitamento de ferramentas da tecnologia digital na produção literária, o autor do texto provavelmente supõe que nesta não caberia:

a) a criatividade.

b) um público variado.

c) o caráter narrativo.

d) o caráter literário.

e) a exclusividade de um único autor.

2. Leia a notícia:

Concurso "As melhores receitas em 140 caracteres" já tem vencedor

Por um pouco mais de 700 vezes o @folhacomida foi acionado por leitores que aceitaram o desafio: apresentar, nos 140 caracteres permitidos pelo Twitter, sua receita. Em busca de sugestões gostosas e rápidas, o concurso promovido pela **Folha** (leia o regulamento) também levou em consideração originalidade e clareza.

Confira, abaixo, as receitas vencedoras:

1º – FRUTAS ASSADAS, de @jpesce (João Paulo Pesce)

Picar 3 peras, 3 goiabas, 3 maçãs. Cobrir c/ 75g açúcar mascavo, 50 g açúcar refinado, 125 ml mel, 250 ml suco laranja. Assar 30 min

2º – BATATAS, de @FernandaDolci (Fernanda Dolci)

500 g baby potato, 20 dentes de alho-roxo com casca, alecrim, pimenta-do-reino, sal, azeite de oliva. Forno até dourar

3º – PENNE REFOGADO, de @rmsa73 (Rafaella Stallone)

2 alhos-poró gr. refogados, 500 g ricota, passas brancas e azeite a gosto. Junte 1 pacote de penne já cozido. Quente ou frio (Rafaella Stallone)

(*Folha de S. Paulo*, 25/8/2011. www1.folha.uol.com.br/comida/964958-concurso-as-melhores-receitas-em-140-caracteres-ja-tem-vencedor.shtml)

A rede social conhecida como Twitter permitiu, no caso do concurso "As melhores receitas em 140 caracteres":

I. produzir textos mais compactos.

II. aproximar literatura e culinária.

III. criar linguagem específica para culinária.

Das afirmativas ao lado, está(ão) correta(s):

a) I.

b) II.

c) I e III.

d) III.

e) II e III.

272 UNIDADE 3

INTERPRETAÇÃO DE TEXTOS COM QUESTÕES DE MÚLTIPLA ESCOLHA

Texto para as questões 3 e 4:

Eros e Psique

Conta a lenda que dormia
Uma Princesa encantada
A quem só despertaria
Um Infante, que vivia
De além do muro da estrada.

Ele tinha que, tentado,
Vencer o mal e o bem,
Antes que, já libertado,
Deixasse o caminho errado
Por o que à Princesa vem.

A Princesa Adormecida
Se espera, dormindo espera.
Sonha em morte a sua vida,
E orna-lhe a fronte esquecida,
Verde, uma grinalda de hera.

Longe o Infante, esforçado,
Sem saber que intuito tem,
Rompe o caminho fadado.
Ele dela é ignorado.
Ela para ele é ninguém.

Mas cada um cumpre o Destino —
Ela dormindo encantada,
Ele buscando-a sem tino
Pelo processo divino
Que faz existir a estrada.

E, se bem que seja obscuro
Tudo pela estrada fora,
E falso, ele vem seguro,
E, vencendo estrada e muro,
Chega onde em sono ela mora.

E, inda tonto do que houvera,
À cabeça em maresia,
Ergue a mão e encontra hera,
E vê que ele mesmo era,
A Princesa que dormia.

(Fernando Pessoa. *Obra poética*. Rio de Janeiro: Nova Aguilar, 1992.)

3. No final do poema, na última estrofe, a situação conflituosa tem um desfecho surpreendente, expresso no verso "E vê que ele mesmo era". Essa afirmação constitui uma figura de linguagem, denominada:
a) paradoxo.
b) ironia.
c) metonímia.
d) eufemismo.
e) personificação.

4. Eros e Psique, os nomes que compõem o título do poema, correspondem a figuras da mitologia grega. No início da história mitológica que relaciona as duas figuras, o deus Eros se apaixona por Psique, uma bela jovem humana. Considerando o aspecto deus de Eros e o aspecto humano de Psique, podemos dizer que a aproximação desses nomes, no título do poema, constitui a figura de linguagem chamada:
a) metáfora.
b) personificação.
c) antítese.
d) eufemismo.
e) ironia.

5. Ao negar ter previsto aumento para o preço da gasolina no Brasil, José Sérgio Gabrielli, presidente da Petrobras, afirmou, em 27/7/2011: "Não disse que isso é agora, não disse que é amanhã, não disse que é daqui a dois anos, não disse que é daqui a dois meses. Não disse nada disso".
Na afirmação de Gabrielli transcrita, há ocorrência da figura de linguagem denominada *anáfora*. Assinale a alternativa que identifica corretamente o trecho que, na afirmação, corresponde a essa figura.
a) Trata-se da ocorrência de dupla negação em *"Não disse nada"*.
b) Trata-se do uso de meses no lugar de outro termo, mudando o sentido deste.
c) Trata-se da repetição da expressão *não disse*.
d) Trata-se da disposição de ideias em ordem progressiva, observada na sequência *agora*, *amanhã*, *meses*.
e) Trata-se da repetição do som consonantal correspondente à letra *d*.

A LEITURA NAS PROVAS DO ENEM E DOS VESTIBULARES

CAPÍTULO 26

Questões do Enem e dos vestibulares

1. (UFJF-MG) O gráfico abaixo divide a população brasileira em três faixas etárias e registra a sua evolução de 1980 até hoje, fazendo, ainda, uma projeção para o ano de 2020.

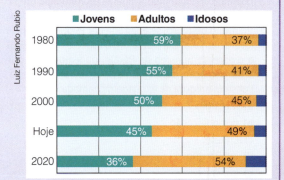

De acordo com o gráfico, é **correto** afirmar que:

a) em 1980, o número de jovens era menor que a soma de adultos e idosos.
b) em 1990, a diferença entre o número de jovens e adultos era menor que o número de idosos.
c) em 2000, existiam mais jovens do que a soma de adultos e idosos.
d) hoje, a diferença entre jovens e adultos é menor que o número de idosos.
e) em 2020, o número de adultos será menor que a soma de jovens e idosos.

2. (VUNESP-SP)

(Templo da Concórdia, Agrigento, Itália.)

O Templo da Concórdia foi construído no sul da Sicília, no século V a.C., e é um marco da:

a) arte românica, caracterizada pelos arcos de meia volta e pela inspiração religiosa politeísta.
b) arquitetura clássica, imposta pelos macedônios à ilha no processo de helenização empreendido por Alexandre, o Grande.
c) arte etrusca, oriunda do norte da península itálica e desenvolvida no Mediterrâneo durante o período de hegemonia romana.
d) arquitetura dórica, levada à ilha pelos gregos na expansão e colonização mediterrânea da chamada Magna Grécia.
e) arte gótica, marcada pela verticalização das construções e pela sugestão de ascese dos homens ao reino dos céus.

3. (UFT-TO) Observe o gráfico abaixo:

Fonte: IBGE. *Atlas Geográfico Escolar.* Rio de Janeiro: 3 edição, 2006.

O gráfico acima refere-se à evolução da densidade demográfica brasileira ocorrida de 1940 a 2005. A partir da análise das informações apresentadas e do conhecimento acerca da população brasileira, assinale a alternativa **correta**:

a) a evolução da densidade demográfica no Brasil deve-se ao aumento populacional do país ocorrido de forma crescente desde a década de 1940.
b) a evolução da densidade demográfica no Brasil é resultado da diminuição da população rural no país.
c) a evolução da densidade demográfica no Brasil é resultado do aumento da população urbana no país.
d) o período de 1960 a 1970 indica a inversão do perfil da população brasileira, no qual a população urbana supera a população rural em quantidade, sendo esta a razão do aumento da densidade demográfica no país.
e) o êxodo rural é o principal fator que explica o crescimento da população urbana no país, sobretudo a partir de 1970, e a consequente evolução da densidade demográfica brasileira.

INTERPRETAÇÃO DE TEXTOS COM QUESTÕES DE MÚLTIPLA ESCOLHA

(PUC-SP) Texto para as questões de 4 a 7.

Mona Lisa de Da Vinci sem motivos para sorrir

Leonardo da Vinci Monalisa. 1503-1507. Museu do Louvre, Paris

Obra-prima de Leonardo da Vinci e uma das mais admiradas telas jamais pintadas, devido, em parte, ao sorriso enigmático da moça retratada, a "Mona Lisa" está se deteriorando. O grito de alarme foi dado pelo Museu do Louvre, em Paris, que anunciou que o quadro passará por uma detalhada avaliação técnica com o objetivo de determinar o porquê do estrago.

O fino suporte de madeira sobre o qual o retrato foi pintado sofreu uma deformação desde que especialistas em conservação examinaram a pintura pela última vez, diz o Museu do Louvre numa declaração por escrito. O museu não diz quando essa última avaliação ocorreu.

O estudo será feito pelo Centro de Pesquisa e Restauração dos Museus da França e vai determinar os materiais usados na tela e avaliar sua vulnerabilidade a mudanças climáticas.

O Museu do Louvre recebe cerca de seis milhões de visitantes por ano, e todos, praticamente, veem a "Mona Lisa", uma tela de 77 centímetros de altura por 55 de largura, protegida por uma caixa de vidro, com temperatura controlada. A tela será mantida no mesmo local, exposta ao público, enquanto for realizado o estudo.

© O Globo. Disponível em: http://www.italiaoggi.com.br (acessado em 13/11/07).

4. A um conjunto de regularidades relativamente estáveis no que diz respeito à função social, produção, circulação e consumo de um texto, bem como aos seus aspectos composicionais e linguísticos, dá-se o nome de gênero textual. É por razões assim que um leitor proficiente não confunde uma receita de bolo com uma carta, uma passagem de ônibus com uma nota fiscal, por exemplo. Considerando para o texto esses mesmos aspectos, é possível afirmar que ele pertence ao gênero:

a) relatório. d) resenha.
b) editorial. e) artigo.
c) notícia.

5. Observe, no primeiro parágrafo, o uso da expressão "em parte", cujo objetivo é evitar generalização ou uma precisão difícil de apontar. Dentre as alternativas abaixo, indique aquela que também é utilizada com o mesmo objetivo.

a) "... o quadro passará por uma detalhada avaliação técnica..."
b) "O estudo (...) vai determinar os materiais usados na peça e sua vulnerabilidade..."
c) "... e todos, praticamente, veem a 'Mona Lisa', uma tela de 77 centímetros..."
d) "A tela será mantida no mesmo local, exposta ao público..."
e) "... uma tela (...) protegida por uma caixa de vidro, com temperatura controlada."

6. Não é incomum, mesmo em textos predominantemente informativos, a presença de linguagem figurada. Certamente, esse recurso leva o leitor a produzir determinados sentidos que não se criariam simplesmente por meio do recurso à linguagem literal. No texto que você acabou de ler, há presença constante da figura de linguagem denominada *personificação*, por meio da qual características de seres animados são atribuídas a seres inanimados. Retirados do texto ao lado, todos os trechos presentes nas alternativas seguintes têm personificação, exceto:

a) Mona Lisa de Da Vinci sem motivos para sorrir
b) Especialistas em conservação examinaram a pintura pela última vez
c) Diz o Museu do Louvre numa declaração por escrito
d) O estudo será feito pelo Centro de Pesquisa e Recuperação de Museus da França
e) [O estudo] vai determinar os materiais usados na tela e avaliar sua vulnerabilidade...

7. Observe o trecho:

> O fino suporte de madeira sobre o qual o retrato foi pintado sofreu uma deformação <u>desde que</u> especialistas em conservação examinaram a pintura pela última vez...

Nele, o elemento coesivo "desde que", mais do que ligar duas orações, estabelece uma relação de sentido entre elas. Dentre as alternativas abaixo, assinale aquela que indica a relação de sentido estabelecida pelo "desde que" no referido trecho.

a) condição   c) concessão   e) tempo
b) causa   d) proporção

CAPÍTULO 27
Painel de textos para questões discursivas e para redação

> Em diferentes exames, como o Enem, vestibulares e concursos públicos, propõe-se ao candidato que responda a uma questão discursiva ou que produza uma redação. Nesses casos, é comum que o tema proposto seja extraído de um texto ou de um painel de textos. Como lidar com essa situação?

No mundo contemporâneo, a leitura perpassa quase todas as nossas atividades. Em exames, é ela que nos permite resolver uma prova de Matemática ou de Língua Portuguesa, compreender um gráfico ou um mapa e até produzir um texto.

No Enem e em alguns exames vestibulares, por exemplo, solicita-se ao candidato a produção de um pequeno texto (questão discursiva) ou de uma redação com a finalidade de avaliar a sua competência discursiva na modalidade escrita.

O tema para a produção do texto pode consistir em uma frase ou ser retirado de um texto ou um painel de textos, que também cumpre o papel de fornecer informações e, às vezes, apresentar diferentes pontos de vista sobre o tema. Portanto, para que o estudante produza seu texto sem fugir do tema, é necessário que faça uma leitura atenta do texto ou do painel de textos fornecido e extraia deles um caminho seguro para construir sua argumentação e defender seu ponto de vista.

Veja como isso se dá na prática, examinando primeiramente uma **questão discursiva** de prova da UFMG-MG.

Leia esta "tirinha":

(*Estado de Minas*, Belo Horizonte, 11 jun. 2006. Caderno TV, p. 2.)

Leia, agora, este trecho:

Nessas alturas do campeonato, você acha que eu vou vestir a camisa da firma? Eu, não. O chefe pisou na bola: se ele tivesse pedido antes para mim — em time que está ganhando não se mexe!! — ou para o Geraldo, que tem muita cancha, dava para tirar de letra. Mas não: ele deu cartão vermelho para o Geraldo e me botou para escanteio. Agora que embolou o meio de campo ele vem pedir para virar o jogo. Eu não. Eu vou lá só para cumprir tabela... Eu bem que avisei o chefe: quem não faz, toma! E o Geraldo, agora, tá com a bola toda e a concorrência, com ele, está *show* de bola...

LAUAND, L. J. Muitas palavras numa só jogada. In: *Língua especial: futebol e linguagem*, São Paulo, Segmento, ano I, abr. 2006.

Com base nas leituras feitas, **redija** um texto, *explicando* o processo de incorporação de expressões próprias do futebol à linguagem cotidiana.

A questão apresenta dois textos: uma tira que mostra várias etapas da vida de uma pessoa, da infância à fase adulta, nas quais ela sempre assiste a partidas de futebol na TV e ouve mensagens que estimulam a paixão pelo futebol; e um texto propositalmente construído com expressões cotidianas provenientes do futebol.

Para resolver a questão, o estudante deveria *relacionar* os dois textos, procurando identificar o que eles têm em comum. Deveria, por exemplo, observar que a própria tira dá uma pista sobre as razões de o brasileiro ser apaixonado pelo futebol, ou seja, evidencia a influência que ele sofre dos meios de comunicação. Deveria também notar que o texto de L. J. Lauand mostra que o locutor do segundo texto, para relatar os problemas que vem enfrentando no trabalho, não consegue se expressar de outra maneira a não ser usando expressões cotidianas do campo semântico do futebol: "nessas alturas do campeonato", "vestir a camisa", "pisou na bola", entre outras.

Essas expressões não foram inventadas pelo autor do segundo texto. Elas existem de forma concreta na língua portuguesa do Brasil e estão disponíveis a qualquer falante do português coloquial. Isso mostra que o brasileiro realmente é apaixonado por futebol, o que aproxima os dois textos.

O enunciado da questão pede ao aluno que *explique* "o processo de incorporação de expressões próprias do futebol à linguagem cotidiana". Em questões discursivas, *explicar* costuma ser a operação mais explicitamente solicitada.

Para redigir a resposta, o estudante poderia organizar seu texto abordando os seguintes elementos:

- O brasileiro, desde a infância, está exposto a uma forte influência de supervalorização do futebol.
- No Brasil, os meios de comunicação estimulam a paixão do povo brasileiro pelo futebol.
- Como a língua é a expressão verbal da cultura de um povo, isto é, do modo como ele vê o mundo, é natural que a língua portuguesa no Brasil apresente tantas expressões relacionadas com esse esporte, paixão nacional.

Veja, a seguir, um exemplo de **proposta de redação** a partir de textos. Extraída de uma prova do Enem, a questão foi vista anteriormente, no capítulo 9, como exemplo de proposta que espera do estudante o procedimento da relação.

Com base na leitura dos seguintes textos motivadores e nos conhecimentos construídos ao longo de sua formação, redija um texto dissertativo-argumentativo em norma culta escrita da língua portuguesa sobre o tema: **O Trabalho na Construção da Dignidade Humana**, apresentando experiência ou proposta de ação social que respeite os direitos humanos. Selecione, organize e relacione, de forma coerente e coesa, argumentos e fatos para defesa de seu ponto de vista.

O que é trabalho escravo

*Escravidão contemporânea é o trabalho degradante que
envolve cerceamento da liberdade*

A assinatura da Lei Áurea, em 13 de maio de 1888, representou o fim do direito de propriedade de uma pessoa sobre a outra, acabando com a possibilidade de possuir legalmente um escravo no Brasil. No entanto, persistiram situações que mantêm o trabalhador sem possibilidade de se desligar de seus patrões. Há fazendeiros que, para realizar derrubadas de matas nativas para formação de pastos, produzir carvão para a indústria siderúrgica, preparar o solo para plantio de sementes, entre outras atividades agropecuárias, contratam mão de obra utilizando os contratadores de empreitada, os chamados "gatos". Eles aliciam os trabalhadores, servindo de fachada para que os fazendeiros não sejam responsabilizados pelo crime.

Samba Photo / Getty Images

Trabalho escravo se configura pelo trabalho degradante aliado ao cerceamento da liberdade. Este segundo fator nem sempre é visível, uma vez que não mais se utilizam correntes para prender o homem à terra, mas sim ameaças físicas, terror psicológico ou mesmo as grandes distâncias que separam a propriedade da cidade mais próxima.

Disponível em: http://www.reporterbrasil.org.br. Acesso em: 2 set. 2010 (fragmento).

O futuro do trabalho

Esqueça os escritórios, os salários fixos e a aposentadoria. Em 2020, você trabalhará em casa, seu chefe terá menos de 30 anos e será uma mulher

Felizmente, nunca houve tantas ferramentas disponíveis para mudar o modo como trabalhamos e, consequentemente, como vivemos. E as transformações estão acontecendo. A crise despedaçou companhias gigantes tidas até então como modelos de administração. Em vez de grandes conglomerados, o futuro será povoado de empresas menores reunidas em torno de projetos em comum. Os próximos anos também vão consolidar mudanças que vêm acontecendo há algum tempo: a busca pela qualidade de vida, a preocupação com o meio ambiente, e a vontade de nos realizarmos como pessoas também em nossos trabalhos. "Falamos tanto em desperdício de recursos naturais e energia, mas e quanto ao desperdício de talentos?", diz o filósofo e ensaísta suíço Alain de Botton em seu novo livro *The Pleasures and Sorrows of Works* (Os prazeres e as dores do trabalho, ainda inédito no Brasil).

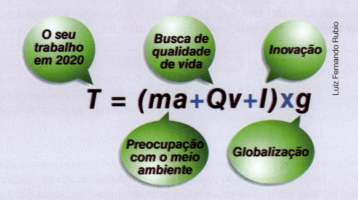

(Rita Loiola. Revista *Galileu*. Disponível em: <http://revistagalileu.globo.com>. Acesso em: 2/7/2010.)

A proposta de redação apresenta dois textos de cunho social que exigem do candidato uma reflexão crítica e uma tomada de posição. O primeiro texto menciona que, ainda hoje, depois do fim da escravidão no Brasil, podemos encontrar condições de trabalho em que o homem é cerceado de sua liberdade, pois faz um trabalho degradante, humilhante, sem possibilidade de se desligar dos seus patrões. Ao lado do texto, há uma fotografia de um homem com roupa esfarrapada, surrada pelo trabalho. Esse texto não verbal complementa, exemplifica o texto verbal "O que é trabalho escravo".

Já o segundo texto se refere às transformações pelas quais vem passando o trabalho, ou seja, apresenta questões como: Como vai ser o profissional do futuro? Quais serão as novas exigências para que esse profissional busque qualidade de vida, preocupe-se com o meio ambiente e com realização pessoal?

Como se nota, os textos comentam realidades de trabalho completamente diferentes entre si, mas coexistentes no Brasil.

A tarefa proposta pela prova – escrever um texto dissertativo sobre o tema **O trabalho na construção da dignidade humana** – é compatível com os eixos cognitivos avaliados pelo Enem.

No capítulo 16, você conheceu os cinco eixos cognitivos avaliados na parte objetiva – constituída de questões do tipo teste de múltipla escolha – da prova do Enem. Esses eixos são utilizados para avaliar também a produção de texto, ou seja, a redação, porém, de maneira adaptada à situação específica de produção textual. Leia o quadro comparativo a seguir e observe a correspondência entre os eixos nas duas partes da prova.

	PARTE OBJETIVA	REDAÇÃO
I	Dominar a norma culta da Língua Portuguesa e fazer uso das linguagens matemática, artística e científica e das línguas espanhola e inglesa.	Demonstrar domínio da norma culta da língua escrita.
II	Construir e aplicar conceitos das várias áreas do conhecimento para a compreensão de fenômenos naturais, de processos histórico-geográficos, da produção tecnológica e das manifestações artísticas.	Compreender a proposta de redação e aplicar conceitos das várias áreas de conhecimento para desenvolver o tema, dentro dos limites estruturais do texto dissertativo-argumentativo.
III	Selecionar, organizar, relacionar, interpretar dados e informações representados de diferentes formas, para tomar decisões e enfrentar situações-problema.	Selecionar, relacionar, organizar e interpretar informações, fatos, opiniões e argumentos em defesa de um ponto de vista.
IV	Relacionar informações, representadas em diferentes formas, e conhecimentos disponíveis em situações concretas, para construir argumentação consistente.	Demonstrar conhecimento dos mecanismos linguísticos necessários para a construção da argumentação.
V	Recorrer aos conhecimentos desenvolvidos na escola para elaboração de propostas de intervenção solidária na realidade, respeitando os valores humanos e considerando a diversidade sociocultural.	Elaborar proposta de solução para o problema abordado, mostrando respeito aos valores humanos e considerando a diversidade sociocultural.

(www.enem.inep.gov.br/index.php?option=com_content&task=view&id=18&Itemid=28)

Como você pode observar, os cinco eixos estão de alguma forma relacionados com o tema proposto. Uma redação bem-sucedida, isto é, compatível com a proposta e com a postura cidadã exigida nesse exame, poderia adotar o seguinte caminho:

1. Apresentar o tema, discutir o que foi a escravidão no passado e de que forma essa prática ainda ocorre em nosso país, mesmo que de forma velada.

2. Fazer considerações sobre a perspectiva cidadã no mundo contemporâneo, ou seja, de um tempo em que se busca o respeito ao próximo, a qualidade de vida, a preocupação com o meio ambiente, o direito ao prazer pessoal e profissional. Assim, não há no mundo atual lugar para o trabalho escravo, pelo fato de ele ser degradante e humilhante.

3. Propor medidas solidárias, isto é, apontar como perspectiva a necessidade de o trabalho escravo ser definitivamente extirpado no Brasil. Para isso, há necessidade de se adotarem medidas firmes, representadas por ações efetivas, desenvolvidas tanto pelo poder público quanto por toda a sociedade, como punições, fiscalizações, denúncias, cobranças e, principalmente, incentivo a novos empregos, qualificação de mão de obra, etc., a fim de que essas relações de trabalho nunca mais voltem a acontecer em nosso país.

PAINEL DE TEXTOS PARA QUESTÕES DISCURSIVAS E PARA REDAÇÃO

Prepare-se para o Enem e o vestibular

Leia o painel de textos a seguir e observe o ponto de vista que cada um deles apresenta sobre o papel da escola.

Texto 1

Texto 2

Alexander Neill, o promotor da felicidade na sala de aula

Homem prático e pouco afeito a teorias, Neill desenvolveu suas ideias pedagógicas baseando-se no filósofo iluminista Jean-Jacques Rousseau (1712-1778), que acreditava na bondade inata do homem. As descobertas no campo da psicologia no início do século 20 também exerceram forte influência sobre ele, com destaque para os estudos dos psicanalistas austríacos Sigmund Freud (1856-1939) e Wilhelm Reich (1897-1957), com quem fazia terapia. De acordo com Neill, a educação deveria trabalhar basicamente com a dimensão emocional do aluno, para que a sensibilidade ultrapassasse sempre a racionalidade. Ele acreditava que a convivência com os pais, com sua natural superproteção, impedia os filhos de desenvolver a segurança suficiente para reconhecer o mundo, seja de forma intelectual, emocional ou artística. Por isso, os alunos tinham de morar em Summerhill e recebiam a visita dos pais esporadicamente.

Felicidade × sucesso

Neill queria que seu método fosse utilizado como remédio para a infelicidade causada pela repressão e pelo sistema de modelos imposto pela sociedade de consumo, pela família e pela educação tradicional. Ter sucesso era, em sua opinião, ser capaz de trabalhar com alegria e viver positivamente. É célebre sua afirmação: "Gostaria antes de ver a escola produzir um varredor de ruas feliz do que um erudito neurótico". Neill acreditava que as crianças eram naturalmente sensatas, realistas, boas e criativas. Quando educadas sem interferências dos mais velhos, seriam capazes de se desenvolver de acordo com sua capacidade, seus limites e seus interesses, sem nenhum tipo de trauma. "Toda e qualquer interferência por parte dos adultos só as torna robôs", afirmava. [...]

Hoje mais de 200 escolas espalhadas pelo mundo seguem os ensinamentos de Neill (50 só nos Estados Unidos). A educação em geral aproveitou muito de seu pensamento: uma relação mais aberta entre alunos e professores, que juntos podem decidir regras de conduta, o conceito de que a educação deve ser uma preparação para a vida e a escolha de conteúdos que levem em conta o interesse prévio de cada um são alguns dos legados da pedagogia de Summerhill. [...]

(FERRARI, M. *Nova Escola*, abril 2011. http://revistaescola.abril.com.br/historia/pratica-pedagogica/alexander-neill-428138.shtml?page=1. Acesso em: 27/3/2012.)

Texto 3

"Foram os piores anos da minha vida." A frase ainda é dita com sofrimento pela estudante carioca Chanel de Andrade Rodrigues, 18 anos. Ela está no 1º ano da faculdade de Artes, mas não esquece o

CAPÍTULO 27

período em que estudou [num colégio] do Rio de Janeiro. [...] passou seus dias perdida entre aulas que não acompanhava, um enorme volume de conteúdos para memorizar, provas difíceis, notas baixas [...]. "Odiava a competitividade que estava sempre no ar."

O ensino tradicional surgiu na Europa do século XVIII como um modelo em que os alunos são ensinados e avaliados de forma padronizada. Ele se inspira na ideia de que a mente das crianças é uma tábula rasa, um espaço em branco sobre o qual os diversos conteúdos — gramática, matemática, ciências, história etc. — devem ser inscritos seguindo um método rigoroso de exposição e avaliação. Mais do que qualquer outra aptidão, valoriza o acúmulo de conhecimento: quanto mais fatos e fórmulas o aluno aprende, mais bem avaliado ele é. [...]

A pressão por boas notas pode causar estresse e doenças emocionais. E não garante sucesso no futuro.

(Margarida Telles. Sociedade e Educação. *Época*, nº 689, 90-92, 1º/8/2011.)

Texto 4

PROJETO ESCOLA LEGAL É REFERÊNCIA DE EDUCAÇÃO INTEGRAL EM CUBATÃO

Projeto Escola Legal é aprovado pelos pais, alunos e oficineiros. Elaborado pelo Instituto de Cidadania Raízes, o programa de educação integral está levando cultura, lazer e educação a crianças e jovens da periferia de Cubatão.

Arquivo IC Raízes

Alunos integrantes do Projeto Escola Legal (UME Pará) acompanhados por suas mães participam do desfile de aniversário de Cubatão.

"Eu acho o Projeto Escola Legal ótimo porque o meu filho levanta muito mais animado para ir para a escola, as atividades do projeto incentivam as crianças. O meu filho chega em casa feliz contando as novidades que aprendeu no Projeto", diz Maria Helena da Silva e Lima (no centro), mãe do aluno Marlon Andrade de Lima, 5 anos, aluno da escola Pará.

(http://www.escolalegalcubatao.org/depoimentos.html)

PAINEL DE TEXTOS PARA QUESTÕES DISCURSIVAS E PARA REDAÇÃO

Texto 5

Minha escola é mais legal!

A escola em que eu estudo
É um lugar muito feliz.
Todo dia, vamos juntos,
Eu, a Cida e o Luis.

No caminho vou pensando
Já na hora de brincar.
Pega-pega, futebol,
No recreio vou jogar.

Com a minha professora,
Aprendo a ler e a contar.
Brinco de faz de conta
Sei escrever e pintar.

Quando toca o sinal,
Faço fila e vou em frente.
A melhor lição da escola,
Fica no coração da gente.

(Flávia Muniz. http://sadokeinfoeduca.blogspot.com/2008/03/minha-escola-mais-legal.html)

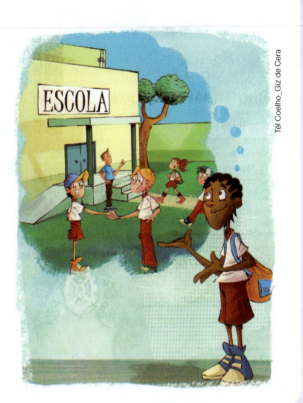

Téi Coelho_Giz de Cera

Com base no painel de textos, produza em norma culta um texto dissertativo-argumentativo, discutindo a seguinte afirmação de Alexander Neill: "Gostaria antes de ver a escola produzir um varredor de ruas feliz do que um erudito neurótico". Tome uma posição contra ou a favor do ponto de vista defendido pelo educador.

Observações:

- Seu texto deve ser redigido em prosa e a tinta.
- Texto com até 8 linhas será considerado "em branco".
- Seu texto deve ter no máximo 30 linhas.

CAPÍTULO 27

Questões do Enem e dos vestibulares

1. (ENEM) Com base na leitura dos textos motivadores seguintes e nos conhecimentos construídos ao longo de sua formação, redija texto dissertativo-argumentativo em norma padrão de língua portuguesa sobre o tema **Viver em rede no século XXI: os limites entre o público e o privado**, apresentando proposta de conscientização social que respeite os direitos humanos. Selecione, organize e relacione, de forma coerente e coesa, argumentos e fatos para a defesa de seu ponto de vista.

Liberdade sem fio

A ONU acaba de declarar o acesso à rede um direito fundamental do ser humano — assim como saúde, moradia e educação. No mundo todo, pessoas começam a abrir seus sinais privados de *wi-fi*, organizações e governos se mobilizam para expandir a rede para espaços públicos e regiões onde ela ainda não chega, com acesso livre e gratuito.

ROSA, G.; SANTOS, P. *Galileu*. Nº 240. jul. 2011 (fragmento).

A internet tem ouvidos e memória

Uma pesquisa da consultoria Forrester Research revela que, nos Estados Unidos, a população já passou mais tempo conectada à internet do que em frente à televisão. Os hábitos estão mudando. No Brasil, as pessoas já gastam cerca de 20% de seu tempo *on-line* em redes sociais. A grande maioria dos internautas (72%, de acordo com o Ibope Mídia) pretende criar, acessar e manter um perfil em rede. "Faz parte da própria socialização do indivíduo do século XXI estar numa rede social. Não estar equivale a não ter uma identidade ou um número de telefone no passado", acredita Alessandro Barbosa Lima, CEO da e.Life, empresa de monitoração e análise de mídias.

As redes sociais são ótimas para disseminar ideias, tornar alguém popular e também arruinar reputações. Um dos maiores desafios dos usuários de internet é saber ponderar o que se publica nela. Especialistas recomendam que não se deve publicar o que não se fala em público, pois a internet é um ambiente social e, ao contrário do que se pensa, a rede não acoberta anonimato, uma vez que mesmo quem se esconde atrás de um pseudônimo pode ser rastreado e identificado. Aqueles que, por impulso, se exaltam e cometem gafes podem pagar caro.

CHAO, M. Revista *Planeta*, nº 462. Disponível em: http://www.terra.com.br/revistaplaneta/edicoes/462/artigo213110-1.htm. Acesso em: 30 jun. 2011 (adaptado).

DAHMER, A. Disponível em: http://malvados.wordpress.com. Acesso em: 30 jun. 2011.

Instruções:
- O **rascunho** da redação deve ser feito no espaço apropriado.
- O **texto definitivo** deve ser escrito **a tinta**, na **folha própria**, em até **30 linhas**.
- A redação com até 7 (sete) linhas escritas será considerada "insuficiente" e receberá nota zero.
- A redação que fugir ao tema ou que não atender ao **tipo dissertativo-argumentativo** receberá nota zero.
- A redação que apresentar cópia dos textos da Proposta de Redação ou do Caderno de Questões terá o número de linhas copiadas desconsiderado para efeito de correção.

PAINEL DE TEXTOS PARA QUESTÕES DISCURSIVAS E PARA REDAÇÃO

2. (UnB-DF)

Texto 1

Os trotes começaram ainda na Idade Média, quando os calouros eram colocados nos vestíbulos (daí a origem da palavra vestibular), que antecediam a sala de aula. Ali, eles tinham os cabelos raspados por medida profilática, pois havia a possibilidade de propagação de doenças, sobretudo da peste.

Internet: <www.kaneoya.com.br>.

Texto 2

A lógica que sustenta o trote — a dominação de um sujeito "mais instruído" sobre outro "menos instruído" — começa nos primeiros dias de universidade, mas não acaba na formatura. O sujeito que sofre e depois aplica o trote, durante todo o período universitário, termina o curso convencido dessa "verdade natural" e continua aplicando-o nos calouros da vida.

Aquelas pessoas que nunca conseguirão concluir sequer o ensino fundamental serão os eternos calouros desse exército de veteranos.

Quem mandou ser analfabeto? Como se vê, é trágica a primeira lição aprendida na universidade: os que sabem mais têm o direito natural de subjugar os que sabem menos.

Marcos Antônio Silveira Reis. *Calouro humano*. Aprendiz. Disponível em: http://www2.uol.com.br/aprendiz/n_colunas/coluna_livre/id280903.htm. Acesso em: 27/3/2012.

Texto 3

O trote é uma atividade lúdica em que deveriam sempre ser preservadas a intimidade e a honra dos calouros. Os abusos que, esporadicamente, ocorrem não podem justificar que se estabeleça uma norma rígida para coibir essa prática tradicional nas universidades.

Os que desejam acabar com o trote nas universidades esquecem que ele promove, pelas brincadeiras, a integração entre calouros e veteranos, criando um ambiente de confraternização e solidariedade entre os alunos. A brincadeira não pode ser varrida do meio acadêmico.

Internet: <pessoas.hsw.uol.com.br>.

Considerando que os textos das provas objetivas e os fragmentos acima apresentados têm caráter unicamente motivador, redija um texto dissertativo-argumentativo posicionando-se acerca do trote nas universidades e respondendo à seguinte pergunta: **Trote nas universidades: uma brincadeira inocente ou um castigo sem crime?**

No seu texto, aborde, necessariamente, os seguintes aspectos:
- natureza ambígua do trote;
- consequências para aqueles que passam pelo trote.

3. (UFRN-RN) A prova de redação apresenta uma proposta de construção textual: uma **carta aberta**. Com a finalidade de auxiliá-lo(a) na compreensão prévia da temática em foco, apresenta-se uma coletânea constituída de um cartaz e dois fragmentos de textos retirados de fontes diversas.

Texto 1

Disponível em: www.copodeleite.rits.org.br. Acesso em: 16 out. 2010.

Texto 2

DENÚNCIAS DE VIOLÊNCIA CONTRA A MULHER CRESCEM 112% EM 2010

LEMOS, I; OLIVEIRA, M. Manchete de reportagem. Disponível em: http://g1.globo.com/brasil/noticia/2010/08/denuncias-de-violencia-domestica-contra-mulher-crescem-112-em-2010.html. Acesso em: 16 out. 2010.

CAPÍTULO 27

Texto 3

Art. 1º Esta Lei cria mecanismos para coibir e prevenir a violência doméstica e familiar contra a mulher, nos termos do § 8º do art. 226 da Constituição Federal, da Convenção sobre a Eliminação de Todas as Formas de Violência contra a Mulher, da Convenção Interamericana para Prevenir, Punir e Erradicar a Violência contra a Mulher e de outros tratados internacionais ratificados pela República Federativa do Brasil; dispõe sobre a criação dos Juizados de Violência Doméstica e Familiar contra a Mulher; e estabelece medidas de assistência e proteção às mulheres em situação de violência doméstica e familiar.

Artigo da Lei n. 11.340, conhecida como Lei Maria da Penha. Disponível em: <http://www.planalto.gov.br/ccivil_03/_ato2004-2006/2006/lei/l11340.htm>. Acesso em: 16 out. 2010.

A violência contra a mulher tem sido, por um lado, objeto de reflexões de diversos estudiosos e, por outro, alvo de ações implementadas por órgãos governamentais e não governamentais no intuito de denunciar e erradicar esse crime.

Neste segundo semestre de 2010, o Conselho Nacional de Justiça (CNJ) está desenvolvendo uma campanha publicitária nacional com o objetivo de promover a aplicabilidade da Lei Maria da Penha tanto por parte dos órgãos judiciários como pela sociedade. Com o slogan "Violência contra a mulher não tem desculpa, tem Lei", filmes, cartazes, *banners* e outras peças de propaganda estão sendo veiculados por diversos meios de comunicação. O CNJ está fazendo a sua parte. Você também deve fazer a sua.

PROPOSTA DE REDAÇÃO

Escreva uma **carta aberta** à sociedade natalense com o intuito de convencê-la a participar dessa campanha e a não se calar diante das diversas formas de violência praticadas contra a mulher.

4. (UNICAMP-SP)

TEXTO 1

Imagine-se como um **jovem** que, navegando pelo *site* da MTV, se depara com **o gráfico "Os valores de uma geração"**, da pesquisa *Dossiê MTV Universo Jovem*, e resolve comentar os dados apresentados, por meio do "fale conosco" da **emissora**. Nesse **comentário**, você, necessariamente, deverá:

a) comparar os três anos pesquisados, indicando **dois (2) valores relativamente estáveis** e **duas (2) mudanças significativas de valores**;

b) manifestar-se no sentido de **reconhecer-se ou não** no perfil revelado pela pesquisa.

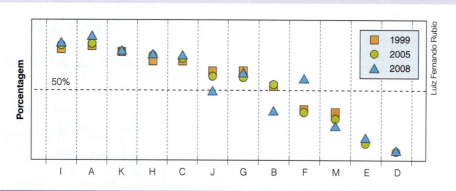

I — Viver em uma sociedade mais segura, menos violenta.	G — Ter uma vida tranquila, sem correrias, sem estresse.
A — Ter união familiar, boa relação familiar.	B — Divertir-se, aproveitar a vida.
K — Ter uma carreira, uma profissão, um emprego.	F — Ter independência financeira/Ter mais dinheiro do que já tem.
H — Viver num país com menos desigualdade social/Viver numa sociedade mais justa.	M — Poder comprar o que quiser, poder comprar mais.
C — Ter fé/Crer em Deus.	E — Ter mais liberdade do que já tem.
J — Ter amigos.	D — Beleza física/Ser bonito.

PAINEL DE TEXTOS PARA QUESTÕES DISCURSIVAS E PARA REDAÇÃO

TEXTO 2

Coloque-se no lugar de um **líder de grêmio estudantil** que tem recebido reclamações dos colegas sobre o **ensino de ciências em sua escola** e que, depois de ler a entrevista com Tatiana Nahas na revista de divulgação científica *Ciência Hoje*, decide convidá-la a dar uma palestra para **os alunos e professores da escola**. Escreva um **discurso de apresentação do evento**, adequado à modalidade oral formal. Você, necessariamente, deverá:

a) apresentar um diagnóstico com **três (3)** problemas do ensino de ciências em sua escola; e

b) justificar a presença da convidada, mostrando em que medida as ideias por ela expressas na entrevista podem oferecer subsídios para a superação dos problemas diagnosticados.

Escola na mídia

Tatiana Nahas. Bióloga e professora de ensino médio, tuiteira e blogueira. Aos 34 anos, ela cuida da página *Ciência na mídia*, que, nas suas palavras, "propõe um olhar analítico sobre como a ciência e o cientista são representados na mídia".

Ciência Hoje: É perceptível que seu blogue dá destaque, cada vez mais, à educação e ao ensino de ciências.

Tatiana Nahas: Na verdade, é uma retomada dessa direção. Eu já tinha um histórico de trabalho em projetos educacionais diversos. Mas, mais que isso tudo, acho que antes ainda vem o fato de que não dissocio sobremaneira pesquisa de ensino. E nem de divulgação científica.

CH: Como você leva a sua experiência na rede e com novas tecnologias para os seus alunos?

TN: Eu não faço nenhuma separação que fique nítida entre o que está relacionado a novas tecnologias e o que não está. Simplesmente ora estamos usando um livro, ora os alunos estão criando objetos de aprendizagem relacionados a determinado conteúdo, como jogos. Um exemplo do que quero dizer: outro dia estávamos em uma aula de microscopia no laboratório de biologia. Os alunos viram o microscópio, aprenderam a manipulá-lo, conheceram um pouco sobre a história dos estudos citológicos caminhando em paralelo com a história do desenvolvimento dos equipamentos ópticos, etc. Em dado ponto da aula, tinham que resolver o problema de como estimar o tamanho das células que observavam. Contas feitas, discussão encaminhada, passamos

para a projeção de uma ferramenta desenvolvida para a internet por um grupo da Universidade de Utah. Foi um complemento perfeito para a aula. Os alunos não só adoraram, como tiveram a possibilidade de visualizar diferentes células, objetos, estruturas e átomos de forma comparativa, interativa, divertida e extremamente clara. Por melhor que fosse a aula, não teria conseguido o alcance que essa ferramenta propiciou. Veja, não estou competindo com esses recursos e nem usando-os como muleta. Esses recursos são exatamente o que o nome diz: recursos. Têm que fazer parte da educação porque fazem parte do mundo, simples assim.

Ah, mas e o monte de bobagens que encontramos na internet? Bom, mas há um monte de bobagens também nos jornais, nos livros e em outros meios "mais consolidados". Há um monte de bobagens mesmo nos livros didáticos. A questão está no que deve ser o foco da educação: o conteúdo puro e simples ou as habilidades de relacionar, de interpretar, de extrapolar, de criar, etc.?

CH: Você acha que é necessário mudar muita coisa no ensino de ciências, especificamente?

TN: Eu diria que há duas principais falhas no nosso ensino de ciências. Uma reside no quase completo esquecimento da história da ciência na sala de aula, o que faz com que os alunos desenvolvam a noção de que ideias e teorias surgem repentinamente e prontas na mente dos cientistas. Outra falha que vejo está no fato de que pouco se exercita o método científico ao ensinar ciências. Não dá para esperar que o aluno entenda o *modus operandi* da ciência sem mostrar o método científico e o processo de pesquisa, incluindo os percalços inerentes a uma investigação científica. Sem mostrar a construção coletiva da ciência. Sem mostrar que a controvérsia faz parte do processo de construção do conhecimento científico e que há muito desenvolvimento na ciência a partir dessas controvérsias. Caso contrário, teremos alunos que farão coro com a média da população que se queixa, ao ouvir notícias de jornal, que os cientistas não se resolvem e uma hora dizem que manteiga faz bem e outra hora dizem que manteiga faz mal. Ou seja, já temos alguns meios de divulgação que não compreendem o funcionamento da ciência e a divulgam de maneira equivocada. Vamos também formar leitores acríticos?

(Adaptado de Thiago Camelo, *Ciência Hoje*, mar. 2010. Disponível em: http.cienciahoje.com.br. /alo-professor/intervalo/escola-na-midia-1. Acesso em: 04/03/2010.)

A LEITURA NAS PROVAS DO ENEM E DOS VESTIBULARES

CAPÍTULO 28
Preparando-se para a interpretação de textos do Enem

> Nesta unidade, você conheceu os eixos cognitivos e as competências e habilidades avaliadas pelo Enem e viu também como elas são exploradas em situações-problema, em questões interdisciplinares, etc. Agora, neste capítulo, você vai fazer uma preparação final para enfrentar a prova do Enem com tranquilidade.

Leia o que um documento do Enem afirma sobre o papel da leitura nesse exame:

Todas as situações de avaliação estruturam-se de modo a verificar se o estudante é capaz de ler e interpretar textos em linguagem verbal e visual (fotos, mapas, pinturas, gráficos, entre outros) e enunciados:

- identificando e selecionando informações centrais e periféricas;
- inferindo informações, temas, assuntos, contextos;
- justificando a adequação da interpretação;
- compreendendo os elementos implícitos de construção do texto, como organização, estrutura, intencionalidade, assunto e tema;
- analisando os elementos constitutivos dos textos, de acordo com sua natureza, organização ou tipo; comparando os códigos e linguagens entre si, reelaborando, transformando e reescrevendo (resumos, paráfrases e relatos).

(*Eixos cognitivos do Enem – Versão preliminar.* Brasília: MEC-INEP, 2007. p. 88.)

Veja esta questão do Enem:

Transtorno do comer compulsivo

O transtorno do comer compulsivo vem sendo reconhecido, nos últimos anos, como uma síndrome caracterizada por episódios de ingestão exagerada e compulsiva de alimentos, porém, diferentemente da bulimia nervosa, essas pessoas não tentam evitar ganho de peso com os métodos compensatórios. Os episódios vêm acompanhados de uma sensação de falta de controle sobre o ato de comer, sentimentos de culpa e de vergonha.

Muitas pessoas com essa síndrome são obesas, apresentando uma história de variação de peso, pois a comida é usada para lidar com problemas psicológicos. O transtorno do comer compulsivo é encontrado em cerca de 2% da população em geral, mais frequentemente acometendo mulheres entre 20 e 30 anos de idade. Pesquisas demonstram que 30% das pessoas que procuram tratamento para obesidade ou para perda de peso são portadoras de transtorno do comer compulsivo.

Disponível em: http://www.abcdasaude.com.br. Acesso em: 1º maio 2009 (adaptado).

Considerando as ideias desenvolvidas pelo autor, conclui-se que o texto tem a finalidade de:

a) descrever e fornecer orientações sobre a síndrome da compulsão alimentícia.

b) narrar a vida das pessoas que têm o transtorno do comer compulsivo.

c) aconselhar as pessoas obesas a perder peso com métodos simples.

d) expor de forma geral o transtorno compulsivo por alimentação.

e) encaminhar as pessoas para a mudança de hábitos alimentícios.

Resposta: *d.*

Vejamos como as operações e ações apontadas pelo Enem são mobilizadas para a resolução dessa questão.

A LEITURA NAS PROVAS DO ENEM E DOS VESTIBULARES

Identificando e selecionando informações centrais e periféricas

Ao ler um texto, o estudante deve depreender as informações centrais que ele apresenta. No caso do texto da questão, a informação central é em que consiste o transtorno do comer compulsivo. São periféricas todas as outras informações, como a diferença entre esse transtorno e a bulimia, a percentagem de pessoas acometidas pelo transtorno ou que buscam tratamento, a faixa etária e o gênero mais comum das pessoas que sofrem o problema.

Inferindo informações, temas, assuntos, contextos

Na questão, não há informações sobre quem escreveu o texto, mas, como ele foi publicado em um *site* de assuntos relacionados à saúde, infere-se que seu autor seja um profissional ligado à área médica. Infere-se também que, além de acometer mulheres jovens, a síndrome pode manifestar-se em mulheres e homens de todas as idades. Ainda é possível inferir a existência de outros problemas de saúde decorrentes do excesso de peso, tais como pressão alta, colesterol em níveis não recomendáveis, complicações cardíacas e problemas nas articulações.

Justificando a adequação da interpretação

Indicar a alternativa correta constitui uma maneira de justificar a adequação da interpretação do texto feita. No caso da questão, a alternativa mais coerente com o texto e que melhor explica a finalidade dele – expor em linhas gerais em que consiste o transtorno compulsivo por alimentação – é a *d*.

Compreendendo os elementos implícitos de construção do texto, como organização, estrutura, intencionalidade, assunto e tema

A questão não faz referência ao gênero textual a que pertence o texto. Contudo, considerando-se a finalidade dele e a fonte de onde ele foi extraído (o *site* www.abcdasaude.com.br), infere-se que pertença ao gênero texto de divulgação científica, que tem por finalidade levar conhecimentos científicos básicos ao público leigo, numa linguagem acessível e pouco técnica. O tema geral do texto é a alimentação, e o assunto é o transtorno do comer compulsivo e suas eventuais causas.

Analisando os elementos constitutivos dos textos, de acordo com sua natureza, organização ou tipo; comparando os códigos e linguagens entre si, reelaborando, transformando e reescrevendo (resumos, paráfrases e relatos)

Os textos de divulgação científica publicados em jornais e revistas costumam ser bem-desenvolvidos e, eventualmente, podem apresentar gráficos e tabelas. O texto da questão em análise, contudo, provavelmente por ter sido veiculado na Internet – um ambiente de leituras mais rápidas ou de textos organizados em várias partes (entradas) – e por ter sido "adaptado" de um *site* sobre saúde com a finalidade de compor uma questão do Enem, sofreu algumas alterações que o tornam um pouco diferente dos textos de divulgação científica em geral.

Como é próprio do gênero, o texto tem uma linguagem clara e objetiva. Descreve os principais sintomas e as prováveis causas do transtorno alimentar. Não chega a apresentar gráficos e tabelas, mas introduz alguns dados estatísticos de forma linear na explanação sobre o assunto.

PREPARANDO-SE PARA A INTERPRETAÇÃO DE TEXTOS DO ENEM

Prepare-se para o Enem

1. (ENEM)

> A ética precisa ser compreendida como um empreendimento coletivo a ser constantemente retomado e rediscutido, porque é produto da relação interpessoal e social. A ética supõe ainda que cada grupo social se organize sentindo-se responsável por todos e que crie condições para o exercício de um pensar e agir autônomos. A relação entre ética e política é também uma questão de educação e luta pela soberania dos povos. É necessária uma ética renovada, que se construa a partir da natureza dos valores sociais para organizar também uma nova prática política.
>
> CORDI et al. *Para filosofar*. São Paulo: Scipione, 2007 (adaptado).

O século XX teve de repensar a ética para enfrentar novos problemas oriundos de diferentes crises sociais, conflitos ideológicos e contradições da realidade. Sob esse enfoque e a partir do texto, a ética pode ser compreendida como:

a) instrumento de garantia da cidadania, porque através dela os cidadãos passam a pensar e agir de acordo com valores coletivos.
b) mecanismo de criação de direitos humanos, porque é da natureza do homem ser ético e virtuoso.
c) meio para resolver os conflitos sociais no cenário da globalização, pois, a partir do entendimento do que é efetivamente a ética, a política internacional se realiza.
d) parâmetro para assegurar o exercício político primando pelos interesses e ação privada dos cidadãos.
e) aceitação de valores universais implícitos numa sociedade que busca dimensionar sua vinculação a outras sociedades.

2. (ENEM)

> Os tropeiros foram figuras decisivas na formação de vilarejos e cidades do Brasil colonial. A palavra tropeiro vem de "tropa", que, no passado, se referia ao conjunto de homens que transportava gado e mercadoria. Por volta do século XVIII, muita coisa era levada de um lugar a outro no lombo de mulas. O tropeirismo acabou associado à atividade mineradora, cujo auge foi a exploração de ouro em Minas Gerais e, mais tarde, em Goiás. A extração de pedras preciosas também atraiu grandes contingentes populacionais para as novas áreas e, por isso, era cada vez mais necessário dispor de alimentos e produtos básicos. A alimentação dos tropeiros era constituída por toucinho, feijão-preto, farinha, pimenta-do-reino, café, fubá e coité (um molho de vinagre com fruto cáustico espremido). Nos pousos, os tropeiros comiam feijão quase sem molho com pedaços de carne de sol e toucinho, que era servido com farofa e couve picada. O feijão-tropeiro é um dos pratos típicos da cozinha mineira e recebe esse nome porque era preparado pelos cozinheiros das tropas que conduziam o gado.
>
> Disponível em: http://www.tribunadoplanalto.com.br. Acesso em: 27 nov. 2008.

A criação do feijão-tropeiro na culinária brasileira está relacionada à:

a) atividade comercial exercida pelos homens que trabalhavam nas minas.
b) atividade culinária exercida pelos moradores cozinheiros que viviam nas regiões das minas.
c) atividade mercantil exercida pelos homens que transportavam gado e mercadoria.
d) atividade agropecuária exercida pelos tropeiros que necessitavam dispor de alimentos.
e) atividade mineradora exercida pelos tropeiros no auge da exploração do ouro.

3. (ENEM) Os meios de comunicação funcionam como um elo entre os diferentes segmentos de uma sociedade. Nas últimas décadas, acompanhamos a inserção de um novo meio de comunicação que supera em muito outros já existentes, visto que pode contribuir para a democratização da vida social e política da sociedade à medida que possibilita a instituição de mecanismos eletrônicos para a efetiva participação política e disseminação de informações.

Constitui o exemplo mais expressivo desse novo conjunto de redes informacionais a:

a) Internet.
b) fibra ótica.
c) TV digital.
d) telefonia móvel.
e) portabilidade telefônica.

A LEITURA NAS PROVAS DO ENEM E DOS VESTIBULARES

CAPÍTULO 28

4. (ENEM) As cidades industrializadas produzem grandes proporções de gases como o CO_2, o principal gás causador do efeito estufa. Isso ocorre por causa da quantidade de combustíveis fósseis queimados, principalmente no transporte, mas também em caldeiras industriais. Além disso, nessas cidades concentram-se as maiores áreas com solos asfaltados e concretados, o que aumenta a retenção de calor, formando o que se conhece por "ilhas de calor". Tal fenômeno ocorre porque esses materiais absorvem o calor e o devolvem para o ar sob a forma de radiação térmica.

Em áreas urbanas, devido à atuação conjunta do efeito estufa e das "ilhas de calor", espera-se que o consumo de energia elétrica:

a) diminua devido à utilização de caldeiras por indústrias metalúrgicas.

b) aumente devido ao bloqueio da luz do sol pelos gases do efeito estufa.

c) diminua devido à não necessidade de aquecer a água utilizada em indústrias.

d) aumente devido à necessidade de maior refrigeração de indústrias e residências.

e) diminua devido à grande quantidade de radiação térmica reutilizada.

5. (ENEM)

Testes

Dia desses resolvi fazer um teste proposto por um *site* da internet. O nome do teste era tentador: "O que Freud diria de você". Uau. Respondi a todas as perguntas e o resultado foi o seguinte: "Os acontecimentos da sua infância a marcaram até os doze anos, depois disso você buscou conhecimento intelectual para seu amadurecimento". Perfeito! Foi exatamente o que aconteceu comigo. Fiquei radiante: eu havia realizado uma consulta paranormal com o pai da psicanálise, e ele acertou na mosca.

Estava com tempo sobrando, e curiosidade é algo que não me falta, então resolvi voltar ao teste e responder tudo diferente do que havia respondido antes. Marquei umas alternativas esdrúxulas, que nada tinham a ver com minha personalidade. E fui conferir o resultado, que dizia o seguinte: "Os acontecimentos da sua infância a marcaram até os 12 anos, depois disso você buscou conhecimento intelectual para seu amadurecimento".

MEDEIROS, M. *Doidas e santas*. Porto Alegre: L&PM, 2008 (adaptado).

Quanto às influências que a internet pode exercer sobre os usuários, a autora expressa uma reação irônica no trecho:

a) "Marquei umas alternativas esdrúxulas, que nada tinham a ver".

b) "Os acontecimentos da sua infância a marcaram até os doze anos".

c) "Dia desses resolvi fazer um teste proposto por um *site* da internet".

d) "Respondi a todas as perguntas e o resultado foi o seguinte".

e) "Fiquei radiante: eu havia realizado uma consulta paranormal com o pai da psicanálise".

6. (ENEM)

A cárie dental resulta da atividade de bactérias que degradam os açúcares e os transformam em ácidos que corroem a porção mineralizada dos dentes. O flúor, juntamente com o cálcio e um açúcar chamado xilitol, agem inibindo esse processo. Quando não se escovam os dentes corretamente e neles acumulam-se restos de alimentos, as bactérias que vivem na boca aderem aos dentes, formando a placa bacteriana ou biofilme. Na placa, elas transformam o açúcar dos restos de alimentos em ácidos, que corroem o esmalte do dente formando uma cavidade, que é a cárie. Vale lembrar que a placa bacteriana se forma mesmo na ausência de ingestão de carboidratos fermentáveis, pois as bactérias possuem polissacarídeos intracelulares de reserva.

Disponível em: http://www.diariodasaude.com.br. Acesso em: 11 ago. 2010 (adaptado).

> **cárie 1.** destruição de um osso por corrosão progressiva. *cárie dentária: efeito da destruição da estrutura dentária por bactérias.
>
> HOUAISS, Antônio. *Dicionário eletrônico*. Versão 1.0. Editora Objetiva, 2001 (adaptado).

A partir da leitura do texto, que discute as causas do aparecimento de cáries, e da sua relação com as informações do dicionário, conclui-se que a cárie dental resulta, principalmente, de:

a) falta de flúor e de cálcio na alimentação diária da população brasileira.

b) consumo exagerado do xilitol, um açúcar, na dieta alimentar diária do indivíduo.

c) redução na proliferação bacteriana quando a saliva é desbalanceada pela má alimentação.

d) uso exagerado do flúor, um agente que em alta quantidade torna-se tóxico à formação dos dentes.

e) consumo excessivo de açúcares na alimentação e má higienização bucal, que contribuem para a proliferação de bactérias.

PREPARANDO-SE PARA A INTERPRETAÇÃO DE TEXTOS DO ENEM

Questões do Enem e dos vestibulares

1. UFRJ-RJ)

> "As cidades clamam por transporte público."
>
> Marcus Quintella. *Jornal do Brasil*, 20 abr. 2009.

> "Vende-se uma laje na favela."
>
> As favelas do Rio de Janeiro estão sendo verticalizadas por falta de espaço para aumentar a área habitada. A venda da laje está custando até 30 mil reais pelo direito de construir e usar a parte superior da casa.
>
> Blog "as novidades", acessado em 05/10/2010

Relacione as duas manchetes.

2. (FGV-RJ) Observe atentamente a figura:

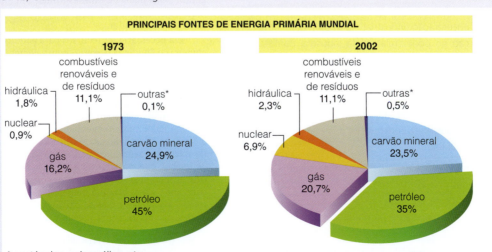

PRINCIPAIS FONTES DE ENERGIA PRIMÁRIA MUNDIAL

1973: combustíveis renováveis e de resíduos 11,1%; hidráulica 1,8%; nuclear 0,9%; gás 16,2%; petróleo 45%; carvão mineral 24,9%; outras* 0,1%.

2002: combustíveis renováveis e de resíduos 11,1%; hidráulica 2,3%; nuclear 6,9%; gás 20,7%; petróleo 35%; carvão mineral 23,5%; outras* 0,5%.

* geotérmica, solar, eólica, etc.
Fonte: IEA (Agência Internacional de Energia).

CAPÍTULO 28

A análise evolutiva da matriz energética mundial, em 1973 e 2002, permite afirmar que:

a) A diminuição do petróleo na matriz mundial reflete a baixa dos seus estoques mundiais.

b) Os dados mostram que não houve mudanças significativas, sobretudo em relação ao conjunto das fontes não renováveis.

c) A matriz tornou-se mais renovável com a dimi-

nuição do petróleo e do carvão e o aumento da energia nuclear.

d) A manutenção do percentual de participação das fontes renováveis e de resíduos reflete a estagnação econômica dos países pobres que ainda utilizam a lenha de forma ampla.

e) O Brasil apresenta uma matriz energética muito parecida com a média mundial.

3. (PUC-MG) Analise o quadro abaixo, relativo à distribuição da produção industrial no Brasil, e, em seguida, marque a afirmativa **incorreta**:

BRASIL
VALOR DA PRODUÇÃO INDUSTRIAL POR ESTADO (% DO TOTAL)

UNIDADES DA FEDERAÇÃO	1907	1919	1939	1970	2007
Pernambuco	7,4	6,8	4,8	2,1	1,3
Bahia	3,4	2,8	1,4	1,6	5,2
Minas Gerais	4,4	5,6	6,5	7,1	10,4
Rio de Janeiro	7,6	7,4	5,0	15,5	7,9
Guanabara*	30,2	20,8	17,0	–	–
São Paulo	15,9	31,5	45,4	57,2	40,5
Paraná	4,5	3,2	2,2	4,5	7,3
Rio Grande do Sul	13,5	11,1	9,8	6,3	8,0
Santa Catarina	1,9	1,9	1,8	3,2	4,8
Outros	11,2	8,9	6,1	2,5	14,6
Total	100,0	100,0	100,0	100,0	100,0

*Obs.: * A Guanabara (Distrito Federal até 1960) e o Rio de Janeiro formavam duas unidades separadas até 1975, quando foram fundidos no atual Estado do Rio de Janeiro.*

Fonte: VESENTINI, José Willian. *Geografia: O mundo em transição*. 2009.

a) Até os anos 70, observa-se um forte processo de concentração industrial em São Paulo, Rio de Janeiro e Minas Gerais, que respondiam por cerca de 80% de toda a produção industrial brasileira.

b) A partir dos anos 70, observa-se um processo de desconcentração industrial no Brasil, com uma redução do poder relativo da indústria paulista sobre a produção total brasileira.

c) Mesmo que haja um processo de desconcentração industrial em curso no Brasil, ainda predomina, na atualidade, uma forte concentração no sudeste brasileiro, com mais de 50% da produção industrial total.

d) Nas regiões Sul e Nordeste, verifica-se uma estabilidade na distribuição da produção industrial, mantendo-se em posições de absoluto destaque a indústria gaúcha e a pernambucana.

(UEL-PR) Leia o texto, analise as figuras 1 e 2 e responda às questões de 4 a 7.

Texto

No Brasil, o futebol começou oficialmente em 1894, quando as primeiras bolas aqui chegaram pelas mãos de Charles Miller, um brasileiro que, naquele ano, retornava da Inglaterra, onde fora estudar.

Era necessário ter recursos para adquirir as chuteiras e dividir as despesas com a compra das bolas e dos uniformes. Por isso, inicialmente o jogo só era praticado por rapazes ricos. Se, por um lado, o futebol crescia nos clubes organizados, por outro também aumentava o número de seus praticantes em campos improvisados. Em São Paulo, nas margens dos rios Pinheiros e Tietê, na atual baixada do Glicério, ou no vale do riacho Pacaembu, havia incontáveis campos de futebol, que, por aproveitarem as várzeas dos rios, acabaram sendo qualificados como "futebol varzeano". Hoje, essa é a denominação daquele futebol jogado por times de bairros ou pequenos clubes, não necessariamente em várzeas.

(Adaptado de: WITTER, J. S. *Breve História do Futebol*. São Paulo: FTD, 1996, p. 10-18.)

294 **UNIDADE 3**

PREPARANDO-SE PARA A INTERPRETAÇÃO DE TEXTOS DO ENEM

Figura 1: (*Futuros craques*, de Airton das Neves. Acrílico s/ tela. 60 x 80 cm. 2006.)

Figura 2: (Disponível em: <http://jcbcomunicacao.blogspot.com/2010/04/charles-miller-o-pai-do-futebol-no.html>. Acesso em: 22 set. 2010.)

4. Com base no texto e nos conhecimentos sobre regiões metropolitanas no Brasil, considere as afirmativas a seguir.

I. O convívio social das camadas populares no processo de urbanização proporcionou a disseminação do futebol varzeano como forma de apropriação coletiva de áreas não edificadas do espaço urbano.

II. As várzeas, por suas características topográficas e hidrológicas, são naturalmente desfavoráveis a grande parte das formas de uso do solo urbano.

III. Muitas várzeas localizadas nas áreas centrais dessas regiões foram transformadas em vias de trânsito rápido, anéis viários e outras infraestruturas de circulação.

IV. A impermeabilização da cobertura do solo devido à prática do futebol em campos improvisados multiplicou o problema das enchentes nas regiões metropolitanas.

Assinale a alternativa correta.

a) Somente as afirmativas I e II são corretas.
b) Somente as afirmativas I e IV são corretas.
c) Somente as afirmativas III e IV são corretas.
d) Somente as afirmativas I, II e III são corretas.
e) Somente as afirmativas II, III e IV são corretas.

5. De acordo com as figuras e os conhecimentos sobre o Modernismo, considere as afirmativas a seguir.

I. A pintura (Fig. 1) foi concebida com a gestualidade empregada no expressionismo.

II. A fotografia (Fig. 2) apresenta-se como registro de um momento histórico.

III. A pintura (Fig. 1) apresenta aspectos da arte *naïf*, identificados desde o assunto abordado até a sua configuração.

CAPÍTULO 28

IV. A disposição dos jogadores na fotografia (Fig. 2) atesta o seu caráter de manifestação artística.

Assinale a alternativa correta.

a) Somente as afirmativas I e IV são corretas.

b) Somente as afirmativas II e III são corretas.

c) Somente as afirmativas III e IV são corretas.

d) Somente as afirmativas I, II e III são corretas.

e) Somente as afirmativas I, II e IV são corretas.

6. De acordo com as figuras, o texto e o contexto sócio-histórico do Brasil na contemporaneidade, considere as afirmativas a seguir.

I. A figura 1 expressa a origem popular do futebol, associado ao mito da natureza paradisíaca brasileira, enquanto a figura 2 indica que a classe alta passou a imitar os setores populares.

II. A figura 1 aponta a presença do futebol entre os setores populares, e a figura 2 denota sua origem elitista, branca e urbana.

III. A figura 1 mostra a difusão espacial do futebol, inicialmente praticado em algumas capitais em fins do século XIX, e a figura 2 expressa as características étnicas predominantes nos primeiros praticantes desse esporte.

IV. A figura 1 indica a popularização do futebol implantada pelo governo Café Filho, e a figura 2 expressa a participação de camponeses imigrantes trabalhadores da cafeicultura paulista.

Assinale a alternativa correta.

a) Somente as afirmativas I e IV são corretas.

b) Somente as afirmativas II e III são corretas.

c) Somente as afirmativas III e IV são corretas.

d) Somente as afirmativas I, II e III são corretas.

e) Somente as afirmativas I, II e IV são corretas.

7. No contexto histórico do surgimento do futebol na América Latina, no final do século XIX e início do XX, foram marcantes as denominações estrangeiras como Sport Club Corinthians Paulista, Coritiba Foot Ball Club, Racing, River Plate, Boca Juniors.

Com relação aos elementos pertinentes a esse contexto, assinale a alternativa correta.

a) O processo de industrialização em áreas rurais das nações latino-americanas levou à importação de mão de obra estrangeira.

b) A participação de imigrantes europeus nas áreas rurais, devido à farta distribuição de terras, popularizou os esportes de elite.

c) O advento do futebol na América Latina, impulsionado pela participação popular democrática, foi reflexo da política britânica na Liga das Nações.

d) A crise da economia britânica no início do século XX impediu investimentos financeiros na América Latina, excluindo, assim, a participação da elite neste esporte.

e) A presença do futebol em nações latino-americanas se deveu à influência britânica, o que não impediu a associação desse esporte com as classes populares.

(UERJ-RJ) Com base no texto abaixo, responda às questões de números 8 a 10.

Os poemas

Os poemas são pássaros que chegam
não se sabe de onde e pousam
no livro que lês.
Quando fechas o livro, eles alçam voo
5 como de um alçapão.
Eles não têm pouso
nem porto
alimentam-se um instante em cada par de
[mãos
e partem.
10 E olhas, então, essas tuas mãos vazias,
no maravilhado espanto de saberes
que o alimento deles já estava em ti...

MÁRIO QUINTANA. *Poesia completa.*
Rio de Janeiro: Nova Aguilar, 2005.
© by Elena Quintana.

8. O texto é todo construído por meio do emprego de uma figura de estilo. Essa figura é denominada de:

a) elipse.

b) metáfora.

c) metonímia.

d) personificação.

9. *E olhas, então, essas tuas mãos vazias,*
no maravilhado espanto de saberes
que o alimento deles já estava em ti... (v. 10-12)

De acordo com esses versos, um dos efeitos da compreensão da leitura é:

a) alimentar o leitor com novas perspectivas e opções.

b) revelar ao leitor suas próprias sensações e pensamentos.

c) transformar o leitor em uma pessoa melhor e mais consciente.

d) deixar o leitor maravilhado com a beleza e o encantamento do poema.

10. *Eles não têm pouso*
nem porto (v. 6-7)

Os versos acima podem ser lidos como uma pressuposição do autor sobre o texto literário.

Essa pressuposição está ligada ao fato de que a obra literária, como texto público, apresenta o seguinte traço:

a) É aberta a várias leituras.

b) Provoca desejo de transformação.

c) Integra experiências de contestação.

d) Expressa sentimentos contraditórios.

296 UNIDADE 3

PREPARANDO-SE PARA A INTERPRETAÇÃO DE TEXTOS DO ENEM

11. (ESPM-SP) Em sua coluna semanal no jornal Folha de S. Paulo, o prof. Pasquale Cipro Neto tece, dentre outros, comentários a respeito de manchetes com duplo sentido ou sentido literal estranho. Assinale a única em que **não** ocorre nenhum dos problemas citados.

a) "Cantor apanha até a morte de PMs no MA"

b) "Guindaste iça carro roubado em desmanche em São Paulo"

c) "Motoristas que abusam do álcool frequentemente são punidos pelos órgãos de fiscalização do trânsito"

d) "Após afirmar que posaria nua, 'Playboy' volta a cobiçar Mônica Veloso"

e) "Governo e Congresso decidem reduzir o poder das agências"

12. (UnB-DF)

> Durante séculos, os escravos afro-americanos aprenderam a ler em condições extraordinariamente difíceis, arriscando a vida. Aqueles que quisessem se alfabetizar eram forçados a encontrar métodos tortuosos de aprender. Aprender a ler, para os escravos, não era um passaporte imediato para a liberdade, mas uma maneira de ter acesso a um dos instrumentos poderosos de seus opressores: o livro. Os donos de escravos (tal como os ditadores, tiranos, monarcas absolutos e outros detentores do poder) acreditavam firmemente no poder da palavra escrita. Como séculos de ditadores souberam, uma multidão analfabeta é mais fácil de dominar; uma vez que a arte da leitura não pode ser desaprendida, o segundo melhor recurso é limitar seu alcance. Os livros, escreveu Voltaire no panfleto satírico **Sobre o Terrível Perigo da Leitura**, "dissipam a ignorância, a custódia e a salvaguarda dos estados bem policiados".
>
> Alberto Manguel. *Uma história da leitura*. (Trad. Pedro Maia Soares). São Paulo: Companhia das Letras, 1997. p. 312-15 (com adaptações).

A partir do texto acima, julgue como corretos (C) ou errados (E) os próximos itens.

a) Defende-se no texto o caráter inequívoco do livro como instrumento de emancipação política, característica que impede seu uso na dominação de pessoas ou povos.

b) Em Salvador, na rebelião conhecida como a Revolta dos Malês — confronto sangrento entre escravos africanos seguidores do islamismo e

tropas do governo brasileiro —, destaca-se o fato de muitos revoltosos estarem aptos para ler e escrever no idioma árabe, o que contribuiu para a preparação da insurreição.

c) O texto é construído com base no exemplo da relação com a leitura que estabelecem escravos afro-americanos e donos de escravos. Argumentação é aplicada para abarcar formas de dominação e, assim, mostrar que a leitura pode desestabilizar poderes autoritários.

d) No texto, são apresentadas duas maneiras de um ditador controlar o acesso à leitura: manter analfabetos aqueles que domina ou controlar o que leem os que sabem ler. Para atingir os objetivos no segundo caso, uma estratégia utilizada, com certa frequência, é impor a leitura de interpretação única, reprimindo as vozes dissonantes.

13. (ENEM)

> ## A Herança Cultural da Inquisição
>
> A Inquisição gerou uma série de comportamentos humanos defensivos na população da época, especialmente por ter perdurado na Espanha e em Portugal durante quase 300 anos, ou no mínimo quinze gerações.
>
> Embora a Inquisição tenha terminado há mais de um século, a pergunta que fiz a vários sociólogos, historiadores e psicólogos era se alguns desses comportamentos culturais não poderiam ter-se perpetuado entre nós.
>
> Na maioria, as respostas foram negativas, ou seja, embora alterasse sem dúvida o comportamento da época, nenhum comportamento permanece tanto tempo depois, sem reforço ou estímulo continuado.
>
> Não sou psicólogo nem sociólogo para discordar, mas tenho a impressão de que existem alguns comportamentos estranhos na sociedade brasileira, e que fazem sentido se você os considerar resquícios da era da Inquisição. [...]
>
> KANITZ, S. A Herança Cultural da Inquisição. In: Revista *Veja*. Ano 38, nº 5, 2 fev. 2005 (fragmento).

Considerando-se o posicionamento do autor do fragmento a respeito de comportamentos humanos, o texto:

a) enfatiza a herança da Inquisição em comportamentos culturais observados em Portugal e na Espanha.

A LEITURA NAS PROVAS DO ENEM E DOS VESTIBULARES 297

CAPÍTULO 28

b) contesta sociólogos, psicólogos e historiadores sobre a manutenção de comportamentos gerados pela Inquisição.
c) contrapõe argumentos de historiadores e sociólogos a respeito de comportamentos culturais inquisidores.
d) relativiza comportamentos originados na Inquisição e observados na sociedade brasileira.
e) questiona a existência de comportamentos culturais brasileiros marcados pela herança da Inquisição.

14. (UNIRIO-RJ)

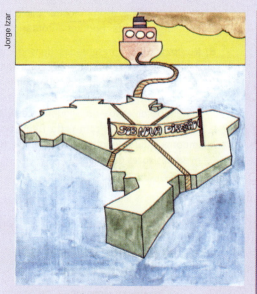

Jorge Izar, 11º Salão Internacional de Humor de Piracicaba. São Paulo, 1984.

A charge ao lado foi premiada no 11º Salão de Humor de Piracicaba em 1984, ano em que milhões de brasileiros foram às ruas, pedindo o fim do período militar. A melhor síntese do momento político, econômico e social vivido pelo Brasil é:

a) diminuição do PIB; moratória da dívida; aumento do nível de emprego; aumento da inflação.
b) movimento "Anistia Ampla Geral e Irrestrita"; aumento da entrada de capital estrangeiro; desemprego.
c) recessão; desemprego; aumento do déficit da balança; "Anistia Restrita".
d) movimento "Diretas Já"; superávit nas exportações; aumento desenfreado da inflação; empobrecimento da classe média.
e) movimentos das "Diretas Já"; volta dos exilados políticos; aumento da dívida externa; aumento do PIB.

(UFMT-MT) **Instrução:** Leia a tira a seguir e responda às questões 15 e 16.

(*O Estado de S. Paulo*, 1/12/2003.)

15. Em relação à tira, marque V para as afirmativas verdadeiras e F para as falsas.
a) No segundo quadrinho, Calvin declara-se mais exigente que todo mundo, o que justifica considerar-se, no primeiro quadrinho, diferente.
b) A discordância de Haroldo à fala de Calvin é percebida por sua postura corporal e por seu silêncio no terceiro quadrinho.
c) A fala de Calvin no último quadrinho revela que ele entendeu perfeitamente o significado do silêncio de Haroldo no quadrinho anterior.
d) A explicação dada por Haroldo, no último quadrinho, é ambígua, pois revela a sua descoberta da forte amizade que o liga a Calvin.

Assinale a sequência correta.
a) V, F, V, F
b) V, F, F, V
c) F, V, V, V
d) F, F, V, V
e) V, V, F, F

16. Em relação aos recursos linguísticos e textuais, assinale a afirmativa correta.
a) Em *Eu não!*, a elipse serve para evitar a repetição de parte da frase anterior.
b) No primeiro quadrinho, o pronome *isso* retoma *Todo mundo busca a felicidade!*
c) A palavra *Haroldo*, no último quadrinho, tem a função de aposto.

PREPARANDO-SE PARA A INTERPRETAÇÃO DE TEXTOS DO ENEM

d) O pronome *lhe*, no último quadrinho, na linguagem padrão deveria ser substituído pelo pronome *o* .

e) Na única fala de Haroldo, a palavra *que*, nas três ocorrências, é conjunção integrante.

17. (ENEM)

Choque a 36 000 km/h

A faixa que vai de 160 quilômetros de altitude em volta da Terra assemelha-se a uma avenida congestionada onde orbitam 3 000 satélites ativos. Eles disputam espaço com 17 000 fragmentos de artefatos lançados pela Terra e que se desmancharam — foguetes, satélites desativados e até ferramentas perdidas por astronautas. Com um tráfego celeste tão intenso, era questão de tempo para que acontecesse um acidente de grandes proporções, como o da semana passada. Na terça-feira, dois satélites em órbita desde os anos 90 colidiram em um ponto 790 quilômetros acima da Sibéria. A trombada dos satélites chama a atenção para os riscos que oferece a montanha de lixo espacial em órbita. Como os objetos viajam a grande velocidade, mesmo um pequeno fragmento de 10 centímetros poderia causar estragos consideráveis no telescópio Hubble ou na estação espacial Internacional — nesse caso pondo em risco a vida dos astronautas que lá trabalham.

Paula Neiva. Revista *Veja*.
Ed. 2100. 18 fev. 2009 (adaptado).

Levando-se em consideração os elementos constitutivos de um texto jornalístico, infere-se que o autor teve como objetivo:

a) exaltar o emprego da linguagem figurada.
b) criar suspense e despertar temor no leitor.
c) influenciar a opinião dos leitores sobre o tema, com as marcas argumentativas de seu posicionamento.
d) induzir o leitor a pensar que os satélites artificiais representam um grande perigo para toda a humanidade.
e) exercitar a ironia ao empregar "avenida congestionada"; "tráfego celeste tão intenso"; "montanha de lixo".

18. (FGV-RJ))

Há menos de um mês, a África do Sul era o país das vuvuzelas, as cornetas coloridas e estridentes da Copa das Confederações. Nos últimos dias, elas deram lugar a artefatos mais afeitos à história do país, como paus, pedras e balas. A erupção de mais uma onda de violência impressiona pela velocidade com que protestos pipocaram por várias cidades.

Fábio Zanini. *Folha de S.Paulo*, 24/07/09, p. A18.

Aponte a alternativa que apresente a melhor explicação para estes fatos.

a) Protesta-se contra a entrada ilegal de imigrantes miseráveis do Zimbabwe e Madagascar, os quais agravam o quadro de desemprego.
b) Questionamento sobre a legitimidade das recentes eleições que levaram Jacob Zuma ao poder, diante das evidências de fraudes apontadas por observadores internacionais.
c) Embora com um PIB de quase 500 bilhões de dólares (2008), o atual regime de apartheid mantém cerca de 50% da população abaixo da linha de pobreza.
d) Disputa entre as cidades para sediar os jogos da Copa do Mundo, o que se traduziria em altos investimentos em infraestrutura.
e) Estagnação econômica que se reflete no aumento do desemprego, atingindo hoje mais de 20% da população ativa, e deterioração das condições de vida da grande maioria.

19. (FGV-RJ) Analise a evolução da matriz energética brasileira (1970 e 2005) e assinale a alternativa correta.

a) A diminuição do uso de biomassa primária (lenha e carvão vegetal) pode indicar modernização da matriz energética e melhoria das condições de vida da população rural.
b) O aumento de apenas 6% na participação do petróleo é reflexo de um fraco crescimento econômico no período em questão.
c) Ao diversificar-se, entre 1970 e 2005, a matriz energética tornou-se mais renovável.
d) A diminuição de 16% para 15% da participação da energia hidráulica indica o esgotamento da capacidade hidrelétrica dos rios brasileiros.
e) A diversificação da matriz é resultado do risco de esgotamento das fontes tradicionais de energia.

CAPÍTULO 28

20. (ENEM)

> Os vestígios dos povos Tupi-guarani encontram-se desde as Missões e o rio da Prata, ao sul, até o Nordeste, com algumas ocorrências ainda mal conhecidas no sul da Amazônia. A leste, ocupavam toda a faixa litorânea, desde o Rio Grande do Sul até o Maranhão. A oeste, aparecem (no rio da Prata) no Paraguai e nas terras baixas da Bolívia. Evitam as terras inundáveis do Pantanal e marcam sua presença discretamente nos cerrados do Brasil central. De fato, ocuparam, de preferência, as regiões de floresta tropical e subtropical.
>
> PROUS, A. *O Brasil antes dos brasileiros*. Rio de Janeiro: Jorge Zahar Editor, 2005.

Os povos indígenas citados possuíam tradições culturais específicas que os distinguiam de outras sociedades indígenas e dos colonizadores europeus. Entre as tradições tupi-guarani, destacava-se:

a) a organização em aldeias politicamente independentes, dirigidas por um chefe, eleito pelos indivíduos mais velhos da tribo.

b) a ritualização da guerra entre as tribos e o caráter semissedentário de sua organização social.

c) a conquista de terras mediante operações militares, o que permitiu seu domínio sobre vasto território.

d) o caráter pastoril de sua economia, que prescindia da agricultura para investir na criação de animais.

e) o desprezo pelos rituais antropofágicos praticados em outras sociedades indígenas.

21. (ENEM)

> Homens da Inglaterra, por que arar
> para os senhores que vos mantêm na
> [miséria?
> Por que tecer com esforço e cuidado
> as ricas roupas que vossos tiranos vestem?
>
> Por que alimentar, vestir e poupar
> do berço até o túmulo
> esses parasitas ingratos que
> exploram vosso suor — ah, que bebem
> [vosso sangue?
>
> SHELLEY. Os homens da Inglaterra. Apud HUBERMAN, L. *Historia da Riqueza do Homem*. Rio de Janeiro: Zahar, 1982.

A análise do trecho permite identificar que o poeta romântico Shelley (1792-1822) registrou uma contradição nas condições socioeconômicas da nascente classe trabalhadora inglesa durante a Revolução Industrial. Tal contradição está identificada:

a) na pobreza dos empregados, que estava dissociada da riqueza dos patrões.

b) no salário dos operários, que era proporcional aos seus esforços nas indústrias.

c) na burguesia, que tinha seus negócios financiados pelo proletariado.

d) no trabalho, que era considerado uma garantia de liberdade.

e) na riqueza, que não era usufruída por aqueles que a produziam.

22. (ENEM)

A chegada da televisão

> A caixa de pandora tecnológica penetra nos lares e libera suas cabeças falantes, astros, novelas, noticiários e as fabulosas, irresistíveis garotas-propaganda, versões modernizadas do tradicional homem-sanduíche.
>
> SEVCENKO, N. (Org). *História da Vida Privada no Brasil 3. República: da Belle Époque à Era do Rádio*. São Paulo: Cia. das Letras, 1998.

A TV, a partir da década de 1950, entrou nos lares brasileiros provocando mudanças consideráveis nos hábitos da população. Certos episódios da história brasileira revelaram que a TV, especialmente como espaço de ação da imprensa, tornou-se também veículo de utilidade pública, a favor da democracia, na medida em que:

a) amplificou os discursos nacionalistas e autoritários durante o governo Vargas.

b) revelou para o país casos de corrupção na esfera política de vários governos.

c) maquiou indicadores sociais negativos durante as décadas de 1970 e 1980.

d) apoiou, no governo Castelo Branco, as iniciativas de fechamento do parlamento.

e) corroborou a construção de obras faraônicas durante os governos militares.

23.
(ENEM) A vacina, o soro e os antibióticos submetem os organismos a processos biológicos diferentes. Pessoas que viajam para regiões em que ocorrem altas incidências de febre amarela, de picadas de cobras peçonhentas e de leptospirose e querem evitar ou tratar problemas de saúde relacionados a essas ocorrências devem seguir determinadas orientações.

Ao procurar um posto de saúde, um viajante deveria ser orientado por um médico a tomar preventivamente ou como medida de tratamento:

a) antibióticos contra o vírus da febre amarela, soro antiofídico caso seja picado por uma cobra e vacina contra a leptospirose.

b) vacina contra o vírus da febre amarela, soro antiofídico caso seja picado por uma cobra e antibiótico caso entre em contato com a *Leptospira* sp.

c) soro contra o vírus da febre amarela, antibiótico caso seja picado por uma cobra e soro contra toxinas bacterianas.

d) antibiótico ou soro, tanto contra o vírus da febre amarela como para veneno de cobras, e vacina contra a leptospirose.

e) soro antiofídico e antibiótico contra a *Leptospira* sp e vacina contra a febre amarela caso entre em contato com o vírus causador da doença.

UNIDADE 3

RESPOSTAS DAS QUESTÕES DO ENEM E DOS VESTIBULARES

Respostas das questões do Enem e dos vestibulares

Capítulo 2
1. c
2. c
3. C; C; C; E; C; C
4. c
5. e
6. d

Capítulo 3
1. e
2. a
3. d

Capítulo 4
1. a
2. c
3. d
4. a
5. b
6. c
7. c
8. d
9. b
10. a
11. d
12. c
13. a
14. d

Capítulo 5
1. b
2. b
3. c
4. d
5. a) E; b) C; c) E; d) E; e) C
6. a) a Bíblia / texto bíblico / texto religioso
   b) folha de parreira, cobra, Eva, Adão
   c) Gabriel, costelas
   d) costela ou Eva
7. b
8. c

Capítulo 6
1. a
2. b
3. a
4. b
5. a
6. c
7. d
8. b
9. a
10. c
11. a), e) e g)

Capítulo 7
1. d
2. b
3. c
4. b
5. a
6. e
7. e

Capítulo 8
1. a
2. d
3. e
4. e
5. b
6. c
7. b
8. d
9. c
10. e

Capítulo 9
1. O desfecho do texto I confirma o aforismo de Drummond (texto II). A afirmativa de que o personagem, tendo já saído do cinema, *não soube mais voltar* indica que ele está tão *absorto* na realidade ficcional que não consegue retornar a sua própria realidade.
2. a) No poema de Fernando Pessoa, a palavra *preciso* tem o sentido de "necessário". Logo, na frase dos navegadores antigos, navegar impõe-se como uma necessidade maior do que a própria vida. Já no texto de Rubem Alves, a palavra *preciso* foi empregada com o sentido de "exato".
   b) A palavra *percisão* foi empregada com o sentido de "necessidade". Faça as contas com precisão. (exatidão) / É um relógio de alta precisão. (pontualidade)
3. a) O aforismo de Saint-Exupéry relaciona-se com a frase "A ciência da navegação não nos dá o fascínio dos mares e os sonhos de portos onde chegar", de Rubem Alves, uma vez que, para ambos, a vida plena está além da técnica. Para Rubem Alves, "a arte de viver se faz com a inteligência amorosa", não racional; para Saint-Exupéry, o que alimenta o homem em seu trabalho é o sonho, portanto um impulso não racional.
   b) No texto, a palavra *ciência* é utilizada com o sentido de técnica, como "inteligência instrumental" ou meio para se fazer algo. Já *sapiência* é utilizada com o sentido de um saber mais completo, que busca o porquê de saber ou fazer as coisas; *sapiência* é sinônima, no texto, de "inteligência amorosa".
4. a) O poeta emprega a metáfora "Loelia mineral carnívora" porque seu formato se assemelha ao de uma orquídea; chama-a de "mineral carnívora" porque é feita a partir do urânio, um mineral, e "carnívora" porque consome tudo, destrói tudo.
   b) Prosopopeia: "A bomba atômica é triste"; "cai sem vontade"; "não gosta de matar"; "mata tudo".
5. Embora não fira a liberdade de expressão... / Ainda que não fira a liberdade de expressão
6. a
7. a

Capítulo 10
1. d
2. e
3. e
4. e
5. c
6. e

Capítulo 11
1. d
2. b
3. a
4. d
5. d
6. d

7. e
8. a

7. e
8. c
9. d
10. b
11. c
12. d
13. c

Capítulo 12
1. Gabarito oficial: A oração "que Vivo pega", no contexto, tem sentido ambíguo: Vivo tanto pode significar *esperto*, quanto pode ser lido como o nome da operadora telefônica. O cliente esperto usa (pega) a operadora, pois essa não apresenta problemas na captação do sinal (ou seja, pega), ou, ainda, Vivo agrada, vira moda (pega). Na segunda ocorrência, a palavra Vivo aparece como marca, sinônimo (sinal) de qualidade. O termo "sinal" também pode ser lido como contato da rede de telefonia.
2. a) Gabarito oficial: No contexto da história reprodutiva dos vertebrados, o órgão que torna possível "dar à luz seres jovens" é a placenta, formada de tecidos materno — mucosa uterina — e embrionário — predominantemente cório e uma participação reduzida do alantoide. O significado evolutivo da placenta decorre do desenvolvimento do embrião no corpo materno. A placenta em princípio proporciona maior proteção ao embrião, o que foi fundamental para a evolução da classe.
   b) Gabarito oficial: O desenvolvimento placentário assegura condições ambientais mais constantes, disponibilizando nutrientes e oxigênio e proporcionando a remoção das excreções nitrogenadas e do gás carbônico, graças às trocas realizadas por difusão ao nível da placenta. A aquisição da placenta conferiu vantagens aos mamíferos em relação aos ovíparos, por tornar o desenvolvimento menos suscetível às agressões do ambiente externo e ser favorável a um maior tempo de desenvolvimento embrionário, com repercussões evolutivas.

301

3. a) Gabarito oficial: O efeito cômico é dado pela possibilidade de *Kerr* e *Peck* poderem ser associados, pela semelhança sonora, a *quer* e *peque*, o que resulta na alteração de classe gramatical — de substantivo (próprio) a verbo — e, consequentemente, de função sintática.

   b) Os vocábulos *peque* e *santinho* passam a integrar o mesmo campo semântico, ao estabelecer uma relação de contraste entre pecado e santidade.

4. Assim como o enigma da esfinge, o próximo governo terá que decifrar, para não ser engolido pelos problemas, as três questões centrais listadas no texto de Calmon. Nós górdios são nós difíceis de serem desatados.

5. A resolução da última questão terá como efeito aumento da arrecadação e diminuição da carga tributária. As causas da informalidade são extrema burocracia, tributação escorchante e legislação trabalhista e previdenciária retrógradas.

6. Embora na norma-padrão da língua a concordância da porcentagem deva se dar de preferência com o numeral (35% da economia estão), é possível a concordância no singular, pressupondo-se que "essa porcentagem está na informalidade".

7. a) O emprego das aspas nessas situações não apenas destaca palavras ou expressões, mas também dá a entender que elas fazem parte de um discurso social em circulação e que não condizem com o ponto de vista ou com os valores do autor do texto.

   b) A citação do filme de Buñuel, ao qual se opõem os casos citados de Calheiros/Veloso e Huck/assaltantes, serve para provar que essas pessoas envolvidas, em vez de manterem seus objetos de desejo na esfera privada, preferem expô-los em praça pública, como ícone do *status* que alcançaram.

8. a) Gabarito oficial: É possível apresentar vários argumentos sobre a apropriação da figura de Tiradentes pelos republicanos, dentre eles: 1) a necessidade da República, regime implantado no Brasil em 1889, de criar e estabelecer um imaginário republicano que se diferenciasse do monarquista. A maneira como Tiradentes morreu (enforcado e esquartejado) determinou a escolha, pois a figuração da morte permitia a elevação de Tiradentes a mártir; 2) a participação de Tiradentes na Inconfidência Mineira converteu-o em símbolo da luta pela independência. No século XIX, em várias províncias, verificou-se a existência de ideais republicanos, presentes também na Inconfidência Mineira; 3) considerando o forte vínculo cultural do povo brasileiro à tradição cristã e a circunstância da morte de Tiradentes (enforcamento e esquartejamento), os republicanos utilizaram o apelo religioso e místico.

   b) Gabarito oficial: O quadro apela à tradição cristã do povo brasileiro, destacando a tragédia da morte de Tiradentes por meio do uso de símbolos do cristianismo como o crucifixo, por exemplo. Na pintura, o corpo de Tiradentes alude à representação da crucificação de Cristo. Outros elementos reforçam essa analogia, tais como a cabeça do Inconfidente disposta sobre o cadafalso, o crucifixo ao lado, a disposição das partes do corpo e a vestimenta.

9. A partir do século XVI, com a formação do sistema-mundo, diversas partes do globo passaram a ser interconectadas pelas grandes navegações. Teve início então um processo, que se intensificou com o tempo, de troca de espécies vegetais (e mesmo animais) entre regiões distantes. Isto ocorreu, sobretudo, no interior dos impérios coloniais. No caso do império colonial português, importantes transmigrações de espécies ocorreram entre a Índia portuguesa, a África portuguesa e o Brasil.

10. 1 L, a 12% = 120 ml de álcool por litro
    1000 mL (vinho) ---------------- 120 mL (álcool)
    150 mL ------------------------------ x
    x = 18 mL de álcool
    18 x 7 = 126 calorias por taça

11. Gabarito oficial: No gênero sinopse, predomina o discurso indireto, caracterizado por representar a fala das personagens com as palavras do narrador. Para isso, são utilizados mecanismos de organização discursiva como a 3ª pessoa, a presença de orações subordinadas substantivas cuja oração principal seja um verbo de *dizer*, alteração verbal etc. No gênero peça teatral, predomina o discurso direto, pois os personagens tomam a palavra. As falas das personagens são reproduzidas tal como são proferidas. Para isso, na peça, são utilizados mecanismos de organização discursiva como a 1ª pessoa, a rubrica, o diálogo etc.

12. Gabarito oficial: O tempo verbal predominante na sinopse do filme Hamlet é o presente (presente histórico), como se observa no uso de "sente-se", "casa-se", "perde", "morre", "procura" etc. Esse tempo verbal atribui atualização ao enredo e dinamismo às ações narradas, produzindo o efeito de aproximação entre a história e o leitor. Isso envolve o leitor com a história, desperta a sua curiosidade e o instiga a assistir ao filme.

13. Gabarito oficial: Os elementos que recriam a peça de William Shakespeare são: o título do poema, os nomes das personagens, o monólogo realizado por Hamleto, a frase *ser ou não ser*, a estrutura da peça teatral, o dilema etc. O poema pode ser considerado uma paródia, pois Olavo Bilac utiliza elementos característicos da obra de Shakespeare para criticar (ironizar, satirizar) a situação política do Brasil. Ele distorce (recria, reconstrói, faz uma intertextualidade com) o monólogo de Hamlet para, através do humor, desqualificar o sistema político que instaura o regime republicano, baseado no modelo norte-americano.

14. Gabarito oficial: Hamleto vive o dilema de um governante dividido entre a perspectiva de governar um país republicano e não acreditar na República e seu sistema. Está dividido entre lutar contra o federalismo, a Constituição Republicana, o modelo econômico norte-americano ou defender os princípios republicanos. Instaurado o dilema, a própria fala de Hamleto mostra a tensão (reflexão, inquietude) que ele vive, por não saber mais se é um "Presidente", um "Ditador" ou um "cacique". Pode desistir da Presidência e "morrer, dormir... dormir... ser deposto... mais nada", ou lutar para ser reeleito, e "Cair, degringolar no abismo", e se submeter às leis da República.

15. a) Gabarito oficial: A intertextualidade é construída com base na fala de Magali, "Comer ou não comer", que retoma o dilema de Hamlet, resumido pela célebre frase "Ser ou não ser, eis a questão!!". Os recursos linguísticos verbais que constroem essa intertextualidade são a antítese, o paralelismo sintático, a conjunção alternativa "ou", que instaura a dúvida entre fazer e não fazer algo ou entre ser e não ser algo, a repetição dos verbos *ser* e *comer* no infinitivo etc.; os recursos linguísticos não verbais são o figurino de Magali, sua postura em cena, o palco, o cenário, a substituição do crânio pela maçã etc.

   b) Gabarito oficial: Os traços que caracterizam a personagem Magali e que mantêm sua identidade são a gula, a aceitação da gula, a paixão por comida, a fixação por comida, a fome incontrolável, sua predileção por frutas etc. O humor ocorre pelo deslocamento (pela releitura, transferência etc.) do dilema trágico de Hamlet para o dilema cômico de Magali, que se coloca diante da dúvida de comer ou não comer uma maçã, ou seja, pela banalização do dilema de Hamlet. O humor é produzido porque a persona-

RESPOSTAS DAS QUESTÕES DO ENEM E DOS VESTIBULARES

gem apresenta um falso dilema, pois sua personalidade mostra que ela jamais teria dúvida quando se trata de comer ou não comer qualquer alimento.

Capítulo 13

1. a) Gabarito oficial: A palavra a ser mostrada é *dizer*. O equívoco reside na concepção de que mudanças ortográficas afetam o modo de falar das pessoas. O quadro comparativo é um bom exemplo de que diferentes formas ortográficas não alteraram a pronúncia das palavras.

   b) Gabarito oficial: A ironia consiste no pressuposto de que a unificação ortográfica bastaria para promover uma maior inserção geográfica das publicações em português. Ou seja, indica-se ironicamente que há problemas muito mais sérios de acesso à escrita do que as eventuais diferenças na forma de grafar uma dada palavra. Essa ironia é construída por meio de uma alusão a duas cidades, pouco conhecidas, em regiões com dificuldade em múltiplos aspectos (sociais, econômicos, etc.). A escolha dos nomes de ambas as cidades também contribui na construção da ironia, uma vez que sua forma gráfica e sonora remete a relações específicas da história da língua no país colonizado (Brasil e Guiné-Bissau). Mesmo que não saibamos especificamente seu significado, temos uma memória de língua que nos faz remeter "Carinhanha" a uma língua indígena e "Bafatá" a uma língua africana ou, ao menos, as tomamos como palavras estranhas à língua portuguesa. A ironia está presente também na afirmação do autor do excerto de que é "um ardoroso defensor da reforma ortográfica" ou, ainda, de que a maior barreira para o seu sucesso seria o C mudo.

2. "Apiedei-me", "fiquei um pouco aborrecido, incomodado" são expressões que indicam — mas não "justificam" — o arrependimento ("um sentido de contradição") do narrador em relação ao que fizera. O adjetivo "infeliz" também pode ser tomado como manifestação desse arrependimento, contrapondo-se à atribuição de "ar escarninho" que justificara o ataque à borboleta.

3. a) Os recursos descritivos que aparecem no texto são sintáticos e estilísticos. Entre eles: frases nominais justapostas, que indicam uma composição de quadros; adjetivação; uso de recursos sinestésicos, como "luzes", "orquestra", "brilho".

   b) O fim ou a proibição da exploração dos jogos de azar.

4. Gabarito oficial: O romance "O Cortiço" enfoca sobretudo a vida das camadas sociais mais inferiorizadas que vão ser exploradas e servir de base para a prosperidade do português João Romão. Nesse caso, temos um Brasil em que, de um lado, o imigrante pobre ascende socialmente às custas da exploração e, do outro, uma legião de negros, mulatos e brancos formadores de um escalão de explorados, e todos como inferiores, da sociedade, como esses referidos no fragmento, trabalhadores da pedreira de João Romão. O filme "Diários de Motocicleta" retrata uma época em que Che Guevara viaja pela América Latina e constata também uma realidade de miséria em que vivem os nativos, explorados por uma elite de origem colonial. A cena do filme apresentada mostra indígenas expulsos de suas terras para dar lugar a grandes empreendimentos econômicos, deixando-os abandonados à própria sorte. Espera-se que o candidato demonstre que os dois textos podem ser considerados de denúncia, porque ambos retratam as péssimas condições a que são expostos os trabalhadores brasileiros e chilenos. O excesso de trabalho, o descaso para com as condições humanas dos trabalhadores (calor, sede, péssimas condições de vida) empurra-os para uma condição de animais, totalmente submetidos à ganância e à brutalidade dos exploradores.

5. Gabarito oficial: No romance "Triste fim de Policarpo Quaresma", percebe-se a visão idílica do personagem Quaresma sobre o Brasil, alimentada pela leitura de obras passadas que difundiram uma imagem da terra que "em se plantando tudo dá", onde haveria harmonia e paz social. Nesse contexto, a fala de Felizardo é reveladora de uma outra realidade, marcada pela injustiça social, em que os programas de governo visam ao favorecimento da mão de obra de origem europeia. Além disso, Felizardo chama a atenção para aspectos problemáticos da terra: as pragas naturais e a falta de ferramentas e recursos financeiros. A *narrativa fílmica* "A invenção do Brasil" constitui-se como uma paródia das relações entre Portugal e Brasil difundidas pela história oficial. No filme, o português Diogo se transforma através do contato com a terra e seus nativos, com destaque para a índia Paraguaçu e sua irmã Moema, o que permite afirmar que Diogo se integra aos costumes aborígines. O filme reinventa a história da descoberta do país pelos portugueses, em forma de paródia, e mostra uma imagem da terra deslumbrante, maravilhosa, cheia de riquezas naturais, logo uma visão paradisíaca, boa para o comércio de ouro, pau-brasil, etc.

6. a) Gabarito oficial: 1) "O autor convida o leitor a enfiar-se na pele do cônego": a expressão "pele do cônego" foi usada em sentido figurado, uma vez que se refere a um ser abstrato, ou seja, uma personagem. 2) "quando a intuição, enlaçada à enunciação, inesperadamente desabrocha na consciência da frase articulada": o verbo "desabrocha", em seu sentido próprio, aplica-se a seres concretos e não a abstratos como ocorre na frase. Obs.: 1) Há outras possibilidades de respostas, como, por exemplo: "às cotoveladas no meio da multidão de candidatas", "uma frincha entreaberta para o subconsciente", "flor do epíteto", etc.

   b) Gabarito oficial: Não. A primeira traduz uma circunstância de tempo, pois indica o momento em que o cônego não consegue escrever o adjetivo adequado à frase. Já a segunda expressa a finalidade de a personagem ter-se levantado.

Capítulo 14

1. b
2. Gabarito oficial: A escrita no espaço virtual referido na tirinha (espaço do "internetês") configura uma transgressão intencional da norma ortográfica da língua portuguesa. Esse espaço, normalmente utilizado pelos jovens, é constituído de "salas" de bate-papo, onde o uso da linguagem é econômico, por uma questão de tempo e por criar um dialeto identificador do discurso eletrônico e do seu usuário. Quanto à ortografia, nota-se a redução de palavras, bem como a alteração na grafia, criando uma diversidade linguística que mescla elementos da fala e de uma escrita consonântica, como "blz" e "vc", para *beleza* e *você*, por exemplo; uso de símbolos matemáticos, como "+", etc. A aceitabilidade e o entendimento desse novo meio de interação vão depender da adequação ao meio, ao contexto do uso e sua comunicabilidade.

3. a) C; b) E; c) E; d) E
4. a
5. e

Capítulo 15

1. a
2. b
3. a
4. c
5. d
6. e
7. c
8. e
9. d
10. b
11. a
12. a) C; b) C; c) C; d) E; e) E; f) E

Capítulo 16

1. b. Eixos cognitivos: I, II e III.
2. a. Eixos cognitivos: I, II, III e IV.
3. c. Eixos cognitivos: I, II e III.

303

4. b. Eixos cognitivos: I, II, III e IV.
5. d. Eixos cognitivos: I, II e III.
6. e. Eixos cognitivos: I, II, III e IV.
7. a. Eixos cognitivos: I, III e IV.
8. e. Eixos cognitivos: I, II e III.
9. d. Eixos cognitivos: I e III.
10. a. Eixos cognitivos: I, II, III e IV.
11. e. Eixos cognitivos: I, II, III e IV.
12. e. Eixos cognitivos: I e III.
13. d. Eixos cognitivos: I, III e IV.
14. e. Eixos cognitivos: I, III e IV.
15. b. Eixos cognitivos: I, III e IV.
16. a. Eixos cognitivos: I, III e IV.

Capítulo 17
1. d. Competência de área: 2; habilidade: 6.
2. c. Competência de área: 3; habilidades: 9 e 10.
3. e. Competência de área: 2; habilidade: 6.
4. a. Competência de área: 1; habilidades: 1, 3 e 4.
5. a. Competência de área: 3; habilidades: 9 e 10.
6. b. Competência de área: 3; habilidades: 9, 10 e 11.
7. d. Competência de área: 1; habilidades: 2, 3 e 4.
8. e. Competência de área: 3; habilidade: 9.
9. a. Competência de área: 2; habilidade: 6.

Capítulo 18
1. b. Competência de área: 6; habilidade: 20.
2. c. Competência de área: 6; habilidade: 20.
3. e. Competência de área: 6; habilidade: 20.
4. c. Competência de área: 5; habilidades: 16 e 17.
5. e. Competência de área: 5; habilidades: 15 e 16.
6. d. Competência de área: 5; habilidade: 15.
7. d. Competência de área: 4; habilidades: 12, 13 e 14.
8. c. Competências de área: 4 e 6; habilidades: 12, 13, 14 e 20.

Capítulo 19
1. c. Competência de área: 7; habilidade: 22.
2. d. Competência de área: 7; habilidades: 21, 23 e 24.
3. e. Competência de área: 9; habilidades: 28, 29 e 30.
4. e. Competência de área: 9; habilidades: 28, 29 e 30.
5. e. Competência de área: 7; habilidades: 21, 23 e 24.
6. d. Competência de área: 7; habilidades: 21, 22, 23 e 24.
7. c. Competência de área: 8; habilidade: 26.
8. a. Competência de área: 8; habilidades: 25 e 26.
9. d. Competência de área: 8; habilidades: 26 e 27.
10. a. Competência de área: 7; habilidades: 23 e 24.

Capítulo 20
1. c; f
2. a) C; b) C; c) E; d) C; e) C; f) C
3. c
4. c
5. d; f
6. a; b; e
7. b
8. a
9. c
10. b

Capítulo 21
1. d
2. Gabarito oficial: Um dos grupos urbanos, entre outros: pichadores, góticos, grafiteiros, *hip-hop*, *rappers*, *funk*, emo, *skin head*, movimento estudantil, *hippie*, *pit boys*, *darks*.
3. e
4. c
5. b
6. c

7. b

Capítulo 22
1. d
2. b

3. O que o enunciado denomina "um preconceito do eu poemático com relação à diferença entre os homens e os outros animais" é, em verdade, um recurso retórico, presente na poesia de todos os tempos, que consiste em aproximar, metaforicamente, o homem e o animal. Intensivamente utilizado pelos autores realistas/naturalistas, esse recurso visa não a degradar o animal, mas a rebaixar o homem. É o que ocorre no caso. Ao aproximar a "irradiação divina", a "nobre paixão" e o "fervoroso afeto" do comportamento instintivo da abelha e, na última estrofe, do comportamento do verme e do inseto, o poeta põe em dúvida a "elevação" do sentimento amoroso e estabelece uma oposição entre os altos ideais humanos e a realidade "biológica" do amor.
4. *Fluido* é substantivo e designa "algo que corre ou se expande como um líquido". *Fluído* é particípio passado do verbo *fluir* e se usa como adjetivo com o sentido de "que fluiu, manou, correu com abundância". Portanto, justifica-se o emprego de *fluido* em razão do sentido que a palavra tem no texto, assim como do fato de ela vir qualificada por um adjetivo.
5. A "causa objetiva" da insatisfação da personagem, após várias plásticas, é que ele substituiu uma *aparência pessoal*, que presumia feia ou desconforme com as suas aspirações, por uma *aparência impessoal*, padronizada, massificada, "estandartizada" por padrões preestabelecidos, que anulam a individualidade.

Capítulo 23
1. c
2. e
3. c
4. d

Capítulo 24
1. c
2. a
3. a) C; b) C; c) E
4. 327
5. a
6. e
7. d
8. e

Capítulo 25
1. a) E; b) C; c) C; d) E; e) E; f) E; g) C
2. c
3. a
4. b
5. e
6. c
7. d
8. c
9. a
10. d

Capítulo 26
1. d
2. d
3. a
4. c
5. c
6. b
7. e

Capítulo 28
1. O déficit de transporte público nas grandes cidades favorece a concentração da população de baixa renda em áreas favelizadas, mais próximas dos locais de trabalho, levando à valorização e ao adensamento dessas áreas.
2. b
3. d
4. d
5. b
6. b
7. e
8. b
9. b
10. a
11. e
12. a) E; b) C; c) C; d) C
13. b
14. d
15. e
16. a
17. c
18. a
19. a
20. b
21. e
22. b
23. b